유아교과교육론

권성민 김민경 김재명 김정민
남궁선혜 류하나 윤혜영 임미혜 공저

TEACHING SUBJECTS IN EARLY CHILDHOOD EDUCATION

양 성 원

머리말

교과교육론은 새로운 이론을 가르치는 교과가 아니라 배운 이론을 어떻게 실제 수업에 잘 활용할 수 있는지를 배우는 교과이다. 즉, 유아교육현장에서는 교과가 아닌 활동을 중심으로 수업이 이루어지고 있는 데 반해 대학교의 교사양성과정은 언어교육, 수학교육, 사회교육 등 교과를 중심으로 수업이 이루어지고 있어, 이 둘의 연결고리를 찾도록 하는 것이 유아교과교육론 교과목이다. 따라서 유아교사는 여러 교과내용을 정확히 파악하는 것이 중요하고, 더불어 여러 교과내용을 유아교육현장의 실제 활동에 적절히 담아내는 실제적 능력을 함양하는 것도 중요하다.

실제로 유아교육현장에서는 국가 수준의 2019 개정 누리과정과 2020년 제4차 표준보육과정을 개발하여 적용하고 있다. 유아들의 전인적인 발달을 돕기 위해서 유아교사는 이러한 국가 수준의 교육과정내용을 정확히 이해하고 각 교과를 통합해 볼 수 있는 기회를 가져야 하며, 각 교과 관련 전문지식을 통합하여 유아교육현장에 통합적으로 적용하는 능력이 요구되고 있다. 이러한 점을 반영하여 본 책에서는 각 교과에 대한 이해와 더불어 교과 간 통합에 대한 노력을 기울이고자 하였으며, 각 교과 분야의 동향 및 특성, 교육목적과 내용, 교수·학습방법 및 평가 등을 제시하고자 하였다.

이러한 목적을 달성하기 위해 본 책은 3부 13장으로 구성하였다. 구체적으로 1부 유아교과교육론의 이해에서는 4개의 장으로 구성하였는데, 1장 유아교육의 개념과 특징에서는 교과교육론에 대한 이해, 교과교육학적 지식 및 유아교과교육의 이해에 대해 소개하였고, 2장 교과교육의 교수학습 모형에서는 유아교사의 교과교육 향상을 위한 학습모형과 유아의 교과교육 향상을 위한 학습모형을 기술하였으며, 3장 유아교육과

통합교육과정에서는 통합교육과정에 대한 이해, 통합교육과정의 모형 및 유아교육과정의 통합적 접근에 대해 소개하였으며, 4장 유아교육과정의 계획 및 운영에서는 유아교육과정의 운영계획, 유아교육과정의 운영 및 환경구성에 대해 기술하였다.

2부 유아교육교육의 내용 및 방법에서는 8개의 장으로 구성하였는데, 구체적으로 5장 언어교육에서는 언어교육에 대한 이해, 언어교육의 중요성, 언어교육의 내용 및 실제, 언어교육의 방법 및 언어교육의 평가에 대해 소개하였으며, 6장 사회교육에서는 사회교육에 대한 이해, 사회교육의 중요성, 사회교육의 내용 및 실제, 사회교육의 방법 및 사회교육의 평가에 대해 기술하였으며, 7장 수학교육에서는 수학교육에 대한 이해, 수학교육의 중요성, 수학교육의 내용 및 실제, 수학교육의 방법 및 수학교육의 평가에 대해 소개하였으며, 8장 과학교육에서는 과학교육에 대한 이해, 과학교육의 중요성, 과학교육의 내용 및 실제, 과학교육의 방법 및 과학교육의 평가에 대해 기술하였으며, 9장 건강교육에서는 건강교육에 대한 이해, 건강교육의 중요성, 건강교육의 내용 및 실제, 건강교육의 방법 및 건강교육의 평가에 대해 소개하였으며, 10장 미술교육에서는 미술교육의 목표, 미술교육의 내용 및 실제, 미술교육의 방법, 미술교육의 평가에 대해 기술하였으며, 11장 음악교육에서는 음악교육의 개념과 중요성, 음악교육의 목표와 목적, 음악교육의 내용 및 실제, 음악교육의 평가에 대해 소개하였으며, 12장 동작교육에서는 동작교육의 개념과 중요성, 동작교육의 목표와 목적, 동작교육의 내용 및 실제와 동작교육의 평가에 대해 자세하게 기술하였다.

3부 유아교과교육의 통합적 접근에서는 1개의 장으로 구성하였는데, 구체적으로 13장 유형별 유아교과교육의 통합에서는 주제중심의 교과통합과 활동중심의 교과통합을 실제의 예를 통해 자세하게 소개하였다.

최근 들어 대학교육에서는 현장실무역량을 강화하기 위하여 교육과정개편에 많은 노력을 기울이고 있다. 즉, 대학에서 배운 지식이 실제 직업 현장에서 잘 활용될 수 있도록 하는 데 관심이 높다. 이 책의 저자들 또한 다년간 대학에서 예비유아교사들을 교육해 오면서 어떻게 하면 양성과정에서 배운 지식을 실제 현장에서 괴리감 없이 잘 적용할 수 있을지에 대해 고민해 왔다. 본 책은 그 실천의 첫걸음으로서, 예비유아 교사들의 현장 역량을 더욱 높이는 데 조그마한 도움이 되었으면 하는 바람을 가져 본다.

끝으로 본 책의 출판을 위해 많은 노력을 기울여 주신 양성원 사장님을 비롯해 직원 여러분께 감사의 인사를 드립니다.

끝으로 본 책의 출판을 위해 많은 노력을 기울여 주신 양성원 사장님을 비롯해 직원 여러분께 감사의 인사를 드립니다.

2021년 7월

저자 일동

차 례

PART 1

유아교과교육론의 이해

Chapter 01

유아교과교육의 개념과 특징

배울 내용

1. 교과교육론에 대한 이해
2. 교과교육학적 지식
3. 유아교과교육의 이해

학습목표

1. 교과교육론의 개념 및 필요성을 이해한다.
2. 교사로서 갖추어야 할 교과교육학적 지식을 이해하고 증진 방안을 모색해 본다.
3. 유아교과교육의 교과와 교육내용을 숙지한다.

1 교과교육론에 대한 이해

1) 교과교육의 개념

교과교육은 교과와 교육의 합성어이다. 즉, 교과교육이란 '교과를 교육하는 학문'으로 '각 교육기관의 교육과정에 명시된 교육목표를 실현하고 새로운 경험의 효과적인 해석이나 판단을 위하여 각 교육기관의 특성, 학습자의 발달 수준, 실생활에의 유용성 등 일정 기준과 전문가에 의해 논리적, 학문적 체계로 선정된 인류문화의 유산(과거) 및 실생활 경험(현재)을 중심으로 가르치고 배울 수 있도록 체계화된 학문과 경험에 의한 영역을 효율적이고, 합리적으로 교육하는 학문'으로 정의할 수 있다. 이러한 정의에 따른 교과교육의 개념을 구체적으로 살펴보면, 첫째, 교과별 특성에 대한 안목을 가지고 교육내용과 교수방법에 대한 원리를 이해하는 것이다. 둘째, 각 교과에 대한 전문적인 지식뿐만 아니라 학습자 개개인의 인성 형성까지 지도하는 것이다. 셋째, 유아교육에 있어 교과교육론은 전인적이고 통합적인 성장을 지향하는 것이 바람직하다는 것이다(고문숙, 2010).

이처럼 교과교육은 교과지도와 같이 교과를 어떻게 효율적으로 지도하느냐 하는 지도방법에 국한된 편협된 개념이 아니고, 〈표 1-1〉과 같은 내용을 포함하는 포괄적이고 총괄적인 개념으로 이해되어야 한다.

표 1-1. 교과교육의 이해에 포함되는 개념

- 교과교육에 대한 원리, 법칙, 지식 등 학문적인 내용은 무엇인가?
- 교과교육을 위한 합리적인 내용 선정 및 계획 수립 절차는 어떠한가?
- 교과교육을 위한 환경시설, 기구, 자료 등 교육여건을 어떻게 정비할 것인가?
- 교과교육을 위한 합리적인 지도원리 및 지도방법은 무엇인가?
- 교과교육 후 교육의 성과를 어떻게 확인, 평가할 것인가?

따라서 유아교과교육이란 '유아교육기관의 표준보육과정과 누리과정 내 각 영역의 효율적인 통합지도를 위하여 각 영역별로 지도되어야 할 학문이나 지식 내용 및 생활 경험, 계획안 작성, 학습 여건 조성, 지도방법, 평가 등에 걸쳐 총체적이고 구체적인 방법을 이해시키는 교육'으로 개념화할 수 있다. 이러한 개념을 가진 교과교육의 특징을 살펴보면 〈표 1-2〉와 같다(고정곤 외, 2016).

표 1-2. 교과교육의 특징

구분	내용
교과교육은 교과지도를 포괄하는 총체적인 개념이다.	교과지도와 유사한 개념으로 교과서계획, 교과연구, 교과과정, 교과준비, 교과평가, 교과융합 등이 있다. 이들 개념은 교과교육의 한 분절이나 한 영역에 불과하다. 특히 교과지도는 교과를 어떻게 지도하느냐에 초점을 맞춘 것으로 지도방향, 지도방안, 지도절차, 지도과정, 지도안내 등 지도방법의 한정된 개념이나 교과교육은 교과지도보다 포괄적인 개념으로 계획, 준비, 절차, 과정, 지도, 평가 등 교과운영에 따른 전반적이고 총체적인 활동을 의미한다.
교과교육은 교과 간의 상호관련성을 이해하는 데 도움이 된다.	교과교육은 초등학교 1학년에는 국어, 수학, 바른생활, 즐거운 생활, 슬기로운 생활의 5개 교과를, 유치원에서는 신체건강, 운동, 의사소통, 사회관계, 예술경험, 자연탐구 또는 언어교육, 사회교육, 예능교육, 과학교육 등 교과별로 학습이 이루어져 해당 교과에 대한 총체적 이해가 가능하며, 또한 교과 간의 성격, 상호관련성 등을 이해시켜 유아교육기관에서 5대 영역 간의 통합지도를 원활하게 해 준다.
교과교육과 유아교육(통합교육)은 상호작용적인 관계를 갖는다.	유아교육기관에서 누리과정과 표준보육과정 각 영역의 효율적인 통합지도를 하기 위해서는 교과교육을 통하여 습득된 각종 교육이론과 현장의 실천적 기술을 활용하고 또한 5대 영역의 통합지도 성과를 평가, 검증하여 나타난 문제는 교과교육을 통해 습득한 교육이론과 현장의 실천적 기술 등으로 보완하는 등 유아교육(통합교육)과 교과교육은 상호작용적 관계를 유지하게 된다.

2) 교과교육의 필요성

유아교사는 유아의 학습을 촉진하기 위한 상황에서 자신이 가진 교과내용지식을 해석하고 여기에 적절한 교육학적 지식을 통해 보다 효율적인 방법으로 사고의 질적인 전환을 꾀하는데, 이러한 과정에서 형성된 지식이 교과교육학지식이다. 교과교육학지식의 구성요소에는 교육과정에 대한 지식, 학습자에 대한 지식, 교과내용에 대한 지식, 교수·학습방법에 대한 지식, 교수 상황과 환경 상황에 대한 지식이 포함된다.

교과교육학지식은 가르치고자 하는 내용에서 중심 주제를 이해하고 그것을 특정 학생들에게 어떻게 표현하고 어떻게 가르쳐야 하는가에 대한 지식이다. 즉, 학생들의 선개념(naiveconception)과 배경이 다양한 상황에서 특정 주제를 이해시키는 데 가장 효과적인 형태의 표현, 가장 유력한 유추, 은유, 설명, 예, 시범, 시뮬레이션, 실험실 조작에 관한 지식이라고 할 수 있다.

따라서 유아교육과정에서의 교과교육은 제4차 어린이집 표준보육과정(2020)과 3~5세 누리과정(2019)에 제시된 보육목표나 교육목표를 구현할 수 있도록 표준보육과정의 6대 영역과 누리과정의 5대 영역을 합리적이며 효율적인 방법으로 교육하기 위해 교육내용의 계획, 조직, 절차, 과정, 지도방법, 평가 등을 총체적으로 이해시키기 위한 교육으로 교과교육의 필요성을 살펴보면 다음과 같다(고정곤 외, 2016).

(1) 국가 수준의 교육과정을 합리적으로 관리하기

한 국가가 기대하는 인간상이나 설정한 교육목적을 구현하기 위해서는 교육을 통해 가능하기 때문에 교육의 질 관리를 위하여 교육과정 편성·운영에 국가가 주도적으로 관여하게 되는데, 이것이 국가 수준의 교육과정이 출현한 배경이 된다.

10년 국민공통기본 교육과정에서 배제되었던 유아교육기관의 표준보육과정이나 누리과정 또한 국가 수준의 교육과정으로 유·초등 간 교육내용의 연계를 위한 국가 차원의 노력이 경주되었는데, 초등학교 5차 교육과정에서부터는 유치원의 통합의 개념을 받아들여 바른 생활, 즐거운 생활, 슬기로운 생활 등의 통합교과가 출현, 2~3개의 교과와 생활 경험이 대주제로 통합되어 지도되고 있다. 이것은 바로 유아교육기관의 교육(보육)과정의 5대 영역별(어린이집 0~2세는 6대 영역) 지도내용과 같은 성격을 지니고 있어 유아교육기관의 표준보육과정과 누리과정의 영역별 지도내용이 초등학교의 교육,

내용과 같은 성격으로 받아들여지고 있다. 따라서 유치원, 초등학교, 중학교, 고등학교 1학년에 이르기까지 교육내용을 교과내용으로 인식[1]해야 한다. 이와 같이 유아교육기관의 영역별 지도내용을 교과내용으로 인식할 때 국가적인 차원에서 유치원, 초, 중, 고등학교(1학년)의 교육과정 관리가 합리적으로 이루어질 수 있기 때문이다.

(2) 유아교육에서 통합지도의 효율성 제고하기

통합지도(integrated learning)와 교과교육은 서로 상보적인 관계를 유지하면서 교과교육은 통합지도의 효율성을 높이는 데 공헌한다. 통합은 유아의 전인적 발달과 효율적인 학습을 위하여 유아의 경험, 흥미 및 요구와 교육 내용을 통합하고 유아와 유아 주변의 인적 및 물적 환경을 통합하며, 또한 5대 영역을 통합하고 재조직하여 지도하기 위해서는 교과별 또는 5대 영역별로 이루어진 교과교육을 통해 습득된 계획, 절차, 과정, 지도방법, 평가기술 등을 통합지도[2]에 활용하게 된다. 즉, 유아교육기관에서 각 5대 영역의 효율적인 통합지도를 돕기 위해서 교과교육이 필요하다. 예를 들어, 유아들 간의 활발한 교육관계 조성을 통하여 사회성과 언어발달을 도모하는 사회관계와 의사소통 영역의 통합교육을 계획한다면, 사회관계 영역이나 사회교과교육에서 학습한 원활한 교우관계 형성 방안 그리고 의사소통 영역이나 언어교과교육에서 학습한 유아 대화기술 등을 서로 통합하여 지도할 수 있기 때문이다.

---

1) 초등학교 교육과정과의 구성 체계 및 교육내용 연계: 개정 누리과정은 추구하는 인간상과 목적과 목표, 구성의 중점 등 총론 전반의 구성을 초등학교 교육과정의 체계와 통일하였다. 특히 역량을 중심으로 개정한 「2015 개정 초·중등학교 교육과정」의 취지와 내용을 개정 누리과정 인간상과 교육목표 등에 반영하여 초등학교 교육과정과 연계하고자 하였다. 이때 누리과정 5개 영역의 내용은 초등학교 1학년의 교육내용을 상회하지 않도록 유의하였다. 이로써 누리과정은 유·초 연계에 있어서 보다 적정화된 교육내용의 계속성, 계열성, 통합성 및 접합성을 확보하게 되었다(교육부, 보건복지부, 2019).

2) 5개 영역 통합 방식의 다양화: 개정 누리과정에서는 생활주제 외에도 교사가 자율성을 가지고 다양한 통합 방식을 운영할 수 있도록 하였다. 유아는 놀이하면서 자연스럽게 5개 영역을 통합하여 경험하므로, 교사는 유아의 놀이를 존중함으로써 5개 영역의 통합을 실천할 수 있다. 또한 미리 정해진 생활주제가 아니더라도, 유아의 놀이에서 나타나는 주제, 그림책, 사물 등을 활용하여 유아의 관심과 흥미를 중심으로 누리과정을 통합적으로 실천할 수 있다(교육부, 보건복지부, 2019).

2 교과교육학적 지식

교육의 성패는 교사의 능력과 자질에 따라 결정된다. 그만큼 교사의 역할은 중요한 위치를 차지하고 있으며, 교사가 갖고 있는 신념이나 지식에 따라 학생들의 이해정도도 달라지게 된다. 교사들은 복잡하고 역동적인 교육현장에서 과거의 '교육과정의 전달자'로서의 교사가 아닌 '교육과정의 개발자'로서의 교사로 역할변화가 필요하게 되었다. 이러한 변화의 필요는 교사에게 요구되는 지식의 중요성을 부각시키고, 그 지식을 범주화하고 체계화하는 연구들을 활성화하는 계기가 되었다.

슐만(Shulman, 1987)은 교사가 가져야 할 전문적인 지식 7가지를 주장하였는데〈그림 1-1〉, 즉 교과내용지식(content knowledge), 교육학지식(pedagogical knowledge), 교육과정지식(curriculum knowledge), 교과교육학지식(pedagogical content knowledge), 학습자와 그 특성에 관한 지식(knowledge of learners and their characteristics), 교육상황에 관한 지식(knowledge of educational context), 교육목적 및 가치와 철학 · 역사적 토대에 관한 지식(knowledge of educational ends, purposes, and values, and their philosophical and historial grounds)으로 범주화하였다.

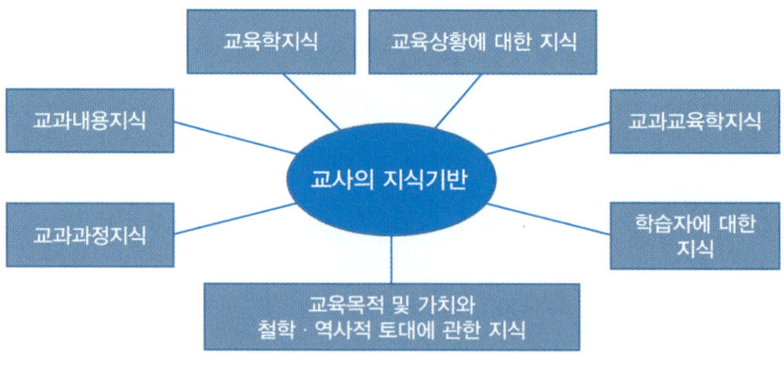

그림 1-1. 슐만(Shulman, 1987)의 7가지 교사전문적지식

슐만(Shulman, 1987)이 처음으로 수업지식에 관한 연구를 시작한 이래로, 그로스만(Grossman, 1990)의 연구에서는 교과교육학지식이 가지는 본질과 사상을 가장 잘 나타내 준다. 그는 교사가 갖추어야 할 지식의 영역들을 교과내용지식, 교수지식, 상황지식, 교수내용지식으로 범주화하고 각각의 지식 영역들이 상호 관련성을 가진다고 주장하면서 〈그림 1-2〉와 같은 모형을 제시하였다.

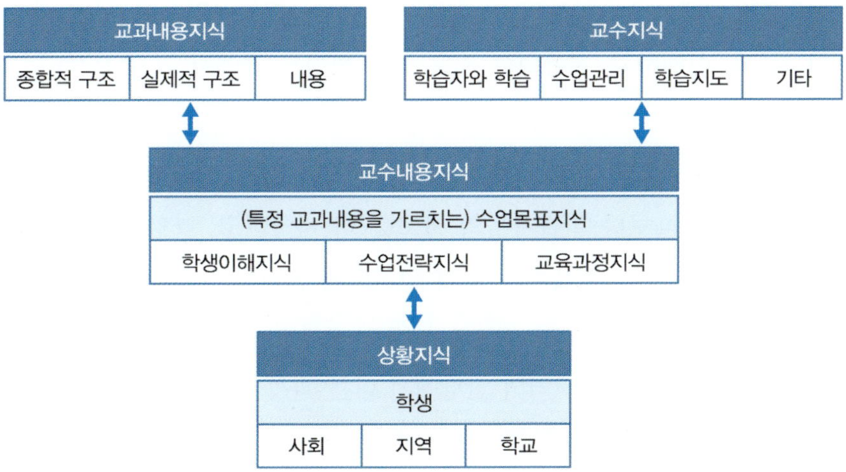

그림 1-2. **그로스만(Grossman, 1990)의 교사지식기반 모형**

앞의 내용을 종합해 볼 때, 교과교육학지식은 특정 교과를 어떻게 가르칠 것인가에 대한 교사의 특별한 이해이며, 특정 교과에 따른 목표, 교수내용의 선택 및 조직에 대한 지식, 학습자의 교과이해에 대한 지식, 특정 주제를 가르치기 위한 교수전략에 대한 지식을 모두 포함하고 있다는 것을 알 수 있다. 슐만(Shulman, 1987)과 그로스만(Grossman, 1990)의 연구에서 교사가 갖추어야 할 지식 중 교과내용지식, 교육학 지식, 상황적 지식 및 교과교육학지식은 다른 교사지식 연구에서도 공통적으로 거론되고 있는 영역이다(이다정, 2015).

1) 교과내용지식

교과내용지식(content knowledge)은 교사의 지식을 가장 잘 나타내는 영역으로 특정 학문의 지식이 어떻게 구성되어 있는가에 관한 지식이다. 지식은 교과목에 따라 각기 다른 내용의 지식 구조로 이루어지는데, 이는 과목마다 구성되는 지식의 구조는 고유의 특성을 가지고 있다는 것을 의미한다(서예원, 2006). 따라서 교육에서 지식의 구조를 이해한다는 것은 사물이나 현상의 개념과 원리를 이해하는 것으로 이는 학습자들이 지식을 기억하고, 이해하고, 적용하는 것을 쉽게 한다는 점에서 그 중요성이 강조되고 있다(유은경, 2006).

동일한 교사라 하더라도 어느 특정 교과에 대해 더 많은 지식을 가지고 있을 경우, 다른 교과를 가르칠 때보다 학습자들의 사고를 더 자극하고, 다양한 문제해결접근을 시도하며, 학습을 촉진시켜 학습자의 학업 성취도에 긍정적인 영향을 미치게 된다. 이런 이유로 슐만(Shulman, 1987)은 교사는 무엇을 가르쳐야 하며, 왜 그것을 가르칠 필요가 있는지, 그것이 그 학문 영역의 안팎에서 다른 과목들과 어떻게 관련되어 있는지를 반드시 알아야 한다고 주장하고 있다.

2) 교육학지식

교육학지식(pedagogical knowledge)은 교수 · 학습의 방법에 관한 지식을 뜻한다. 따라서 교육학지식은 학생들이 교과지식을 이해하기 쉽도록 변형하는 데 핵심적인 역할을 하는 지식으로서 교과지식을 표현할 때 작용하는 교사의 교육학적 결정과 전략을 포함하는 개념이다. 이러한 지식의 구성요소로는 일반적으로 학급 조직과 경영, 교수모델과 전략, 학급에서 일어나는 의사소통, 학습자와 학습, 일반적 교육과정과 수업이 해당된다. 다시 말해, 교육학지식은 교육내용을 가장 효과적인 방법으로 학습자에게 전달할 수 있는가에 관한 것이다. 이를 위해 교사는 다양한 교수방법을 알고 있어야 하며,

끊임없이 연구하고 시행해 보는 노력과 자기반성적 사고과정이 요구된다고 할 수 있다.

3) 상황지식

상황지식(contextual knowledge)은 어떤 상황과 문화 속에서 개인적인 의미, 신념체계를 포함하는 개념으로 정의된다(이희경, 2013). 교사가 수업을 진행하는 데 있어 현장에서의 경험이 가장 중요한 요소이다. 이처럼 교사의 지식은 활동, 개념, 문화 등 다양한 요소들이 연결된 상황 속에 있기 때문에 구체적인 상황을 고려할 때만이 실제 교수에 영향을 줄 수 있으며, 수업을 위한 교사의 의사결정과 행동을 안내할 수 있다. 수업에서 상황이란 건물이나 비품과 같은 '고안된 환경', 학생, 교사, 학부모, 행정가와 같은 '인적 환경', 정책과 문화 규범과 같은 '사회문화적 환경'으로 구분할 수 있다.

상황적 지식에 관련한 연구에 의하면, 상황적 지식은 잘 들어나지 않는 특징이 있기 때문에 교사는 학습자의 독특한 배경과 환경을 이해하고 있어야 된다고 주장하고 있다. 교실상황에 얼마나 민감하게 반응하는지에 대한 상황적 지식은 교사의 전문성과도 깊은 관계가 있다. 즉, 우수한 교사는 상황에 따라 적절하게 수업을 하며 신속, 정확한 관찰력과 판단력을 갖고 있고 이러한 능력을 수업에 적극적으로 활용하게 된다. 사회적으로 다양한 배경과 환경, 넓은 폭의 개인차를 가진 유아들이 있는 유아교육현장에서는 상황적 지식이 더욱 중요시된다고 할 수 있다.

4) 교과교육학지식

교과교육학지식(pedagogical content knowledge)은 교사지식기반의 한 구성요소로서 슐만(Shulman, 1987)은 교과교육학지식을 능력 있는 교사가 반드시 갖추어야 할 지식이며, 교과지식과 교육학지식, 그리고 상황지식이 통합된 형태의 지식이라고 주장한다. 다시 말해, 교사가 효율적인 교수활동을 하기 위해 교과내용을 적절하게 변형하고 학생들에게 쉽게 가르칠 수 있는 형태로 조직하고, 적용하는 방법에 대한 지식이 중요하다. 즉, 슐만(Shulman, 1987)은 교사는 학습자들의 다양한 관심과 능력에 맞도록 주제, 문제, 쟁점들을 재조직하여 수업에 반영되어야 함을 강조하면서 이 모든 요소들의 이해관계가 바탕이 된 교과내용과 교수법의 융합을 강조하였다.

유아교육에서 유아에게 필요한 지식이 개념으로 분류되고 분류된 개념은 활동으로 다시 재조직되는데, 교육내용과 활동의 연결은 중요한 이슈 중의 하나이다(남궁선혜, 2008). 따라서 교육내용을 구성하는 지식이 교육활동으로 전환되기 위해서는 이러한 지식이 주제에서 추구하는 개념, 내용과 긴밀하게 연결되어 있어야 한다. 즉, 교과교육학지식은 교과내용과 교수법, 상황적 맥락이 함께 상호작용하여 질적인 전환의 결과로 이루어지는 것으로 유아교육현장에서도 이 부분을 절대 간과할 수 없는 것으로 고려되고 있다. 박재원(2006)은 교과교육학지식을 교수를 위한 기초 지식이라고 주장하면서, 〈표 1-3〉과 같이 7가지 영역을 강조하고 있다.

표 1–3. 교과교육학지식의 7가지 영역

- 교사들이 가르치고자 하는 영역의 사실과 개념에 대한 지식은 내용지식이다.
- 교육학지식은 학습, 학습설계, 교실 조직 및 경영, 학생평가 등에 관한 지식이다.
- 교과교육학지식은 한 분야에서 교사가 구분할 수도 있으며, 여러 가지 상황에 따라 구분할 수 있는 지식이다.
- 교육과정지식은 학생들에게 가르쳐야 할 주제와 무한한 내용의 범위가 어떻게 조직되고, 교육과정에서 교수과정의 체계적인 프로그램으로 어떻게 정리되어 있는가에 대한 지식이다.
- 학생에 관한 지식은 학생들의 다양한 배경에서 특정 주제를 학습할 때 학생들에 대해 미리 알아야 하는 지식, 학생 간의 발달 차이에 관한 지식을 포함한다.
- 교육상황지식은 교수학습과정에 영향을 미치는 사회적, 정치적, 문화적 및 물리적 환경에 대한 교사의 지식이다.
- 교육목적지식은 교육을 통해 달성하고자 하는 목적과 목표에 대한 교사의 지식이다.

3 유아교과교육의 이해

1) 표준보육과정과 누리과정의 배경 및 특성

(1) 표준보육과정의 연혁

어린이집에서 운영하는 보육과정은 국가 수준의 보육목표와 영유아의 발달과 개인차를 고려하여 이들이 경험하게 될 보편적인 보육내용을 제시하고 있다(보건복지부, 2013). 보육과정의 목적은 영유아의 전인적인 성장과 발달을 돕고 민주시민으로서의 자질을 길러 영유아가 심신이 건강하고 조화로운 사회구성원으로 자랄 수 있도록 하는 데 있다(영유아보육법, 2020).

우리나라는 1991년 「영유아보육법」이 제정되어 보육의 법적 토대를 구축하였고, 2004년에 개정된 「영유아보육법」 제29조에 의거하여 표준보육과정 개발 및 보급을 위한 법적 근거를 마련하게 되면서, 2007년부터 2세 미만 보육과정, 2세 보육과정, 3~5세 보육과정이 개발되어 보육현장에 적용되어 왔다. 그리고 2011년 5세 누리과정이 제정되면서, 2012년 0~4세 영유아를 대상으로 한 「제2차 표준보육과정」을 개발하여 적용하였으며, 2012년 「5세 누리과정」이 개정됨에 따라 2013년 1월에 「3~5세 누리과정」을 포함하여 「제3차 어린이집 표준보육과정」을 고시하여 적용되어 왔다.

2019년 「2019 개정 누리과정」이 개정되면서 누리과정 개정 방향 및 내용을 고려하여 2020년 「제4차 어린이집 표준보육과정」(0~2)을 개정하게 되었다.

(2) 누리과정의 연혁

누리과정은 2011년 정부가 취학 전 아동의 교육과 보육에 대한 국가 책임을 강화하고자 도입한 비용지원 제도인 동시에 어린이집과 유치원의 3~5세 유아에게 적용되는 교육과정이며, 보육과정으로 2013년 3월부터 어린이집의 3~5세 보육과정과 유치원 교육과정으로 기능해 왔다.

누리과정은 생애 초기에 공정한 출발을 보장하고, 3~5세 유아교육과 보육의 질을 한 단계 향상시켰으며, 학부모의 학비 부담 경감 등의 성과가 있었던 것으로 평가된다. 그러나 누리과정이 어린이집과 유치원에서 실행되면서 누리과정은 교육과정으로서의 체제를 갖추지 못했으며, 연령별로 교육내용을 제시하다 보니 내용이 너무 많아 현장에서 실행하기에 부담을 가지게 되었고, 무엇보다 현장의 다양성과 자율성에 제약을 받는다는 문제점이 지적되어 왔다. 이런 문제점들을 보완하기 위해서 교육부는 2019년 7월 「2019 개정 누리과정」을 고시하여 현장에서 적용되고 있다.

(3) 표준보육과정과 누리과정 개정 배경

① 「2019 개정 누리과정」: 1단계 개정

「2019 개정 누리과정」의 개정 근거가 된 배경은 '교실혁명을 통한 유아중심의 교육문화 조성' 과제 중 '유아가 중심이 되는 교육패러다임의 전환'이다. 따라서 「2019 개정 누리과정」은 국정의 방향을 충실히 반영하여 유아 중심, 놀이 중심, 교사의 자율성 강화를 기본방향으로 하여 개정되었다.

② 「제4차 어린이집 표준보육과정」(0～2세) 개정: 2단계 개정

2019년 말 현재, 어린이집에 다니는 0~5세 대상 보육과정 중 3~5세를 위한 보육과정(누리과정)은 이미 개정되었고, 0~2세는 어린이집에만 해당되므로 보건복지부 주관으로 0~5세 영유아의 연속적 경험과 연령 간 발달적 연계를 위해 누리과정 개정 방향 및 내용을 고려하여 「제4차 어린이집 표준보육과정」 중 0~1세 및 2세 보육과정의 개정이 요구되었다.

(4) 표준보육과정과 누리과정 개정의 성격

「제4차 어린이집 표준보육과정」 개정의 특성은 누리과정 개정 방향을 고려하면서도

0~1세 보육과 2세 보육의 정체성 및 특성을 반영하고, 영유아의 개별 기본권을 보장하고, 영유아 중심과 놀이 중심으로 6개 영역을 통해 영유아의 건강한 발달을 도모하고자 하였다. 어린이집 표준보육과정은 0~5세 영유아를 위한 국가 수준의 보육과정이며 0~1세 보육과정, 2세 보육과정, 3~5세 보육과정(누리과정)으로 구성되어 있다.

국가 수준의 교육과정은 총론에 앞서 교육과정의 성격을 먼저 제시하고 있다. 교육과정에서 제시되는 성격은 국가 수준 교육과정의 구성 체계를 확립하는 출발점이다. 개정 누리과정에서도 성격 항목을 신설하여 누리과정을 '3~5세 유아를 위한 국가 수준의 공통 교육과정'으로 정의하고 있다. 개정 누리과정의 성격은 「2015 개정 초·중등학교 교육과정」 성격의 구성 체계와 연계하고 유아기의 고유한 특징을 반영하여 '유아 중심 및 놀이 중심'을 강조하고 있다. 표준보육과정과 누리과정의 성격을 구체적으로 살펴보면 〈표 1-4〉와 같다(교육부, 보건복지부, 2019; 보건복지부, 2020).

표 1-4. 표준보육과정과 누리과정의 성격

제4차 어린이집 표준보육과정(2020)	개정 누리과정(2019)
어린이집 표준보육과정(이하, '표준보육과정'이라 함)은 0~5세 영유아를 위한 국가 수준의 보육과정이며 0~1세 보육과정, 2세 보육과정, 3~5세 보육과정(누리과정)으로 구성한다. 가. 국가 수준의 공통성과 지역, 기관 및 개인 수준의 다양성을 동시에 추구한다. 나. 영유아의 전인적 발달과 행복을 추구한다. 다. 영유아 중심과 놀이 중심을 추구한다. 라. 영유아의 자율성과 창의성 신장을 추구한다. 마. 영유아, 교사, 원장, 부모 및 지역사회가 함께 실현해 가는 것을 추구한다.	누리과정은 3~5세 유아를 위한 국가 수준의 공통 교육과정이다. 가. 국가 수준의 공통성과 지역, 기관 및 개인 수준의 다양성을 동시에 추구한다. 나. 유아의 전인적 발달과 행복을 추구한다. 다. 유아 중심과 놀이 중심을 추구한다. 라. 유아의 자율성과 창의성 신장을 추구한다. 마. 유아, 교사, 원장(감), 학부모 및 지역사회가 함께 실현해 가는 것을 추구한다.

2) 표준보육과정과 누리과정의 구성방향

(1) 추구하는 인간상

우리나라의 「영유아보육법」 제3조[3] 보육이념과 「교육기본법」 제2조[4] 교육이념을 바탕으로 표준보육과정과 누리과정이 추구하는 인간상은 〈표 1-5〉, 〈그림 1-3〉과 같다. 구체적으로 표준보육과정과 누리과정에서 추구하는 인간상은 '건강한 사람, 자주적인 사람, 창의적인 사람, 감성이 풍부한 사람 및 더불어 사는 사람'이다(교육부, 보건복지부, 2019; 보건복지부, 2020).

표 1-5. 표준보육과정과 누리과정의 인간상

제4차 어린이집 표준보육과정(2020)	개정 누리과정(2019)
표준보육과정이 추구하는 인간상은 다음과 같다. 가. 건강한 사람 나. 자주적인 사람 다. 창의적인 사람 라. 감성이 풍부한 사람 마. 더불어 사는 사람	누리과정이 추구하는 인간상은 다음과 같다. 가. 건강한 사람 나. 자주적인 사람 다. 창의적인 사람 라. 감성이 풍부한 사람 마. 더불어 사는 사람

3) 「영유아보육법」 제3조(보육이념)
① 보육은 영유아의 이익을 최우선적으로 고려하여 제공되어야 한다.
② 보육은 영유아가 안전하고 쾌적한 환경에서 건강하게 성장할 수 있도록 하여야 한다.
③ 영유아는 자신이나 보호자의 성, 연령, 종교, 사회적 신분, 재산, 장애, 인종 및 출생지역 등에 따른 어떠한 종류의 차별도 받지 아니하고 보육되어야 한다.

4) 「교육기본법」 제2조(교육이념)
교육은 홍익인간(弘益人間)의 이념 아래 모든 국민으로 하여금 인격을 도야(陶冶)하고 자주적 생활능력과 민주시민으로서 필요한 자질을 갖추게 함으로써 인간다운 삶을 영위하게 하고 민주국가의 발전과 인류공영(人類共榮)의 이상을 실현하는 데에 이바지하게 함을 목적으로 한다.

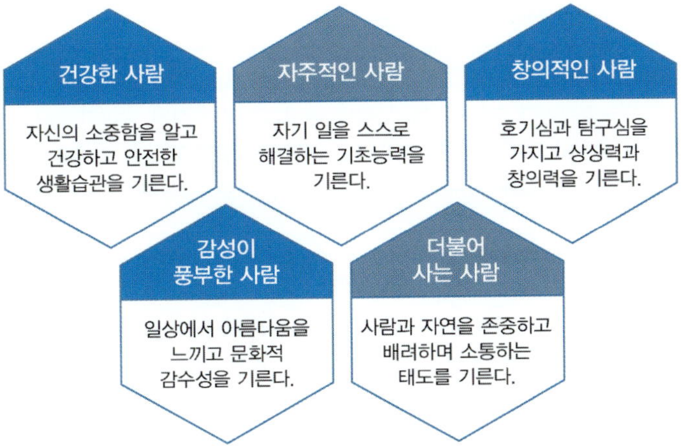

그림 1-3. **추구하는 인간상**

따라서 교사는 유아가 놀이를 통해 인간상을 통합적으로 경험하도록 지원하는 것이 무엇보다 필요하다. 추구하는 인간상은 유아가 일상에서 놀이하며 배우는 현재의 모습에서 발견할 수 있으며, 동시에 유아가 앞으로 배우며 성장해 가야 할 모습이다.

(2) 목적과 목표

표준보육과정의 목적은 영유아가 놀이를 통해 심신의 건강과 조화로운 발달을 이루고 바른 인성과 민주 시민의 기초를 형성하는 데에 있다. 이를 실현하기 위한 목표로는 0~2세 보육과정 목표, 3~5세 보육과정 목표로 구분하여 제시하고 있다.

누리과정에서 추구하는 인간상이 우리나라 모든 학교 교육과정이 공통적으로 추구해야 할 교육적 비전이라면, 목적은 각 학교급에서 학습자의 특성을 고려하여 지향하는 교육목적을 제시한 것이다. 누리과정의 목적에서는 유아기의 특성을 반영하여 누리과정이 지향해야 하는 바를 제시하고 있다. 누리과정의 목적 아래 제시된 목표는 유아가 추구하는 인간상으로 성장하기 위해 필요한 사항을 중심으로 구성하고 있는데, 표준보육과정과 누리과정의 구체적인 목적과 목표는 〈표 1-6〉과 같다(교육부, 보건복지부, 2019; 보건복지부, 2020).

표 1-6. 표준보육과정과 누리과정의 목적과 목표

제4차 어린이집 표준보육과정(2020)	개정 누리과정(2019)
표준보육과정의 목적은 영유아가 놀이를 통해 심신의 건강과 조화로운 발달을 이루고 바른 인성과 민주 시민의 기초를 형성하는 데에 있다. 이를 실현하기 위한 목표는 다음과 같다. **[0~2세 보육과정 목표]** 가. 자신의 소중함을 알고 건강하고 안전한 환경에서 즐겁게 생활한다. 나. 자신의 일을 스스로 하고자 한다. 다. 호기심을 가지고 탐색하며 상상력을 기른다. 라. 일상에서 아름다움에 관심을 가지고 감성을 기른다. 마. 사람과 자연을 존중하고 소통하는 데 관심을 가진다. **[3~5세 보육과정 목표]** 가. 자신의 소중함을 알고, 건강하고 안전한 생활습관을 기른다. 나. 자신의 일을 스스로 해결하는 기초능력을 기른다. 다. 호기심과 탐구심을 가지고 상상력과 창의력을 기른다. 라. 일상에서 아름다움을 느끼고 문화적 감수성을 기른다. 마. 사람과 자연을 존중하고 배려하며 소통하는 태도를 기른다.	누리과정의 목적은 유아가 놀이를 통해 심신의 건강과 조화로운 발달을 이루고 바른 인성과 민주 시민의 기초를 형성하는 데에 있다. 이를 실현하기 위한 목표는 다음과 같다. 가. 자신의 소중함을 알고, 건강하고 안전한 생활습관을 기른다. 나. 자신의 일을 스스로 해결하는 기초능력을 기른다. 다. 호기심과 탐구심을 가지고 상상력과 창의력을 기른다. 라. 일상에서 아름다움을 느끼고 문화적 감수성을 기른다. 마. 사람과 자연을 존중하고 배려하며 소통하는 태도를 기른다.

(3) 구성의 중점

표준보육과정의 구성은 0~5세의 모든 영유아는 개별적인 특성을 지닌 고유한 존재로서 존중받아야 한다는 전제하에, 0~2세는 6개의 영역, 3~5세는 5개의 영역으로 지식, 기능, 태도 및 가치를 반영하여 구성함으로써 표준보육과정이 추구하는 인간상을 구현하고자 하였으며, 초등학교 교육과정과의 연계성을 고려하여 구성되었다.

누리과정은 3~5세 모든 유아에게 적용할 수 있도록, 추구하는 인간상 구현을 위한 지식, 기능, 태도 및 가치를 반영하여 구성하고, 신체운동 · 건강, 의사소통, 사회관계, 예술경험, 자연탐구의 5개 영역을 중심으로, 3~5세 유아가 경험해야 할 내용으로, 그리고 0~2세 보육과정 및 초등학교 교육과정과의 연계성을 고려하여 구성되었다. 구체적인 표준보육과정과 누리과정 구성의 중점은 〈표 1-7〉과 같다(교육부, 보건복지부, 2019; 보건복지부, 2020).

표 1-7. 표준보육과정과 누리과정 구성의 중점

<table>
<tr><th>제4차 어린이집 표준보육과정(2020)</th><th>개정 누리과정(2019)</th></tr>
<tr><td>표준보육과정 구성의 중점은 다음과 같다.

가. 영유아는 개별적인 특성을 지닌 고유한 존재로서 존중받아야 한다.
나. 0~5세 모든 영유아에게 적용할 수 있도록 구성한다.
다. 추구하는 인간상 구현을 위한 지식, 기능, 태도 및 가치를 반영하여 구성한다.
라. 표준 보육과정은 다음의 영역을 중심으로 구성한다.
1) 0~1세 보육과정과 2세 보육과정은 기본생활, 신체운동, 의사소통, 사회관계, 예술경험, 자연탐구의 6개 영역을 중심으로 구성한다.
2) 3~5세 누리과정은 신체운동 · 건강, 의사소통, 사회관계, 예술경험, 자연탐구의 5개 영역을 중심으로 구성한다.
마. 0~5세 영유아가 경험해야 할 내용으로 구성한다.
바. 초등학교 교육과정과의 연계성을 고려하여 구성한다.</td><td>누리과정 구성의 중점은 다음과 같다.

가. 3~5세 모든 유아에게 적용할 수 있도록 구성한다.
나. 추구하는 인간상 구현을 위한 지식, 기능, 태도 및 가치를 반영하여 구성한다.
다. 신체운동 · 건강, 의사소통, 사회관계, 예술경험, 자연탐구의 5개 영역을 중심으로 구성한다.
라. 3~5세 유아가 경험해야 할 내용으로 구성한다.
마. 0~2세 보육과정 및 초등학교 교육과정과의 연계성을 고려하여 구성한다.</td></tr>
</table>

3) 표준보육과정과 누리과정의 운영

(1) 편성과 운영

표준보육과정의 편성 · 운영은 어린이집 운영시간에 맞추어, 각 기관의 실정과 영유아의 발달 정도를 고려하여 계획을 세우고, 하루 일과에서 바깥 놀이를 포함하여 영유아의 놀이가 충분히 이루어지도록 운영해야 한다는 것을 강조한다. 또한 성, 신체적 특성, 장애, 종교, 가족 및 문화적 배경으로 인한 차별이 없어야 하며, 가정과 지역사회의 협력과 참여를 유도하여야 하며, 교사 연수를 통해 표준보육과정의 운영이 개선되도록 노력해야 한다.

누리과정은 1일 4~5시간을 기준으로, 일과 운영에 따라 확장하여 편성할 수 있도록 하고 있으며, 누리과정을 바탕으로 각 기관의 상황에 적합한 계획을 수립하여 운영하고, 하루 일과에서 바깥 놀이를 포함하여 유아의 놀이가 충분히 이루어지도록 편성하여 운영하고, 성, 신체적 특성, 장애, 종교, 가족 및 문화적 배경 등으로 인한 차별이 없도록 편성하고, 유아의 발달과 장애 정도에 따라 조정하고, 가정과 지역사회와의 협력과 참여에 기반하고, 교사 연수를 통해 누리과정의 운영이 개선되도록 하고 있다. 구체적인 표준보육과정과 누리과정의 편성 · 운영은 〈표 1-8〉과 같다(교육부, 보건복지부, 2019; 보건복지부, 2020).

표 1-8. 표준보육과정과 누리과정의 편성 · 운영

제4차 어린이집 표준보육과정(2020)	개정 누리과정(2019)
다음의 사항에 따라 표준보육과정을 편성 · 운영한다. 가. 어린이집의 운영시간에 맞추어 편성한다. 나. 표준보육과정을 바탕으로 각 기관의 실정에 적합한 계획을 수립하여 운영한다. 다. 하루 일과에서 바깥 놀이를 포함하여 영유아의 놀이가 충분히 이루어지도록 편성하여 운영한다.	다음의 사항에 따라 누리과정을 편성 · 운영한다. 가. 1일 4~5시간을 기준으로 편성한다. 나. 일과 운영에 따라 확장하여 편성할 수 있다. 다. 누리과정을 바탕으로 각 기관의 실정에 적합한 계획을 수립하여 운영한다. 라. 하루 일과에서 바깥 놀이를 포함하여 유아의 놀이가 충분히 이루어지도록 편성하여 운영한다.

제4차 어린이집 표준보육과정(2020)	개정 누리과정(2019)
라. 성, 신체적 특성, 장애, 종교, 가족 및 문화적 배경 등으로 인한 차별이 없도록 편성하여 운영한다. 마. 영유아의 발달과 장애 정도에 따라 조정하여 운영한다. 바. 가정과 지역사회와의 협력과 참여에 기반하여 운영한다. 사. 교사 연수를 통해 표준보육과정의 운영이 개선되도록 한다.	마. 성, 신체적 특성, 장애, 종교, 가족 및 문화적 배경 등으로 인한 차별이 없도록 편성하여 운영한다. 바. 유아의 발달과 장애 정도에 따라 조정하여 운영한다. 사. 가정과 지역사회와의 협력과 참여에 기반하여 운영한다. 아. 교사 연수를 통해 누리과정의 운영이 개선되도록 한다.

(2) 교수 · 학습

교수 · 학습은 유아가 즐겁게 놀이하며 스스로 배울 수 있도록 교사가 지원할 때 고려해야 할 사항을 의미한다. 표준보육과정의 교수 · 학습에서는 영유아의 개별 특성을 고려하여 놀이 중심으로 자유롭고 즐기도록 실내 · 외 환경을 구성하고, 영유아의 의사 표현을 존중하고, 민감하게 반응하고, 영유아와 영유아, 영유아와 교사, 영유아와 환경 간에 능동적인 상호작용이 이루어지도록 해야 한다. 또한 각 영역의 내용이 통합적으로 영유아의 경험과 연계되도록 해야 하며, 개별 영유아의 요구에 따라 휴식과 일상생활이 원활히 이루어지도록 해야 한다.

유아 중심 및 놀이 중심을 추구하는 개정 누리과정에서는 교사를 유아의 놀이 지원자로 제안하고 있다. 교사는 놀이의 특성, 의미, 가치를 이해하여 유아가 즐겁게 놀이하면서 배우는 경험을 지원할 수 있다. 교사는 적절하게 환경을 구성하고 유아와 바람직한 상호작용을 통해 유아가 놀이에 몰입하고 놀이를 확장하도록 돕는 역할을 해야 한다. 구체적인 표준보육과정과 누리과정의 교수 · 학습의 내용은 〈표 1-9〉와 같다(교육부, 보건복지부, 2019; 보건복지부, 2020).

표 1-9. **표준보육과정과 누리과정의 교수 · 학습**

제4차 어린이집 표준보육과정(2020)	개정 누리과정(2019)
교사는 다음 사항에 따라 영유아를 지원한다. 가. 영유아의 의사표현을 존중하고 민감하게 반응한다. 나. 영유아가 흥미와 관심에 따라 놀이에 자유롭게 참여하고 즐기도록 한다. 다. 영유아가 놀이를 하며 배우도록 한다. 라. 영유아가 다양한 놀이와 활동을 경험할 수 있도록 실내 · 외 환경을 구성한다. 마. 영유아와 영유아, 영유아와 교사, 영유아와 환경 간에 능동적인 상호작용이 이루어지도록 한다. 바. 각 영역의 내용이 통합적으로 영유아의 경험과 연계되도록 한다. 사. 개별 영유아의 요구에 따라 휴식과 일상생활이 원활히 이루어지도록 한다. 아. 영유아의 연령, 발달, 장애, 배경 등을 고려하여 개별 특성에 적합한 방식으로 배우도록 한다.	교사는 다음 사항에 따라 유아를 지원한다. 가. 유아가 흥미와 관심에 따라 놀이에 자유롭게 참여하고 즐기도록 한다. 나. 유아가 놀이를 통해 배우도록 한다. 다. 유아가 다양한 놀이와 활동을 경험할 수 있도록 실내 · 외 환경을 구성한다. 라. 유아와 유아, 유아와 교사, 유아와 환경 간에 능동적인 상호작용이 이루어지도록 한다. 마. 5개 영역의 내용이 통합적으로 유아의 경험과 연계되도록 한다. 바. 개별 유아의 요구에 따라 휴식과 일상생활이 원활히 이루어지도록 한다. 사. 유아의 연령, 발달, 장애, 배경 등을 고려하여 개별 특성에 적합한 방식으로 배우도록 한다.

(3) 평가

표준보육과정의 평가는 평가의 목적에 따라 적합한 방법을 사용하여 영유아의 특성과 변화 정도 및 표준보육과정의 운영을 평가하게 된다. 평가의 목적은 표준보육과정 운영의 질을 진단하고 개선하기 위해서이며, 평가결과의 활용은 영유아에 대해 이해하고 표준보육과정의 운영 개선을 위한 자료로 활용하게 된다.

개정 누리과정에서 평가는 유치원과 어린이집에서 유아가 중심이 되고 놀이가 살아나는 누리과정의 운영을 되돌아보고 개선해 가는 과정이다. 개정 누리과정은 유치원과 어린이집에서 유아 · 놀이 중심 교육과정을 운영하는 데 도움이 되고자 평가를 간략화하고, 각 기관의 자율적인 평가를 강조하고 있다. 유치원과 어린이집은 평가의 목적, 대상, 방법, 결과의 활용을 바탕으로 누리과정 평가를 자율적으로 실시할 수 있다. 구체적인 표준보육과정과 누리과정의 평가내용은 〈표 1-10〉과 같다(교육부, 보건복지부, 2019; 보건복지부, 2020).

표 1-10. 표준보육과정과 누리과정의 평가

제4차 어린이집 표준보육과정(2020)	개정 누리과정(2019)
평가는 다음 사항에 중점을 두고 실시한다. 가. 표준보육과정 운영의 질을 진단하고 개선하기 위해 평가를 계획하고 실시한다. 나. 영유아의 특성 및 변화 정도와 표준보육과정의 운영을 평가한다. 다. 평가의 목적에 따라 적합한 방법을 사용하여 평가한다. 라. 평가의 결과는 영유아에 대한 이해와 표준보육과정 운영 개선을 위한 자료로 활용할 수 있다.	평가는 다음 사항에 중점을 두고 실시한다. 가. 누리과정 운영의 질을 진단하고 개선하기 위해 평가를 계획하고 실시한다. 나. 유아의 특성 및 변화 정도와 누리과정의 운영을 평가한다. 다. 평가의 목적에 따라 적합한 방법을 사용하여 평가한다. 라. 평가의 결과는 유아에 대한 이해와 누리과정 운영 개선을 위한 자료로 활용할 수 있다.

4) 표준보육과정과 누리과정의 교과 및 교육내용

표준보육과정의 0~1세 보육과정과 2세 보육과정은 기본생활, 신체운동, 의사소통, 사회관계, 예술경험, 자연탐구의 6개 영역을 중심으로 구성되어 있으며, 3~5세 누리과정은 신체운동·건강, 의사소통, 사회관계, 예술경험, 자연탐구의 5개 영역을 중심으로 구성되어 있다. 여기에서 표준보육과정 6개 영역과 누리과정 5개 영역은 교과에 해당되며, 내용범주와 내용이 교과내용에 해당된다고 할 수 있다. 그리고 내용범주에 따른 내용을 유아교육현장에서 실천 지도함으로써 표준보육과정 6개 영역과 누리과정 5대 영역별 세부목표 → 목표 → 목적을 순차적으로 구현하게 된다. 영역별로 표준보육과정과 누리과정을 비교해서 살펴보면 다음과 같다.

(1) 기본생활

기본생활 영역에서는 건강과 안전에 대한 지식, 기술, 태도를 배우고 익히며 올바른 습관을 길러 자신의 건강과 안전을 자기 스스로 보호하고 타인을 존중하며 즐겁게 생활하도록 하는 영역이다. 그리고 청결과 위생, 수면과 휴식, 바른 식생활, 의생활 및 심신의 건강을 바탕으로 발달을 촉진시키고, 위험 요인과 상황에 대해 알고 안전하게 대처하는 능력을 길러서 자신과 타인을 보호하도록 하는 영역이다. 표준보육과정과 누리과정 기본생활 영역의 연령과 내용에 따른 구체적인 내용은 〈표 1-11〉과 같다(교육부, 보건복지부, 2019; 보건복지부, 2020).

표 1-11. 기본생활 영역의 내용범주와 내용

제4차 어린이집 표준보육과정(2020)				누리과정(2019)	
0~1세		2세		3~5세	
내용범주	내용	내용범주	내용	내용범주	내용
건강하게 생활하기 (4)	① 도움을 받아 몸을 깨끗이 한다.	건강하게 생활하기 (4)	① 자신의 몸을 깨끗이 해 본다.	건강하게 생활하기 (4)	① 자신의 몸과 주변을 깨끗이 한다.
	② 음식을 즐겁게 먹는다.		② 음식에 관심을 가지고 즐겁게 먹는다.		② 몸에 좋은 음식에 관심을 가지고 바른 태도로 즐겁게 먹는다.
	③ 하루 일과를 편안하게 경험한다.		③ 하루 일과를 즐겁게 경험한다.		③ 하루 일과에서 적당한 휴식을 취한다.
	④ 배변의사를 표현한다.		④ 건강한 배변습관을 갖는다.		④ 질병을 예방하는 방법을 알고 실천한다.
안전하게 생활하기 (3)	⑤ 안전한 상황에서 놀이하고 생활한다.	안전하게 생활하기 (3)	⑤ 일상에서 안전하게 놀이하고 생활한다.	안전하게 생활하기 (3)	⑤ 일상에서 안전하게 놀이하고 생활한다.
	⑥ 안전한 상황에서 교통수단을 이용해 본다.		⑥ 교통수단을 안전하게 이용해 본다.		⑥ TV, 컴퓨터, 스마트폰 등을 바르게 사용한다.
	⑦ 위험하다는 말에 주의한다.		⑦ 위험한 상황에 대처하는 방법을 경험한다.		⑦ 교통안전 규칙을 지킨다.
					⑧ 안전사고, 화재, 재난, 학대, 유괴 등에 대처하는 방법을 경험한다.

(2) 신체운동

신체운동 영역에서는 영유아 자신의 신체를 긍정적으로 인식하고, 즐겁게 신체활동에 참여함으로써 영유아기에 필요한 기본운동능력을 기르도록 하는 것이다. 즉, 기본적인 감각능력을 키우고, 자신의 신체를 긍정적으로 인식하며, 신체를 조절하고, 기본운동능력을 기르고, 신체활동에 즐겁게 참여하도록 하는 것이다. 표준보육과정과 누리과정 신체운동 영역의 연령과 내용에 따른 구체적인 내용은 〈표 1-12〉와 같다(교육부, 보건복지부, 2019; 보건복지부, 2020).

표 1-12. 신체운동 영역의 내용범주와 내용

제4차 어린이집 표준보육과정(2020)				누리과정(2019)	
0~1세		2세		3~5세	
내용범주	내용	내용범주	내용	내용범주	내용
감각과 신체 인식하기 (3)	① 감각적 자극에 반응한다.	감각과 신체 인식하기 (2)	① 감각 능력을 활용한다.	신체활동 즐기기 (4)	① 신체를 인식하고 움직인다.
	② 감각으로 주변환경을 탐색한다.		② 신체를 인식하고 움직인다.		② 신체 움직임을 조절한다.
	③ 신체를 탐색한다.		③ 대·소근육을 조절한다.		③ 기초적인 이동운동, 제자리 운동, 도구를 이용한 운동을 한다.
신체 활동하기 (3)	④ 대·소근육을 조절한다.	신체 활동하기 (3)	④ 기본 운동을 즐긴다.		④ 실내·외 신체활동에 자발적으로 참여한다.
	⑤ 기본 운동을 시도한다.		⑤ 실내·외 신체활동을 즐긴다.		
	⑥ 실내·외 신체활동을 즐긴다.				

(3) 의사소통

의사소통 영역에서는 영유아가 듣고 말하는 것을 즐기며, 상황에 맞은 언어를 익혀 바른 언어생활을 하도록 하고 일상생활에서 필요한 의사소통능력과 기초적인 문해능력을 기르도록 하는 데 초점을 두고 있다. 이를 위해 다른 사람의 이야기를 주의 깊게 듣는 태도와 이해력을 기르고, 바르게 말하는 태도와 정확한 발음으로 자신의 느낌, 생각, 경험을 말로 표현하고, 주위의 사람들과 대화하고 여럿이 함께 토론하며 서로의 의견을 나누는 경험을 하고, 글과 글자에 친숙해지는 경험을 통해 읽기와 쓰기에 흥미를 갖도록 하는 것이다. 표준보육과정과 누리과정 의사소통 영역의 연령과 내용에 따른 구체적인 내용은 〈표 1-13〉과 같다(교육부, 보건복지부, 2019; 보건복지부, 2020).

표 1-13. 의사소통 영역의 내용범주와 내용

제4차 어린이집 표준보육과정(2020)				누리과정(2019)	
0~1세		2세		3~5세	
내용범주	내용	내용범주	내용	내용범주	내용
듣기와 말하기 (3)	① 표정, 몸짓, 말과 주변의 소리에 관심을 갖고 듣는다.	듣기와 말하기 (4)	① 표정, 몸짓, 말에 관심을 갖고 듣는다.	듣기와 말하기 (6)	① 말이나 이야기를 관심 있게 듣는다.
	② 상대방의 이야기를 들으면서 말소리를 낸다.		② 상대방의 이야기를 듣고 말한다.		② 상대방이 하는 이야기를 듣고 관련해서 말한다.
	③ 표정, 몸짓, 말소리로 의사표현을 한다.		③ 표정, 몸짓, 단어 또는 문장으로 의사표현을 한다.		③ 자신의 경험, 느낌, 생각을 말한다.
			④ 자신의 요구와 느낌을 말한다.		④ 상황에 적절한 단어를 사용하여 말한다.
					⑤ 바른 태도로 듣고 말한다.
					⑥ 고운 말을 사용한다.

제4차 어린이집 표준보육과정(2020)				누리과정(2019)	
0~1세		2세		3~5세	
내용범주	내용	내용범주	내용	내용범주	내용
읽기와 쓰기에 관심 가지기 (2)	④ 주변의 그림과 상징에 관심을 가진다.	읽기와 쓰기에 관심 가지기 (2)	⑤ 주변의 그림과 상징, 글자에 관심을 가진다.	읽기와 쓰기에 관심 가지기 (3)	⑦ 말과 글의 관계에 관심을 가진다.
	⑤ 끼적이기에 관심을 가진다.		⑥ 끼적이며 표현하기를 즐긴다.		⑧ 주변의 상징, 글자 등의 읽기에 관심을 가진다.
					⑨ 자신의 생각을 글자와 비슷한 형태로 표현한다.
책과 이야기 즐기기 (2)	⑥ 책에 관심을 가진다.	책과 이야기 즐기기 (2)	⑦ 책에 관심을 가지고 상상한다.	책과 이야기 즐기기 (3)	⑩ 책에 관심을 가지고 상상하기를 즐긴다.
	⑦ 이야기에 관심을 가진다.		⑧ 말놀이와 이야기에 재미를 느낀다.		⑪ 동화, 동시에서 말의 재미를 느낀다.
					⑫ 말놀이와 이야기 짓기를 즐긴다.

(4) 사회관계

사회관계 영역에서는 영유아 자신에 대한 존중감을 키우고, 자신과 다른 사람의 정서를 인식하고, 이를 사회적 관계에서 적절히 조절하여 활용할 수 있도록 하며, 가족, 또래, 지역사회와 긍정적인 관계를 형성하고, 유능한 사회구성원으로 기능하게 하기 위해서 필요한 사회적 지식을 획득하도록 한다. 그리고 자신의 독특한 자아에 대해 인식하고 자신감과 독립심을 기르고, 자신과 다른 사람의 정서를 이해하고 표현하며, 자신의 정서를 조절하고 활용하도록 한다. 또한 예의 바른 행동과 약속의 중요성을 알며, 우리나라와 다양한 문화에 대해 관심을 가져 더불어 살아가는 능력을 기르는 영역이다. 표준보육과정과 누리과정 사회관계 영역의 연령과 내용에 따른 구체적인 내용은 〈표 1-14〉와 같다(교육부, 보건복지부, 2019; 보건복지부, 2020).

표 1-14. 사회관계 영역의 내용범주와 내용

제4차 어린이집 표준보육과정(2020)				누리과정(2019)	
0~1세		2세		3~5세	
내용범주	내용	내용범주	내용	내용범주	내용
나를 알고 존중하기 (3)	① 나를 인식한다.	나를 알고 존중하기 (3)	① 나와 다른 사람을 구별한다.	나를 알고 존중하기 (3)	① 나를 알고 소중히 여긴다.
	② 나의 욕구와 감정을 나타낸다.		② 나의 감정을 표현한다.		② 나의 감정을 알고 상황에 맞게 표현한다.
	③ 나와 친숙한 것을 안다.		③ 내가 좋아하는 것을 한다.		③ 내가 할 수 있는 것을 스스로 한다.
더불어 생활하기 (4)	④ 안정적인 애착을 형성한다.	더불어 생활하기 (4)	④ 가족에게 관심을 가진다.	더불어 생활하기 (6)	④ 가족의 의미를 알고 화목하게 지낸다.
	⑤ 또래에게 관심을 가진다.		⑤ 또래와 함께 놀이한다.		⑤ 친구와 서로 도우며 사이좋게 지낸다.
	⑥ 다른 사람의 감정과 행동에 관심을 가진다.		⑥ 다른 사람의 감정과 행동에 반응한다.		⑥ 친구와의 갈등을 긍정적인 방법으로 해결한다.
	⑦ 반에서 편안하게 지낸다.		⑦ 반에서의 규칙과 약속을 알고 지킨다.		⑦ 서로 다른 감정, 생각, 행동을 존중한다.
					⑧ 친구와 어른께 예의 바르게 행동한다.
					⑨ 약속과 규칙의 필요성을 알고 지킨다.
				사회에 관심 가지기 (3)	⑩ 내가 살고 있는 곳에 대해 궁금한 것을 알아본다.
					⑪ 우리나라에 대해 자부심을 가진다.
					⑫ 다양한 문화에 관심을 가진다.

(5) 예술경험

예술경험 영역에서는 주변의 친근한 환경과 생활에서 예술적 요소에 관심을 보이고 흥미롭게 경험하고 즐김으로써 창의성과 감정을 기르고자 한다. 주변 생활에서 발견한 단순한 예술적 요소로부터 점차 다양한 요소까지 아름다움에 관심을 보이고 탐색하며, 자신의 생각과 느낌을 음악, 움직임과 춤, 극놀이, 미술활동으로 표현하는 것을 즐기며 점차 다양하고 창의적으로 표현하며, 생활에서 자연, 사물, 예술 작품들을 보고 즐기도록 하는 활동으로 구성되어 있다. 표준보육과정과 누리과정 예술경험 영역의 연령과 내용에 따른 구체적인 내용은 〈표 1-15〉와 같다(교육부, 보건복지부, 2019; 보건복지부, 2020).

표 1-15. 예술경험 영역의 내용범주와 내용

제4차 어린이집 표준보육과정(2020)				누리과정(2019)	
0~1세		2세		3~5세	
내용범주	내용	내용범주	내용	내용범주	내용
아름다움 찾아보기 (2)	① 자연과 생활에서 아름다움을 느낀다.	아름다움 찾아보기 (2)	① 자연과 생활에서 아름다움을 느끼고 즐긴다.	아름다움 찾아보기 (2)	① 자연과 생활에서 아름다움을 느끼고 즐긴다.
	② 아름다움에 관심을 가진다.		② 아름다움에 관심을 갖고 찾아본다.		② 예술적 요소에 관심을 갖고 찾아본다.
창의적으로 표현하기 (3)	③ 소리와 리듬, 노래로 표현한다.	창의적으로 표현하기 (4)	③ 익숙한 노래와 리듬을 표현한다.	창의적으로 표현하기 (5)	③ 노래를 즐겨 부른다.
	④ 감각을 통해 미술로 표현한다.		④ 움직임과 춤으로 자유롭게 표현한다.		④ 신체, 사물, 악기로 간단한 소리와 리듬을 만들어 본다.
	⑤ 모방행동을 즐긴다.		⑤ 미술 재료와 도구로 표현해 본다.		⑤ 신체나 도구를 활용하여 움직임과 춤으로 자유롭게 표현한다.

제4차 어린이집 표준보육과정(2020)				누리과정(2019)	
0~1세		2세		3~5세	
내용범주	내용	내용범주	내용	내용범주	내용
			⑥ 일상생활 경험을 상상놀이로 표현한다.		⑥ 다양한 미술 재료와 도구로 자신의 생각과 느낌을 표현한다.
					⑦ 극놀이로 경험이나 이야기를 표현한다.
				예술 감상하기 (3)	⑧ 다양한 예술을 감상하며 상상하기를 즐긴다.
					⑨ 서로 다른 예술 표현을 존중한다.
					⑩ 우리나라 전통 예술에 관심을 갖고 친숙해진다.

(6) 자연탐구

자연탐구 영역에서는 주변의 사물과 자연현상을 지각하고 호기심을 가지며, 지속적으로 탐구하는 태도를 가지며 문제해결을 위한 기초능력을 기르고, 자연을 사랑하는 마음을 가지도록 한다. 또한 일상생활의 여러 상황과 문제를 수학적으로 이해하고 해결하기 위해서 기초능력을 기르고, 주변 사물과 자연현상에 대한 기초 지식을 쌓고 자연을 사랑하는 마음을 가지도록 한다. 표준보육과정과 누리과정 자연탐구 영역의 연령과 내용에 따른 구체적인 내용은 〈표 1-16〉과 같다(교육부, 보건복지부, 2019; 보건복지부, 2020).

표 1-16. **자연탐구 영역의 내용범주와 내용**

제4차 어린이집 표준보육과정(2020)				누리과정(2019)	
0~1세		2세		3~5세	
내용범주	내용	내용범주	내용	내용범주	내용
탐구과정 즐기기 (2)	① 주변 세계와 자연에 대해 호기심을 가진다.	탐구과정 즐기기 (2)	① 주변 세계와 자연에 대해 호기심을 가진다.	탐구과정 즐기기 (3)	① 주변 세계와 자연에 대해 지속적으로 호기심을 가진다.
	② 사물과 자연을 탐색하기를 즐긴다.		② 사물과 자연을 반복하여 탐색하기를 즐긴다.		② 궁금한 것을 탐구하는 과정에 즐겁게 참여한다.
					③ 탐구과정에서 서로 다른 생각에 관심을 가진다.
생활 속에서 탐구하기 (4)	③ 친숙한 물체를 감각으로 탐색한다.	생활 속에서 탐구하기 (6)	③ 친숙한 물체의 특성과 변화를 감각으로 탐색한다.	생활 속에서 탐구하기 (7)	④ 물체의 특성과 변화를 여러 가지 방법으로 탐색한다.
	④ 물체의 수량에 관심을 가진다.		④ 물체의 수량에 관심을 가진다.		⑤ 물체를 세어 수량을 알아본다.
	⑤ 주변 공간과 모양을 탐색한다.		⑤ 주변 공간과 모양을 탐색한다.		⑥ 물체의 위치와 방향, 모양을 알고 구별한다.
	⑥ 규칙성을 경험한다.		⑥ 규칙성에 관심을 가진다.		⑦ 일상에서 길이, 무게 등의 속성을 비교한다.
			⑦ 주변 사물을 같고 다름에 따라 구분한다.		⑧ 주변에서 반복되는 규칙을 찾는다.
			⑧ 생활도구에 관심을 가진다.		⑨ 일상에서 모은 자료를 기준에 따라 분류한다.
					⑩ 도구와 기계에 대해 관심을 가진다.

<table>
<tr><th colspan="4">제4차 어린이집 표준보육과정(2020)</th><th colspan="2">누리과정(2019)</th></tr>
<tr><th colspan="2">0~1세</th><th colspan="2">2세</th><th colspan="2">3~5세</th></tr>
<tr><th>내용범주</th><th>내용</th><th>내용범주</th><th>내용</th><th>내용범주</th><th>내용</th></tr>
<tr><td rowspan="3">자연과 더불어 살기 (2)</td><td>⑦ 주변의 동·식물에 관심을 가진다.</td><td rowspan="3">자연과 더불어 살기 (2)</td><td>⑨ 주변의 동·식물에 관심을 가진다.</td><td rowspan="3">자연과 더불어 살기 (3)</td><td>⑪ 주변의 동·식물에 관심을 가진다.</td></tr>
<tr><td>⑧ 날씨의 변화를 감각으로 느낀다.</td><td>⑩ 날씨와 계절의 변화를 감각으로 느낀다.</td><td>⑫ 날씨와 계절의 변화를 생활과 관련짓는다.</td></tr>
<tr><td></td><td></td><td>⑬ 생명과 자연환경을 소중히 여긴다.</td></tr>
</table>

Chapter 02

교과교육의 교수학습 모형

배울 내용

1. 유아교사의 교과교육 향상을 위한 학습모형
2. 유아의 교과교육 향상을 위한 학습모형

학습목표

1. 유아교사를 위한 학습모형의 유형을 살펴보고, 효율적인 유아교육과정 운영방안에 대해 모색해 본다.
2. 유아를 위한 학습모형의 특징을 이해하고, 유아들에게 적용하는 구체적인 기법을 숙지한다.

1 유아교사의 교과교육 향상을 위한 학습모형

유아교육에 있어 유아교사의 역량은 무엇보다 중요한 요인 중의 하나이다. 즉, 유아들을 대상으로 효율적으로 교과교육이 이루어지기 위해서는 먼저 유아교사가 교과교육 향상을 위한 다양한 방법들을 모색해 보는 것이 필요하다. 유아교육과정을 효율적으로 운영하기 위한 유사교사의 학습모형은 크게 교과교육학지식 증진 및 실천적 지식 형성을 위한 학습모형과 유아교사의 인지조절능력 향상을 통한 실제 상황에서의 실천력 증진을 위한 학습모형으로 구분할 수 있다〈표 2-1〉. 구체적으로 전자에는 반성적 교수학습 접근, 개념도 학습전략 접근, 문제기반학습 접근 및 교과교육학적 증진 접근이 대표적이며, 후자는 5E 학습모형과 인지조절모형이 대표적이라고 할 수 있으며(양수영, 2014), 반성적 사고를 위한 교사의 저널쓰기의 사례는 〈표 2-2〉와 같다.

표 2-1. **유아교사를 위한 학습모형의 유형**

구분		내용
교과교육학지식 증진 및 실천적 지식 형성을 위한 학습모형	반성적 교수학습 접근	반성적 사고는 수업 상황에서 자신의 교수 행동을 분석하고 평가하여 그 결과를 반영하여 문제를 해결해 나가는 사고과정을 의미한다. 반성적 교수학습 수업모형의 가장 큰 특징은 유아교사 스스로 자신의 학습과정에 능동적으로 참여하여 실제에 적용 가능한 실천적 지식 구성을 목적으로 하며, 이를 위해 유아교사에게 반성적 사고를 하도록 기회를 제공하는 것이다. 반성적 사고를 통하여 교사는 자신의 수업을 되돌아볼 수 있고, 이론적인 지식 및 경험을 통해 수업의 과정과 내용을 다시 구성하여 수업을 더욱 효과적으로 운영하게 된다.
	개념도 학습전략 접근	개념도 학습전략의 가장 큰 특징은 유아교사로 하여금 학습내용에 대해 유의미한 학습이 이루어지도록 학습내용에 대한 개념도를 계속적으로 작성해 보고 반성적 평가를 해 보도록 하는 활동을 제공하는 것이다.
	문제기반학습 접근	문제기반학습 수업모형의 가장 큰 특징은 학습이론과 실제와의 괴리를 해결하고자 실제와 이론을 관련시켜 새로운 실천적 지식을 창출해 내기 위한 목적으로 유아교사에게 교과교육내용과 실제와 연계된 학습문제를 제시하고, 이를 해결하기 위해 자기주도적으로 학습과정에 참여하도록 하는 것이다.

구분		내용
	교과교육학적 증진 접근	교과교육학지식 증진을 위한 수업모형은 유아교사로 하여금 교과교육을 어떻게 교육 해야하는지 이해를 높일 수 있고, 특히 유아를 대상으로 한 교과교육 실제를 계획하는 데 도움을 주며, 교과 운영에 자신감을 갖도록 도움을 준다. 즉, 교과교육학지식을 이해하는 과정과 이를 바탕으로 수업을 계획, 실행, 평가해 보는 과정, 그리고 일상생활 주제에 따라 수업을 계획하여 실행하고, 평가하는 과정이 포함된다.
유아교사의 인지조절능력 향상을 통한 실제 상황에서의 실천력 증진을 위한 학습모형	5E 학습모형	5E 수업모형은 5단계의 탐구활동, 즉 참여단계(engage), 탐구단계(explore), 설명단계(explain), 정교화단계(elaborate), 평가단계(evaluate)로 되어 있다. 이러한 5단계 탐구과정을 통해 유아교사로 하여금 교과교육학지식에 대한 이해를 증진시키고, 실천력 증진을 도모하고자 하는 것이다.
	인지조절 학습모형	인지조절 수업모형은 3개의 하위 전략을 사용하는데, 첫째, 인지학습 전략, 둘째, 인지통제를 위한 메타인지전략, 셋째, 자원관리 전략이다. 인지학습 전략은 시연, 정교화, 조직화 전략으로 교과교육지식을 계속 자신과 연계하여 사고하도록 함으로써 시연 전략을 사용하여 배운 학습을 반복적으로 떠올리게 하는 것이며, 정교화 전략을 통해 자신과 관련지어 보거나 질문해 보게 하는 것이다. 또한 조직화 전략을 사용하여 중요한 정보들을 선택하도록 한다. 인지통제를 위한 메타인지 전략은 위에서 사용한 인지학습 전략 과정에 대해 스스로 그 과정을 생각해 보도록 하는 것을 의미하며, 계획, 관리, 조절로 나누어지는데, 즉 현재 내가 무슨 전략을 사용하고 있는지 파악하고 계획해 보며, 학습과정을 평가하고 관리하고 조절하는 것이다. 자원관리전략은 시간, 노력, 환경, 교사 및 또래를 포함한 인적 자원을 관리하는 것을 의미한다. 자원관리전략을 통해 학습자는 그 어떤 상황에서도 스스로 학습에 동기화가 가능하다.

표 2-2. 반성적 사고를 위한 교사의 저널쓰기

오늘은 우리동네에 있는 여러 가지 기관들 중에서 병원에 대한 수업을 전개하였다. 병원은 어떤 곳인가? 병원에서는 무슨 일을 하는가? 병원에는 어떤 사람들이 있는가? 병원에서 사용하는 도구나 물건은 어떤 것들이 있는가? 등등에 대해 이야기를 나누었다. OO이가 통합수업에 잘 적응하는 편이라 일어서지도 않고 수업에 잘 참여해 주어 뿌듯한 마음도 들었다. ◇◇는 옆 친구의 도움으로 수업에 잘 적응하고 있다. 병원놀이를 한다는 기대감으로 유아들이 수업에 집중을 잘하지 못하는 듯했다. 더구나 학교 일로 복도에 사람들이 왔다 갔다 하자 힐끗힐끗 쳐다보며 더욱더 집중을 못하는 것 같아 속상했다. 학교 일 등 바쁜 일정으로 수업을 급하게 마무리하다 보니 제대로 수업 정리가 이루어지지 않았다. 유아들이 좀 더 수업에 적극적으로 참여하고 집중할 수 있도록 동기유발이나 주의 집중 방법에 대해서 신경을 써야 할 것 같았다.

출처: 박수옥(2003). 수업에 대한 반성적 사고가 유아특수교사의 발문과 피드백에 미치는 영향. 공주대학교 특수교육대학원 석사학위논문.

2 유아의 교과교육 향상을 위한 학습모형

유아와 상호작용을 하면서 유아를 가르치는 교수학습 모형에는 매우 다양한 교수학습모형이 개발되어 적용되어 왔는데, 여기서는 직접교수모형, 자율적 협동학습 모형, 문제중심학습 모형, 창의적 문제해결 모형 및 게임기반 학습모형으로 구분하여 살펴보면 다음과 같다(김근영, 2008; 김유진, 2017; 김은지, 2019; 박지훈, 2021; 이현민, 2011).

1) 직접교수모형

(1) 직접교수의 개념

직접교수모형(direct instruction model)은 교사가 주도적으로 학습활동을 조직하고 리드하는 교수모형이다. 즉, 직접교수모형에서의 학습과제들은 유아들이 수행성취 기준에 도달할 때까지 교사가 유아들에게 어떻게 과제를 성취하는지에 대해 설명하고 안내하는 과정을 거치도록 체계적으로 구조화된다. 따라서 직접교수모형은 교사 중심적인 의사결정과 교사 주도적인 유아들의 수업참여를 특징으로 한다고 할 수 있다.

이러한 직접교수모형의 목적은 유아들이 과제연습에 높은 비율로 참여하도록 수업시간과 자원들을 최대한 효율적으로 이용하는 것이다. 직접교수모형에서 교사는 명확한 학습목표를 가지고 유아들에게 기술·기능 및 개념을 교사의 시범을 포함한 모형(model)과 함께 제시하며, 유아들이 과제를 연습하고 있을 때에는 긍정적, 교정적 피드백과 같은 가능한 많은 강화 피드백을 사용하면서 유아들의 학습활동을 주도하고 조절하게 된다. 따라서 유아들은 많은 의사결정을 할 수 없으며 교사의 지도에 충실히 따르도록 유도한다. 이 모형의 핵심은 유아들이 교사의 지도하에 가능한 많이 연습하게 하며 교사로 하여금 유아들이 연습하는 것을 관찰(monitoring)하고, 유아들에게 긍정적이고 교정적인 피드백을 제공하는 비율을 높이게 하는 것이라고 할 수 있다. 로젠샤인(Rosenshine, 1983)이 주장하고 있는 직접교수를 사용하는 교사들은 학생의 학업 성취를 증진하기 위해 미리 정해져 있는 일련의 활동들을 〈표 2-3〉과 같이 실행하게 된다.

표 2-3. 직접교수를 사용하는 교사들의 활동

- 교사는 학습을 구조화한다.
- 교사는 각 수업 단계를 활기차게 진행한다.
- 교사는 상세하고 풍부한 수업과 설명을 한다.
- 교사는 많은 질문을 하고 명확하고, 활동적인 연습을 제공한다.
- 교사는 학습 초기 단계에서 피드백을 제공하고, 잘못된 부분을 교정해 준다.
- 학생은 초기 학습과제에서 80% 이상의 성공률을 달성할 수 있어야 한다.
- 교사는 많은 양의 학습과제를 소량의 과제로 세분한다.
- 학생이 학습과제를 자신감 있고 정확한 동작으로 90~100%의 성공률에 도달할 수 있도록 많은 연습 시간을 제공한다.

그리고 직접교수의 한 차시 수업에는 하나 또는 여러 과제들이 포함된다. 이것은 직접교수모형의 독특한 교수·학습 과정 형태를 결정하는 수업의 수준이 된다. 로젠샤인(Rosenshine, 1983)은 직접교수모형을 활용한 수업의 단계를 〈표 2-4〉와 같이 제시하고 있다.

표 2-4. 직접교수모형을 활용한 수업의 단계

단계	구분	내용
1	전시 과제복습	• 도입은 이전 수업의 간단한 복습으로 시작되어야 한다. • 전시에 배웠던 핵심적인 기능이나 개념들을 다루어야 한다. • 복습은 교사가 학생들의 학습정도를 이해하는 데 도움을 주고 학생들로 하여금 전시 수업내용을 회상하도록 도와주어 학습환경을 즉각적으로 조성할 수 있도록 해 주며 전시수업과 본시수업의 학습과제를 연결해 준다.
2	새로운 과제제시	• 학생들은 새로운 수업내용(기능, 지식, 개념)이 무엇이고 그것을 어떻게 수행해야 하는지에 관한 언어적·시각적 정보를 이 단계에서 얻게 된다. • 교사는 학생들이 능숙한 수행이 어떤 모습인지 인식할 수 있도록 시범을 포함한 다양한 모델을 제공한다.

단계	구분	내용
3	초기과제 연습	• 연습과제는 높은 비율의 학습자반응기회(opportunities to respond: OTR)을 가져야 하며 교사는 높은 비율의 교정적인 피드백을 제공하기 위해 지속적인 관찰(monitoring)을 해야 한다. • 연습과제는 학생들이 80%의 성공률에 도달할 때까지 계속되어야 한다.
4	피드백 및 교정	• 교사는 학습과제가 연습되는 초기 또는 각 과제 사이에 학생들에게 강화 피드백을 제공하고 능숙한 수행을 할 수 있도록 학생들을 교정해야 한다. • 교사는 몇 가지 중요한 수행 단서들을 다시 가르칠 수 있으며, 심지어는 학생들이 다음 과제로 이동할 준비가 되었는지 확인하기 위해 몇 가지 초기학습과제를 되풀이 할 수도 있다.
5	독자적인 연습	• 교사는 학생들이 기본적인 연습과제에 능숙해졌다는 확신이 들면, 학생들이 좀 더 독자적으로 연습하도록 계획할 수 있다. • 교사는 주도적으로 학습활동을 계획하고 학생들에게 일방적으로 과제를 제시하지만 진도에 대해서는 학생들 스스로 결정할 수 있도록 한다. • 독자적인 연습은 학생들의 학습자반응기회 비율을 높인다. 학생들은 교사가 단서를 제공하거나 그들의 연습을 관찰해 줄 때까지 기다리지 않기 때문이다. • 교사가 새로운 과제로 이동하기 전에 각 과제에 대한 95%의 성공률을 성취하는 것이 목표다.
6	본시복습	• 본시 학습과제에 대한 복습을 통해 교사는 학생들의 본시학습 내용에 대한 이해와 성취를 확인하고 학생들로 하여금 새로운 내용이 이전의 수업내용을 토대로 만들어진다는 것을 주지하도록 돕는다.

직접교수모형은 직접교수전략(direct teaching strategies)과 동일한 개념이 아님을 주지해야 한다. 직접교수모형은 수많은 직접교수전략들을 통합하는 동시에 교사의 의사결정과 학생들의 참여유형에 기초한 일련의 단계들을 가지고 있다. 따라서 직접교수전략은 다른 모형에서도 활용이 가능하다(Metzler, 2007).

(2) 교수 · 학습의 특징

모든 수업모형들은 가장 효과적인 학습방법에 대한 다른 시각과 가정들에 기반을 두고 있다. 따라서 각 모형들은 다른 정도의 직접성(directness)을 지니고 있다. 직접적(direct)이라는 것은 교사가 교수 상호작용의 시작과 의사결정에 대한 대부분의 또는 모두의 책임을 가진다는 것을 의미한다. 직접교수모형의 교수 · 학습의 특징을 살펴보면 〈표 2-5〉와 같다(김근영, 2008).

표 2-5. 교수 · 학습의 특징

구분	특징	내용
내용선정	교사가 내용을 선정한다.	교사는 내용 선정에 대한 완전한 통제권을 가지고 있다. 교사는 단원에 포함될 내용, 학습과제의 순서, 학생들의 내용 숙달에 대한 수행 기준을 결정한다. 학생들은 교사로부터 이러한 정보를 받고 단원 내내 그것을 따르게 된다.
수업관리	교사가 수업규칙을 결정한다.	교사는 지도할 단원에 대한 관리상의 계획, 수업방침 · 규정, 그리고 특정한 상규적 활동들을 결정한다. 수업 운영의 효율성을 극대화하기 위해 통제가 지속적으로 이루어진다.
과제제시	교사가 과제제시를 계획하고 통제한다.	교사는 모든 과제제시를 계획하고 통제한다. 그러나 교사가 항상 본보기(model)가 된다는 것을 의미하지 않는다. 다른 학생들이나 시청각 자료들을 통해 학생들이 수행해야 할 기능이나 학습과제에 대한 시각적, 언어적 설명을 제공할 수 있다. 과제제시는 수업에 참여하는 모든 학생들에게 한번에 이루어진다.
참여유형	교사가 참여유형을 결정한다.	다양한 학생 참여 유형이 직접 교수에서 사용될 수 있다(예를 들어, 개별 연습, 파트너 연습, 소집단 연습, 스테이션 학습 및 전체 집단 연습 등). 이 유형들의 공통점은 교사가 참여 유형을 결정하고, 이 유형을 조직하고 유지하는 방법을 학생들에게 지시한다는 점이다.
상호작용	교사가 상호작용을 시작하고 통제한다.	거의 모든 지도상의 상호작용은 교사에 의해 시작되고 통제된다. 교사는 강화 피드백을 제공하는 주요 제공자이고 수업의 모든 질의응답 부분을 주관한다. 이는 학생들의 질문이 금지되었음을 의미하는 것이 아니고 단지 교사가 학생의 질문이 나올 시간을 미리 정한다는 사실을 의미한다.
학습진도	교사는 초기과제의 학습 진도를 통제하지만, 독자적인 연습단계에서는 학생들이 학습진도를 스스로 결정한다.	교사는 학생들이 연습을 할 때, 특히 초기 학습과제에서 학습진도를 확고하게 통제한다. 교사는 학생들이 연습할 때마다 언제 시작하고 언제 멈춰야 하는가를 말함으로써 학습 계열상 초기에 각 연습시도에 대한 사려 깊은 단서를 줄 수도 있다. 단서들은 교사가 학생들의 기능 연습들을 보다 잘 분석하고 피드백을 제공하기 위해 학생들의 모든 연습들을 관찰(monitoring)할 수 있도록 도와준다.

구분	특징	내용
과제전개	교사가 과제이동의 결정을 내린다.	교사는 하나의 학습과제에서 다음의 학습과제로 이동하는 시기에 대한 모든 결정을 내린다. 이 결정들은 교사가 정한 과제 숙달 기준을 바탕으로 이루어진다(예, 90% 정확한 동작으로). 대부분 혹은 모든 학생들이 이 기준에 이르게 되면, 교사는 다음 학습과제로 수업을 이동한다.

2) 자율적 협동학습 모형

(1) 자율적 협동학습 모형의 개념

자율적 협동학습은 1985년 케이건(Spencer Kagan)이 개발한 모형으로 학급에서 정한 학습주제를 수행하기 위하여 모둠별 협동학습과 학급 전체 협동을 통해 과제를 해결하는 구조의 협동학습이다(정문성, 2004). 이 모형에서는 교사가 제시한 포괄적 주제에 대해 학급 전체가 토론 과정을 거쳐 학습주제를 직접 선정하고 주제를 세분화한다. 이질적으로 구성된 모둠은 흥미에 따라 모둠 주제를 선택하고, 각 모둠별로 구성원은 모둠 주제를 완성하기 위한 소주제를 선택한다. 구성원별 소주제를 바탕으로 모둠 주제를 완성하고, 각 모둠 주제가 함께 모여 학급 전체의 학습주제를 달성하도록 하는 구조이다.

자율적 협동학습은 모둠 내 협동뿐 아니라 모둠 간 상호 협동을 통하여 학급 전체의 학습주제를 달성하도록 되어 있는 협동적 프로젝트(CP) 유형으로 교과에 상관없이 적용할 수 있으며, 일반적인 절차를 제안해 주는 접근법이다. 이러한 접근법은 협동학습을 다양한 분야에서 창의적으로 적용할 수 있는 장점이 있지만 협동학습을 효과적으로 운영하기 위해서는 교사가 협동학습 철학이나 기본 원리를 잘 인식하고 있어야 가능하다(전성연 외, 2007).

(2) 자율적 협동학습의 특징

자율적 협동학습은 학습자의 학습주제에 관한 자연적인 호기심, 지적 능력, 표현력을 이끌어 내고 발달시키는 것에 있으며, 그 과정에서 경험한 것을 서로 나누는 것 자체에 의미를 두고 있다. 따라서 학습자의 참여에 대한 외적 보상을 제공하는 것보다 활동 그 자체를 학습의 가장 중요한 요소로 본다.

모둠 내 협동과 모둠 간 협동을 통해 학급 전체의 학습주제와 관련해서 서로 학습 정보를 공유하고 협동하여 완성하는 구조적 특징이 있다. 이는 모둠 내 협동을 바탕으로 모둠 간 경쟁을 하는 팀성취분담학습(Student Team Achievement Division: STAD) 혹은 팀경쟁학습(Team Games Tournaments: TGT) 같은 협동학습 모형과 달리 집단 구성원들이 함께 학습하여 이해의 폭을 넓힐 기회를 최대한 제공할 뿐 아니라 학급 전체가 각 집단의 협동을 통한 결과물을 공유할 수 있도록 하여 다른 집단과 함께 이득을 얻게 된다.

이러한 특징을 바탕으로 한 자율적 협동학습 모형의 장점은, 첫째, 교사가 제시한 포괄적 학습주제의 범주에서 학습자가 학습주제를 직접 선택한다는 점이다. 학습주제를 학급토론을 통해서 선정하고 학습자는 학습주제와 관련하여 선호하는 모둠 주제별로 모둠을 구성하거나 혹은 모둠별로 모둠 주제를 선택한다. 또한 모둠 내에서 각 구성원이 소주제를 선택하게 된다. 이처럼 학습주제와 모둠 주제, 소주제에 대한 선택은 학습자의 호기심을 자극하고 자율성을 갖도록 하여 학습자의 내재적 동기를 유발시키는 데 효과적이다.

둘째, 모둠 구성원들이 개별 책무성을 갖도록 한다는 점이다. 학급 전체의 학습주제를 분업하여 모둠별로 모둠 주제를 정하고 그 구성원들이 각자 하나의 소주제를 선택하여 조사하게 되므로 학급의 개개인이 조사해야 할 소주제가 모두 다르고 구성원 개인에서 모둠으로, 모둠에서 학급 전체로 묶어서 하나의 모둠 발표 자료를 구성하게 되므로 개별 책무성이 높다는 것이다.

셋째, 학습자의 고차원적인 사고력 신장에 도움이 된다는 점이다. 학급 전체의 학습주제와 모둠 주제, 소주제를 정하는 과정에서 토론의 원리와 방법을 이해하고, 구성원과의 의사소통을 통해 폭넓은 사고를 할 수 있다(전성연 외, 2007).

(3) 자율적 협동학습 모형

자율적 협동학습의 기초는 학급 전체가 학습주제를 중심으로 모둠 안에서 협동하도록 교실을 구조화하는 것이다. 모둠 내, 모둠 간 협동적인 분위기를 조성하기 위해 10단계로 이루어진 자율적 협동학습 모형을 제시하면 〈그림 2-1〉과 같다(김유진, 2017).

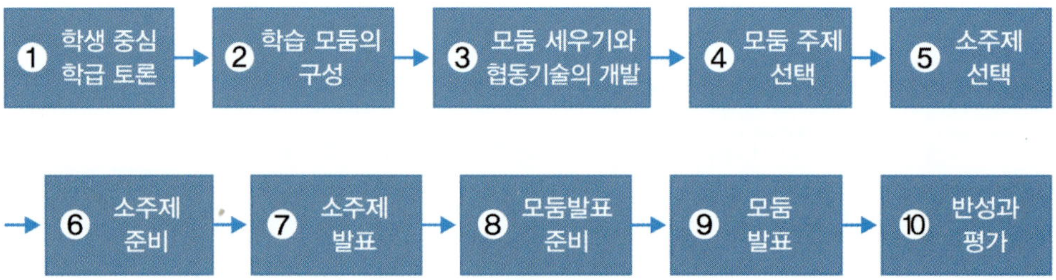

그림 2-1. **자율적 협동학습의 10단계**

① 1단계: 학생 중심 학급 토론

교사는 수업의 포괄적 주제를 제시하고 학습자가 이와 관련된 개인적 흥미를 발견하도록 격려한다. 포괄적 주제를 중심으로 학급 토론을 통해 학급전체가 완성할 학습주제를 선택하도록 한다. 토론 전 주제에 대해 다양한 자료를 활용하여 학습자의 호기심을 자극하도록 한다. 토론의 목적은 학습자가 주제에 대하여 공부하도록 하는 데 있는 것이 아니라 주제에 대한 학습자의 호기심을 유발시켜 능동적 참여를 보이도록 하는 데 있다. 따라서 자율적 협동학습에서 학습이란 학습목표의 달성이 아니라 학습자가 학습주제에 대한 흥미를 보이는 과정이다.

② 2단계: 학습 모둠의 구성

자율적 협동학습에서 모둠 구성은 학습자가 추구하는 목표에 따라 모둠을 선택할 수도 있고 기준에 따라 배정받을 수도 있다. 모둠에서 긍정적 상호의존성을 높이기 위해서는 상황에 맞게 이질적 집단으로 구성한다. 그러나 만약 모둠을 학습자의 수행 능력과 같은 특성으로 나누게 되면 협력적 분위기를 저해시킬 수 있다. 따라서 교사는 가능한 모둠 내 이질성을 통해 모둠 구성원 간 긍정적 상호작용과 자아존중감이 신장되도록 해야 한다.

③ 3단계: 모둠 세우기와 협동기술의 개발

모둠 구성원에게 모둠에 대한 정체성이 형성되기 전까지는 협동과정이 성공적으로 진행될 수 없으므로 모둠 세우기가 필요하다. 모둠 세우기는 구성원 간 서로 친화력을 높여 주고, 각 구성원들이 모둠 내에서 각자 가치 있는 존재라는 것을 느끼게 한다. 또한 구성원 간 신뢰감을 형성하게 하고 분업이나 사회적 역할, 효과적인 의사소통 같은 상호작용 방법을 훈련시킨다.

④ 4단계: 모둠 주제 선택

모둠 구성원들이 함께 과제를 수행할 수 있을 정도로 신뢰감이 형성되고 의사소통기술이 발달되었다면 각 모둠에서는 토론을 통해 선호하는 모둠 주제를 선택한다. 모둠별 토론 전, 교사는 적합한 모둠 주제가 무엇이 있는지 보여 주고 모둠에서는 이를 참고하여 주제를 결정하도록 한다. 각 모둠이 주제를 선정하기 위하여 토론을 하는 동안 교사는 모둠을 돌아다니며 촉진자 역할을 한다.

⑤ 5단계: 소주제 선택

모둠 주제 선정 후, 모둠 구성원들은 모둠 주제를 완성하기 위한 소주제를 선택하게 된다. 학습자가 소주제 선택 시, 교사는 소주제가 학습자의 수준에 적절한지 또는 소주제를 수행하기 위해 필요한 자원이 충분하지를 파악하고 학습자의 소주제 선택에 도움을 주어야 한다.

⑥ 6단계: 소주제 준비

이 단계에서 학생들은 각자 맡은 소주제에 대하여 모둠의 성패는 자신에게 달려 있다는 책임감을 갖고 가능한 많이 준비하도록 한다. 모둠 구성원들은 각자 다양한 방법으로 자신의 결과물을 만들고 준비하며 앞으로 그것을 다른 구성원과의 공유를 통해 모둠 주제를 완성하게 된다는 것을 알게 될 때, 더 흥미를 느끼고 능동적으로 참여하게 된다.

⑦ 7단계: 소주제 발표

모둠에서 각자 맡은 소주제를 완성한 후 다른 구성원들에게 자신이 학습하거나 만든 것을 발표한다. 소주제의 발표를 통해 토론할 수 있는 분위기가 조성되어야 하며 발표 과정에서 나타난 다양한 의견들을 종합할 수 있는 시간을 제공해 주어야 한다. 이처럼 자율적 협동학습 모형에서 학습이란 학생들 간 상호작용을 통해 발생하며 이러한 과정을 통해 학생들은 자신이 맡은 소주제 완성에 대한 책임감을 가지게 된다.

⑧ 8단계: 모둠 발표 준비

소주제 발표에서 있었던 내용을 바탕으로 모둠 발표를 준비한다. 이 단계에서는 모둠 구성원들이 발표한 소주제를 단순히 종합한 것 이상의 결과물을 만들게 된다. 한 모둠이 발표를 하면 다른 모둠이 그것에 대하여 피드백을 하기도 하고, 또 모둠 발표를 위해 다른 모둠의 자료를 공유하기도 한다.

⑨ 9단계: 모둠 발표

모둠 발표 단계는 학습에 대한 평가의 비중이 가장 큰 단계로 학생들이 보다 적극적인 자세로 참여할 수 있도록 하며, 발표 과정이 효율적이면서도 효과적으로 이루어질 수 있도록 한다.

⑩ 10단계: 반성과 평가

반성과 평가를 통해 전체 학생들에 의한 모둠 발표 평가뿐 아니라 모둠 구성원들에 의한 모둠 내 개인의 기여도 평가, 각 학생들의 소주제 발표나 모둠 발표에 대한 교사의 평가 등이 이루어진다. 교사는 발표 내용 및 과정에 대한 경험을 토론하도록 유도하여 사회적 관계 및 기술에 대해 반성해 볼 수 있는 기회를 제공한다(전성연 외, 2007).

3) 문제중심학습 모형

교육 현장에서 자주 활용되고 있는 또 하나의 모형은 문제중심학습(Problem-Based Learning: PBL) 모형이다. 왜냐하면 구성이 매우 전략적이고 현대사회의 다양한 소재를 중심으로 해결방법을 찾아 문제를 해결해 가는 과정으로 최근의 교육목표와 경향성을 잘 반영할 수 있는 모형이기 때문이다.

문제중심학습 모형은 일반교육에서 이루어지는 잘 정의되고 통제된 상황 속에서 나타나는 과학적 현상을 다루기보다는 복잡한 실제 세계에서 나타나는 현상을 비구조화된(ill-structured) 문제의 형태로 제시하여 학생 스스로 의미 있는 해결방법을 찾아내게 함으로써 교과지식과 과정지식뿐만 아니라 문제해결전략을 동시에 가르치는 구성주의적 접근 방법을 적용할 수 있는 교수전략으로 정의되고 있다. 이러한 문제중심학습의 중요한 특징은 〈표 2-6〉, 일반적인 절차는 〈표 2-7〉과 같다(Gallagher et al., 1994).

표 2-6. **문제중심학습의 특징**

구분	내용
지식의 습득보다는 활용에 강조를 두고 있다.	학생들은 수업시간에 배운 지식을 기억만 할 뿐 실제로 활용하는 경험을 전혀 해 보지 않았다. 즉, 대부분의 교육이 개념을 잘 이해하기 위한 계획된 상황에서 이루어지고 있으며 활용의 기회는 극히 드물다.
자기학습능력을 향상시킨다.	일반적인 교실수업 상황에서 제시되는 문제와는 달리 문제를 정의하고 해결하기 위해 더 많은 정보를 요구한다. 따라서 학생들은 새로운 정보를 스스로 찾고 정보의 유용성 여부를 스스로 판단해야 하며, 이와 같은 활동들은 학생의 자기학습능력을 향상시킨다.
심층적인 이해와 과학탐구능력의 향상을 가져올 수 있다.	문제중심학습에서는 항상 실제적인 문제를 다루기 때문에 정확하게 한 가지 답이 있는 문제들이 아니다. 문제가 해결되었는지 여부, 최선의 해결책인지에 대한 모든 판단을 학생 스스로 해야 한다. 따라서 정확한 판단을 하기 위해서는 주어진 상황에 대한 깊은 이해가 없으면 불가능하다. 이러한 과정으로 학습한 내용은 더 오랫동안 지속될 수 있으며, 더 심층적으로 이해하여 탐구능력을 실제적인 일과 연결시킬 수 있다.
동료와의 협동심을 기를 수 있다.	모둠의 형태로 진행되는 문제중심학습에서는 동료들과의 협력하는 태도가 매우 중요하게 작용할 수 있다. 동료들과 토론을 통해 문제를 정의하고 계획하고 역할분담을 하여 자료를 찾고 탐구를 수행하며 최선의 해결책인지 또 토론하고 어떻게 표현할 것인지 결정하는 과정을 통해서 동료와 상호 협력하는 기술을 익힐 수 있다.
수준별 교육이 이루어질 수 있다.	물론 한 가지 상황이 제시되지만 학생의 능력과 관심에 따라 다양한 교육의 결과가 이루어질 수 있다. 그러나 학생들은 수동적인 입장이었던 전통적인 교수 · 학습방법과 달리 스스로의 동기부여에 의해 학습에 참여함으로써 독립적인 학습태도를 기를 수 있다.

표 2-7. **문제중심학습의 일반적인 절차**

- 문제 상황의 도입
- 문제 상황의 제시
- 문제 상황 파악하기(전체 활동)
- 문제 재정의 하기(이하 개인별 또는 모둠별 활동)
- 탐구 및 자료 수집하기
- 자료 분석하기
- 문제 종합하기
- 문제 해결하기
- 정리하기

문제중심학습에서 교사는 학생들이 알아야 할 내용을 직접적으로 가르치거나 학생들과 토론을 통하여 개념을 구체화하게 하고 시험을 위해서 암기하도록 정리하는 전통적인 수업과는 달리 학생들이 자기주도적으로 학습할 수 있도록 도와주며, 학생들의 사고의 모순을 지적하여 논리적으로 사고하게 하고, 문제해결을 위한 정보를 제공하거나 참고자료를 제시하고, 학생들로 하여금 계속 학습에 집중할 수 있도록 도와주는 안내자(코치)의 역할을 담당한다. 문제중심학습에서 성공적으로 학습이 이루어지도록 하기 위한 교사의 역할을 살펴보면 〈표 2-8〉과 같다(이현민, 2011).

표 2-8. 교사의 역할

- 교사는 항상 모든 과학적 탐구과정이 진행될 수 있도록 해야 한다. 종종 학생들은 문제에 대한 조작적인 정의를 내리기도 전에 해답을 추측하려고 한다. 학생들이 문제를 통하여 추론하도록 하기 위해서 교사는 학생들로 하여금 적절한 분석적 추론과정과 기존 지식을 이용하여 습득한 새로운 정보를 통합하도록 해야 한다. 모든 과정에서 비약이나 추측에 의한 문제해결을 경계해야 한다.
- 교사는 학생들의 지식을 깊이 있게 관찰해야 한다. 학생들의 학습에 대한 이해를 평가하기 위해 끊임없이 질문하여 학생들로 하여금 새로운 정보의 진정한 의미를 파악하도록 도와주어야 한다.
- 모둠의 학생들이 모두 학습에 적극적으로 참여하도록 해야 한다. 학생의 특성에 따라 모둠 활동에 매우 소극적인 학생들이 있는데, 특히 주의를 기울일 필요가 있다.
- 개개의 학생뿐만 아니라 전체 학생들에 대한 계속적인 평가가 이루어져야 한다. 학생들이 무엇 때문에 어려움을 겪고 있는지, 새로운 정보의 획득에 어려움, 논리적 추론의 어려움 등을 파악하여 적절한 조언을 주는 것이 필요하다.
- 문제의 난이도를 조정할 필요가 있다. 학생들이 문제를 해결하는 과정에서 적절한 창의성의 발휘와 지적인 자극을 느낄 수 있도록 내용을 수정하거나 그리고 시간의 안배 등을 고려할 필요가 있다.

이에 반해 학생들은 스스로 학습내용과 학습방법을 선택하는 등 자기주도적으로 의미를 구성해 나가는 적극적이며 능동적인 문제해결자의 역할을 담당한다(정현철, 2004). 문제기반학습의 전개 과정을 구체적으로 살펴보면 〈표 2-9〉와 같다(Barrows & Myers, 1994).

표 2-9. PBL 방식의 전개 과정

수업 전개

1. 수업 소개
2. 수업 분위기 조성(강사의 역할 소개)

문제 제시

1. 문제 제시
2. 문제에 대한 주인(소유) 의식을 느끼도록 한다(학생들이 문제를 내재화하도록 한다).
3. 마지막에 제출할 과제물에 대한 소개를 한다.
4. 각자의 역할을 분담시킨다.

생각(가정들)	사실	학습 과제	실천계획
주어진 문제에 대한 학생들의 생각을 기록한다. 원인과 결과, 가능한 해결안 등	개인 혹은 그 학습을 통해 제시된 가정을 뒷받침하는 지식과 정보를 종합한다.	과제 해결을 위해 학생들 자신이 더 알거나 이해해야 할 사항을 기록한다.	과제 해결을 위해 취해야 할 구체적 실천 계획을 한다.

5. 주어진 문제의 해결안에 대한 깊은 사고: 칠판에 적힌 다음 사항에 관하여 과연 나는 무엇을 할 것인가를 생각해 본다.

생각(가정들)	사실	학습 과제	실천 계획
확대/집중시킨다.	종합/재종합한다.	규명화한다.	계획을 공식화한다.

6. 해결에 대한 가능한 생각을 정비한다.
7. 학습과제를 규명하고 분담한다.
8. 학습 자료를 선정, 선택한다.
9. 다음번 토론 시간을 결정한다.

문제 후속 단계

1. 활용된 학습자료를 종합하고 그에 대한 의견 교환을 한다.
2. 주어진 문제에 대한 새로운 접근을 시도한다: 다음 사항에 대하여 나는 무엇을 할 것인지를 생각해 본다.

생각(가정들)	사실	학습 과제	실천 계획
수정한다.	새로 얻은 지식을 활용하여 재종합한다.	만일 필요하다면 새로운 과제 규명과 분담을 한다.	앞서 세웠던 실천안에 대한 재설계를 한다.

결과물 제시 및 발표

문제 결론과 해결 이후
1. 배운 지식의 일반화와 정리 작업(정의, 도표 목록, 개념, 일반화, 원칙 등)을 만들어 본다. 2. 자아 평가 – 문제해결과정에 대한 논리적 사고를 하였는가? – 적합한 학습자료를 선정하여 필요한 지식과 정보를 얻어 냈는가? – 과제 수정 과정에서 그 팀원에게 협조적이었는가? – 문제해결을 통해 새로운 지식 습득과 심화 학습이 이루어졌는가?

출처: 이현민(2011). 문제기반학습(PBL)을 적용한 효과적인 음악과 교수 · 학습모형. 경희대학교 교육대학원 석사학위논문.

4) 창의적 문제해결 모형(CPS)

창의적 문제해결 모형(Creative Problem Solving: CPS)은 문제해결자가 해결해야 할 문제를 직접 찾고, 해결방법을 창의적으로 모색하게 하여 여러 해결방안 중 가장 훌륭한 아이디어를 선택하는 과정을 통해 창의성을 증진시키는 모형이다(이신동 외, 2015). 또한 트레핑거와 이삭센(Treffinger & Isaksen, 2005)은 창의적 문제해결 모형(CPS)은 문제를 해결하는 과정에서 확산적 사고와 수렴적 사고를 사용하여 문제를 파악하고 관련 자료를 탐색하여 다양한 아이디어를 생성해서 최선의 해결안을 선택하는 사고과정으로 정의하고 있다(임주연, 2013; 홍미영, 2012).

최근 들어, 가장 대표적인 창의적 문제해결 모형(CPS)은 트레핑거 등(Treffinger et al., 2000)의 창의적 문제해결 모형(CPS)(버전 6.1)이다〈그림 2-2〉. 이 모형(버전 6.1)에서의 문제해결은 진보를 의미하는 것이며, 확산적 사고와 수렴적 사고의 조화, 문제해결을 위한 기회, 흥미, 흥미로운 가능성 등을 강조하고 있다. 문제해결자는 자신의 지식과 기술을 사용할 수 있고 필요한 요소와 과정을 선택하여 적용하는 것이 가능하기 때문에 개인이나 집단 모두에게 효과적이고 변형이 가능하다(임주연, 2013). 이 모형을 구성하고 있는 4개의 구성요소는 도전 이해하기(understanding the challenge), 아이디어 생성하기(generating ideas), 실행 준비하기(preparing for action), 접근방법 계획하기(planning your approach)이다(김선진, 2015; 김은지, 2019; 임주연, 2013; 조근영, 2013).

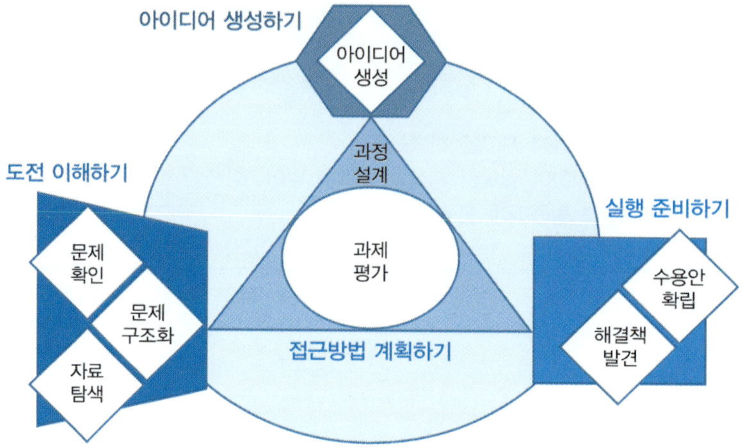

그림 2-2. **창의적 문제해결 모형(버전 6.1)**

첫째, 도전 이해하기 요소는 문제 확인, 자료 탐색 및 문제 구조화의 3개의 단계로 이루어져 있으며, 이 과정에서는 광범위한 목표 기회를 조사하여 문제해결의 중요한 방향성을 설정하고 명확하게 생각의 초점을 맞추기 위하여 하나 혹은 그 이상의 단계를 사용하게 된다. 각 단계는 확산적 사고와 수렴적 사고가 반복적으로 나타난다. 문제 확인의 단계는 폭넓고 간결하고 유익한 기회나 목적을 진술하는 단계로 가능한 기회나 도전을 고려하고 추구해야 할 목표를 발견하게 된다. 자료 탐색의 단계는 문제해결과는 다른 관점의 다양한 자료를 검토하고 과제나 상황의 가장 중요한 요소에 초점을 맞추는 과정이다. 이 과정에서는 문제의 상황이나 문제의 핵심에서 알고 있는 것과 알고 싶은 것을 고려해야 한다. 문제 구조화 단계는 주어진 문제 상황에 대해 다양하고 독특한 질문을 생성한다. 이 단계에서는 '우리가 할 수 없다'와 같은 생각보다 '어떻게 하면 우리가……'와 같은 식의 생각에 초점을 맞추어 문제해결에 대한 동기나 흥미를 형성하는 단계이다.

둘째, 아이디어 생성하기 요소는 다양하고 창의적인 아이디어를 생성하는 데 목적이 있다. 이 과정은 과제를 해결하기 위해서 생각을 확장하여 고정관념을 깨는 데 도움을 준다. 브레인스토밍과 같은 방법으로 다양한 아이디어를 생성할 수 있다.

셋째, 실행 준비하기 요소는 해결책 발견과 수용안 확립의 단계로 이루어져 있다. 이 단계에서는 문제해결이 가능해 보이는 다양한 방법을 탐색하고 성공적으로 실행할 수 있도록 준비한다. 가장 성공적으로 문제해결이 가능한 방법을 창의적으로 생성한다. 해결책 발견의 단계는 창의적인 결과를 얻기 위해서 다양한 전략과 방법을 사용한다. 이 단계는 문제를 해결하기 위한 창의적인 아이디어를 문제해결이 가능한 실용적인 해결방법으로 바꾸는 데 도움을 준다. 수용안 확립의 단계는 문제해결에 도움을 주는 요인과 방해요인을 고려하여 계획을 세우게 된다. 이 단계는 창의적인 아이디어를 성공적으로 구현할 수 있게 하는 데 도움을 준다.

넷째, 접근방법 계획하기 요소는 과정 설계와 과제 평가의 단계로 이루어져 있다. 창의적 문제해결 모형(CPS)의 중심에 배치되는 이 단계는 창의적 문제해결 모형(CPS)을 적용하고 있는 동안 본래 목적에 맞게 과제를 해결할 수 있도록 계속 모니터하고 관리하여 수정하는 역할을 한다. 과정 설계의 단계는 창의적으로 문제를 해결하기 위해 가장 적합하도록 과제에 대한 지식이나 창의적 문제해결 모형(CPS)의 구성요소 단계에 대한 계획을 세운다. 과제 평가의 단계는 창의적 문제해결 모형(CPS)을 효과적으로 진행하기 위해서 가능한 해결책의 제약조건을 결정하게 된다.

창의적 문제해결 모형(CPS)은 일반적인 문제의 해결이 아니라 창의적으로 문제를 해결해야 할 때 활용할 수 있다. 또한 문제의 중요성에 따라 과정요소나 단계를 상황에 맞게 선택하고 연결시켜 사용할 수도 있다. 즉, 창의적 문제해결 모형(CPS)은 학생의 수준과 학교 현장의 상황에 맞추어 선택적으로 활용할 수 있기 때문에 학교에서 활용하기에 적합하다.

5) 게임기반 학습 모형

(1) 게임기반 학습의 정의

게임이란 재미를 목적으로 하며 참가자의 자발적인 참여로 사전에 제시된 주어진 가상의 문제를 해결하기 위해 게임 속 규칙에 따라 다양한 선택을 하는 활동으로 정의하고 있다. 게임은 놀이에 근본을 두고 있는 활동 방식으로 놀이와 게임 모두 참여자가 활동에 몰두하며 즐거워한다는 공통점이 있다. 놀이는 과거부터 기쁨, 즐거움 등과 같은 긍정적인 감정이나 정서를 동반하며 인간의 여가 행위는 물론 교육적인 목적으로 활용되기도 하였다.

놀이에 포함된 개념인 게임이 교육적으로 활용되기에 적합한 이유는 참여자가 놀이나 게임에 몰입하기 때문에 교육 효과가 극대화된다는 점이다. 놀이와 게임의 참여자가 몰입하여 만들어진 갈등 상황을 정해진 규칙에 따라 해결해 나감으로써 의도적인 노력 없이 자연스럽게 학습을 할 수 있기 때문이다. 교육용 게임은 오락적 요소를 지닌 디지털 게임이라는 환경에서 학습자의 선행지식을 연습해 보고 적용할 수 있는 기회를 제공함으로써 복습 및 예습을 하여 필요한 부분을 강화하고 부족한 부분을 보완할 수 있는 학습에 도움을 주는 교육용 매체이다.

게임기반 학습은 학습목표를 게임 안에서 재구성하여 달성하게 하는 교육방식으로 학생들은 게임으로 구성된 학습과제를 게임 속의 갈등을 처리하는 과정을 통해 해결하게 한다는 학습방법이라고 정의할 수 있다.

(2) 게임기반 학습의 구성요소

학습목표를 달성하기 위한 적합한 게임 내용, 다양한 시청각적 장치, 게임 내 스토리텔링 등 학습자가 교육용 게임에 집중할 수 있도록 게임을 디자인하는 데 필요한 구성요소들을 게임기반 학습의 구성요소라고 한다. 즉, 게임기반 학습의 구성요소는 학습자가 학습목표를 달성하도록 돕는 게임 내의 여러 장치라고 할 수 있다(박지훈, 2021).

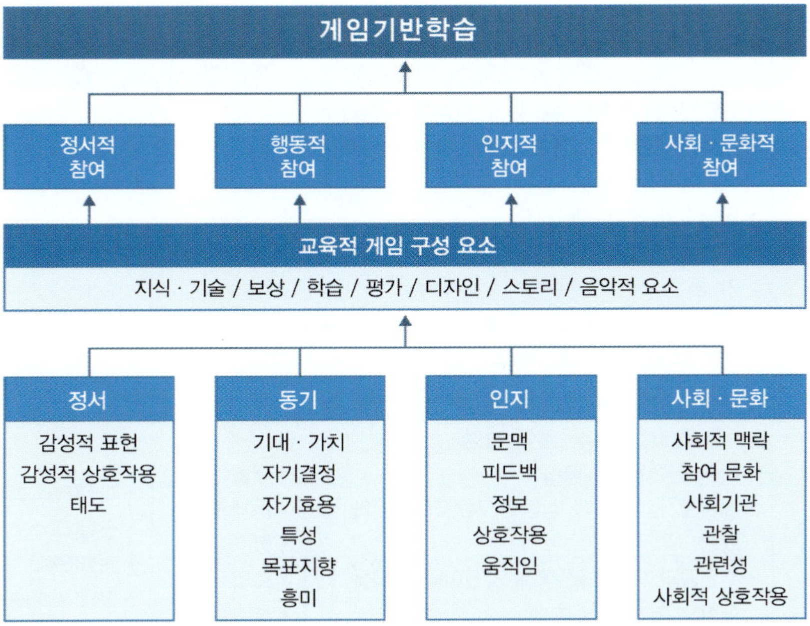

그림 2-3. 게임기반 학습의 구성요소

출처: 박지훈(2021). RPG 메이커를 활용한 게임기반 학습 프로그램 개발 및 적용. 전주교육대학교 교육대학원 석사학위 논문.

게임기반 학습의 구성요소에 대한 학자들의 의견을 살펴보면, 학습목표 달성을 위한 지식 · 기술, 효과적인 학습과 평가를 위한 게임 구조, 전체적인 모험을 이끌어 가는 스토리텔링, 직 · 간접적으로 학습목표 달성을 도와줄 시각적 디자인, 환상적인 분위기로 학습자의 몰입을 유도할 수 있는 배경 음악이나 효과음, 학습자의 자발적이고 적극적인 참여를 유도할 보상체계를 게임기반 학습의 구성요소라고 할 수 있다.

(3) 게임기반 학습에 활용되는 게임의 종류

게임기반 학습에 활용되는 게임의 종류로는 아케이드 게임, 어드벤처 게임, 보드 · 퍼즐형 게임, 시뮬레이션 게임, 역할수행 게임이 있다. 각 게임 장르의 개념 및 특징에 따른 학습형태와 학습할 수 있는 지식의 형태는 〈표 2-10〉과 같다.

표 2-10. 게임기반 학습에 활용되는 게임의 종류

게임 장르	개념 및 특징	학습형태	지식의 형태
아케이드 게임	• 간단한 키 조작을 통해 각 단계에 등장하는 물체나 사람을 조종하여 승리하거나 목표점에 도달하는 것 • 단편적인 게임 시나리오 • 모방 행위를 충족시킬 수 있어 게임의 몰입도가 큼 예시) galaga, Bubble Bobble, PONPOKO, Street Fighter, Tetris	• 훈련	• 사실(Fact)
어드벤처 게임	• 한 가지 문제해결법으로 게임에서 설정된 시나리오대로 게임을 풀어 나감 • 미리 설정된 시나리오 • 게임을 끝내는 데 상당한 시간과 끈기가 필요함 • 주인공과 이야기를 통해 사건이나 문제를 시행착오 거치며 해결 예시) Tomb Raider, The Secret of Monkey Island	• 개별학습 • 문제해결 • 탐구 • 토의 • 훈련	• 과정(Process) • 관찰(Observation) • 기능(Skill) • 판단(Judgement)
보드 · 퍼즐형 게임	• 게임과 관련된 내용으로 곧바로 진행되며, 플레이어의 지식이 요구되므로 짧은 시간에 다량의 학습이 필요할 때 활용 • 시나리오가 배경이나 캐릭터, 난이도가 바뀐 채 반복되는 다양한 학습활동으로 학습의 속도가 다양한 자율수업에 활용하면 효과적임 예시) 보드게임, 퍼즐게임	• 강의 • 자율 • 훈련	• 창의성(Creativity) • 추론(Reasoning)

출처: 박지훈(2021). RPG 메이커를 활용한 게임기반 학습 프로그램 개발 및 적용. 전주교육대학교 교육대학원 석사학위 논문.

(4) 게임기반 학습의 특징

게임기반 학습의 특징을 목적, 규칙, 경쟁, 도전, 상호작용, 시나리오, 디브리핑 및 즐거움으로 정리하여 살펴보면 다음과 같다(박지훈, 2021).

① 목적

교육용 게임에는 학습자가 습득하기를 바라는 학습목표와 관련된 목적이 있어야 한다. 교과서 중심학습을 하는 전통적인 교실 수업에서는 학습목표를 텍스트나 말로 설명하지만 학습자 중심학습을 추구하는 교육용 게임에서는 학습자 스스로 도전하며 달성하고자 하는 욕구를 불러일으킬 수 있도록 게임상에서 자연스럽게 목표를 제시해야 한다. 심지어 게임기반 학습에서 학습자는 실패를 통해서도 학습목표를 달성하는 데 도움을 얻을 수 있어야 한다. 학습자는 실패를 통해 학습해야 할 지식을 명확하게 인지하고, 성공하기 위해 과제에 계속 도전하면서 궁극적으로 학습목표에 도달하고 동시에 학습에 대한 동기를 얻는다. 또한 교육용 게임은 학습을 목적으로 제작된 콘텐츠이기 때문에 학습목표 자체가 교육적인 목적을 지니고 있어야 한다.

② 규칙

규칙은 교육용 게임을 사용하는 학습자들에게 공평하게 적용되어야 하며, 도전하고 싶은 마음을 불러일으키고, 학습 흥미를 불러일으키도록 설계되어야 한다. 규칙을 설정할 때는 게임 이용자들의 행동 한계를 설정해야 하는 만큼 학습자가 게임 내에서 어떻게 행동할 것인가를 충분히 예측하고 판단해 설계되어야 한다. 또한 규칙을 설정하기 전 게임 제작자 혹은 검토자는 프로그램 내에서 해당 규칙의 설정이 가능한지 검토해야 한다. 게임기반 학습은 교육용 게임을 사용하는 만큼 설정된 규칙을 통해 교육적이지 않은 행동은 게임 시스템 내에서 제재할 수 있도록 설정해야 한다.

③ 경쟁

교육용 게임을 포함한 대부분의 게임은 경쟁이라는 특징을 가지고 있다. 경쟁은 게임 내 가상 인물이 될 수도 있으며, 게임을 하는 다른 학습자, 시간, 정해진 기회 혹은 게임을 하는 학습자의 이전 기록이 될 수도 있다. 경쟁은 그 자체만으로 동기유발을 할 수 있는 조건이 될 수 있지만, 반대로 경쟁이라는 요소가 강해질 경우 학습자는 학습목표에 흥미를 잃거나 게임을 포기할 수 있다는 문제점이 있다. 또한 학습자의 성격에 따라 타인과의 경쟁을 부담스러워하는 경우도 있다. 그래서 게임기반 학습에서 활용하는 교육용 게임에는 게임 속의 가상 인물 혹은 자기 스스로와의 경쟁을 도입하는 것이 좋으며, 다른 학습자와의 경쟁이 필요한 경우에는 팀 간 경쟁을 사용하는 것이 바람직하다.

④ 도전

도전은 교육적 또는 오락적 목적에 상관없이 게임에 필수적인 요소이다. 도전은 목표와 목적, 동기부여, 참여 등 게임의 효과성에 크게 기여하는 특성이 있다. 도전은 학습목표에 도달하기 위한 과정으로 반드시 성공하거나 이겨 내야 한다는 특징을 지닌다. 게임에서는 학습자의 도전 심리를 자극하도록 구성해야 하는데, 이를 위해 여러 수준의 과제를 제공하여 학습자가 자신의 현재 학습 수준에 적합한 도전을 할 수 있도록 해야 하고, 학습자가 발전을 할 경우 더 높은 수준의 도전을 제공할 수 있어야 한다. 보통 새로운 도전은 이전에 학습했던 내용만으로는 해결하기 어려운 문제를 제시하여 학습자가 자신의 현재 이해도를 재평가하고 수정하도록 요구한다. 게임기반 학습에서 사용하는 교육용 게임에서는 스토리 자체가 교육적인 내용을 다루기 때문에 주로 학습자의 측은지심(惻隱之心)에 호소하여 도움을 요청하며 도전을 제시하는 특징이 있다. 도전의 개념은 그 자체가 게임을 통한 학습의 지표는 아니지만 오히려 학습의 수준을 향상시키는 잠재력을 지닌다고 여겨지는 높은 수준의 참여와 내재적 동기부여와 강하게 연관되어 있다.

⑤ 상호작용

게임기반 학습에서 상호작용은 교육적인 목표에 크게 기여하기 때문에 가장 중요하다. 게임은 특정한 목적을 가지고 규칙, 경쟁 등의 다양한 요소를 통해 진행되기 때문에 상호작용은 필수적이다. 게임에서는 사용자와 컴퓨터 간의 상호작용 또는 사용자와 사용자 간의 상호작용을 한다.

게임기반 학습에서 사용자와 컴퓨터 간의 상호작용인 교육용 게임의 기계적 상호작용의 특징은 다음과 같다. 첫째, 학습자는 게임 속 주어진 규칙 안에서 행동하고 반응한다. 예를 들어, 게임 속 캐릭터들은 학습자에게 질문을 하고 응답을 요청하기도 하는데, 이때 학습자는 제한 시간 등에 유의하며 키보드나 마우스를 이용하여 필요한 응답을 입력해야 한다. 둘째, 학습자는 피드백과 보상을 통해 행동하고 반응한다. 사용자는 게임 중 도전을 통해 피드백이나 보상을 받는데 학습자의 학습흥미를 불러일으킬 만큼 유의미해야 한다. 교육용 게임은 학생들에게 교육적으로 활용되어야 하므로 피드백이나 보상 역시 교육적인 차원에서 이루어져야 한다. 셋째, 학습자는 학습목표에 적합한 정보를 습득할 수 있다. 교육용 게임에서의 보상은 도전에 대한 성공 여부와 상관없이 게임 속 모험을 통해 학습목표와 관련된 자료를 얻을 수 있어야 한다.

⑥ 시나리오

게임에서 시나리오는 모든 게임의 활동이 일어나는 '세상'이라고 정의할 수 있다. 잘 만들어진 시나리오는 학습자에게 의미가 있고 적절한 학습경험을 쌓을 수 있는 풍부하고 몰입적인 맥락을 제공하기 때문에 학습자를 게임에 참여시키기 위해 사전의 훈련이나 준비가 거의 필요하지 않게 한다. 시나리오는 게임 속 정보들을 통합하여 새로운 지식을 형성하거나 기존의 지식에 통합시키는 데도 영향을 미친다. 특히 우리나라 학습자를 위한 교육용 게임에서는 학생들의 학습을 촉진하기 위해 특정 학습내용을 어떠한 시나리오로 제시할지 고려해야 한다. 또한 게임기반 학습에서 사용하는 교육용 게임의 시나리오는 학습목표와 관련된 내용을 담고 있어야 한다. 예를 들어, 한국지리와 관련된 학습목표를 가지고 있는 게임이라면 국내 여행을 하는 모험 게임이 활용될 수 있고, 단순히 수학적 연산이나 영어 단어 습득이 목적이라면 보드·퍼즐이 활용될 수도 있다.

⑦ 디브리핑

디브리핑(Debriefing)은 실제 생활과 게임 속에서의 경험을 유의미하게 연결 짓는 것이다. 일반 게임은 게임 속에서의 즐기는 내용이 게임이 끝나면 큰 의미가 없는 반면에, 게임기반 학습에서 사용하는 교육용 게임은 가상공간인 게임 속에서 학습한 내용이 실제로 활용 가능한 지식으로 전환된다. 실제로 교육용 게임에서 학습자가 모든 퀘스트(Quest: 온라인 게임에서 이용자가 수행해야 하는 임무)를 완료했다고 해서 온전한 학습이 된 것은 아니다. 학습자가 게임을 마친 후 학습한 내용이 현실에서도 지속되는 지식으로 전환 및 응용, 발전이 되어야 교육용 게임으로서 역할을 다했다고 볼 수 있다. 그렇기 때문에 교육용 게임에서는 게임 속에서도 현실과 연결할 수 있는 상황을 꾸준히 제시하는 것이 필요하다. 현실 세계에서 필요한 지식이 게임 속에서 학습된 자료와 유의미한 관련이 있을 때 학습자는 이미 학습된 지식과 학습 중인 새로운 지식들 간의 유추를 활용할 수 있다.

⑧ 즐거움

모든 게임은 기본적으로 즐거움을 줄 수 있어야 사용자들로부터 선택받을 수 있다. 교육용 게임에서도 학습자들이 지식이나 기술을 습득 및 발전시킬 수 있도록 즐거움을 제공하여 학습 효과 및 학습 흥미를 향상시켜야 한다. 특히 교육용 게임에서는 단순히 게임을 하는 것으로 얻는 즐거움뿐만 아니라 학습한 내용이 자기 자신 혹은 게임 속 자신의 캐릭터를 발전시키거나 다른 캐릭터에게 도움을 줌으로써 교육적인 효과를 제공할 수 있어야 한다. 게임 속에 담긴 정보가 게임과 실제 현실에도 도움이 될 때 학습자에게는 학습 동기가 부여되어 참여를 유도할 수 있다. 내적 동기부여가 된 학습자는 꾸준히 즐거움을 느낄 수 있게 되어 좀 더 심층적인 학습에도 적극적으로 참여할 것이다. 이처럼 게임기반 학습은 학습자들이 즐거워하고 지속적으로 참여하기를 원하는 경험을 제공하여 학습자에게 동기부여를 한다.

Chapter 03

유아교육과 통합교육과정

배울 내용

1. 통합교육과정에 대한 이해
2. 통합교육과정의 모형
3. 유아교육과정의 통합적 접근

학습목표

1. 통합교육과정의 정의와 필요성을 이해한다.
2. 통합교육과정의 모형을 구분하고 장·단점을 파악한다.
3. 유아교육과정의 통합적 접근 방법을 모색해 본다.

교육과정에서 통합이 무엇인가에 대한 정의는 간단하지 않은데, 이는 무엇을 또는 어떻게 통합하는지에 대한 다양한 이해가 공존하기 때문이다. 가장 일반적으로는 교과의 통합을 의미하지만, 이 외에도 학습경험의 통합, 인격의 통합, 학문 간 통합을 의미하기도 한다.

1 통합교육과정에 대한 이해

1) 통합교육과정의 정의

통합교육은 1920년대부터 1950년대에 전개되던 미국의 진보주의 교육 운동에서 학습경험의 통합과 교육과정의 통합이 중요한 논제로 거론되기 시작하면서 사용되기 시작하였으며, 통합교육과정에 대한 생각은 활동중심 교육, 프로젝트 학습 등으로 실제화 되었다. 그 후에도 통합교육과정을 구성하려는 노력은 교과 간에 상관되는 요소를 통합하거나 주제를 중심으로 필요한 교과내용을 통합하거나 발현적 교육과정을 운영하는 등의 다양한 형태로 변화되어 왔다.

우리나라는 전인교육이라는 교육의 궁극적 목적 달성, 학생들의 학습 부담 감소, 세계적인 통합지향성 등에 기초를 두고 교육과정에 등장하게 되었으며, 제4차 교육과정에서 처음으로 통합교과를 제시하게 되었다.

우리나라에서 사용하는 '통합교육'은 'Mainstreaming'과 'Integrated curriculum'으로 구분할 수 있는데, 전자는 장애아동과 일반아동을 함께 정상 학교에서 가르치는 교육의 방법인 통합교육을 의미하고, 후자는 본 장에서 기술하고자 하는 통합교육으로 교과영역에 구애됨이 없이 횡단적인 일정한 기준에 따라 학습내용 및 경험을 선정, 조직하려는 교육과정의 통합을 의미한다. 이러한 통합교육과정은 여러 교과를 분리하던 경계를 허물고 학습내용을 구성하여, 나아가 생활 속 문제해결을 용이하게 하는 교과 조직 접근법으로 정의된다. 다시 말해 통합교육이란 전통적으로 각 교과에서 한 가지 목표를 가지고 수업을 하는 방식을 떠나서 여러 교과를 통합하여 공통분모를 찾아 그에 맞는 주제를 선정하는 교육방법이라고 할 수 있다.

영유아의 학습은 엄격하게 구분된 교과별로 이루어지지 않는다는 가정하에서 영유아교육과정은 통합교육과정의 형태를 취한다고 할 수 있다. 즉, 어떤 내용을 어느 정도 어떻게 가르칠 것인지를 사전에 설정하는 교육과정 구조는 유아의 흥미와 필요, 발달단계에 맞춘 교육뿐 아니라 유아의 전인적인 성장과 발달을 위해서도 적절하지 않다고 보기 때문이다. 유아교육과정에서는 이러한 통합교육에 대한 접근은 '교육과정의 통합적 접근', '통합적 교육과정', '의미 있는 교육과정', '통합된 단원' 등 다양한 이름으로 불리고 있으며, 통합에 대한 개념 또한 학자에 따라 다르게 정의되고 있는데, 유아교육과정의 통합에 대한 정의를 살펴보면 〈표 3-1〉과 같다(교육과학기술부, 2009; 한국유아교육학회, 1996).

표 3-1. 유아교육과정의 통합에 대한 정의

- 유아를 전인적 인격체로 보고 발달영역별, 교과영역별, 흥미영역별로 통합하여 통합된 전체 경험 속에서 학습하도록 도와주는 교육과정이다.
- 유아의 전인교육과 효율적인 학습을 위하여 유아의 경험, 흥미 및 요구와 교육내용 및 교수 · 학습방법을 통합하고, 유아와 유아 주변의 인적 및 물적 환경을 통합하며, 유아의 몸과 마음, 지성과 감성, 현실과 상상, 지식과 태도 및 기능 등을 통합할 수 있도록 교과목들을 통합적으로 재조직하고, 보고 듣고 느끼고 생각하고 표현하는 방법을 배우도록 하며, 학습한 지식 또는 사고 방법을 일상생활에서 활용하고 통합하여 새로운 지식과 사고 방법을 학습해 가도록 하는 것이다.

2) 통합교육의 필요성

많은 학자들은 공통적으로 지식의 폭발과 현대사회의 변화를 이유로 통합교육의 필요성을 주장하고 있다. 통합교육에 대한 필요성은 여러 학자들에 의해 주장되었는데, 학자들이 주장한 통합교육의 필요성을 살펴보면 〈표 3-2〉와 같다(이영만, 2003).

표 3-2. **통합교육의 필요성**

- 통합교육은 현대사회의 특징인 지식의 폭발에 대비하는 것이다. 엄청나게 늘어나고 있는 지식의 양으로 인해 시간이 한정된 학교교육에서는 개별적 지식의 학습이 아니라, 지식들 간의 관련성, 학습방법의 학습이나 탐구나 발견 등의 일반적인 사고기술의 학습에 초점에 두어야 한다.
- 기존의 학교교육은 논리와 이론을 중요시하는 전통에 치우쳐 사회라는 학습자들의 생활환경, 혹은 맥락을 고려하지 못하고 있다. 따라서 통합교육은 학습자들이 학교에서 배운 지식을 활용하게 될 맥락, 즉 사회의 요구를 고려하는 것이다. 따라서 분과화된 교육과정은 여러 분야의 지식들이 동시에 동원되기를 요구하는 현대사회의 문제를 해결하는 데 적절하지 못하므로, 통합교육은 여러 분야의 지식들을 의미 있게 결합하려는 것이다.
- 인간의 두뇌는 원래 개별적으로 주어진 정보라도 이들을 서로 연결시켜 처리하려는 경향이 있기 때문에, 처음부터 서로 결합된 정보를 처리하도록 요구하는 것이 자연스럽다. 따라서 학생들이 경험하게 될 학습내용을 통합한다는 것은 곧 인간의 정보처리 체계에 맞도록 학습내용을 조직화하려는 시도이며, 이러한 시도는 곧 인간 두뇌의 정보처리 특성에 맞게 학습내용이 구성되어야 한다는 두뇌 중심 학습이론으로 정리되고 있다. 이처럼 인간의 두뇌는 정보를 연합해서 처리하는, 즉 통합적으로 처리하는 특성을 가지고 있기 때문에 학교교육을 통해 학생들에게 제시되는 학습내용 역시 분과적인 정보가 아니라 통합된 정보가 효과적이다.
- 교육과정통합이 필요한 가장 중요한 이유는 전인교육의 실현을 위해서이다. 교육과정통합에 의한 수업을 통하여 인지적 지식뿐만 아니라 정의적, 신체적인 측면의 균형적인 발달을 유도하고, 또한 개인의 성장, 자아실현, 사회적, 정서적, 도덕적 발달을 도모함으로써 균형을 갖춘 전인적 인격 발달을 촉진할 수 있다.

통합교육은 현대사회의 변화에 있어서 폭발하는 지식에 대한 대처 방안으로 유용하다고 볼 수 있으며, 인간의 두뇌는 들어온 지식을 전체적으로 묶어서 처리하려는 특징이 있기 때문에 통합교육은 인간의 두뇌에 자연스러운 수업 방식임으로 학습들로 하여금 학습의 효과를 높일 수 있다. 나아가 통합교육은 지식의 통합을 통해 폭넓고 다양한 사고를 할 수 있고, 다양한 경험을 할 수 있기 때문에 현대사회에서 요구하는 전인적

인격 성장을 위한 교육방법으로 필요성이 대두되고 있다고 할 수 있다. 이러한 통합교육과정이 영유아교육과정의 통합에 대한 교육적 가치를 살펴보면 〈표 3-3〉과 같다(고정곤 외, 2016).

표 3-3. 영유아교육과정 통합의 교육적 가치

- 학습자의 흥미와 관심을 반영하여 학습동기와 책임감을 가지고 참여함으로써 자율성과 자기 학습능력을 기를 수 있다. 주제나 관심을 가진 프로젝트를 중심으로 주제가 발현되고 관심을 가진 소주제를 중심으로 탐색, 탐구하는 학습과정은 자발적인 참여를 높일 뿐 아니라 책임감을 가지고 깊이 있고 지속적으로 탐구하도록 장려하는 심리적 기능을 하게 된다.
- 학습할 정보를 의미 있는 개념으로 조직하도록 돕고 유아 스스로 의미를 구성하도록 돕는 인식론적 기능을 하게 한다. 학습자 자신의 삶과 관련이 있을 때 학습이 촉진된다는 구성주의 학습이론과 부합된다.
- 유아에게 필요한 교육내용을 선정하는 데 도움을 준다. 지식의 폭발적 증가로 인해 교육내용을 선정하는 일은 더욱더 어려운 문제가 되고 있으므로, 교과별로 상호 관련되는 내용을 묶어 제시함으로써 필수적인 교육내용을 선정하는 데 도움을 준다. 유아의 경우 의미 있는 문제를 중심으로 내용을 선정함으로써 삶의 맥락에서 필요한 교육내용을 다룰 수 있다.
- 학습을 총체적으로 받아들이고, 학습과 실제 생활의 연관성을 높일 수 있다. 대부분의 교과영역들은 다른 영역들과 분리되어 학습되거나 응용되기보다는 다른 학습영역과 밀접한 관련성을 갖는다. 교과의 통합적 운영은 교과들 간의 관련성을 파악하는 데 도움을 주고, 교과학습과 생활의 연관성을 높여 교과학습의 의미를 삶과 관련지어 인식하고 사회문제에 대처하는 능력을 기르는 등 사회적 기능을 한다.
- 탐구력과 비판적 반성 및 심도 깊은 이해능력 등 이해력과 사고력을 길러 주는 데 도움을 준다. 주제에 대한 브레인스토밍과 소집단 토의, 아이디어를 분류하고 생각망 짜기, 관심 있는 문제에 대해 조사하기, 다양한 방법으로 표상하기, 토론하기, 경청하기, 협동하기 등 통합교육과정에서 요구되는 학습자의 학습방법은 유아의 사고력 발달에 도움이 된다.

2 통합교육과정의 모형

통합교육과정의 모형은 학자마다 다른 관점과 유형을 가지고 있다. 각 모형은 무엇을 통합의 중심내용으로 보는지, 내용을 어떻게 조직하여 운영하는지에 따라 다양하게 나타난다. 대표적으로 지식의 역할 구분에 따른 인그람(Ingram)의 모형, 학문을 중심으로 학문이 연결되는 방식에 따른 드레이크와 번스(Drake & Burns)의 모형, 통합의 정도에 따른 제이콥스(Jacops)의 모형, 교과와 학습자에 따른 포가티(Fogarty)의 모형이 대표적이다. 이들 모형 중 빈번하게 사용되는 포가티(Fogarty, 1991) 모형과 드레이크(Drake, 1998)의 모형을 살펴보면 다음과 같다(전가영, 2019).

1) 포가티(Fogarty)의 통합교육과정 모형

포가티(Fogarty, 1991)는 통합교육과정 모형을 통합의 모형에 따라 단일 교과 내, 여러 교과 간, 학습자 간 통합으로 구분하였고, 통합유형은 10가지의 접근방식으로 분류하였다. 구체적으로 단일 교과 내의 유형으로는 분절형, 연결형, 동심원형의 세 유형을 제시하였고, 여러 교과 간의 관계 유형으로는 계열형, 공유형, 거미줄형, 실로 꿴 형, 통합형의 다섯 유형을 제시하였고, 학습자 내 및 학습자 간의 관계 유형으로는 몰입형, 네트워크형의 두 유형을 제시하고 있다. 포가티(Fogarty)의 통합교육과정 모형의 유형별 설명과 장단점을 살펴보면 〈표 3-4〉와 같다(김재복, 2001).

표 3-4. 포가티(Fogarty)의 통합교육과정 모형

모형의 유형		구분	내용
단일 교과 내에서의 통합	1. 분절형 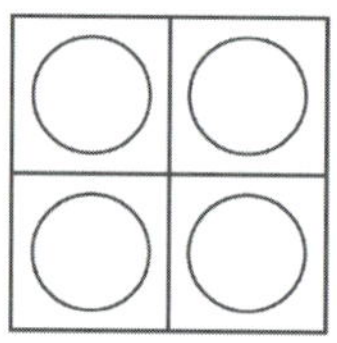	개념	전통적인 교육과정의 형태로 교과가 분리되고 구분된 모형이다. 여기서 통합은 명시적이라기보다 암시적으로 진행된다.
		장점	교과 각각의 개별성이 손상되지 않는다.
		단점	학생 스스로 개념 통합을 해야 하며, 일반적 상황으로의 학습 전이가 어렵다.
	2. 연결형	개념	각 교과의 주제와 주제, 개념과 개념을 연관 짓거나 학기 수준의 연결에까지 초점을 맞춘다.
		장점	교과 내의 개념들과 주제들을 연결하여 학습자가 이를 검토,

모형의 유형		구분	내용
	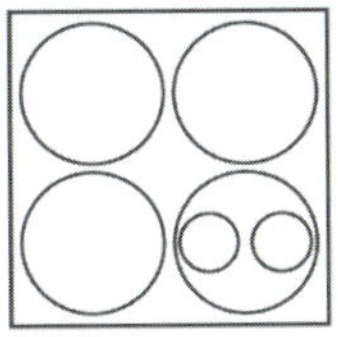		편집하거나 동화시키고 전이를 촉진시킬 수 있다.
		단점	교과 내 통합에서 그치기 때문에 다른 교과와의 관련성을 갖지 못한다.
	3. 동심원형 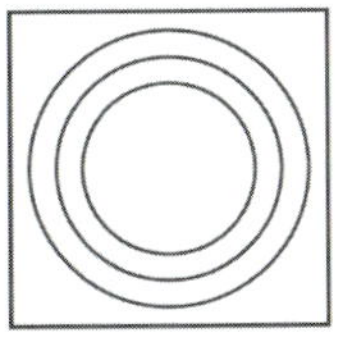	개념	다양한 목표들을 구조화하여 포개는 방식으로, 교과의 영역 내 사회적 협동적 기능 등을 도입할 때 사용한다.
		장점	여러 목적을 통합하여 한 덩어리의 목적으로 묶어 내므로, 학습자의 학습을 풍부하게 한다.
		단점	여러 학습 목표를 하나로 묶는 과정이 신중하게 이루어지지 않을 경우 학생에게 혼동을 줄 수 있다.
여러 교과 간에 걸친 통합	4 계열형 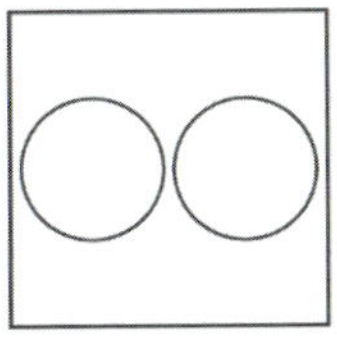	개념	두 개의 교과 내용에서 관련성을 찾고 유사한 단원을 일치시켜 주제를 재배열하고 계열화한다.
		장점	주제, 단원 등의 재배치를 통해 교육과정의 우선순위를 결정할 수 있고, 학습자의 학습효과를 강화할 수 있다.
		단점	타 교과와의 지속적인 협력이 요구된다.
	5. 공유형 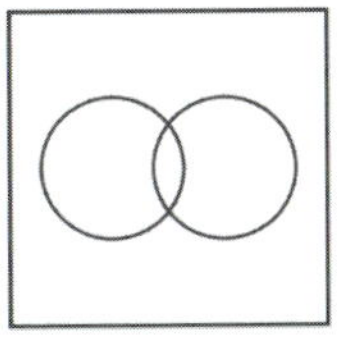	개념	두 개의 교과에서 공유된 개념을 토대로 공통성을 찾고 통합 단원을 구성한다.
		장점	교과 간의 공유를 통하여 발생한 중복 및 통합의 개념은 학습의 전이를 용이하게 한다.
		단점	모형 개발에 많은 시간이 소요되며, 협력자들 간의 적극적인 소통과 헌신이 필요하다.
	6. 거미줄형 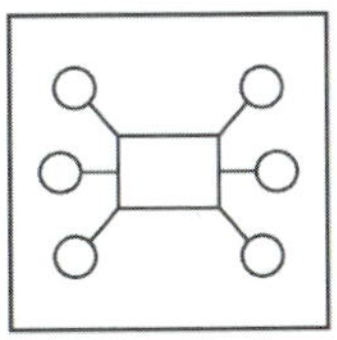	개념	교과 통합을 위한 주제 중심적인 접근 방식이다.
		장점	흥미로운 주제 선정이 가능하고, 아이디어 간의 관련성을 이해하기 쉽게 해 준다.
		단점	적합한 주제를 선정하기에 어려움이 있다.
	7. 실로 꿴 형 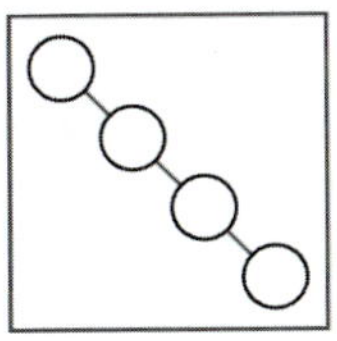	개념	사회적 기능, 연구 기능, 사고 기능, 다중 지능 등을 접근 수단으로 모든 교과를 실로 꿰듯 관련시킨다.
		장점	교과의 내용을 초월하는 사고 및 학습에 대한 인지가 가능하다.
		단점	교과 간의 관련성이나 내용의 연결성이 불분명하다.

모형의 유형		구분	내용
	8. 통합형 	개념	공유형과 유사성을 갖는 간학문적 접근 방식에 속하며, 중복되는 개념을 토대로 여러 교과를 통합하는 모형이다.
		장점	학습자가 다양한 교과들을 상호관련 시키기 쉽고, 교과 간의 이해가 확장되어 전문 지식에 대한 안목을 기를 수 있다.
		단점	모형의 복잡한 특성으로 인해 충실한 실행이 어렵다.
학습자들 간의 통합	9. 몰입형 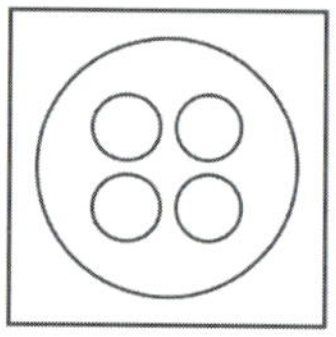	개념	학습자의 관심 영역에 해당하는 아이디어를 중심으로 관련된 교과를 내적으로 통합한다.
		장점	학습자에게 통합이 발생되고 학습자는 자기지향적이며 욕구가 높고 관심사에 집중하여 몰입이 가능하다.
		단점	협소하거나 미성숙한 수준의 미시적인 접근이 될 수 있다.
	10. 네트워크형 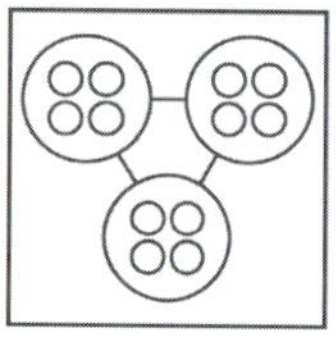	개념	학습자의 필요에 의한 네트워크를 스스로 제공하고 확장해 나간다.
		장점	학습자의 주도적인 탐색이 이루어질 수 있다.
		단점	학습자의 관심이 광범위하고 다방면적일 경우에는 효력을 갖지 못한다.

포가티(Fogarty)의 통합교육과정 모형은 타 교과에 대한 연계를 쉽게 할 수 있도록 제시하고 있으며, 각 모형에 대한 장점과 단점을 제시하여 실제 수업에서 적용할 때 보다 구체적으로 사용될 수 있다는 장점이 있어 통합교육의 모형으로 빈번하게 사용된다.

2) 드레이크(Drake)의 통합교육과정 모형

통합교육과정을 통합의 정도에 따라 다문화적, 간학문적, 초학문적으로 구분한 드레이크(Drake, 1998)는 제이콥스(Jacops, 1989), 포가티(Fogarty, 1991) 등이 제시한 통합교육과정을 통합의 정도에 따른 연속체로 구분하고 있다. 즉, 전통적 교육과정은 통합의 정도가 가장 낮으며 교과 내 통합, 다학문적 통합, 간학문적 통합, 초학문적 통합의 순으로 통합의 정도가 높다고 주장하고 있다. 전통적 교육과정과 다학문적, 간학문적, 초학문적 통합의 특징을 살펴보면 〈표 3-5〉, 〈그림 3-1〉과 같다(박영무 외, 2009; 양옥승, 2011).

표 3-5. 전통적, 다학문적, 간학문적, 초학문적 교육과정의 특징

구분	내용
전통적 교육과정	전통적 교육과정은 하나의 학문을 통해서만 가르치는 것이며(예: 과학, 사회), 융합은 하나의 주제가 여러 교과영역으로 스며드는 것(예: 환경문제나 사회적 행동을 과학, 지리와 같은 단일한 코스 속으로 융합), 교과 내는 하위 학문들이 물리, 화학, 생물과 같은 과학으로 통합된 어느 한 교과영역에 통합되는 것이다.
다학문적 교육과정	다학문적 교육과정은 학문들이 같은 기간 동안 가르치는 주제나 쟁점을 통해 연결되지만 독립된 수업에서 가르치는 것이다.
간학문적 교육과정	간학문적 교육과정에서는 교과들이 공통의 주제나 쟁점을 넘어서 어느 정도 상호 관련되어 있다. 교육과정은 질문, 공통 개념이나 표준 등으로 묶일 수 있다. 포가티(Fogarty)의 주제중심 접근 모형인 거미줄형은 전형적인 다학문적이고 간학문적인 통합방법이며 유아교육과정 분야에서 널리 활용되고 있는 모델이다. 공유된 모형은 선택된 외부의 주제로부터 나온 개념을 공유하지 못하며, 실로 꿰어진 모형은 기능에 기반을 두고 있으며, 내용을 연결하는 것은 아니다. 간학문적 프로그램이 학습자의 지식과 기능 획득에 효과적이기 위해서는 프로그램이 실질성, 적절성, 일관성의 세 가지 준거를 충족시켜야 한다.
초학문적 교육과정	초학문적 접근방법은 학문을 초월하며, 특정 학문으로부터 시작하기보다는 실생활의 맥락에서 나온 사회적 문제나 쟁점에서 시작하므로 다른 접근법과는 차이가 있다. 즉, 토픽 속에 학문이 들어 있다고 해도 학문 자체가 중요한 초점이 되지 않으며, 교육과정의 계획 시 특정 학문에서 시작하기보다는 실생활의 맥락, 사회적 문제나 쟁점과 이야기로부터 출발한다는 점에서 차이를 보인다. 토픽들은 사전에 결정되기보다는 학생들의 사회적·개인적 쟁점에서 출발한 심오한 질문으로부터 제기된다. 이 접근법에서는 연구자로서의 학습자가 중요하다. 일상생활 속에서 강조하는 영유아교육과정에서는 간학문적 통합과 초학문적 통합이 중요한 의미를 지닌다.

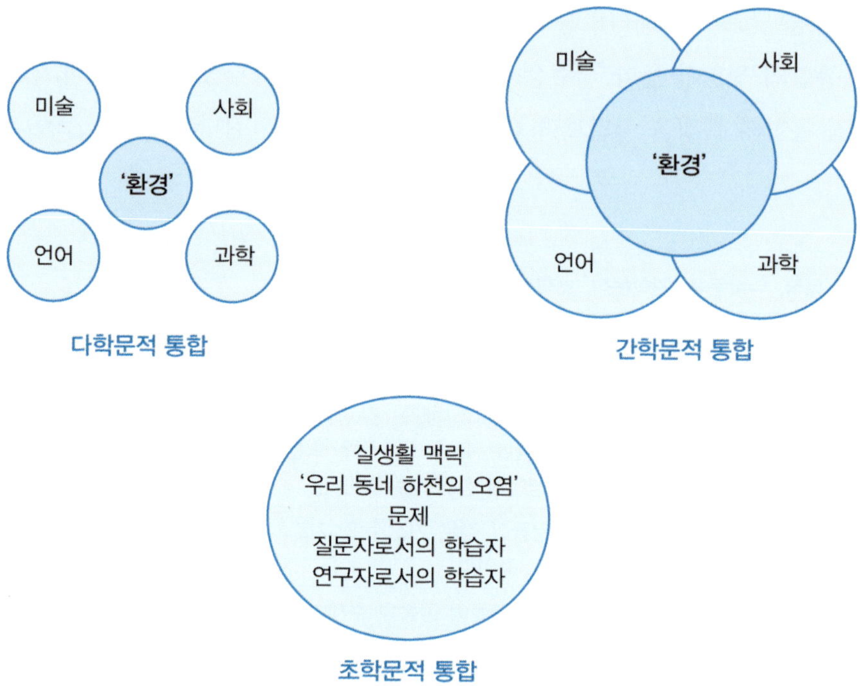

그림 3-1. 다학문적, 간학문적 및 초학문적 교육과정의 통합정도

3 유아교육과정의 통합적 접근

유아교육과정에서의 통합은 교과의 통합이라는 것 이외에도 여러 가지 의미를 지닌다. 유아의 과거 경험과 현재의 요구 및 흥미의 통합, 유아가 한계 내에서 원하는 곳으로 자유롭게 갈 수 있다는 의미에서 공간과 유아의 통합, 학교와 지역사회의 통합, 다양한 연령 집단을 경험하는 연령의 통합, 교사 상호 간의 생활과 유아 생활의 통합, 유아의 가정생활과 학교생활의 통합 등이다. 통합교육과정은 이러한 유아교육에서의

통합의 의미를 포함한 형태로 구성이 되어야 하는데, 교육과정의 통합에 익숙하지 않은 교사에게는 매우 혼란스러운 일이다. 유아교육과정의 통합을 위한 방법으로 교사의 교육과정 통합 계획, 유아에 의한 유아 내 통합 및 표준과 교육과정의 연결을 구분하여 살펴보면 다음과 같다(양옥승, 2011).

1) 교사의 교육과정 통합계획

통합교육과정의 효과는 교육과정의 통합적 운영을 위한 충분한 경험과 지식, 열정이 있는 교사가 있는가의 여부와 관련성이 매우 높다. 통합교육과정의 성공적이지 못한 사례를 분석해 보면, 성공한 사례와의 중요한 차이 중의 하나가 교사의 태도라는 점을 밝히고 있다. 즉, 통합적 접근의 이점을 이해하지 못하고 학습자에게 도움이 되지 않는다고 생각하거나 적절한 교수 · 학습과정을 개발하여 적용하지 않으면 통합적 접근의 가치를 보장하기 어렵다는 것이다. 교육과정의 통합적 계획과 운영을 위해 교사가 고려해야 할 요인들을 살펴보면 〈표 3-6〉과 같다(교육과학기술부, 2009; 양옥승, 2011).

표 3-6. 교육과정의 통합적 계획과 운영을 위해 교사가 고려해야 할 요인

구분	내용
계속성, 계열성, 통합성 고려하기	계속성은 주된 교육과정 요소들을 반복해서 경험할 수 있도록 조직하는 것이며, 계열성은 주된 교육과정 요소에 대한 경험의 폭과 깊이를 단계적으로 더해 가며 조직하는 것이라는 점에서 차이가 있다. 통합성은 수직적인 관계에 초점을 맞춘 계속성이나 계열성과 달리 수평적으로 관련짓는 것이다. 조직할 때 계속성, 계열성, 통합성은 기본적인 기준이다.
유아와의 통합 고려하기	어떤 개념을 학습 경험으로 선정하여 조직할 때에는 그 개념이 유아의 태도, 지식, 기능 등의 조직요소와 통합될 수 있도록 계획해야 한다. 이들을 고려하여 조직된 학습 경험이 실제 학습으로 이어지기 위해서는 학습 경험을 서로 연결하고 꿰어 주는 과정(webbing)이 필요하다. 일반적으로 태도, 지식, 기능 등이 이러한 실의 역할을 하게 된다. 예를 들어, 수 개념은 탐구생활 영역뿐 아니라 표현생활이나 언어생활 등 다른 영역에서도 통합적으로 경험을 선정하여 조직할 수 있는데, 이때 수 개념은

구분	내용
	통합성과 계속성 또는 계열성을 이루는 조직요소가 된다. 이와 같이 실로 꿰어진 형태로 통합하는 방법 외에 영유아교육과정에서 교육과정 영역 간 통합을 위해 가장 일반적으로 사용하는 방법은 거미줄(web)형 통합이다. 거미줄 형태로 통합한다는 것은 주제 접근의 방식을 통해 교육과정의 영역을 통합하는 것으로, 예를 들어 동물이라는 주제를 중심으로 교육과정 영역 전반에 걸쳐서 다양한 교육 경험을 조직할 수 있다〈그림 3-2〉.
교과 간 통합과 교과 내 통합 계획하기	유아교육과정은 일반적으로 주제를 중심으로 통합되므로, 하나의 주제를 중심으로 교육활동을 전개할 때 교과 간 통합과 교과 내 통합이 이루어지도록 계획해야 한다. 교과 간 통합은 한 주제 및 소주제 또는 주요 내용을 중심으로 수, 과학, 언어, 조형, 음률 등의 교과영역들을 통합하는 것이다. 교과 내 통합은 하나의 주제 또는 하나의 활동을 중심으로 하나의 교과영역 내에서 여러 영역을 통합하는 것이다. 예를 들어, 언어 영역에서 말하기, 듣기, 읽기, 쓰기가 통합되는 것이다.
교육적 의도와 유기적 관계 고려하여 통합하기	교육과정 영역 간 또는 내용 간 통합을 할 때 통합한다는 의도 아래 많은 교육내용을 교육목적 및 목표와 유기적인 관계없이 통합하는 것을 피해야 한다. 많은 교과목 또는 학문 분야에서 연계와 위계를 고려하지 않고 이리저리 통합할 경우, 깊이 없는 단순한 사실들로 구성될 수 있다. 예를 들어, 교사들은 활동을 선택할 때, 무엇이 가치 있는지와 어떠한 이유에서 그 활동을 선택해야 하는지를 고려하기 전에 단지 그 활동이 주제에 맞고 유아들이 재미있어 한다는 이유로 선택하기 쉽다는 것이다.
통합해야 하는 것과 분리해야 하는 것 구분하기	통합할 수 있는 것과 분리해야 하는 것을 구분해야 한다. 과도하게 통합된 교육과정은 개별 교과영역의 특성에 대한 명료성을 잃게 되며, 이에 따라 개별 교과영역이 다양한 유형의 지식을 인식하는 방법과 표상하는 방법에 기여하는 장점을 잃게 될 수도 있다. 또한 각각의 교과 · 학문적 영역에 참여할 수 있는 충분한 시간을 확보하지 못한다는 점도 문제점으로 지적되고 있다.

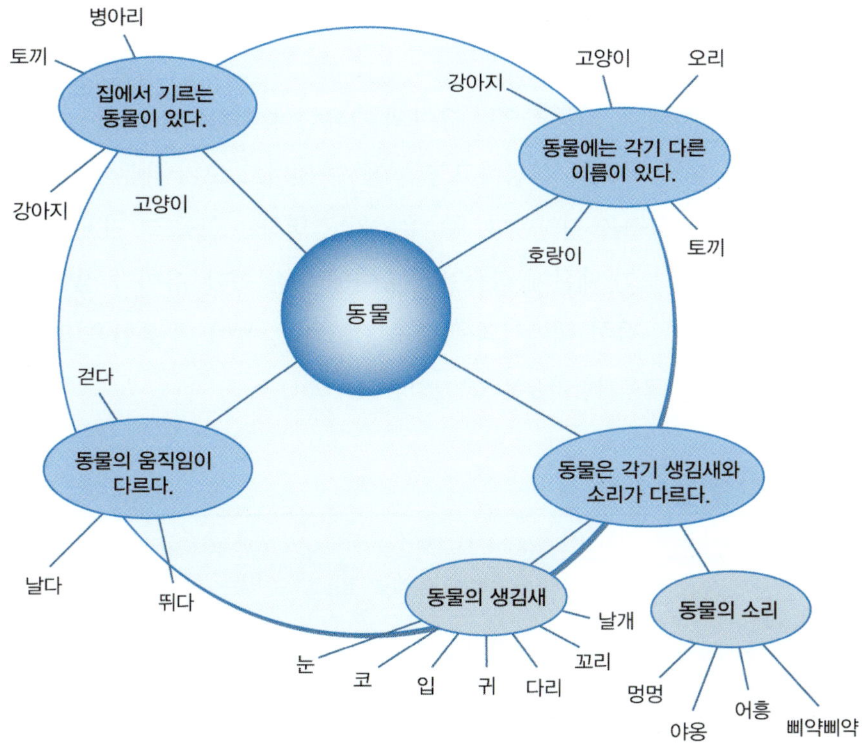

그림 3-2. 만 1~2세 반의 개념망의 예

출처: 이영자 외(2017). 영유아 프로그램의 운영. 양서원. p.181.

이 외에도 실제로 통합적 교육과정을 운영할 수 있는 토대가 마련되어 있는지를 점검해야 한다. 교육과정이 통합될 수 있는 정도는 학습이 일어날 수 있는 상황에 영향을 받는다. 유아에게 유용하고 다양한 정보와 자료, 적절한 경험을 충분하게 제공하고, 유아들의 작업 결과물을 존중하는 교실 상황이 제공될 때 비로소 교육과정의 바람직한 통합이 가능하다.

2) 유아에 의한 유아 내 통합하기

유아교육과정 분야에서는 전통적으로 유아의 자유를 중시하여 유아가 자기의 흥미, 관심, 요구, 필요에 따라 목표를 설정하고 활동할 수 있다고 보기 때문에 목표 달성의 원리에 의한 교육목표 설정을 지양한다. 즉, 유아가 경험하는 활동 그 자체가 교육내용이 되는 경우가 많다고 보기 때문에 학습자인 유아에 의한 통합, 유아가 경험하는 과정에서 스스로 통합해 가는 유아 내에서의 통합을 강조한다. 유아 내 통합을 위해 고려할 점은 〈표 3-7〉과 같다(교육과학기술부, 2009; 양옥승, 2011).

표 3-7. 유아 내 통합을 위해 고려할 점

- 교육과정 통합 시 유아들이 감각을 활용하여 적극적으로 관찰하기, 몸으로 생각하기와 느끼기, 유추하기, 상상하기, 감정 이입하기, 통합하기 등 다양한 방법을 활용할 수 있는 교육 경험 및 내용과 교수·학습방법을 고려하여 구성해야 한다.
- 유아들이 학습한 지식 및 기능을 일상생활에서 활용하고 통합하여 새로운 지식을 창조해 가도록 교육과정을 구성해야 한다.
- 유아 내 통합이 이루어지기 위해서는 교사의 관찰과 상호작용이 중요한 역할을 하게 된다. 교육과정의 통합 시 교사에 의해 숙고되고 걸러지는 과정을 거치지 않거나 교사의 세심한 관찰에 기초한 상호작용이 이루어지지 않는다면 자유방임적 활동으로 흐르거나 유아를 보다 성숙하게 할 가능성을 놓치게 된다. 이를 보완하기 위해 최근의 많은 연구자와 교육자들은 스케폴더(scaffolder)로서 교사의 상호작용을 강조하고 있다.
- 유아 내 학습 경험의 통합과정으로서의 자유선택활동이 가지는 의미에 주목할 필요가 있다. 자유선택활동은 유아가 자유의지나 흥미, 요구에 따라 자발적으로 활동을 선택하여 놀이하는 것으로, 학습자로서 유아가 주체가 되어 교육 경험을 스스로 선정하고 조직함으로써 교육과정을 통합하는 특징이 있다. 이런 이유로 영유아교육과정에서는 교육과정을 놀이 속에서 통합적으로 실현해 가는 것으로 규정하여 놀이의 중요성을 강조하고 있다.

3) 표준과 교육과정의 연결

교육과정을 통합적으로 운영하는 교사가 갖는 딜레마 중의 하나는 학습자의 흥미와 요구 중심, 생활 맥락을 중심으로 주제를 선정하여 교육과정을 운영하다 보면 해당 시기에 꼭 다루어야 할 것으로 생각되는 목표나 내용을 다루지 못하고 지나가는 것은 아닌지, 가치 있는 내용을 잘 선정하였는지 등에 관한 것이다. 유치원이나 어린이집의 경우 각각의 유치원 교육과정과 표준보육과정이 개발되어 있으며, 여기서 제시하는 영역과 내용은 국가 수준 교육과정으로 영향력을 갖게 되며, 내용선정과 수행 표준의 기반이 된다. 국가 수준에서 개발된 교육내용을 발현적이며 통합적인 교육과정 운영과 어떻게 연결 짓고 통합시킬 것인가의 문제는 간단하지 않다.

개정 누리과정은 추구하는 인간상과 목적과 목표, 구성의 중점 등 총론 전반의 구성을 초등학교 교육과정의 체계와 통일하고 있다. 특히 역량을 중심으로 개정한 「2015 개정 초 · 중등학교 교육과정」의 취지와 내용을 개정 누리과정 인간상과 교육목표 등에 반영하여 초등학교 교육과정과 연계하고자 하였으며, 이때 누리과정 5개 영역의 내용은 초등학교 1학년의 교육내용을 상회하지 않도록 유의하고 있다. 이로써 누리과정은 유 · 초 연계에 있어서 보다 적정화된 교육내용의 계속성, 계열성, 통합성 및 접합성을 확보하고 있다고 할 수 있다.

최근 교육과정은 교수자가 학습자의 배움을 예상하여 사전에 조직하는 교사 중심에서 학습자가 주체가 되는 배움 중심으로 변화하고 있다. 「3~5세 연령별 누리과정」도 유아의 놀이를 강조하였지만, 일부 현장의 경직되고 획일화된 누리과정 운영에 대한 문제가 제기되었다. 이에 개정 누리과정(2019)은 유아의 흥미와 관심을 반영하지 못한 교사의 계획 중심 운영을 개선하기 위해 유아 · 놀이 중심 교육과정을 재정립하였는데, 그 특징은 〈표 3-8〉과 같다(교육부, 보건복지부, 2019).

표 3-8. 유아 · 놀이 중심 교육과정의 특징

구분	내용
교사 중심 교육과정에서 유아 · 놀이 중심 교육과정으로의 변화	개정 누리과정은 유아와 놀이를 최우선으로 존중하는 교육과정임을 강조하고 있다. 이는 교사가 미리 계획한 활동을 중심으로 진행되는 교사 중심 교육과정에서 유아 주도적인 놀이가 중심이 되는 유아 · 놀이 중심 교육과정으로 변화하는 것을 의미한다. 예를 들어, 개정 누리과정에서는 교사가 계획하여 제안하는 자유선택활동을 유아가 주도하는 놀이로 대체하여 운영하도록 제안하고 있다.
충분한 놀이시간 확보 권장	개정 누리과정에서는 바깥 놀이를 포함하여 유아가 자유롭게 놀이할 수 있는 시간을 충분히 편성 · 운영할 것을 제안하고 있다. 충분한 놀이시간은 유아가 몰입하여 놀이를 즐길 수 있도록 여유가 있게 시간을 확보하여 일과를 운영하는 것을 의미한다. 유치원과 어린이집은 유아의 안전을 고려하되 유아의 놀이가 최대한 활성화되도록 실내 · 외 놀이환경을 포함하여 누리과정 운영 방식을 개선해 가는 것이 필요하다.
유아 놀이와 배움의 의미에 대한 재이해	유아 · 놀이 중심 교육과정은 유아의 놀이가 가지는 배움의 의미를 새롭게 이해하는 데서 출발한다. 그동안 유아교육에서는 유아의 놀이를 교육의 기본 정신으로 강조하였다. 그러나 한편으로는 유아가 스스로 놀이하며 배우고 있는지에 대한 걱정과 불안이 있었다. 또한 교사가 놀이보다는 활동을 통해 지식을 가르치는 것에 집중한다는 반성이 이루어지기도 하였다. 개정 누리과정에서는 이러한 점을 고려하여 교사가 놀이의 의미와 가치를 재이해하는 것이 필요함을 강조하고 있다. 교사가 가르치지 않아도 유아가 놀이하며 스스로 배울 수 있음을 이해하는 것은 놀이 중심 교육과정을 실천하는 데 중요한 출발점이 된다. 따라서 개정 누리과정의 교수 · 학습에서 유아가 놀이를 통해 배우도록 함을 명시하고 있으며, 또한 5개 영역의 내용이 교사가 가르쳐야 할 내용이 아니라 유아가 경험하며 스스로 배우는 내용이라는 것을 구체적으로 설명하여 교사가 유아의 놀이와 배움을 재이해할 수 있도록 안내하고 있다.

따라서 2019년 개정된 『2019 개정 누리과정 해설서』 및 2020년 『제4차 어린이집 표준보육과정 해설서』를 숙지하여〈그림 3-3〉, 국가 수준 누리과정과 표준보육과정을 통해 영유아들이 추구하는 인간상〈그림 3-4〉에 도달시키려는 교사의 노력이 필요하다.

그림 3-3. 국가 수준 표준 영유아교육과정 해설서

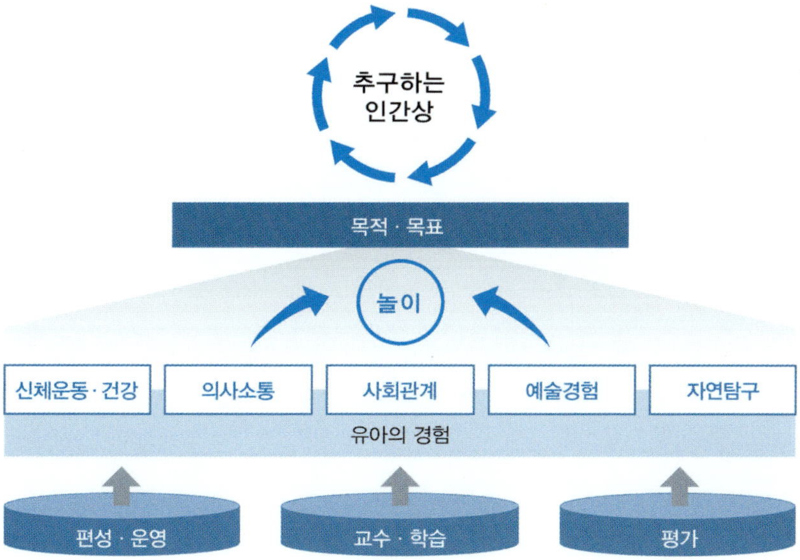

그림 3-4. 2019 개정 누리과정의 인간상

Chapter 04

유아교육과정의 계획 및 운영

배울 내용

1. 유아교육과정의 운영계획
2. 유아교육과정의 운영
3. 환경구성

학습목표

1. 유아교육과정의 운영계획의 방법들에 대해 익힌다.
2. 유아교육과정의 운영에 대해 알아본다.
3. 유아교육과정을 위한 환경구성 방법들을 알아본다.

1 유아교육과정의 운영계획

1) 새 학년도 연간교육과정 계획과 편성

국가가 제시하는 유아 · 놀이중심 교육과정을 기초로 작성된 연간교육계획안은 한 해 수업운영에서 가장 중요한 핵심이며 누리교육과정, 행사 및 특별한 날 등에 대한 정보를 파악할 수 있는 중요한 문서이다. 따라서 연간교육계획안은 교사가 전체적인 교육을 어떤 방향으로 나아가야 할지를 인지하고, 유아의 발달과 성장을 돕는 훌륭한 학습을 운영하는 데 좋은 길잡이가 될 수 있으며, 한 해 학급운영 평가의 기초가 된다. 연간교육계획안의 작성 시기로는 새로운 학기가 시작하기 전인 1월~2월경에 준비, 계획, 수립하며 다음과 같은 사항들을 고려하여 작성한다.

첫째, 유치원 1년 운영계획서를 토대로 작성한다. 우선 현재 국가 수준의 교육과정을 충분히 이해하고, 이전의 교육과정을 평가하여 중점 지도방향을 분석하여야 한다. 즉, 2019 개정 누리과정인 국가 수준의 누리교육과정 및 지역수준 교육과정, 해당 교육청의 중점지도 방향, 전년도 교육평가, 학부모 만족도, 원장의 교육철학, 다양한 교육자료 및 장학자료, 유치원 프로그램의 특성과 특색교육 등을 고려하여 교육과정을 편성하도록 계획하여야 한다. 특히 초임교사이거나 새로운 기관에 부임해 온 경우에는 1년 운영계획서를 우선적으로 숙지하여 학급운영을 위한 기초정보를 얻어야 한다.

일반적으로 대부분의 유치원에서는 국가에서 제시하고 있는 교육과정에 근거하여 생활 주제 중심의 통합교육과정을 계획 · 운영하고 있지만 때로는 원장의 교육철학에 따라서 특별한 교육 프로그램을 실시하는 경우 등 현장의 자율성에 따라 상이하게 운영되고 있다. 그러므로 교사는 유치원의 교육 프로그램 특성을 명확히 파악하고 이해하여 그 프로그램이 가진 교육철학과 목표를 충실히 실천할 수 있는 누리교육과정을 계획하여야 한다.

누리교육과정의 개정 이전에는 연간교육계획안, 월간교육계획안, 주간교육계획안, 일일교육계획안의 형태로 나누어졌으나, 2019 개정 누리과정에서는 연간교육계획안이 제일 먼저 작성되고, 월간교육계획안과 주간교육계획안 중 현장의 자율성이 확대되어 작성의 유무는 기관의 원장과 교사가 자율적으로 결정할 수 있으며, 일일교육계획안은 흥미 영역 중심으로 유아가 경험해야 할 내용으로 작성한다.

둘째, 현장학습, 부모참여 등의 행사는 생활주제와 연계하여 유아들에게 발달적으로 의미 있는 내용으로 선정해야 한다. 즉, 올림픽이나 월드컵, 거리축제, 전시회, 공연 등 국가나 지역사회에서 이루어지는 각종 행사와 연계하여 수립할 수 있다. 1년 행사를 계획한 후에는 행사장소와 일정, 소요시간 등을 가정에 미리 안내하여 부모를 비롯한 보호자가 행사에 적극적으로 참여할 수 있도록 유도하는 것이 바람직하다.

2) 요구조사

유아에 대한 기초정보 수집은 입학 전에 파악하는 것은 중요하다. 왜냐하면 유아에 대한 정보는 학기 초 유아와의 관계 형성, 효율적인 학급운영, 신뢰로운 부모상담 등을 위한 필수요건이기 때문이다. 따라서 신입생의 경우, 유아에 대한 기초정보는 일차적으로 가정환경조사서를 통해 알아볼 수 있으며, 진급생의 경우에는 이전 유아를 담당했던 교사로부터 정보를 얻을 수 있다. 유아의 기초정보 수집방법은 〈표 4-1〉과 같다.

표 4-1. 유아의 기초정보 수집방법

구분	내용
가정환경조사서에서 얻을 수 있는 정보	• 주 양육자는 누구인가? • 형제, 자매관계는 어떠한가? • 이전 기관 경험은 어떠한가? • 좋아하는 놀이와 놀잇감은 무엇인가? • 발달적으로 특이한 사항에는 무엇이 있는가?

구분	내용
	• 건강과 관련하여 기억하고 관심 있게 지도해야 하는 것은 무엇인가? • 부모(주 양육자)의 양육태도는 어떠한가?
이전 담당 교사에게 얻을 수 있는 정보	• 유아의 장점, 성격, 습관 등은 어떠했는가? • 유아가 좋아하는 놀이와 또래관계는 어떠했는가? • 부모와의 관계형성은 어떠했는가? • 그 밖에 기억해야 할 내용에는 무엇이 있는가?

〈표 4-1〉에 의해 수집된 정보들은 교사의 업무노트에 주요사항을 정리하여 추후 원아관리와 생활지도, 부모상담 및 전화상담 등과 연계하여 개별 유아의 지도내용으로 활용한다.

3) 생활주제선정, 주제 및 소주제 선정

개정 누리과정 전에는 연간교육계획을 미리 계획했다면, 개정 누리과정에서의 연간교육계획은 기관 차원에서 일 년 간의 중요한 경험을 미리 준비 및 계획하되, 유아의 놀이를 관찰하며 유아들의 흥미와 무엇에 집중하는지의 내용에 따라 주제를 변경할 수 있는 융통성을 갖는다. 따라서 월간·주간교육계획안은 교사의 필요성에 맞게 형식, 분량을 통합하거나 선택하여 작성하고 자율성을 부여하여 유아의 흥미나 관심에 따라 교육계획을 수정하고 변경 가능하도록 교육과정을 운영한다. 따라서 교사는 교육계획안을 작성할 때 유아의 놀이를 충분히 관찰하여 유아의 흥미를 파악하여야 한다. 활동주제가 정해지면 교사는 다양한 교수 자료를 참고하여 유아가 이전에 어떤 경험을 했는지, 어떤 것을 경험하고 싶은지, 유아가 관심 있어 하는 내용은 무엇인지를 관찰하여 계획한 후 다양한 놀이와 활동으로 환경을 지원해야 한다. 연간교육계획안의 예시는 〈표 4-2〉와 같다.

표 4-2. 만 5세 연간교육계획안의 예

월	주제	예상 전개 방향
3	우리 원과 친구	• 우리 유치원과 우리 선생님을 알고, 친구들과 친밀함을 형성할 수 있다. • 우리 원에서 함께 생활하며 지켜야 하는 약속과 규칙에 대해 알고 실천한다. • 유치원의 시설의 이름과 위치를 알아보고, 시설물을 안전하게 사용한다.
4	봄과 동 · 식물	• 건강하게 봄을 지내는 방법에 대해 알고 실천한다. • 봄의 날씨와 변화에 대해 관심을 갖고, 봄의 계절적 특징을 알아본다. • 봄에 볼 수 있는 동 · 식물에 관심을 갖고, 소중하게 여기는 마음을 기른다.
5	가족	• 가족과 함께하는 다양한 체험활동을 통해 즐거운 시간을 갖는다. • 참여수업에서 지켜야 하는 약속과 규칙을 알고 실천한다.
6	직업 프로젝트	• 우리 동네에 있는 다양한 직업의 종류에 대해 관심을 갖고, 직업마다 하는 일이 다름을 알아본다. • 우리 동네를 위해 일하는 공공기관에 대해 알아보며 감사한 마음을 갖는다. • 직업 프로젝트를 마무리하며 직업을 간접적으로 체험해 본다.
7	여름	• 여름철 날씨에 대해 관심을 갖고, 알맞은 옷차림을 입을 수 있다. • 여름철 놀이와 여름철 음식의 종류에 대해 알아보고 건강한 여름을 보낸다. • 안전하고 즐거운 여름방학을 준비한다.
8	교통기관	• 우리 생활 속에서 이용하는 교통기관에 대해 관심을 갖고, 교통기관의 특성을 알아본다. • 교통약속의 필요성을 알고, 약속을 지키며 교통기관을 이용한다.
9	독도 프로젝트	• 우리나라 영토인 독도에 대해 관심을 갖고, 독도의 유래와 지리적 위치를 알아본다. • 독도를 사랑하는 마음을 가지고 소중히 지킬 수 있는 방법을 알아본다. • 독도 프로젝트를 마무리하며 골든벨 활동으로 연계한다.
10	가을	• 가을의 풍경이 변화하는 과정에 관심을 갖고, 곡식과 열매의 종류에 대해 알아본다. • 추수를 통해 자연이 우리에게 주는 고마움을 알고, 보호하는 마음을 갖는다.
11	재활용 프로젝트	• 무심코 버리는 쓰레기들을 재활용하는 방법과 재활용품의 올바른 분리수거 습관을 기른다. • 다양한 재활용품의 종류에 대해 알아보고, 환경을 보호하는 마음을 갖고 실천한다.
12	겨울	• 겨울이 되어 달라지는 풍경과 환경의 변화를 찾아본다. • 겨울철에 먹는 따뜻한 음식과 다양한 겨울놀이의 종류와 안전한 놀이방법을 알아본다. • 동 · 식물들이 겨울을 보내는 방법에 대해 관심을 갖는다.

월	주제	예상 전개 방향
		• 겨울을 따뜻하게 보내는 방법과 난방기구의 사용방법을 알고, 건강한 겨울을 보낸다.
1 2	초등학교 프로젝트	• 초등학교 프로젝트를 통해 초등학교와 비슷한 환경을 구성해 생활하고 탐색하며 초등학교에 대한 기대감을 갖는다. • 초등학생이 되기 위해 필요한 것에 관심을 갖고, 달라지는 점에 대해 알아본다. • 초등학교 교실과 일하시는 분을 알아보며 학교에서 지켜야 하는 약속을 탐색하고 초등학생이 되기 위한 계획을 세워 본다.

※ 본 연간교육계획안은 계절, 유아의 관심, 흥미에 따라 융통성 있게 운영됩니다.

주간교육계획안과 일일교육계획안의 하루 구성은 유아의 놀이, 일상생활, 활동 속에서 즐거운 몰입을 통해 배움이 일어나도록 구성 및 운영하는 것이 중요하다. 개정 누리과정에서는 일과를 교사가 미리 계획할 수 있지만 유아와 의논하거나 흥미 지속 여부에 따라 달라질 수 있어야 하며 유아가 놀이에 충분히 몰입할 수 있도록 매일 2~3시간 이상의 놀이시간이 포함되도록 강조하고 있다(교육부, 보건복지부, 2019). 주간교육계획안의 예시는 〈표 4-3〉, 일일교육계획안의 예시는 〈표 4-4〉와 같다.

표 4-3. 주간교육계획안의 예

원훈		• 몸과 마음이 튼튼한 어린이 • 바르게 생각하는 어린이 • 맑고 슬기로운 어린이		우리들의 약속	• 소곤소곤 • 사뿐사뿐 • 방글방글	
시기		년 월 일 ~ 월 일		담임교사	국화반 ○○○	
생활주제		우리원과 친구		주제	우리 원의 환경과 친구	
목표		• 우리 반의 이름과 교실의 특징을 알고 이름과 교실의 위치를 안다. • 우리 원에서 함께 생활하며 지켜야 할 약속과 규칙에 대해 안다.				
날짜/요일		4일(월)	5일(화)	6일(수)	7일(목)	8일(금)
자유선택활동	쌓기 영역	우리 반으로 오는 길 구성하기				
	역할 영역	버스 타고 유치원에 가요				
	언어 영역	우리 반 이름쓰기 / 유치원 선생님 이름쓰기				
	수·조작 영역	내가 좋아하는 공간 그래프 / 내 물건 정리하기				

	과학 영역	과학 영역은 어떤 곳일까?				
	미술 영역	자유 그림 그리기 / 색종이 접기 / 만다라 색칠하기				
대·소 집단 활동	이야기 나누기	입학을 축하합니다	우리 반 이름과 교실	우리 반에 필요한 약속	우리 원의 하루 일과	다양한 시설물 사용법
	동화 동시 새노래	새노래	동화	동시	동화	동화
		꼭! 꼭! 약속해	유치원 처음 가는 날	놀이 약속	밥 먹기 싫어요.	마법사 유치원 선생님
	조형/미술	내 이름 꾸미기 / 우리 원 약속 액자 만들기				
	신체/산책	(신체)우리 원 일과 마임카드 / (게임)의자빼기, 풍선놀이				
안전교육(교통)		안전하게 걸어요.				
행사 및 준비물		자 유 복	자 유 복	체 육 복	자 유 복	체 육 복

표 4-4. 일일교육계획안의 예시

일일교육계획안(만 4세)				원장	원감	담임
				윤○○	조○○	이○○
일시	20 년 월 일(금요일)	생활주제	우리 원과 친구			
주 주제	만나서 반가워요	일일주제	우리 반 친구를 알아요			
목 표	• 우리 반 친구들의 이름을 안다. • 친구의 이름과 얼굴을 연결 지을 수 있다. • 약속을 지키며 즐겁게 게임 활동에 참여한다.					
시간	활동 내용					활동자료/준비물
~9:30	**[등원 및 인사 나누기]** • 유아들을 반갑게 맞이한다. • 유아의 기분과 건강 상태를 살핀다. • 유아 스스로 외투와 가방을 사물함에 정리한다. • 수첩 꺼내기, 겉옷을 옷걸이에 바르게 걸 수 있도록 지도한다.					사물함, 가방, 원아수첩, 옷걸이
~10:30	**[자유 선택 활동]** • 교실에 있는 놀잇감에 대해 이야기 나눈다. • 새로운 영역활동을 소개한다. • 관심 있는 영역에서 자유롭게 활동하도록 돕는다. • 교사 및 또래와 긍정적 상호작용을 나눌 수 있도록 한다.					다양한 블록 역할소품 수·조작 놀이교구 색연필, 싸인펜

<table>
<tr><td rowspan="7"></td><td colspan="2">• 교사의 도움이 필요한 놀이에 골고루 참여하여 함께 놀이한다.</td><td rowspan="7">책, 연필,
지우개
영역이름표</td></tr>
<tr><td>쌓기 영역</td><td>쌓기 영역을 탐색해요 / 유치원을 구성해요</td></tr>
<tr><td>역할 영역</td><td>선생님이 되어 보아요</td></tr>
<tr><td>언어 영역</td><td>내 이름을 쓸 수 있어요 / 우리 반 친구 이름을 알아요</td></tr>
<tr><td>수•조작 영역</td><td>영역마다 놀잇감이 달라요 / 놀이 영역 퍼즐을 맞춰요</td></tr>
<tr><td>과학 영역</td><td>유치원 물건을 탐색해요</td></tr>
<tr><td>미술 영역</td><td>미술재료 탐색하기 / 우리 반 약속 판을 꾸며요</td></tr>
<tr><td>10:20~
10:30</td><td colspan="2">[정리정돈 및 놀이평가]
• 정리 음악에 맞추어 각 영역의 놀잇감을 정리한다.
• 놀이평가하기: 내가 했었던 놀이가 어땠는지 이야기로 평가하는 시간을 갖도록 한다.
– 어떤 영역에서 놀이했나요?
– 누구와 함께 놀이했나요?
– 놀이할 때, 어떤 기분이 들었나요?</td><td>피아노</td></tr>
<tr><td>10:30~
10:40</td><td colspan="2">[화장실 다녀오기 / 간식]
• 유아들은 질서를 지키며 화장실을 다녀온다.
• 볼일을 보고 난 후, 손을 깨끗이 씻는다.
• 준비된 간식을 가지고 자리에 앉는다.
• 간식을 먹은 후 자리를 정리한다.</td><td>개인 손세정제,
개인 손수건,
간식</td></tr>
<tr><td>10:40~
10:50</td><td colspan="2">[인사 및 일과 소개]
• 선생님과 친구들하고 반갑게 인사를 나눈다.
• 오늘 날짜와 요일에 대해 알아본다.
• 오늘 하루 일과를 소개한다.</td><td>출석카드,
날짜판,
일과 소개판</td></tr>
<tr><td rowspan="4">10:50~
11:10</td><td>활동명</td><td>[이야기 나누기] 우리 반 친구를 알아요</td><td rowspan="4">이름 카드
(카드 뒤에
사진)</td></tr>
<tr><td>활동목표</td><td>• 우리 반 친구들의 이름을 안다.
• 친구의 이름과 얼굴을 연결 지을 수 있다.</td></tr>
<tr><td>교육과정
관련요소</td><td>• 사회관계 〉 더불어 생활하기 〉 친구와 서로 도우며 사이좋게 지내기
• 의사소통 〉 듣기와 말하기 〉 바른 태도로 듣고 말한다. 자신의 경험, 생각, 느낌을 말한다.</td></tr>
<tr><td>활동방법</td><td>[도입]
• 손유희를 하며 주의를 집중시킨다.
– 엄지 어디 있소 엄지 어디 있소
여기 나와 있소 여기 나와 있소</td></tr>
</table>

		안녕하며 인사 안녕하며 인사 들어간다 헤이 들어간다 헤이 • 오늘의 활동을 소개한다. **[전개]** • 우리 반 친구의 이름 카드를 보며 이야기한다. • 노래에 맞춰 두 명의 친구 이름을 불러 주고 이름이 호명된 친구는 앞으로 나와서 인사하고 들어간다. – ○○이 어디 있소 ○○이 어디 있소 • 유아들이 이름을 다 같이 불러 주는 방법으로 활동한다. **[마무리]** • 우리 반 친구들의 이름 카드를 보고 읽어 본 후 마무리한다. – 새롭게 알게 된 친구 이름이 있나요? – 친구들이 내 이름을 불렀을 때 어떤 느낌이 들었나요?	
11:10~ 11:40	활동명	**[게임활동]** 친구 얼굴 찾기	
	활동목표	• 친구의 이름과 얼굴을 연결 지을 수 있다. • 약속을 지키며 즐겁게 게임 활동에 참여한다.	
	교육과정 관련요소	• 사회관계 〉 더불어 생활하기 〉 친구와 서로 도우며 사이좋게 지낸다. • 신체 · 운동건강 〉 신체활동 즐기기 〉 실내 · 외 신체활동에 자발적으로 참여하기	
	활동방법	**[도입]** • 유아들의 사진만 있는 판을 보여 주며 누구의 얼굴인지 한 번씩 불러 본다. **[전개]** • 두 팀으로 나눈다. • 한 명씩 나와서 궁금이 상자에서 이름 카드를 꺼낸다. • 이름을 호명하면 친구의 얼굴에 까슬이 공을 던져서 붙인다. • 맞게 붙이면 점수를 준다. • 더 많은 점수를 획득한 팀이 승리한다. • 규칙을 이야기한다. – 다른 친구가 대신 알려 주기 않기 – 출발선에서 던지기 – 공은 다시 떼어서 책상에 놔 주기 – 친구가 틀렸다고 탓하거나 놀리지 않기 • 즐겁게 게임 활동을 한다. **[마무리]** • 활동이 어땠는지 평가하고 마무리한다.	친구 얼굴, 사진판, 이름카드, 궁금이 상자, 까슬이 공

<table>
<tr><td>11:40~
12:00</td><td colspan="2">[동화 듣기] 인사는 어떻게?
• 자리에 바르게 앉는다.
• 귀 기울여 동화를 듣는다.
• 동화를 듣고 동화내용을 회상해 본다.
• 동화를 듣고 느낌과 생각을 이야기한다.</td><td>동화책</td></tr>
<tr><td rowspan="8">12:00~
13:20</td><td colspan="2">[점심식사 및 양치하기]
• 도시락 통을 꺼내고 자리에 앉는다.
• 순서대로 나와 배식을 받는다.
• 점심을 먹은 후 식판과 자리 주변을 정리한다.
• 양치질을 한다.
• 휴식시간을 갖는다.</td><td>도시락,
숟가락,
젓가락, 칫솔,
치약, 물컵</td></tr>
<tr><td colspan="2">[자유 선택 활동]
• 교실에 있는 놀잇감에 대해 이야기 나눈다.
• 새로운 영역활동을 소개한다.
• 관심 있는 영역에서 자유롭게 활동하도록 돕는다.
• 교사 및 또래와 긍정적 상호작용을 나눌 수 있도록 한다.
• 교사의 도움이 필요한 놀이에 골고루 참여하여 함께 놀이한다.</td><td rowspan="7">다양한 블록
역할소품
수 · 조작
놀이교구
색연필, 싸인펜
책, 연필,
지우개
영역이름 표</td></tr>
<tr><td>쌓기 영역</td><td>쌓기 영역을 탐색해요 / 유치원을 구성해요</td></tr>
<tr><td>역할 영역</td><td>선생님이 되어 보아요</td></tr>
<tr><td>언어 영역</td><td>내 이름을 쓸 수 있어요 / 우리 반 친구 이름을 알아요</td></tr>
<tr><td>수•조작 영역</td><td>영역마다 놀잇감이 달라요 / 놀이 영역 퍼즐을 맞춰요</td></tr>
<tr><td>과학 영역</td><td>유치원 물건을 탐색해요</td></tr>
<tr><td>미술 영역</td><td>미술재료 탐색하기 / 우리 반 약속 판을 꾸며요</td></tr>
<tr><td rowspan="2">13:20~
13:50</td><td>활동명</td><td>실외활동 대체 실내활동: 풍선놀이</td><td rowspan="2"></td></tr>
<tr><td colspan="2">• 미세먼지로 실외 활동을 할 수 없음을 이야기한다.
• 오늘 할 신체활동인 풍선놀이를 소개한다.
• 지켜야 할 약속을 이야기한다.
– 풍선은 하나씩 사용해요.
– 친구들과 부딪치기 않게 조심해요.
– 풍선을 발로 밟거나 일부러 터뜨리지 않아요.
– 선생님이 종을 흔들면 멈춰요.
• 약속을 지키며 즐겁게 활동한다.
• 활동을 평가하고 마무리한다.</td></tr>
</table>

<table>
<tr><td>13:50~
14:10</td><td colspan="6">[자유선택활동 소개] 역할: 선생님이 되어 보아요.
• 보드마카와 화이트보드판을 보여 주며, 어떤 사람이 사용하는 물건일지 이야기를 나눈다.
• 선생님이 하는 역할에 대해 이야기 나눈다.
• 역할 영역에 있는 목걸이와 마이크, 보드마카 등을 사용해 선생님이 되어 보는 놀이를 할 수 있음을 이야기한다.</td><td colspan="2">보드마카,
화이트보드판,
선생님 목걸이
마이크</td></tr>
<tr><td>14:10~
14:30</td><td colspan="6">[하루 일과 평가 및 귀가지도]
• 자신의 소지품 정리한다.
• 하루 일과를 회상하고 느낌을 말한다.
• 내일 할 활동을 예고하여 기대감을 가질 수 있도록 한다.
• 인사를 나누고 소지품을 챙겨 이동한다.
– 1호차, 2호차, 3호차 및 방과 후 과정 반으로 이동한다.</td><td colspan="2">가방,
원아수첩,
개인수건,
개인물통,
개인칫솔, 컵</td></tr>
<tr><td>일일 평가</td><td colspan="8"></td></tr>
<tr><td rowspan="3">유아
관찰</td><td>유 아 명</td><td></td><td>관찰시간</td><td colspan="5"></td></tr>
<tr><td>생년월일</td><td></td><td>관찰장소</td><td colspan="5"></td></tr>
<tr><td>관찰</td><td colspan="7"></td></tr>
<tr><td>투약
유아명</td><td colspan="8"></td></tr>
<tr><td rowspan="2">관리
현황</td><td colspan="3">결석원아
(결석 사유)</td><td>입소
및 퇴소</td><td>재적</td><td>출석</td><td>결석</td><td>수업
일수
누계</td></tr>
<tr><td colspan="3"></td><td></td><td></td><td></td><td></td><td></td></tr>
</table>

2 유아교육과정의 운영

유아교육과정의 운영은 유아 · 놀이 중심 교육과정을 기초로 하여 각 유치원의 상황(교육철학, 지역적 특성 등)에 적합한 계획을 자율적으로 수립하여 운영한다(예, 유치원 적응, 계절, 명절, 그 해의 특별한 국가적 행사, 지역축제 등과 같은 지역행사, 단오 등 절기 행사, 유치원 행사, 지리적 특성, 산, 바다 인적지역, 도시 등).

유아교육과정의 계획 및 운영자로서 교사의 역할은 교사의 전문성을 나타낼 수 있는 가장 중요한 역할이다. 따라서 유아의 바람직한 성장과 행동변화를 도모하기 위하여 교사는 매일매일 유아의 관심, 요구, 흥미로워하는 행동을 관찰하고 노력을 다해 교과 운영을 해야 한다.

유치원 교사의 하루는 전날 준비한 수업의 내용과 준비물을 검토하고, 교실 환경은 유아를 맞이하기에 적절하게 준비하면서 시작된다. 하루의 일정은 일반적으로 유아의 등원 후 실내 자유선택 활동, 정리정돈, 대 · 소집단활동, 실외 자유선택 활동, 간식 및 점심, 평가 및 귀가지도 등으로 진행된다. 하루 운영은 일과 시간표에 따라 활동이 원활하게 이루어질 수 있도록 계획하여 준비, 실행, 평가하는 모든 과정을 포함한다.

1) 등원 및 귀가지도

하루의 성공과 실패는 그 날 아침의 분위기와 상관이 높다. 즉, 차분하게 하루 일과를 시작한 교사는 유아들이 등원하는 그 순간부터 유아들을 반갑게 맞이할 수 있다. 〈표 4-5〉의 체크리스트를 활용하여 환경 준비 정도를 점검하면서 수업을 준비할 수 있다.

표 4-5. 교실환경과 수업 준비를 위한 점검표

순번	점검사항	체크	비고
1	교실 환기를 시킨다.		
2	피아노, 교구장, 교사용 책상 위에 있는 수업과 관련 없는 자료를 유아들이 손이 닿지 않는 곳에 치운다.		
3	유아들의 안전을 위협할 수 있는 도구들도 교사실 또는 교사용 사물함에 넣는다.		
4	손걸레, 청소도구를 수납장에 정리한다.		
5	과학 영역의 동물 먹이를 주고 물을 갈아 준다.		
6	날짜판은 오늘 날짜로 바꾼다.		
7	하루 일과표를 순서대로 정리한다.		
8	출석카드 도장 찍는 곳에 도장과 인주가 준비되어 있다.		
9	화분에 물을 준다.		
10	학급 경영록의 일과계획을 점검하고 수업의 흐름 및 유의점 등을 다시 한 번 점검한다.		
11	오늘 할 일의 우선순위와 일에 소요되는 시간 등을 고려하여 메모한다.		
12	유아들이 가정으로 가져갈 편지 또는 활동 결과물들을 바구니에 담아서 정리한다.		

출처: 신화식, 김명희(2010).

귀가지도 시간에는 다함께 모여 앉아서 하루 일과를 회상하면서 생각, 경험, 느낌을 나누고, 평가한다. 또한 이 시간을 통해 내일 일과에 대한 기대감을 형성할 수 있다. 따라서 이 시간이 짧더라도 충실하게 이야기가 오고 가면 유아들뿐만 아니라 교사 자신도 일과가 잘 마무리되었다는 만족감을 갖게 된다. 즐거운 마음으로 귀가할 수 있도록 유아들이 좋아하는 노래를 부르거나 간단한 퀴즈나 게임 등을 하며 마무리한다.

2) 실내 · 외 자유선택활동

개정 누리과정은 유아가 주도하는 놀이가 활성화될 수 있도록 흥미 영역의 운영 방식을 자율화하였다. 즉, 기존에 유아의 놀이를 제한했던 고정된 흥미 영역의 개수, 유형, 운영 방식 등을 자율적으로 개선하여 유아의 자유로운 놀이가 가능하도록 제안하였다. 이를 통해 유아의 놀이가 미리 계획한 생활주제에 맞지 않더라도 교사가 유아의 관심과 생각을 우선적으로 존중하고 지원하는 것이 중요하다. 교사가 실내 · 외 자유선택활동의 원활한 지원을 위한 역할을 살펴보면 〈표 4-6〉과 같다.

표 4-6. 실내 · 외 자유선택활동 지원을 위한 교사의 역할

- 유아는 교사와 친밀한 관계를 형성했을 때 교실에서 안정감을 갖고, 적극적인 탐색활동을 한다. 따라서 교사와 유아의 친밀감을 높이기 위해서 교사는 유아와 함께하는 시간을 가져야 한다. 유아의 기분이나 가족과의 경험, 어제 있었던 일이나 교사의 경험 등은 이야기의 소재가 될 수 있다. 유아는 교사와의 개인적 대화를 통해 친밀감을 느낄 수 있다.
- 유아와 교사, 유아와 환경 간에 능동적인 상호작용이 이루어지도록 한다. 유치원과 어린이집에서 유아는 또래, 교사 및 자신을 둘러싼 환경 등과 관계를 맺으며 성장한다. 또한 유아는 놀이에서 또래 친구와 교사, 자연 환경 등과 적극적으로 상호작용하면서 세상을 이해하고 배움을 이루어 간다. 이때 교사는 유아가 놀이에서 만나는 다양한 관계에 관심을 기울이고 함께 상호작용을 하며 배움을 지원해야 한다.
- 유아가 주도하는 놀이 중심의 개정 누리과정에서는 유아와 유아 간의 상호작용이 더 활발하고 빈번하게 일어난다. 유아는 또래들과 함께 놀이하면서 자신의 생각을 표현하고, 친구들의 의견을 듣고 때때로 생각을 바꾸기도 한다. 더 재미있게 놀이하기 위해 양보하고, 배려하고, 나와 다른 의견을 수용하여 조절하는 경험도 할 수 있다. 교사는 유아들이 자유롭고 활기차게 놀이할 수 있는 분위기를 제공하여 유아 간의 다양한 상호작용을 격려해 주어야 한다.
- 교사와 유아 간의 상호작용에서 교사의 역할은 유아의 놀이에 귀 기울여 놀이의 의미와 배움을 발견하고, 이를 확장하기 위해 다양한 상호작용을 하는 것이다. 교사는 유아의 흥미와 관심이 어디에 있는지 파악하고, 칭찬, 격려, 미소, 공감 등 정서적 또는 언어적 상호작용을 통해 유아의 놀이를 긍정적으로 수용하고 격려한다. 교사는 답이 정해진 질문을 하거나 일방적으로 지식을 전달하기 위해 개입하는 것이 아니라 유아의 흥미와 관심에 교감하며 놀이를 지원하는 상호작용을 하도록 한다. 이때 유아의 놀이에서 나타나는 상상력과 사물을 의인화하여 이해하는 유아의 독특한 놀이 표현을 지지하고 함께 교감하는 태도가 필요하다. 교사는 유아와 주변세계를 이해하는 공동의 놀이자로서 놀이에서 발생하는 문제를 함께 해결하면서 유아의 배움을 이끄는 상호작용을 할 수 있다.
- 유아와 환경 간의 상호작용에서는 유아와 환경 간의 상호작용이 매우 중요하다. 환경은 유아의 놀이가

활성화되는 배경이자 유아가 다양한 배움을 경험하는 원천이 된다. 유아와 환경 간의 상호작용은 유아 주변의 친근한 공간, 자료, 일상생활에서 자연스럽게 접하는 모든 환경과의 교감을 포함한다. 유아는 놀이에서 다양한 사물, 자료, 자연물 등을 만지고 움직여 보며 새로운 흥미와 관심을 가지게 되고, 이는 창작적 표현으로 이어지기도 한다. 유아는 물과 모래, 블록과 종이 등을 가지고 매일 다른 놀이를 하며 즐긴다. 또한 종이로 접은 새에게 물을 먹여 주기도 하고, 나뭇잎이 떨어진 나무를 춥다고 감싸 주며 즐거워한다. 유아가 환경과 교감하면서 표현하는 말과 행동은 모두 유아가 환경과 상호작용하며 배우는 과정이다. 교사는 유아와 환경 간의 상호작용에 주의를 기울이고 존중하며 유아들이 환경과 즐겁게 상호작용할 수 있도록 지원해야 한다.

3) 정리정돈 및 화장실 다녀오기

하루 일과 중 정리정돈은 활동의 마무리 또는 자유선택활동의 끝에 이루어진다. 놀이 후 자신이 놀이하던 놀잇감을 정해진 바구니에 정리하도록 한다. 정리정돈의 목적은 단지 청결이나 생활 습관의 차원뿐만 아니라 유아들에게 분류하기, 대응하기 등의 개념형성에 도움을 줄 수 있다.

정리정돈은 개별적인 것과 전체적인 것으로 구분할 수 있다. 개별적인 정리정돈은 교사의 지도나 지시 없이 유아 스스로 놀이의 교구와 자리를 정돈하는 습관을 가지는 것이 바람직하다. 전체적인 정리정돈은 모든 유아가 동시에 참여하는 것으로 이는 보통 실내 자유선택활동 시간을 마친 후에 이루어진다. 따라서 자유놀이 시간이 끝나기 5분 전에 정리할 것이 많은 영역(블럭, 소꿉, 미술 영역 등)에 교사가 가서 미리 알려 주어 새로운 놀이를 시작하지 않도록 하고 진행 중인 놀이를 마무리할 수 있게 해야 한다. 이때 정리시간을 미리 예고함으로써(예: ○○반 친구들, 이제 시계의 긴 바늘이 6자에 가면 놀이 시간이 끝나요!) 갑자기 놀이를 중단하는 일이 없도록 하는 것이 좋다. 또한 정돈 후에 어떤 활동을 하게 될 것인지 미리 알려 주는 것(예: 정리 후에는 이야기 나누기를 하니 카펫에 앉아요)도 정리정돈을 자극하는 방법이 될 수 있다.

4) 대 · 소집단 활동

하루 일과는 유아들이 집단 활동과 개별 활동을 균형 있게 경험할 수 있도록 운영된다. 자유선택활동 시간에는 주로 개별 활동을 했다면, 대 · 소집단 활동 시간을 통해서는 협동과 배려를 경험하고, 사고의 폭을 넓혀 가게 된다. 교사는 활동의 특성에 따라 집단의 크기를 결정하고 가장 효율적인 수업이 운영될 수 있도록 시간과 공간을 확보해야 한다. 대 · 소집단 활동 시 유아와 상호작용하는 방법으로는 동기유발하기, 확산적 발문과 수렴적 발문을 조화롭게 하기, 평가를 통해 성취감 발견하기 등이 있다.

또한 5개 영역 통합 방식의 다양화를 들 수 있다. 개정 누리과정에서는 생활주제 외에도 교사가 자율성을 가지고 다양한 통합 방식을 운영할 수 있도록 하였다. 유아는 놀이하면서 자연스럽게 5개 영역을 통합하여 경험하므로, 교사는 유아의 놀이를 존중함으로써 5개 영역의 통합을 실천할 수 있도록 도와야 한다. 따라서 미리 정해진 생활주제가 아니더라도, 유아의 놀이에서 나타나는 주제, 그림책, 사물 등을 활용하여 유아의 관심과 흥미를 중심으로 누리과정을 통합적으로 실천할 수 있도록 해야 한다.

3 환경구성

1) 물리적 환경 파악하기

교사는 유치원의 물리적 환경을 파악하고 이해해야 한다. 특히 자신이 맡은 교실의 물리적 특성과 기본설비, 비품 및 교재교구 등을 철저히 파악하여 교육의 효과성을 높일 수 있도록 노력해야 한다. 즉, 다양한 실내공간을 구성하여 유아의 놀이가 활성화되도록 돕는 것이 중요하다. 실내공간은 유아의 흥미와 발달에 적합한 놀이공간을 다양하게 구성 · 제공한다. 놀이 영역 간의 연계가 원활하고 놀이가 심화 · 확장되도록 놀이 공간의 경합 및 재구성이 가능하도록 지원한다. 실외공간에는 활발한 신체활동과 모험, 탐색 및 자연체험 등의 놀이 영역을 구성 · 제공한다. 교사가 파악해야 할 물리적 환경을 정리하면 〈표 4-7〉과 같다.

표 4-7. 교실의 물리적 환경 파악하기

범주	내용
교실의 물리적 특성 파악	• 기본적인 교실의 모양 • 창문의 개수, 위치, 모양과 벽면의 형태(곡선, 직선 등)와 활용정도
기본 설비 점검	• 안전관련: 비상구, 창문과 출입문의 안전장치, 콘센트 위치 등 • 건강관련: 통풍, 환기, 온도나 습도 조절을 위한 설비 등
비품 및 교재교구 점검	• 책상, 의자, 교구장, 게시판, 사물함 등 학습의 기본 비품 • 교재교구의 수량, 사용방법, 공동 사용 여부 등
기본적인 동선의 확인	• 현관으로부터의 거리, 사물함이 놓여 있는 위치, 화장실과의 거리, 체육실(유희실)과의 거리 등

출처: 박은혜 외(2018). 유치원 교사를 위한 교직실무. 창지사. p.117.

2) 교실환경관리

필요한 물품 구입이 끝나면 교사는 자신의 교실을 구성한다. 유치원 환경구성 원리에 충실하면서 유아들이 생활하는 일과 중 공간이 편안하고 안정적이고 창의적인 교실을 마련한다. 환경구성은 유아의 심리적, 신체적 안전, 발달적 적합성, 다양성을 고려하여 구성하는 것이 바람직하며, 그 원리는 〈표 4-8〉과 같다(교육과학기술부, 보건복지부, 2013).

표 4-8. 교실환경관리의 원리

• 공간은 유아가 활동할 수 있을 만큼 충분히 넓어야 한다. • 시설 설비와 교구는 유아의 연령 및 신체발달에 적합하여 유아가 성인의 도움 없이 스스로 사용하고, 정리할 수 있도록 한다. 원활한 정리정돈을 위해 자료를 보관하는 교구장에는 자료의 모양이나 사진을 붙여 주도록 한다. • 유아에게 매력적이고 교육적으로 의미 있는 활동을 제공하도록 환경을 구성한다. 이를 위해 다양한 흥미 영역을 실내 · 외 공간에 배치할 수 있다. • 청결하고 안전한 환경을 제공하고, 적정 온도나 습도를 유지해야 한다. • 환경은 유아의 연령별 발달특성에 적합해야 한다. • 유아가 장시간 유치원에 머물 경우, 혼자 놀거나 쉴 수 있는 여유 있는 공간이 필요하며, 일상적인 보살핌이나 낮잠을 위한 물건이나 놀잇감 보관을 위한 저장 공간을 마련한다.

이 외에도 교실 환경은 기능적인 면과 심리적인 면을 모두 고려하여 구성하여야 하며, 생활주제와 계절, 유아의 흥미 등을 고려하여 변화 있게 재구성되어야 한다.

유치원의 교실 환경은 흥미 영역을 중심으로 구성하게 되는데, 교실의 흥미 놀이 영역으로는 일반적으로 쌓기, 역할, 언어, 수 · 조작, 과학, 음률, 미술 영역 등으로 구성되며, 실제 교실 상황은 매우 다양하므로 흥미 영역을 구성하기 위해 많은 생각을 하는 것이 바람직하다. 각 교실의 방향, 크기, 형태, 채광과 조명, 출입문 및 창문의 위치 등이 매우 다양하다. 따라서 교사는 이러한 점을 잘 고려하여 주어진 교실 상황 속에서 가장 효율적으로 배치할 수 있는 방안이 무엇인지 각자 연구하고, 찾아보아야 하며 각 영역을 잘 관리하기 위한 노력도 기울여야 한다. 실내 · 외 환경 구성의 예는 〈표 4-9〉, 흥미 영역 관리하기는 〈표 4-10〉과 같다.

표 4-9. 실내 · 외 환경의 예

 코로나예방 책상 칸막이 설치	 과학 영역	 쌓기 영역
 소꿉 영역	 수 · 조작 영역	 창의 영역
 음률활동	 역할 영역	 신체활동
 환경판: 친구야~ 생일 축하해	 작품전시: 알바에머슨의 행복한 미소	 실내대체활동: 자전거

텃밭정원활동

볼풀장

교구활동

실외환경: 놀이터

실외환경: 놀이터

실외환경: 미꾸라지잡기

5세 교실전경

6세 교실전경

7세 교실전경

실외활동: 요가활동

실외활동: 줄다리기활동

실외활동: 공던지기

실내: 바나나보트

강당: 어린이날 풍선 장식

에어바운스: 수영활동

표 4-10. 흥미 영역 관리하기

구분	관리방법
쌓기 영역	• 흥미유발을 위해 쌓기놀이 관련 화보나 유아가 완성된 작품 게시 • 자주 발생하는 갈등해결을 토의를 통해 규칙을 정하고 잘 보이는 곳에 게시함. 새로운 규칙이 생길 때마다 추가함 • 소음방지를 위한 카펫사용 시 먼지가 잘 나지 않는 것으로 선택함
역할 영역	• 생활주제에 맞게 영역을 재구성하고 가능한 실물자료를 비치함 • 사용했던 소품을 주제별로 잘 정리 정돈하여 자료실에 보관함
언어 영역	• 읽기코너: 책의 제목이 정면에 보이도록 비치함 • 말하기코너: 작은 인형극 틀을 제공하여 수업시간에 활용했던 동화자료를 제공하여 동화를 재구성해 볼 수 있는 기회를 제공함 • 쓰기코너: 발달 및 연령, 관심 등을 고려하여 종이와 필기도구를 다양하게 비치함 • 듣기코너: 상품화된 동화 CD, 주제와 관련되는 음향소리를 제공해 주는 것도 효과적임
수 · 조작 영역	• 다양한 형태의 교사 제작용 교구를 제공함 • 놀잇감의 종류나 놀이방법에 따라 좌탁 또는 작은 카펫을 제공함 • 동일 연령이 2학급 이상일 경우 생활주제가 진행되는 중간 시기에 다른 학급 교구를 서로 교환하여 다양한 경험을 하도록 배려
과학 영역	• 유아가 집중하여 관찰할 수 있도록 조용하고 안정된 공간에 배치함(관찰도구와 관찰기록용지를 비치함) • 동 · 식물을 기를 경우 특징과 관련 요령 등을 충분히 숙지하여 잘 자랄 수 있도록 지속적인 관심을 가지며 유아가 생명의 존중함도 배울 수 있도록 지도함
음률 영역	• 동요 및 생활주제에 맞는 종류의 음악을 비치함 • 새로운 가사판을 제공하여 반복해서 노래를 즐길 수 있도록 유도 • 타악기, 손으로 만든 악기(마라카스, 피아노건반 등)를 비치함
미술 영역	• 다양한 기본 재료들을 풍부하게 비치해 두는 것이 중요함 • 미술 책상 위에 재료를 배치할 때는 유아의 입장이 되어 사용편리성을 고려해야 함 • 작품 완성 후 배치할 때는 유아의 입장이 되어 사용편리성을 충분히 고려해야 함 • 작품 완성 후 전시방법을 미리 계획하여 전시공간에 효과적으로 전시해야 함

출처: 박은혜 외(2018). 유치원 교사를 위한 교직실무. 창지사. p.120.

2

PART

유아교과교육의 내용 및 방법

Chapter 05

언어교육

배울 내용

1. 언어교육에 대한 이해
2. 언어교육의 중요성
3. 언어교육의 내용 및 실제
4. 언어교육의 방법
5. 언어교육의 평가

학습목표

1. 영유아언어발달과 언어교육 유형을 이해한다.
2. 언어교육의 중요성을 숙지한다.
3. 언어교육의 내용 및 실제를 익힌다.
4. 언어교육 방법을 숙지하고 실제 활용방안을 모색해 본다.
5. 언어교육의 구체적인 평가방법을 숙지한다.

우리는 언어를 사용하여 구체적으로 의사를 전달할 수 있으며, 사고와 지식을 언어에 담아 저장하고 세대를 통해 전수한다. 언어란 “음성이나 문자를 통하여 사람의 사상, 감정, 의지 등을 표현·전달하는 행위, 또는 그 음성이나 문자의 사회 관습적인 체계로 음성언어와 문자언어로 구별되는 것”으로 정의하고 있으며, 또한 “언어란 인간의 사고와 감정을 표현하여 상호 의사소통을 하는 수단으로서 사회적인 하나의 약속이라고 볼 수 있으며, 음성으로 표현되는 말소리와 의미 전달을 위한 일정한 체계를 가진 기호”로 인간의 사고와 밀접한 관계를 가지고 있다.

1 언어교육에 대한 이해

1) 영유아의 언어발달

언어발달이란 음성이나 문자를 통한 의사소통의 전반적 발달과 한 개인의 성장과정에서 언어가 습득되는 과정의 두 영역으로 구분할 수 있다. 보편적으로 이 두 가지 측면을 모두 고려하여, 모든 문장과 타인의 언어를 이해하는 이해능력의 발달과 자기 감정과 사고를 표현하는 표현능력(생산능력)의 발달을 합하여 언어발달이라고 한다. 즉, 유아가 글과 음성언어를 이해하고 표현할 수 있도록 발달되어 가는 과정을 유아의 언어발달이라고 할 수 있다.

이러한 유아기 언어발달의 특성에 대해 언어학자들은 4가지 측면으로 설명한다(신은희, 2009). 첫 번째는 유아기 동안에는 음성학적 발달(phenological development)이 이루어진다. 이것은 유아가 개개 자음과 모음을 구분하고 그 발성적 특징을 이해하게 되는 것을 뜻한다. 두 번째로 제시하는 것은 의미론적 발달(semantic development)이다. 유아들이 자신을 둘러싸고 있는 세계의 수많은 대상과 현상들이 각기 독특한 낱말로 지칭된다는 것을 이해하고, 이들 낱말의 의미를 획득해 가는 것을 뜻한다. 특히 이 시기의 유아는 유사한 대상이나 현상을 지칭하는 낱말 간의 미묘한 차이를 구분하는 능력이 생기게 된다. 세 번째로 구문론적 발달(syntactic development)이다. 구문론적 능력은 유아가 낱말들을 문법적으로 정확한 순서로 배열하여 문장으로 만드는 능력을 뜻하는 것이다. 이 시기에 유아들은 경이적인 속도로 말과 단어, 글자를 습득하게 된다. 마지막으로 화용론적 발달(pragmatic development)이 이루어진다. 같은 뜻을 가진 낱말이나 문장이 상황에 따라서 어떻게 달리 표현이 되는지에 대해 알게 되고 그것을 활용하게 된다는 것이다.

이러한 언어발달의 특성은 갑자기 나타나는 것은 아니다. 유아가 성장함과 더불어 언어능력도 발달하게 되는데, 구체적으로 유아는 3~4세(36개월~48개월) 사이에 어휘 발달이 가장 급격하게 이루어지게 된다. 그래서 이 시기를 '어휘 폭발력의 시기'라고도 한다. 이 시기의 유아들은 4단어 혹은 그 이상의 단어를 사용한 문장을 사용하여 말한다. 이후 48개월~60개월이 되면, 유아는 친구들과의 상호작용이 원활하게 일어나게 된다. 상호작용의 과정에서 행해지는 많은 대화들로 말하기, 듣기 기술이 크게 향상되며 대화 기술의 습득을 통해 친구들과 어울릴 수 있게 되고, 타협하거나 대화를 이끌어 나갈 수 있게 된다. 또한 어휘 습득이 더욱 많아지고, 이야기를 읽고 듣는 것을 좋아하게 된다.

2) 언어교육의 유형

어떤 발달이론과 프로그램에 대한 견해를 따르느냐에 따라 유아교육 프로그램을 운영할 때의 교육목적, 교육방법, 환경구성, 교사의 역할에는 차이를 보인다. 따라서 유아의 언어능력을 향상시키기 위해 수행한 프로그램은 유아의 언어발달과 이론을 어떤 관점으로 바라보느냐에 따라 그 내용과 교수방법이 달라진다. 언어교육 프로그램을 구성하는 대표적인 이론적 관점에는 발음중심 접근법, 의미중심 접근법(총체적 언어접근법, 문학적 접근법, 언어경험적 접근법), 균형적 언어접근법이 있다(현정희, 2014).

(1) 발음중심 접근법

발음중심 접근법은 특별히 발음지도를 중시한다. 발음은 글자를 말소리로 바꾸는 것을 의미하며, 글자를 말소리로 바꾸기 위해서는 자 · 모음 체계를 알고, 글자를 읽을 때 글자와 말소리의 관계를 알고 그것을 적용하여 주어지는 글자를 해당 말소리로 바꾸어야 한다(이차숙, 2004). 따라서 이 접근법에서는 문자언어의 습득에 역점을 두며 읽기와 쓰기를 별도로 가르쳐야 한다고 주장한다(주영희, 2001). 즉, 음성언어는 직접적인 교수 없이 자연적으로 습득되는 일차적인 언어체계로 간주하지만, 문자언어는 직접적인 교수를 통해 획득되는 이차적인 것이므로 직접적인 가르침 없이는 습득할 수 없다고 본다. 그러므로 문자언어인 읽기와 쓰기는 강화와 반복적인 모방연습이 필요하며 위계적이고 체계적으로 가르쳐야 한다고 보고 읽기, 쓰기의 기술과 전략을 조직적이고 명확하게 직접적으로 교수한다(Hannon, 2001).

발음중심 접근법에서는 낱글자(음절)에서 단어로, 단어에서 문장으로, 문장에서 문단으로, 문단에서 이야기 전체로 위계적인 순서에 따라 읽기, 쓰기에 필요한 기술을 가르치고(이경화 외, 2010), 듣기, 말하기, 읽기, 쓰기를 분리하여 체계적으로 언어를 지도한다. 학습의 방향이 낱글자에서 단어, 단어에서 문장, 문장에서 이야기로 진행되어야 한다고 보기 때문에 상향식(bottom-up) 지도방법이라고 한다.

따라서 이 접근법에서는 유아들을 성인에게 의존해야 하는 수동적인 학습자로 보기 때문에 교사 주도적인 학습을 중요시하며, 교사 지시적 활동을 통해 일련의 문식성 기술들을 학습하게 되므로 교사의 역할을 매우 강조한다. 교사는 철자법, 언어의 구조, 어원에 대해서도 정교한 이해를 가지고 있어야 하며 동시에 교사는 자신이 가르치는 학습자인 유아의 발달 수준에 대해서도 정확히 알고 있어야 한다. 유아의 언어교육을 발음중심 접근법을 통해 실시하는 교사는 유아들에게 읽기를 시작하는 때부터 자 · 모음 글자의 이름을 알려 주고, 그 이름을 잘 읽을 수 있도록 매우 명시적이고 직접적이며 체계적으로 지도한다. 이렇게 함으로써 유아는 자·모음이 조합된 글자와 단어, 단어로 구성된 문장을 해독할 수 있다고 보기 때문이다.

발음중심 접근법에서는 출판된 학습지를 사용하며 표준적 글자쓰기를 강조한다. 그리고 유아가 자·모음 체계에 대한 지식을 가질 수 있도록 한글 차트나 자·모음 판을 이용하여 낱자와 그 음가를 체계적으로 가르치기, 첫 글자가 같은 단어 찾기, 자음·모음을 결합하여 단어 구성하기 등을 실시한다. 그 밖에 낱자와 단어 인식하기, 낱자와 단어 소리 내어 말하기, 음소 이름 알기, 음소 인식하기, 음소의 음가 알기, 자·모음 결합규칙 이해하기, 음절로 된 단어 재구성하여 읽기, 자·모음 조합하여 낱자쓰기 등을 제공한다(Stahl & Murray, 1994).

(2) 의미중심 접근법

의미중심 접근법은 의미를 지닌 덩어리를 중심으로 가르치는 교수방법으로 언어활동이 의미이해의 과정이 되도록 하여 유아의 사고력을 신장시키는 언어교육의 한 방법이다. 의미중심 접근법은 표준적인 읽기와 쓰기를 얼마나 잘 하느냐에 주된 관심이 있는 발음중심 접근법과는 달리 언어를 사용하여 얼마나 의사소통을 잘 하느냐에 보다 큰 관심이 있다(이지현 외, 2009). 이 접근법에서는 언어의 기본 단위는 의미이며, 의미의 구성을 사고의 행위로 보기 때문에 언어활동이 의미 이해의 과정이 되도록 유아의 사고력을 신장시키는 데 중점을 둔다. 즉, 듣고, 말하고, 읽고, 쓰는 행위는 의미구성 과정이므로 언어의 각 영역을 세분화하여 낱말의 기능을 가르치지 않고, 교실 내의 모든 실생활과 모든 교과와 통합하여 유아에게 의미 있고 실제적이며 자연스러운 유아 주도의 언어활동으로 진행된다(Vacca, Vacca & Gove, 2000).

유아 언어교육 프로그램 중 의미중심 접근법에는 총체적 언어접근법, 문학적 접근법 및 언어경험 접근법이 있다(이지현 외, 2009). 총체적 언어접근법은 학습자의 동기와 흥미를 발달시키기 위해서 학습과정에서 의미 있고, 기능적이며 협동적인 경험을 하는

가운데 문자를 사용하는 것을 강조한다. 이 접근법의 초점은 학습의 내용이 아니라 학습자에게 있으며 학습자가 능동적으로 참여하여 학습에 흥미를 가질 때, 학습자가 학습내용을 결정하는 데 참여할 때, 그리고 지금 학습하고 있는 것을 과거에 학습한 것과 연결할 때 학습의 내용은 보다 더 잘 이해되고 진지하게 연구될 수 있다고 주장한다(Goodman, 1989). 총체적 언어접근법에서는 언어교육을 듣기, 말하기, 읽기, 쓰기, 그리고 생각하기의 언어과정을 통합하는 것이라고 보기 때문에 그림책, 신문, 잡지, 지도, 달력, 요리책, 광고지 등 다양한 교수자료를 활용한다(이경우, 2012). 더불어 언어교육은 유아교육기관에서 배우는 모든 교과와 통합하여 실제적이고 의미 있는 학습활동으로 이루어져야 한다고 주장한다. 그러므로 유아들에게 의미 있는 문해 자료들이나 문학작품, 유아들의 경험 등을 교육자료로 제공하여 의미 있는 상호작용이 이루어지도록 지도하게 된다(이지현 외, 2009).

문학을 통해 언어학습의 흥미와 동기, 언어적 자극을 제공함으로써 언어학습을 돕는 문학적 접근법은 총체적 언어이론에 그 근거를 두고 있다(Goodman, 1986). 이 접근법은 유아의 언어기술의 발달을 증진시키기 위해 문학에 대한 다양한 접근 방법과 전략을 사용한다. 유아와 교사가 함께 좋은 글이나 책을 찾아 읽고, 그 내용에 대해 자연스럽게 반응하고, 그런 반응과 관련하여 그림책과 관련된 다양한 언어활동을 전개한다. 이를 통해 유아들이 문자언어를 이해하고, 문학작품을 다양한 각도에서 접하게 하여 듣기, 말하기, 읽기, 쓰기의 통합적 발달을 지원하게 된다(이경화 외, 2010). 실제 문학에 기초한 접근법에서는 유아의 욕구와 흥미가 고려된 좋은 책을 사용하는 것이 가장 중요하며, 유아 스스로 문학 자체를 즐기도록 하는 데 그 목적을 둔다.

언어경험 접근법은 언어학습이 유아의 모든 경험에서 시작된다고 보기 때문에 유아의 경험을 중요시한다. 이 접근법은 생각하는 것을 말할 수 있고, 말하는 것을 쓸 수 있으며, 쓴 것을 읽을 수 있고, 내가 쓰거나 다른 사람이 나를 위해 써 준 것을 읽을 수 있다는 관점에서 듣기, 말하기, 읽기, 쓰기의 모든 언어 기능학습과 학습자의 경험을 관련시킨 통합적인 언어교수법이다. 즉, 유아의 경험과 흥미에 기초하여 자신의 경험으로부터 출발한 언어학습과 글에 대한 흥미를 강조하고, 창의적인 읽기 쓰기를 격려하며, 의미를 파악하는 것이 해독능력의 향상에 도움을 준다고 가정한다(정남미, 2011). 따라서 언어경험 접근법에서는 유아들에게 궁금한 낱말쓰기 활동을 통해 읽기 쓰기에 대한 동기, 학습자에게 의미 있는 단어, 통합적인 언어학습을 강조한다. 또한 유아의 언어학습은 견학하기, 물건 만들기, 실험하기, 교실에서 상호작용하기, 게임하기, 실외 산책하기, 주말활동 등의 구체적이고 직접적인 경험뿐만 아니라 책과 같은 간접 경험들을 통해서도 이루어진다.

(3) 균형적 언어접근법

발음중심 접근법과 의미중심 접근법의 절충적 방법으로 불리는 균형적 언어접근법은 발음중심 접근법과 의미중심 접근법의 대안으로 제시된 접근법이라고 할 수 있다(한유미 외, 2010). 즉, 균형적 접근법은 발음중심 접근법과 의미중심 접근법 중 어느 한쪽에 치우치지 않고 각각의 이론이 가지고 있는 장점을 수용하면서 두 접근법에서 제시되는 교수방법을 균형 있게 적용한다. 그러므로 이 접근법에서는 의미중심 접근법에서의 활동을 가능한 많이 제공하고 음운인식이나 철자와 소리의 대응과 같은 기본 기술들을 체계적이고, 직접적이며 명시적으로 가르치게 된다.

유아에게 균형적 언어접근법을 토대로 언어교육 프로그램을 구성하여 적용하고자 할 때 주의를 기울여야 하는 것은 특별한 철학에 민감하거나 압박을 받을 필요가 없다는 것이다. 또한 모든 사람은 동일한 특성을 가지지 않을 뿐 아니라 같은 방법으로 배우지 않으며, 모든 과제는 같은 전략을 요구하지 않는다는 것이다. 따라서 균형적 언어접근법에서는 교사의 역할이 매우 중요하다. 교사는 유아의 언어교육을 위해 여러 가지 교수방법을 적용할 수 있도록 각각의 교수방법을 정확히 알고 있어야 한다. 그리고 이를 어떻게 활용해야 하는지에 대해 잘 알고 있을 때 유아들의 개인차를 고려한 가장 적합한 방법을 적용할 수 있다. 실제로 이 접근법에서는 언어경험 접근법, 발음중심 접근법, 총체적 언어교육, 문학에 기초한 언어교육, 공학에 기초한 언어교육(CD-ROM, 텍스트, 소리, 그래픽, 사진, 비디오, 온라인 매체 등의 복합 매체의 활용)이 활용된다.

2 언어교육의 중요성

영유아기는 언어가 급속도로 발달하는 시기이다. 그러므로 영유아기 언어교육은 영유아들의 효율적인 의사소통을 위해서 그들의 흥미에 관심을 가지고, 경험을 통한 언어교육이 될 수 있는 환경을 제공해야 한다. 즉, 영유아들을 위한 언어교육은 이러한 생활 속에서 이루어지는 경험과 호기심을 바탕으로 자신이 속한 사회의 언어 규칙을 습득할 수 있도록 해야 한다(이차숙, 2004). 언어교육은 모든 학습과 발달에 필요한 도구적인 성격을 가질 뿐만 아니라 도덕성, 인지, 사회성 발달 등 전인발달에도 영향을 미친다. 영유아기 언어교육의 중요성을 살펴보면 〈표 5-1〉과 같다(이신주 외, 2019).

표 5-1. 언어교육의 중요성

구분	내용
언어는 의사소통기술을 습득하도록 돕는다.	의사소통기술은 수용하기(recetion)와 표현하기(expression)로 나눌 수 있다. 듣기와 읽기는 외부에서 받아들인 음성적 · 시각적 기호를 해석하여 이해하는 수용언어, 말하기와 쓰기는 의미를 전달하기 위한 표현언어이다. 영유아기 언어교육에 있어 이 두 기능은 지식을 습득하기 위한 필수적인 것으로 모든 발달영역을 돕는다.
언어와 사고는 긴밀한 관련성이 있다.	현대 학자들은 언어와 사고와의 관계에 대해서는 서로 상이하지만 언어발달이 사고발달에 결정적인 요소가 된다고 주장한다. 언어발달은 곧 사고의 발달이기 때문에 언어는 사고를 발달시키는 중요한 매개체이다.
언어와 성격은 긴밀한 관련성이 있다.	영유아기의 언어능력과 의사소통능력은 영유아의 자아개념 획득과 사회적 집단과의 접촉을 통해서 성격 형성에도 영향을 미친다. 영유아들은 언어를 통하여 다른 사람과 상호작용한다. 영유아들이 다른 사람과의 상호작용 속에서 자신의 생각과 느낌을 정확하고 분명하게 전달하는 과정을 통해 자존감과 자아개념 형성에 영향을 미친다.
언어는 상상력을 증진시킬 수 있다.	상상력은 자신의 둘러싼 세계에 대한 사고를 확장하게 할 뿐만 아니라 영유아들의 언어능력이나 개념을 발달시킨다. 또한 상상력은 영유아들의 문제해결능력을 증진시키며, 창조성을 발휘하게 되고 정신적인 균형을 유지하는 데 도움을 준다.

구분	내용
언어는 사회성 발달에 도움을 준다.	인간은 자신이 속한 주변 사람들과의 관계를 형성하고, 집단의 구성원이 되기 위해 노력을 한다. 언어는 사회적 관계 형성을 위한 중요한 도구이다.
영유아기는 뇌 발달과 관련이 있다.	많은 학자들이 영유아기가 뇌 발달에 중요한 시기임을 강조하고 있다. 정상적인 뇌 발달은 언어 사용을 가능하게 하는 기본 조건이다. 뇌 발달은 2세경부터 분화하기 시작하여 12세경이 되면 뇌의 측면화 현상이 끝나기 때문에 뇌 발달의 결정적 시기인 영유아기는 언어발달에 있어서 매우 중요한 시기임이 분명하다. 따라서 영유아기 언어교육은 좌뇌와 우뇌의 균형적 발달에 기초한 교육이 필요하다.
언어는 민족적 정체성 확립에 필요한 요소이다.	인간은 같은 언어, 같은 문화 속에서 민족의 정체성을 공유한다. 언어는 민족을 형성하게 하고 발전과 더불어 단결력을 강화시키는 중요한 요소이다.

이와 같이 언어교육의 중요성은 영유아기에 있어서 아무리 강조되어도 지나치지 않는다. 특히, 영유아기는 언어발달의 결정적 시기이기 때문에 매우 중요한 위치를 차지하고 있으며, 이러한 의미에서 영유아 언어교육은 중요한 학습영역이라고 할 수 있다 (한인균, 2008).

3 언어교육의 내용 및 실제

영유아를 위한 국가 수준의 보육과 교육과정은 표준보육과정과 누리과정으로 구분할 수 있다. 먼저 국가 수준 표준보육과정은 0~2세 영유아들에게 제공하는 보편적이고 공통적인 보육의 목표와 내용을 제시한 것으로 0~1세 보육과정, 2세 보육과정으로 구성된다. 2020년에 개정된 국가 수준의 어린이집 표준보육과정은 영유아의 전인적 발달과 우리 문화에 적합한 내용을 일관성 있고 연계적으로 실천하며, 궁극적으로 사회에서 추구하는 인간상을 구현하고, 전국 어린이집의 질적 수준을 높이는 데 기여하는 것을 목적으로 한다. 그리고 2019년도에 개정된 국가 수준 누리과정은 3~5세 유아를 대상으로 적용되는 공통 교육과정으로의 성격이 명확해졌으며, 또한 유아교육현장의 자율성을 기반으로 창의성 · 감성 · 사회성 향상에 초점을 맞추고 있다.

표준보육과정과 누리과정의 의사소통 영역에서는 영유아가 듣고 말하는 것을 즐기며, 상황에 맞은 언어를 위해 바른 언어생활을 하도록 하고 일상생활에서 필요한 의사소통능력과 기초적인 문해능력을 기르도록 하는 데 초점을 두고 있다. 이를 위해 다른 사람의 이야기를 주의 깊게 듣는 태도와 이해력을 기르고, 바르게 말하는 태도와 정확한 발음으로 자신의 느낌, 생각, 경험을 말로 표현하고, 주위의 사람들과 대화하고 여럿이 함께 토론하며 서로의 의견을 나누는 경험을 하고, 글과 글자에 친숙해지는 경험을 통해 읽기와 쓰기에 흥미를 갖도록 하는 것이다. 표준보육과정과 누리과정 의사소통 영역의 연령과 내용에 따른 구체적인 내용은 〈표 5-2〉, 의사소통 영역의 통합적 이해를 위한 활동내용은 〈표 5-3〉과 같다.

표 5-2. 의사소통 영역의 내용범주와 내용

제4차 어린이집 표준보육과정(2020)				누리과정(2019)	
0~1세		2세		3~5세	
내용범주	내용	내용범주	내용	내용범주	내용
듣기와 말하기 (3)	① 표정, 몸짓, 말과 주변의 소리에 관심을 갖고 듣는다.	듣기와 말하기 (3)	① 표정, 몸짓, 말에 관심을 갖고 듣는다.	듣기와 말하기 (6)	① 말이나 이야기를 관심 있게 듣는다.
	② 상대방의 이야기를 들으면서 말소리를 낸다.		② 상대방의 이야기를 듣고 말한다.		② 상대방이 하는 이야기를 듣고 관련해서 말한다.
	③ 표정, 몸짓, 말소리로 의사표현을 한다.		③ 표정, 몸짓, 단어 또는 문장으로 의사표현을 한다.		③ 자신의 경험, 느낌, 생각을 말한다.
					④ 상황에 적절한 단어를 사용하여 말한다.

제4차 어린이집 표준보육과정(2020)				누리과정(2019)	
0~1세		2세		3~5세	
내용범주	내용	내용범주	내용	내용범주	내용
					⑤ 바른 태도로 듣고 말한다.
					⑥ 고운 말을 사용한다.
읽기와 쓰기에 관심 가지기 (2)	④ 주변의 그림과 상징에 관심을 가진다.	읽기와 쓰기에 관심 가지기 (2)	④ 주변의 그림과 상징, 글자에 관심을 가진다.	읽기와 쓰기에 관심 가지기 (3)	⑦ 말과 글의 관계에 관심을 가진다.
	⑤ 끼적이기에 관심을 가진다.		⑤ 끼적이며 표현하기를 즐긴다.		⑧ 주변의 상징, 글자 등의 읽기에 관심을 가진다.
					⑨ 자신의 생각을 글자와 비슷한 형태로 표현한다.
책과 이야기 즐기기 (2)	⑥ 책에 관심을 가진다.	책과 이야기 즐기기 (2)	⑥ 책에 관심을 가지고 상상한다.	책과 이야기 즐기기 (3)	⑩ 책에 관심을 가지고 상상하기를 즐긴다.
	⑦ 이야기에 관심을 가진다.		⑦ 말놀이와 이야기에 재미를 느낀다.		⑪ 동화, 동시에서 말의 재미를 느낀다.
					⑫ 말놀이와 이야기 짓기를 즐긴다.

표 5-3. 의사소통 영역의 통합적 이해를 위한 활동내용

말놀이

끝없이 이어지는 아이들의 이야기

유아들이 모여 솔비가 풍부한 상상력을 발휘하여 지어낸 이야기를 듣고 있다. 솔비는 운율과 리듬을 실어 자신이 상상으로 지어낸 이야기를 신나게 펼쳐 내고, 친구들은 서로 맞장구를 치며 재미있게 듣고 있다.

솔비 어떤 아이가~ 엄~~청 엄청 부잣집에 살고 있었는데↗, 그 집은...엄~청 밥도↘ 많고↗ ~♬ 장난감도↘ 많고↗ 돈도↘ 많고↗♬ 쌀도 많고↗♬ 가구도 엄청 좋은 거고~♬

지호 변기통도↘ 많고↗~♬ 바가지도↘ 많고↗~♬

아이들 하하하하

솔비 근데 방이... 만~개가 되는 거야.

정훈 옛날 집인데도?

솔비 (속삭이며) 옛날 집 아니야. 근데 그 옆에는 엄~~~청 가난한 집이 있었어. 쌀도 한 개도↘ 없고 집에 방도 하나도↘ 없고~♬ 아예 집에~ 코딱지 한 개도 없는 거야.

지호 벌레 하나도 없어 가지고~~~ 하하하

솔비 그런데 거기는 아~~주 유명한 공주 장난감이 있었는데, 그 공주 장난감에는 사다리가 하늘까지 하늘을 넘어 가지고 우주를 넘어 가지고 저어~~~~우주를 넘는 사다리가 아주 긴~~사다리가 나오는데, 그게....만 원도↘ 넘고↗♬ 그 다음 백만 원도↘ 넘고↗♬ 너~무 비싼 거야~~

현민 일 억도 넘어?

솔비 (고개를 끄덕임) 너~~무 비싸 가지고... 억만 백천구백 원이었대.

아이들 헤엑~~~

지호 만 원 백 개로 살 수 있겠다.

현민 만 원 백 개 있으면 백만 원인데?

솔비 그래서~ 나무를 팔아 가지고 책상도↘ 만들고↗~♬ 의자도↘ 만들고↗~♬ 해서, 그 가난한 집은 금방 부자가 됐대~~.

5개 영역의 통합적 이해

■ **신체운동 · 건강**

- **신체활동 즐기기** 신체 움직임을 조절한다. 유아들은 이야기에 나오는 상황을 몸짓으로 표현할 때 자신의 신체움직임을 조절함.

■ **의사소통**

- **듣기와 말하기** 말이나 이야기를 관심 있게 듣는다. 유아들은 솔비가 지어낸 재미있고 풍부한 상상 이야기를 적극적으로 들음. 자신의 경험, 느낌, 생각을 말한다. 유아는 자신의 느낌, 생각을 친구들 앞에서 말함. 상황에 적절한 단어를 사용하여 말한다. 유아들은 상상의 세계에 맞는 단어를 선택하기도 하

고, 현실 세계에 적절한 단어를 선택하여 이야기함. 상대방이 하는 이야기를 듣고 관련해서 말한다. 유아들은 서로 이야기를 듣고 맞장구치며 관련하여 말함.

- **읽기와 쓰기에 관심 가지기** 말과 글의 관계에 관심을 가진다. 유아는 자신이 지어낸 이야기를 종이에 적어 종종 보면서 이야기를 이어감. 자신의 생각을 글자와 비슷한 형태로 표현한다. 유아는 상상의 이야기를 종이에 글자로 표현함.
- **책과 이야기 즐기기** 책에 관심을 가지고 상상하기를 즐긴다. 유아들은 이야기 속에 몰입하여 상상하기를 즐김. 말놀이와 이야기 짓기를 즐긴다. 유아들은 말도 안 되지만 나름대로 의미가 있는 말을 만들며 상상의 이야기를 즐김.

■ **사회관계**

- **더불어 생활하기** 친구와 서로 도우며 사이좋게 지낸다. 유아들은 솔비의 말에 맞장구치며 즐겁게 대화를 나누는 좋은 관계에 있음. 서로 다른 감정, 생각, 행동을 존중한다. 유아들은 신나게 이야기하는 솔비의 상상 이야기를 재미있게 들음.

■ **예술경험**

- **창의적으로 표현하기** 신체, 사물, 악기로 간단한 소리와 리듬을 만들어 본다. 솔비는 음의 고저와 장단을 살려 아주 많거나 크다는 표현을 할 때는 높고 긴 소리를 내고, 그 앞 어휘의 끝은 소리를 낮춰 가며 이야기를 함.

출처: 교육부, 보건복지부(2019). 누리과정 해설서. pp.80-81.

4 언어교육의 방법

1) 놀이를 통한 언어교육

영유아에게 있어 놀이는 자발적이고 즐거우며 결과보다는 과정이 중요시되는 등의 특성을 가지고 있다. 이러한 놀이의 긍정적인 특성들 속에서 놀이가 교육적인 가치를 지니고 있다는 점은 놀이를 통한 교육의 무한한 가능성을 의미하는 것이다. 따라서 영유아 언어교육 또한 놀이를 통해 이루어질 때 효과적이라 할 수 있다. 영유아 언어교육 내용은 듣기와 말하기, 읽기와 쓰기를 포함한 활동들이 자연스럽게 일어나고, 이

과정에서 적절한 언어교육이 이루어질 때 효과적이다. 놀이를 통한 언어교육의 장점을 살펴보면 〈표 5-4〉와 같다(이신주 외, 2019).

표 5-4. 놀이를 통한 언어교육의 장점

- 놀이를 통해 영유아는 자연스러운 상황에서의 듣기와 말하기를 경험할 수 있다. 즉, 영유아는 놀이를 하면서 또래 친구 또는 성인과의 대화가 이루어진다. 함께 놀이를 하기 위해서는 상대방의 이야기에 귀를 기울여야 하고 상황에 맞게 자신의 상황, 놀이 제안, 요구사항 등을 이야기하게 된다. 이런 상황 속에서 영유아의 의사소통능력은 향상된다.
- 놀이는 읽기와 쓰기의 기회를 제공한다. 영유아의 놀이 속에는 읽기와 쓰기의 기회가 존재한다. 예를 들어, 영유아가 블록으로 자동차 놀이를 한다면 도로에는 표지판, 버스에는 교통카드 등이 필요할 것이다. 또한 영유아는 더 재미있는 놀이를 위해서 표지판을 만들고 교통카드를 만들어 놀이에 사용할 수 있다. 이는 놀이에서 필요한 부분이기 때문에 영유아는 더 흥미 있게 읽기와 쓰기를 경험하게 된다는 점에서 더 가치가 있다.
- 놀이는 영유아가 자발적인 언어 사용이 이루어지도록 해 준다. 놀이 속에서는 듣기와 말하기, 읽기와 쓰기 등의 모든 활동이 성인의 강요가 아닌 영유아의 자발적인 참여로 이루어진다는 점에서 더 효과적인 언어교육이 이루어진다고 볼 수 있다.
- 놀이를 통해 반복적인 언어 사용이 이루어진다. 언어를 익숙하게 사용하기 위해서는 반복적인 연습이 필요한데, 놀이는 반복적인 언어 사용을 가능하게 해 준다. 예를 들어, 놀이 중에 영유아는 필요한 놀잇감이 있을 경우 "빌려 줄래?", "같이 하자!" 등의 친사회적인 언어를 사용하게 된다. 이와 같이 놀잇감이 필요한 경우는 하루에도 몇 번씩 매일매일 이루어지는 상황이기 때문에 영유아들은 놀이 중에 같은 표현을 반복해서 사용해 보며 상황에 맞는 적절한 표현을 익히게 된다.

2) 그림책을 통한 언어교육

그림책을 통해서 영유아는 간접적으로 감정과 정서를 경험할 수 있기 때문에 그림책은 언어, 정서, 인지, 사회성 등 다양한 영역의 발달에 긍정적인 영향을 미친다(한지연, 2009). 특히 그림책은 영유아의 언어발달에 있어서 듣기, 읽기, 말하기, 쓰기 등 언어영역의 모든 면에 있어서 긍정적인 도움을 줄 수 있다. 언어지도에 있어서 그림책의 장점을 살펴보면 〈표 5-5〉와 같다(마송희, 2006; 육길나, 2010; 이신주 외, 2019; 한지연, 2009).

표 5-5. 그림책을 통한 언어교육의 장점

- 그림책을 통해 유아 주변의 생활과 문화를 이해할 수 있다. 그림책은 주로 유아의 삶과 밀접하거나 주변의 이야기를 담고 있기 때문에 유아가 그림책의 이야기를 듣거나 읽으면서 유아가 속한 사회를 이해하게 된다.
- 그림책을 통해 어휘와 표현을 배울 수 있다. 그림책의 글은 다양한 어휘와 풍부한 언어적 표현을 가지고 있기 때문에 유아는 그림책을 읽거나 들으면서 자연스럽게 어휘가 확장되고 다양한 언어적인 표현을 배울 수 있다.
- 그림책은 음운인식 발달을 돕는다. 그림책에는 의성어나 의태어, 반복되는 운율과 같은 재미있는 언어적인 요소들을 가지고 있기 때문에 음운인식의 발달에도 효과적이다.
- 그림책을 통해서 음성언어와 문자언어의 관계를 알게 된다. 영유아는 그림책을 읽거나 들으면서 글자와 소리의 일대일 대응 관계를 이해하게 되고, 글자의 형태와 소리를 익히게 되어 결국 글을 읽는 방법을 습득할 수 있다.
- 듣기 능력의 향상에 도움이 된다. 영유아는 교사 또는 부모 등이 그림책을 읽어 줄 때 이야기를 주의 깊게 듣는 경험을 통해 주의 깊게 듣는 훈련을 할 수 있으며, 이는 영유아의 듣기 능력 향상에 도움이 된다.
- 그림책을 통해 영유아는 간접 경험을 할 수 있다. 그림책에는 영유아가 흥미, 호기심 등을 가지고 있지만 해서는 안 되는 내용을 담고 있기도 하다. 이런 그림책의 경우 영유아는 직접 해 볼 수 없지만 그림책을 통해 간접적인 경험을 하게 되어 안전하게 영유아의 호기심을 충족시켜 줄 수 있다.
- 그림책은 영유아에게 기쁨과 즐거움, 감동을 준다. 그림과 글로 구성된 그림책에는 영유아에게 기쁨과 즐거움, 감동을 주는 이야기가 예술적인 요소 속에 담겨져 있어서 영유아의 정서적인 발달에 도움이 된다.

3) 이야기를 통한 언어교육

인간은 출생 이후 부모로부터 이야기를 들으며 자라기 때문에 영유아는 문어보다는 구어에 이미 익숙해져 있다. 그리고 영유아는 구어가 발달함에 따라 문어를 익힐 수 있는 기회를 제공받게 되는데, 이는 구어와 문어는 형태나 기능면에서 여러 가지 차이가 있기 때문이다. 대화체라고 불리는 구어체는 의사전달을 위해 간단한 형태로 말하지만, 문어체는 일반적으로 중요하거나 기억해야 하는 내용에 대해 기록하기 위해 사용된다는 점에서 구어체와 차이가 있다. 이러한 점에서 영유아가 책을 읽는 것은 문어체에 익숙해질 수 있는 방법이며, 이야기는 문어체 발달에 도움이 된다. 이야기를 통한 언어교육의 장점을 살펴보면 〈표 5-6〉과 같다(이신주 외, 2019).

표 5-6. 이야기를 통한 언어교육의 장점

- 듣기 능력이 발달한다. 이야기를 통한 언어교육은 특별히 고안된 매체 없이 듣기 활동이 이루어지기 때문에 영유아는 이 과정에서 고도의 집중력이 요구되며, 이를 통해 듣기 능력이 개발될 수 있다.
- 새로운 어휘 습득이 이루어진다. 자연스러운 이야기 상황 속에서 새로운 단어와 문법적인 구문들이 등장하기 때문에 처음 들어보는 단어와 문법이라 할지라도 영유아는 문맥적인 상황에서 이해하게 되고 어떻게 그 단어와 문법이 사용되는지 자연스럽게 이해하게 된다. 이 과정은 새로운 단어와 문법을 별도로 학습하는 것이 아니라 저절로 습득되어질 수 있다는 점에서 의미가 있다.
- 의사소통능력이 발달한다. 이야기를 통한 언어교육은 언어뿐 아니라 억양, 소리, 제스처 등을 통해 의미를 이해할 수 있도록 도와주며, 이를 통해 더 명확하고 효과적인 의사소통능력이 길러질 수 있다.
- 상상력이 자극되고 개발된다. 이야기를 통한 언어교육은 영유아가 장면을 상상하고 추측해 볼 수 있다는 점에서 상상력을 개발할 수 있다.

5 언어교육의 평가

1) 형식적 평가방법

형식적 평가의 유형들은 일반적으로 표준화된 평가를 의미하며, 유아교육에서 사용되는 형식적 평가의 유형은 발달적 선별 검사, 준비도 검사, 진단 검사 등으로 구분해 볼 수 있다. 발달적 선별 검사(developmental screening test)는 1930년대부터 시작되어 오늘날까지 여전히 사용되고 있는 평가로서 학습장애나 다른 장애에 대한 위험 가능성 때문에 좀 더 집중적인 수준의 진단적 측정이 요구되는 유아를 알아내기 위해 고안된 가장 간단한 절차의 평가이다. 준비도 검사(readiness test)는 유아가 학문적 프로그램에 참여하기 위해 어느 정도 준비되었는지를 측정하기 위한 것이며, 진단 검사(diagnostic test)는 유아의 장애 여부나 학업상 결함이 있는 구체적인 영역을 밝히기 위해 고도로 훈련받은 전문가에 의해 이루어지는 평가로서 검사 결과는 학업 성취의 진단과 결함의 원인을 밝혀 잠재적인 치료 전략을 마련하는 기초로 사용된다. 유아의 인지능력을 측정하기 위한 표준화된 검사도구들에서 언어능력 측정에 해당되는 표준화된 검사를 살펴보면 〈표 5-7〉과 같다.

표 5-7. 표준화된 언어능력 측정 심리검사

구분	내용
한국 베일리 영아 발달 검사 (K-BSID II)	BSID(Bayley Scale of Infant Development) 검사는 2~30개월 영아들의 발달 정도를 평가하고 정상 발달에서의 이탈여부 및 이탈정도를 파악하기 위하여 베일리(N. Bayley)와 동료들에 의해 개발되었다. 1993년에 BSID의 연령범위와 내용범위가 확장된 BSID 2판이 제작되었고, 2006년에는 검사의 질과 유용성을 향상시킨 BSID 3판이 제작되었으며, 우리나라에서도 이에 대한 표준화가 이루어져 사용되고 있다(박주영, 2010). K-BSID-III는 생후 16일에서 42개월 된 영유아의 발달적 기능을 평가하는 도구로 인지척도(cognitive scale), 언어척도(language scale), 운동척도(motor scale), 사회-정서척도(social-emotional scale), 적응행동척도(adaptive behavior scale)의 5개 척도로 세분화하여 아동의 주요 발달 정도를 평가하도록 구성되어 있다.
한국형 덴버 발달 검사 II (K-DDST-II)	DDST(Denver Development Screening Test)는 생후 2주부터 6세 유아를 대상으로 발달지체 혹은 장애의 조기 발견을 목적으로 개발된 검사이다. 우리나라에서는 신희선 등(2002)이 한국형 덴버-II를 표준화하였다. 이 검사는 개인-사회발달 영역 22문항, 미세운동-적응발달 영역 27문항, 언어발달 영역 34문항, 운동발달 영역 27문항 등의 4개 영역에 110개 항목으로 구성되어 있다.
한국 웩슬러 아동지능 검사 (K-WISC-III)	K-WISC-III(Korean Wechsler Intelligence Scale for Children-Third Edition)는 미국의 웩슬러(Wechsler)에 의해 개발된 WISC의 세 번째 개정판을 곽금주 등(2001)이 한국에서 표준화한 검사이다. K-WISC-III는 13개의 소검사로 구성되며, 이 중 6개 항목은 언어적 능력을 측정하는 언어성 검사이며 7개 항목은 시간, 공간 능력을 측정하는 동작성 검사로 나누어진다.
한국 유아용 웩슬러 지능 검사 (K-WPPSI)	K-WPPSI(Korean-Wechsler Preschool and Primary Scale of Intelligence)는 웩슬러 지능검사로 측정하기 어려운 3~7세 유아의 지능을 측정하기 위해 개발된 검사이다. K-WPPSI는 WISC와 마찬가지로 언어성 검사와 동작성 검사로 구성되며, 12개의 하위 검사로 이루어진다.

구분	내용
한국판 종합학습능력 진단검사	유아부터 초등학교 고학년까지 아동의 학습과 관련된 기본 능력과 성취된 학습결과를 측정하기 위해 1995년 제작된 검사이다(문용린, 1995). 10개의 검사문항으로 구성되어 있으며, 6개는 지적능력(지각 능력, 주의 집중 능력, 기억 능력, 언어 능력, 수리 능력, 추리 능력)을 측정하고, 나머지 4개는 정의적 특성과 사회성 발달의 특징 및 수준(사회성숙도, 정서성-정서안정성, 학습 긴장도, 자각된 양육 태도)을 측정한다.
한국판 기초학습 능력검사	유아부터 초등학교 6학년까지 아동을 대상을 기초학습능력을 측정하기 위해 1989년에 개발된 검사이다(박경숙 외, 1989). 아동의 학습 수준이 학년기준, 연령기준에 비추어 정상과 떨어져 있는 정도를 확인하여 향후 개인별 교육계획을 수립하기 위한 목적으로 개발되었다. 정보처리기능, 언어기능, 수기능을 측정하고, 이들 기능을 5개의 하위검사로 측정하도록 구성되어 있다.
한국판 사회성숙도 검사	바인랜드 사회성숙척도(Vineland Social Maturity Scale)를 1985년에 한국에서 표준화하였고(김승국, 김옥기, 1985), 1995년에 개정되었다. 0세에서 30세까지의 사회적 능력을 평가하기 위해 6개의 하위검사(자조, 이동, 작업, 의사소통, 자기관리, 사회화)에 117개 문항으로 구성되어 있으며, 연령에 따라 적용되는 문항이 달라진다.

2) 비형식적 평가방법

비형식적 평가는 유아교육이 이루어지는 상황과 맥락의 전체 과정에서 교사의 요구와 목적에 따라 자연스럽게 사용될 수 있는 평가로 포트폴리오 평가, 관찰에 기초한 일화기록법이나 행동목록 평가방법, 평정척도 평가방법 및 수행평가 활동을 통한 평가방법이 대표적이다. 총체적 언어교육에 대한 포트폴리오 평가방법은 〈표 5-8〉, 영유아 언어발달 평가의 관찰내용은 〈표 5-9〉, 일화기록법에 의한 평가방법은 〈표 5-10〉, 행동목록법에 의한 평가방법은 〈표 5-11〉, 숫자평정척도에 의한 평가방법은 〈표 5-12〉, 수행 평가활동을 통한 평가방법은 〈표 5-13〉과 같다.

표 5-8. **총체적 언어교육에 대한 포트폴리오[1] 평가방법**

구분	제목	내용
1회기	동시짓기	동시는 자신이 느낌이나 생각을 쓰는 것이라고 설명해 준다.
2회기	동물 그림책	자신이 좋아하는 동물을 그려 종이에 붙치고 그림에 대해 생각나는 것들을 적어서 여러 장을 묶는다.
3회기	편지쓰기	자신이 가장 좋아하는 사람에게 편지 쓰고 그 이유를 그림으로 그려 본다.
4회기	여행가기	가족이 여행을 가려면 무엇이 필요한지 나열하고 그림으로 그려 본다.
5회기	그림일기	이번 주에 있었던 일 중에서 가장 기억에 남는 장면을 그림으로 그려 보고 어떤 장면인지 쓴다.
6회기	얼굴 그리기	자신의 얼굴을 그려 보고 어떤 때 그런 얼굴을 하는지 쓰거나 이야기해 본다.
7회기	그림감상	자신이 가장 좋아하는 그림을 그려 보고 이유를 적어 본다.
8회기	이야기 꾸미기	글 없는 그림을 보고 이야기를 꾸며 본다.
9회기	동화쓰기	간단한 동화를 듣고 어떤 동화인지 생각나는 것을 쓰고 그린다.
10회기	끝말잇기	종이에 단어를 하나 주고서 할 수 있는 데까지 쓰도록 한다.
11회기	느낌 표현하기	자기가 좋아하는 과일을 그리고 그 느낌을 적어 본다.
12회기	예쁜 꽃 그리기	자신이 가장 좋아하는 꽃을 그리고 동시를 적어 본다.
13회기	음악감상	음악을 듣고 어떤 기분인지를 그리고 적어 본다.
14회기	희망사항	앞으로 희망사항을 그려 보고 왜 그런지 쓰고 이야기한다.
15회기	놀이동산	놀이동산에서 신나게 놀았던 것들을 그려 보고 어떤 놀이기구가 제일 재미있었는지 이야기해 본다.
16회기	우리집	우리집에는 무엇이 있는지, 무엇이 제일 소중한지 그려 보고 왜 그런지 적어 본다.

1) 포트폴리오란 자신이 쓰거나 만든 작품을 지속적이면서도 체계적으로 모아 둔 개인별 작품집 혹은 서류철을 이용한 평가방법으로 정의된다. 즉, 포트폴리오란 개인의 작품모음으로서 이는 학습자의 성취, 진보, 노력 등을 이해하기 위해 그들의 장기간에 걸쳐 수행된 결과물들을 계획적으로 조직하는 것으로 하루아침에 만들어지거나 이용될 수 없으며, 하나 또는 그 이상의 항목을 가지고 있어 최근에 열린 교육의 확산과 더불어 교육적인 용어로서 더 많은 관심을 가지게 된 용어이다. 이 평가 방법은 단편적인 영역에 대해 일회적으로 평가하지 않고 유아 개개인의 변화, 발달과정을 종합적으로 평가하기 위해 전체적이면서도 지속적으로 평가하는 것을 강조하는 것으로 수행평가의 대표적인 방법 중의 하나이다. 이처럼 포트폴리오 평가는 유아들에게는 자신이 학습에 대한 책임성을 가지게 하며, 자신이 학습한 것을 평가하기 위한 능력을 발달시키는 데 도움을 주고, 교사들에게는 유아의 학습과정과 결과를 총체적이며 정확하게 파악함으로써 명확한 수업목표를 설정하게 하고, 수업의 참된 방향을 제공해 주며, 나아가 더욱 효과적인 목표를 설정하고 또 이를 평가하며 자신의 수업에 대한 평가와 반성을 하게 함으로써 새로운 학습방법과 자료개발의 필요성을 인식하고 개발하는 자기 성장의 기회를 발견하게 된다.

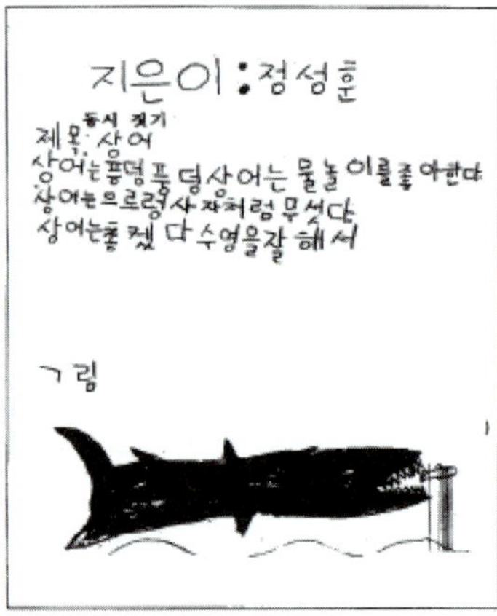

(초기 학습내용)

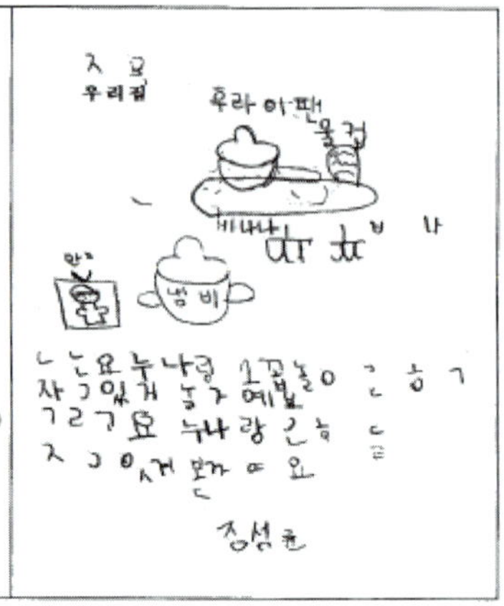

(후기 학습내용)

포트폴리오 평가를 통한 유아의 총체적 언어교육을 평가하기 위한 강선화(2001)의 연구에서 유아 6명을 대상으로 16회기 프로그램을 구성하여 운영한 후 포트폴리오 평가를 적용하였다. 그 결과, 첫째, 포트폴리오 평가를 활용한 유아의 언어발달 및 태도는 이야기 듣고 말하기, 바른 태도로 듣기, 바른 문장 사용하기, 묻는 말에 대답하기, 경험과 생각 말하기, 바른 태도로 말하기, 글자에 관심 가지기, 동화나 동시 즐기기 등의 문항에서 초기 단계보다 후기 단계가 유아의 언어발달 및 태도가 더 높게 나타났다. 둘째, 포트폴리오 평가를 활용한 유아의 자기파악 검사는 초기보다 후기에서 자신이 평가자가 되어 자연스럽게 평가에 임하는 태도를 보였고, 시간이 지남에 따라 점차 평가기준이 확장되고 간단한 문장으로 구체화되었으며, 질문에 대해 오래 생각하고 진지하게 평가하는 모습으로 변화되었다. 셋째, 포트폴리오 평가를 활용한 실험집단과 전통적인 평가를 적용한 비교집단 간의 비교에서 포트폴리오 평가를 한 유아가 전통적 평가를 한 유아보다 언어발달이 더 많이 향상된 것으로 나타나 포트폴리오 접근법이 전통적인 접근법보다 효과적임을 입증하였다.

출처: 강선화(2001). 포트폴리오 평가를 통한 유아의 총체적 언어교육에 관한 연구. 경기대학교 교육대학원 석사학위논문.

표 5-9. 영유아 언어발달 평가의 관찰내용

구분	내용
영아	• 어떤 상황에서 어떤 소리를 내는가?(예: 말하는 성인, 다른 영아, 움이지는 장난감, 음악 장난감) • 교사나 성인의 존재 유무가 영아가 소리를 내는 것에 어떤 영향을 미치는가? • 최근 영아가 새롭게 소리 낸 것이 있는가? 있다면 어떤 소리인가? • 다른 사람이 자신에게 말한 단어들을 따라 하려고 하는가? 어떤 단어인가? • 옹알이를 하는가? 어떤 상황에서 하는가? • 무슨 말인지 정확하지는 않으나 모국어의 리듬과 억양과 같은 소리를 내는가? • 두 세 음절로 소리를 합성할 수 있는가? • 다른 사람이 자신에게 말한 것을 어느 정도 이해하는가?

구분	내용
유아	• 언어를 사회적 목적으로 사용하는가?(예: 욕구 표현, 기쁨 공유, 불평, 요구 및 통제) • 어른을 향한 언어가 더 많은가, 다른 유아를 향한 언어가 더 많은가, 아니면 비슷한가? • 하루 일과를 충분히 이어 갈 수 있을 만큼 의사소통을 잘하는가? • 남과 의사소통하기 위한 말과 자신에게 하는 말이 각각 어느 정도인가? • 시간, 원인, 장소, 정도를 나타내는 단어를 사용하는가? • 읽어 주는 사람의 표정, 행동 등 비언어적 단서를 사용하여 의미를 파악하는가? • 이야기의 순서가 논리적이고 일관성이 있는가? • 사용하는 어휘가 목적에 적합한가? • 또래에 비해 어휘 수가 많은가 아니면 적은가? • 단어, 절, 문장으로 말할 수 있는가? 어순이 맞는가? • 언어의 규칙성을 이해하는가?(예: 걷다–걸었다) • 어떤 단어를 발음하는 데 어려움을 느끼는가?

출처: 박경자(2001). 유아행동관찰. 학지사.

표 5-10. **일화기록법[2]에 의한 평가방법**

관찰대상	채유리	관찰장소	무지개 반 교실
성 별	여	관련영역	의사소통영역
관찰상황	유리는 읽기 영역에 있는 '감기에 걸렸어요' 그림책을 꺼내 첫 장부터 마지막까지 순서대로 책장을 넘긴다. 책장을 덮은 후 검은 싸인펜과 흰 종이를 가져온다. 책의 표지가 앞으로 오게 놓은 후 흰 종이 위에 책 제목을 쓰는데 책 표지를 한 번 본 후 'ㄱ'을 쓰고 책 표지를 보고 'ㅏ'를 쓰고, 책 표지를 한 번 또 본 후 'ㅁ'을 써서 '감'자를 완성한다. 이렇게 책을 번갈아 보면서 흰 종이 위에 '감기에 걸렸어요'를 다 쓴 후 맨 아래 '이름: 채유리'라고 적는다. 자신의 이름까지 다 적은 후 교사에게 종이를 들고 가 보이며 "선생님, 이거 내가 썼어요"라고 말하며 앞니가 보이도록 웃는다.		
평가	유리는 책 보는 것을 즐기며 자기 이름을 쓸 수 있다. 또한 자신의 책 보기 경험의 결과물을 글자 형태로 표현할 수 있다.		

출처: 이미정(1999). 사회극적놀이에서 나타나는 유아의 쓰기 기능 분석. 한국교원대학교 대학원 석사학위논문에서 인용하여 변형시킨 것임.

2) 일화기록법은 영유아의 언어발달과 관련된 사건을 관찰 즉시 발생 맥락을 포함하여 구체적이고 객관적인 서술로 기록하는 방법이다. 따라서 정확한 일화기록을 위해서는 사건이 일어난 즉시 순서대로 정확하게 기록하는 것이 중요하다. 그러나 유아교육상황에서 즉각적으로 기록하는 데에는 여러 어려움이 발생할 수 있다. 즉각 기록하지 못할 상황에는 이후 기록을 도울 수 있는 키워드를 누가, 언제, 어디서, 무엇을, 왜를 중심으로 기록하여 이후에 정확한 일화기록을 하는 자료로 활용하게 된다.

표 5-11. 행동목록법[3]에 의한 평가방법

관찰 영유아 명: 학급명: (만 세) 성별: 남, 여
관 찰 자: 관찰일:

내 용	예	아니오
1. 주의 깊게 듣는다.		
2. 기초적인 낱말과 문장을 듣고 이해한다.		
3. 이야기를 듣고 기억해 내어 이야기한다.		
4. 분명한 발음으로 말한다.		
5. 자신의 의견을 분명히 말한다.		
6. 또래와 대화를 할 수 있다.		
7. 상황에 따라 알맞게 말할 수 있다.		
8. 교사가 나타내는 신호나 지시에 따른다.		
9. 읽어 준 글을 자기 생각대로 이해하여 순서대로 말한다.		
10. 글자에 관심을 보인다.		
11. 글자에 기초가 되는 모양을 그린다.		
12. 자기 이름과 간단한 글자를 읽는다.		
13. 어른의 도움 없이 혼자 책을 읽는다.		
14. 책읽기를 좋아한다.		
15. 새로 내놓은 책에 관심을 가진다.		
16. 자기 이름과 간단한 글자를 쓴다.		
17. 어른의 도움 없이 혼자 글자를 쓴다.		
18. 연필을 바로 쥔다.		
19. 바르게 앉아서 쓴다.		
20. 창의적으로 이야기를 꾸며 말할 수 있다.		

출처: 강선화(2001). 포트폴리오 평가를 통한 유아의 총체적 언어교육에 관한 연구. 경기대학교 교육대학원 석사학위논문.

3) 행동목록법(behavior check list)은 관찰자가 관찰대상 아동의 언어발달 정도에 대한 목록을 사전에 만들어 두고 이에 따라 행동의 출현 유무를 체크하는 방법이다. 이 방법은 관찰 시간이 절약되고 유아의 행동을 쉽게 관찰할 수 있으며, 그 결과를 학습계획 및 유아의 행동평가 등에 간편하게 적용할 수 있다(한국유아교육학회, 1996). 또한 사건이나 행동의 발생 여부에 관심이 있을 때 주로 사용되며, 현장의 교사가 아동의 언어발달 과정에 관심이 있을 때 사용되기도 한다.

표 5-12. **숫자평정척도[4]에 의한 평가방법**

	문 항	매우 못함	못함	보통	잘함	매우 잘함
1	함께 정한 놀이를 할 때 규칙을 지킨다.	1	2	3	4	5
2	어른께 공손한 태도로 인사한다.	1	2	3	4	5
3	어른으로부터 물건을 받을 때 두 손을 사용한다.	1	2	3	4	5
4	자기가 잘못한 일을 사과할 줄 안다.	1	2	3	4	5
5	지하철, 버스, 전시장, 식당 등에서 큰 소리로 떠들지 않는다.	1	2	3	4	5
6	어른에게 경어를 바르게 쓴다.	1	2	3	4	5
7	상황에 따라 목소리를 조절하여 이야기한다.	1	2	3	4	5
8	말할 때 차례를 지킨다.	1	2	3	4	5
9	장난감을 친구와 함께 가지고 논다.	1	2	3	4	5
10	다른 친구의 놀이를 방해하지 않는다.	1	2	3	4	5

4) 평정척도법(rating scale method)은 관찰자가 관찰대상의 언어적 행동에 대한 질적 정보를 얻기 위해 작성한 수량적 지표라 할 수 있다. 평정척도법은 관찰대상 영유아의 언어적 특성을 미리 정해진 범주에 따라 평가한다는 점에서 행동목록법과 유사하지만 언어적 행동의 출현 유무만을 밝히는 데 국한하지 않고 언어적 행동의 질적인 특성을 알 수 있다는 차이가 있다. 다시 말해 평정척도법은 행동목록법이 갖고 있는 언어적 행동의 출현유무 파악뿐만 아니라 언어적 행동의 질적인 특성의 정도까지 파악할 수 있다. 평정척도법은 기술평정척도, 숫자평정척도, 도식평정척도 및 표준평정척도로 구분할 수 있다. 기술평정척도는 언어적 행동의 차원을 몇 개의 연속적인 범주로 나누어 기술하고 이에 따라 나타나는 언어적 행동을 선택하는 방식이다. 또한 언어적 행동에 대한 범주는 3~5개의 기술적 범주에 따라 평정한다. 숫자평정척도는 언어적 행동 특성을 기술한 척도치에 그 정도에 따라 점수로 환산할 수 있는 숫자를 부여하여 결과의 수량화와 통계적인 분석을 가능하게 하는 방법이다. 일반적으로 숫자를 부여할 때 가장 긍정적인 척도치에 가장 높은 점수를, 가장 부정적인 척도치에 가장 낮은 점수를 주는 것을 원칙으로 한다. 이때 점수가 3점 척도인 경우는 3, 2, 1점으로, 5점 척도면 5, 4, 3, 2, 1점으로 부여하는데, 행동의 정도를 보다 세분화하여 평정하기 위해 5점 척도를 가장 많이 사용한다. 도식평정척도는 관찰자의 판단을 돕기 위해 기술적인 유목에 시각적 선을 첨가시킨 형태를 말한다. 이때 선은 일반적으로 횡축을 사용하며, 선의 형태도 동간으로 나누어진 선 또는 나누어지지 않은 선 그리고 연속선 또는 점선 등으로 다양하게 사용한다. 대체로 척도치에 따라 몇 개의 동간으로 나누어진 직선을 많이 사용한다. 표준평정척도는 관찰자에게 평정의 대상을 다른 일반대상과 비교할 수 있도록 구체적인 준거를 제시하는 방법이다. 즉, 이 유형은 기술 평정척도에서의 범주를 보다 객관적인 유목으로 기술한 형태라고 할 수 있다.

표 5-13. 수행 평가활동을 통한 평가방법[5)]

하양이와 까망이

옛날 어느 숲 속 호수에 하양 오리네와 까망 오리네가 살고 있었어요. "어떻게 저렇게 까말 수 있지? 보기 흉해", "어떻게 저렇게 하얄 수 있지? 이상해" 하양이네 엄마 아빠와 까망이네 엄마 아빠는 매일 싸우기만 했어요. 하지만 하양이와 까망이는 서로 아주 좋아했어요.
어느 날 하양이와 까망이가 바위 뒤에서 놀고 있을 때 갑자기 독수리가 나타났어요. "야 저기 맛있게 생긴 까만 오리가 있구나" (쉭~) 하양이가 까망이를 날개로 덮어 가려 주었어요. "어, 금방 저기에 까만 오리가 있었는데 어디로 갔지?" 까망이는 하양이 덕분에 살 수 있었어요.
밤이 되었어요. 하양이와 까망이가 예쁜 달을 보고 있을 때 또 독수리가 나타났어요. "어, 저기 하얀 오리가 있네. 잡아먹어야겠다" (쉭~) 이번에는 까망이가 하양이를 날개로 덮어 가려 주었어요.
까망 오리가 집으로 달려가 이야기했어요. "엄마, 아빠, 오늘 독수리에게 잡아먹힐 뻔했어요. 그런데 하양이가 날 구해 주었어요" 아빠 오리는 못 들은 척했지만 엄마 오리가 "그랬구나, 고맙다고 말해야겠다"하고 말했어요.
하양이도 엄마, 아빠에게 똑같이 말했어요. "오늘 까망이가 나를 살려 주었어요. 깜깜하니까 독수리가 까망이를 보지 못했어요. 까매서 좋은 점도 있더라구요" 엄마는 못 들은 척 했지만 아빠는 "그래, 그랬구나, 우리 고맙다고 인사하러 가자"하고 말했어요.
그래서 하양이네는 까망이네와 서로 고맙다고 인사하고 평화롭게 잘 살았어요. 하양이는 까망이와 매일 만날 수 있어서 정말 행복했답니다.

5) 수행과제를 이용한 평가 활동방법은 하루 일과에서 자연적으로 생성된 문제해결 상황이나 교사가 의도적으로 계획하여 제시한 언어적 활동 과제의 활동 수행 관찰기록을 통해 유아의 학습 수준을 진단, 평가하는 방법이다. 이와 같은 평가는 수행과제를 제공하여 유아의 수행과정을 관찰하고 질문하고 반응을 기록하는 방법을 통해 유아의 능력을 평가하면서 동시에 교수가 이루어지도록 돕는 방법이다. 이러한 평가과제는 개인적으로나 집단으로 완성될 수 있으며, 세밀한 점수화 지침과 점수 척도 등이 요구된다. 이러한 수행과제를 이용한 평가활동은 평가의 기능뿐 아니라 활동을 수행하는 과정이 자연스럽게 교수의 한 부분이 되어 교수와 평가가 통합될 수 있다는 장점을 지닌다.

이름____________________ 관찰자____________________

연령____________________ 성별________ 날짜__________

평가영역	평가내용	평가 기준	채점
듣기 태도	1. 집중	1=이야기듣기에 집중하지 못하고 딴 짓을 하거나 말하는 중간에 끼어 든다. 2=이야기듣기에 대체로 집중하고 끝까지 듣는 편이다. 3=이야기듣기에 집중하며 끝까지 듣는다.	
	2. 자세	1=듣는 자세가 불안정하다. 2=듣는 자세가 대체로 안정적이나 가끔 불안정하다. 3=듣는 자세가 안정적이다. * 이야기를 들을 때 다리를 흔드는지, 몸을 비트는지, 바른 자세로 앉아 듣는지의 정도에 따라 채점	
들은 내용 생성	3. 내용의 적절성	1=들은 이야기의 줄거리를 중심으로 말하지 못한다. 2=들은 이야기의 줄거리를 중심으로 말하나, 줄거리와 관련 없는 이야기를 가끔 섞어서 말한다. 3=들은 이야기의 줄거리를 중심으로 말한다.	
	4. 내용의 풍부성	1=들은 이야기를 거의 말하지 못한다(이야기에 나오는 에피소드 중 2가지 이하를 말했을 경우: 이야기의 양이 적을 경우). 2=들은 이야기를 말하나, 풍부하지 못하다(이야기에 나오는 에피소드 중 3가지를 말했을 경우 혹은 2가지를 말했으나 이야기를 상세하고 풍부하게 할 경우: 이야기의 양이 중간 정도일 경우). 3=들은 이야기를 풍부하게 말한다(이야기에 나오는 에피소드, ① 처음에 엄마, 아빠가 사이가 좋지 않아 서로 싫어한 것, ② 독수리가 나타났을 때 하양이 구해 준 것, ③ 다음에는 까망이가 구해 준 것, ④ 구해 준 것을 부모님께 이야기해서 화해하게 된 것을 모두 말했을 경우, 혹은 한 가지를 빠뜨리더라도 나머지 이야기를 상세하고 풍부하게 할 경우, 이야기의 내용이 많을 경우)	
	5. 내용의 조직성	1=들은 이야기를 순서에 따라 조직하여 말하지 못한다. 2=들은 이야기를 순서에 따라 조직하여 말하는 편이다. 3=들은 이야기를 순서에 따라 잘 조직하여 말한다. * 이야기의 논리적 연결이나 순서화 정도에 따라 채점	
들은 내용 이해	6. 내용 이해	1=내용 이해에 대한 간단한 질문에 2개 이하로 대답한다. 2=내용 이해에 대한 간단한 질문에 3~4개 대답한다. 3=내용 이해에 대한 간단한 질문에 5~6개 대답한다. * 아래에 제시되어 있는 내용 이해 질문을 하나씩 할 것.	

평가영역	평가내용	평가 기준	채점
	7. 추론 및 감상	1=들은 내용에 대한 추론 및 감상 질문에 1개 이하로 대답한다. 2=들은 내용에 대한 추론 및 감상 질문에 2개 대답한다. 3=들은 내용에 대한 추론 및 감상 질문에 모두 답한다. * 아래에 제시되어 있는 추론 질문을 하나씩 할 것.	
들은 내용 표현	8. 어휘 수준	1=대부분 부적절한 어휘를 선택하여 말한다. 2=대체로 적절한 어휘를 선택하여 말하고, 가끔 부적절한 어휘를 사용하여 말한다. 3=적절한 어휘를 선택하여 말한다. * 말하는 문장에서 사용된 단어의 적절성과 풍부성에 따라 점수를 부여. 사용하는 단어의 양이 풍부한지, 표준어로 된 단어를 사용하는지, 문맥과 내용에 맞는 단어를 사용하는지, 접속사의 사용이 적절한지에 따라 채점	
	9. 문장 수준	1=조각조각으로 나뉘어지는 문장들을 주로 사용하고, 대부분의 문장에서 주어, 목적어가 나타나지 않는다. 2=대체로 조각조각 나뉘어지는 문장을 사용하는 편이나, 주어와 서술어, 목적어 등의 문장 구조를 갖추었으며(예: '하마랑요. 고양이랑요. 생쥐가요. 바닷가에서요. 놀고 있었는데요'), 가끔 긴 문장을 사용한다. 3=주어와 서술어의 구조를 갖춘 문장을 사용하는 편이고 이어지는 문장이나 복잡한 문장 등의 긴 문장을 사용하는 편이다(예: '하마와 생쥐와 고양이가 바닷가에서 놀고 있었어요').	
관찰사항			

내용 이해 질문

1. 이 이야기에 나오는 등장인물은 누구누구이니?
2. 하양이와 까망이는 사이가 어땠니?
3. 하양이의 부모님과 까망이의 부모님은 사이가 어땠니?
4. 하양이와 까망이를 누가 잡아먹으려 했니?
5. 하양이와 까망이는 서로 어떤 방법으로 도와주었니?
6. 하양이와 까망이의 부모님은 어떻게 화해하게 되었니?

추론 질문

1. 처음에 하양 오리네가 까망 오리네를 보고 "어떻게 저렇게 까말 수 있지? 보기 흉해"라고 놀렸었지? 까망 오리는 그 이야기를 듣고 어떤 마음이 들었을까?
2. 독수리가 왔을 때 하양이가 까망이를 구해 주었지? 까망 오리는 어떤 마음이 들었을까?

감상질문

3. 이 이야기를 들으니까 어떤 생각이 드니?

출처: 송주연(2004). 활동 중심 유아언어평가도구 개발을 위한 기초 연구: 말하기 · 듣기를 중심으로. 부산대학교 대학원 석사학위논문.

Chapter 06

사회교육

배울 내용

1. 사회교육에 대한 이해
2. 사회교육의 중요성
3. 사회교육의 내용 및 실제
4. 사회교육의 방법
5. 사회교육의 평가

학습목표

1. 사회교육에 대한 정의와 하위요소가 무엇인지를 살펴본다.
2. 사회교육의 중요성을 숙지한다.
3. 사회교육의 내용 및 실제를 익힌다.
4. 사회교육 방법을 숙지하고 실제 활용방안을 모색해 본다.
5. 사회교육의 구체적인 평가방법을 숙지한다.

인간은 태어나면서부터 사회 속에서 타인과의 관계를 맺으며 살아가게 되는 사회적 동물이다. 인간은 처음부터 사회성이 습득되는 것이 아니라 여러 형태로 사회화 과정을 거치기 때문에 그 속에서 형성된 사회성이라는 개념도 광범위하다.

1 사회교육에 대한 이해

1) 사회성의 개념

'인간은 사회적 동물이다'라는 말처럼 인간은 다른 사람과 더불어 사는 삶을 통해서 사회적 존재로 성장해 나간다. 사회적 존재로 성장해 나가기 위해서는 사회 공동체 및 구성원들과의 효과적인 상호작용 능력이 필수적으로 요구된다. 이러한 사회 공동체 및 구성원들과의 상호작용 능력은 자신이 속한 사회, 문화적 가치에 대해 얼마나 이해하고 있으며, 사회적 공동체의 한 구성원으로서 그 역할을 충분히 수행하는지, 그리고 생활 속에서의 각종 문제를 얼마나 유능하게 해결할 수 있는지에 따라 결정된다(이태영, 2000). 즉, 개인의 사회적 유능감은 사회 공동체 및 구성원들과의 상호작용 능력의 질에 따라 좌우된다. 그러므로 사회성을 사회적 한 부분에서 살펴보면, 인간이 어떠한 사람을 보고 배우고 도우며 사회의 필요한 규범 그리고 생활방식에 동화함으로써 원만한 인간관계를 자기 것으로 함에 따라서 사회에 잘 익숙해져 가는 것이라고 말할 수 있다(김은해, 2009).

2) 사회성의 하위요소

사회적 기술이 구체적으로 표출되는 행동을 사회적 행동이라고 지칭한다. 유아기 행동의 특징적인 사회적 행동으로는 경쟁, 관용, 협동, 사회적 인정에 대한 동정, 욕망, 공감적 이해와 우정, 의존성, 모방, 이타심, 애착 행동 등이 있다(조순옥 외, 2016). 유아기에는 바람직하고 효과적인 인간관계 형성의 기본조건이라고 할 수 있는 사회적 행동을 증진해 긍정적인 사회적 상호작용이 일어나게 할 필요성이 있다. 이러한 사회성의 하위요소는 〈그림 6-1〉과 같다(김연희, 2021).

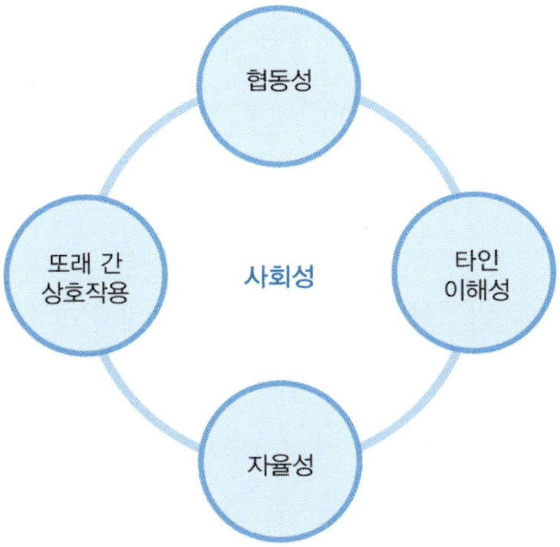

그림 6-1. **사회성의 하위요소**

(1) 협동성

유아들의 협동성은 남을 도와주고 배려하고 자신의 물건을 다른 사람과 함께 나누며, 놀이의 이해와 규칙, 차례를 지키는 긍정적인 행동이다. 이는 남을 배려하고 도와주고 자신의 소중한 물건을 함께 나누며, 놀이의 이해와 규칙, 차례를 잘 지키는 긍정적인 행동이며, 공동 목표에 도달하기 위하여 여러 가지 관계에서 생기는 행동을 말한다.

유아의 자기중심적 행동 특성이 성장 발달에 따라 서로 마음과 힘을 합친 집단활동이 더욱 증가하게 되고, 상호 간의 협동적으로 도움을 주는 행동이 활발히 이루어지면서 유아의 사회적 능력은 타인과 함께 협동하고 공유하며 의견을 주장하고 나누는 과정에서 발달하게 된다. 따라서 사회에서 수용되는 행동들을 유아들에게 알려 주고 타인의 권리를 존중하며 자기 자신의 생각과 느낌, 행동을 자유롭게 표현할 수 있는 다양한 경험을 접할 수 있도록 환경을 마련해 주는 것이 중요하다. 또한 유아는 놀이활동을 하면서 놀이 방법을 계획하고, 수정하여 방법을 결정한다. 서로 의견을 나누고 조정하여 자신의 의견을 이야기하고 타인의 생각과 의견의 다른 차이점을 관찰하여 유아들이 공동의 목표를 위해서 서로 조정하는 등의 기회를 얻게 된다. 협동성과 관련된 행동 특성으로는 남을 도와주고, 배려하고 자신의 물건을 서로 나누며 놀이의 이해와 규칙, 차례를 지키는 긍정적인 행동 등이 있다.

(2) 타인 이해성

타인 이해성은 타인들의 관점에서 여러 사물을 이해하고, 바라보는 능력, 타인의 생각과 느낌, 행동, 시각을 판단하고 이해하는 능력을 말한다(김선정, 2016). 즉, 유아가 자기 자신만의 관점에서 탈피하여 상대방의 상황을 이해하고 그 상황, 그 느낌과 생각 등을 이해하며 수용하는 능력이라고 할 수 있다.

유아 대부분은 만 5세경이 되면 어떤 행동들이 가져온 결과와 관계없이 그 행동의 동기가 필요에 의해 의도적인지 우연적인지를 구별할 수 있으며, 유아의 다른 사람의 생각과 느낌에 대한 다양한 추론 능력은 의사소통의 행동과 게임 활동, 놀이활동, 이야기 해석, 분석 등에 의해 발달된다. 그리고 만 6세경의 유아는 다른 사람이 자기와 다른 생각을 하고 있을 수도 있다는 것을 추론할 수 있는데, 이것이 다른 사람의 의도를 파악하는 것으로부터 타인 이해성이 시작된다고 할 수 있다. 타인 이해성과 관련된 행동 특성으로는 남을 이해하고, 배려하는 행동과 역할 이행 등이 있다.

(3) 자율성

자율성은 유아가 자신을 이해하고 수용하는 생활 경험을 통해 타인을 수용하고 이해하고 존중할 줄 알게 되며, 다른 사람에 대한 이해의 시작에서 나아가서 주변의 다양한 사람과도 상호작용할 수 있는 사회성 발달의 기초능력을 말한다. 자기 자신의 행동에 대한 막중한 책임을 중요시하며, 스스로 행위와 행동을 제어, 억제하고, 자주적, 독립적, 자발적이고, 전통적인 인습에 얽매이지 않으며, 자기 나름의 방법으로 독특한 해결책을 모색하고자 하는 주체적인 특성을 말한다.

유아의 자율적인 생활태도는 우선 자존감 향상과 긍정적인 생각에서부터 출발하며 이러한 자기의 자신감을 기초로 스스로 활동하는 일을 실천하고 계획해 볼 수 있는 기회를 통해 자기조절능력을 기르게 되고 형성되는 것이다. 자율성과 관련된 행동 특성으로는 자주적인 행동과 자발적인 행동 등이 있다.

(4) 또래 간 상호작용

또래들과의 상호작용은 유아가 서로의 의견을 교환하는 과정이라고 할 수 있다. 유아는 또래들과의 긍정적 상호작용을 통해 집단생활에 협력하고 참여하게 되고, 유아가 나누고 양보하는 경험을 통해 여러 공동체의 구성원으로서 인정받게 되며, 자기 자신도 만족감을 느껴 집단생활에 적극적으로 참여하게 되는 것이다. 또래 간 상호작용이 잘 이루어지기 위해서는 자주 접하고 만나는 기회와 놀이활동을 하는 기회가 많이 이루어져야 한다. 처음부터 여러 명과의 그룹을 구성하여 활동하기보다는 2, 3, 4명으로 서서히 시간이 지남에 따라 함께 어울리고 놀이해 보면서 점차 경험의 대상을 늘려나가는 것이 중요하다.

유아는 성장함에 따라 또래들과 상호작용을 하는 데 있어 서로의 의견을 나누고 교환하는 과정이 중요하다. 또래 간 상호작용과 관련된 행동 특성으로는 비공격적인 행동, 수용적인 행동, 다른 동료를 이끌어 나가는 행동, 공유하려는 행동, 사교적인 행동 등이 있다.

3) 유아와 사회적 유능감

사회적 유능감은 사회적 · 문화적 가치관을 반영하는 특수성을 가지며, 학자마다 다른 관점으로 정의되고 있다(Mathur & Rutherford, 1996). 하지만 일반적으로 사회적 유능감이란 사회의 한 구성원으로서 유능하게 상호작용할 수 있는 능력으로 타인의 정서를 인식하고 사회적 상호작용을 통해 사회적 목적을 달성하며, 사회적 규범에 대한 이해 속에서 성장하는 정서적 인지적 영역을 포함하는 통합적 능력이다. 이러한 능력에는 정서 조절, 친사회적 기술, 대인관계 문제해결능력, 사회적 규범 이해를 포함하고 있다.

사회적 유능감은 출생하면서부터 시작되고 특히 유아기에 잘 발달할 수 있다(Katz & McClellan, 1997). 유아기에 형성된 사회적 유능감은 아동기, 청소년기, 성인기의 사회적 적응에 대한 성공적 여부를 예측하는 중요한 지표가 된다. 즉, 사회적 유능감이 높은 유아는 가정 및 학교에서 긍정적인 상호작용을 하며, 학업성취가 높고, 사회 문제에 유연하게 대처할 수 있는 능력과 만족스러운 삶의 질을 경험하며 성장할 수 있다. 또한 초등학교의 입학이라는 환경 변화를 앞두고 있는 만 5세 유아는 변화된 교육공간에서 안정적인 적응을 위해서 사회적 유능감의 함양이 필요하다.

반면에 사회적 유능감이 부족한 유아는 또래관계, 학업성취, 과제 수행력에 어려움을 경험하고, 학교생활에서의 폭력, 비행, 사회적 부적응행동의 문제가 발생할 위험이 높다. 유아기에 또래와의 상호작용이 결핍되거나 또래 집단 및 환경에 적절하게 대처하는 경험의 기회가 부족한 경우, 유아의 사회적 유능감 획득이 손상될 수 있다. 또한 유아기에 사회적 유능감을 획득하지 못한 유아들은 성장하는 동안 사회적 부적응과 다양한 정신건강 문제 등으로 발전될 가능성이 높다.

따라서 유아의 사회적 유능감 발달을 촉진할 수 있는 유아교육기관 내 또래관계 상호작용을 통하여 사회적 관계에서 오는 갈등과 협상에서의 사회적 기술을 연습하고 발달시킬 수 있도록 기회를 제공하는 것이 무엇보다 중요하다. 또한 또래와의 공통 과제를 수행해 가는 과정을 통해 또래의 감정을 이해하며 다양한 사회적 상황을 해결하기 위한 문제해결기술 경험을 확장시켜 유아의 사회적 유능감 발달을 촉진시켜 나가게 도와야 한다.

유아기에 성취한 사회적 유능감은 성장 이후에도 긍정적인 영향이 지속되어 안정적인 사회적응을 유지시킬 수 있는 반면, 사회적 유능감이 결핍된 유아들은 부정적인 영향이 지속될 수 있어 유아교육기관 내 또래관계 상호작용을 통하여 유아의 사회적 유능감 발달을 촉진시킬 필요가 있다. 특히, 유아기는 긍정적인 행동을 증진시킬 수 있는 가변성이 높은 시기이므로 치료보다 예방적 차원에서 사회적 유능감을 증진시켜 주고 학교 취학 후, 학교생활에서 잘 적응할 수 있도록 도와줄 필요가 있다.

2 사회교육의 중요성

유아기는 사회적 행동을 발달시킬 수 있는 가장 중요한 시기이다. 즉, 유아기는 또래 친구, 교사, 부모 등 다양한 타인과의 관계를 통해서 자기중심적인 사고와 행동에서 벗어나 타인과의 상호작용이 가능해지고 인지적 성숙이 이루어지며 감정조절능력이 크게 향상되는 시기로서 이 시기를 통해 타인을 배려하고 이해할 줄 아는 사회적 상호작용의 기술을 발달시켜 나간다. 따라서 사회성의 발달은 사회의 일원으로써 중요한 요소가 될 뿐만 아니라 성인까지 영향을 미치기 때문에 그 중요성이 더욱 강조되고 있다. 이러한 시대적 요구와 사회에서 주어지는 역할에 따라 유아사회교육의 필요성을 구체적으로 살펴보면 〈표 6-1〉과 같다(권성민 외, 2019; 하수연 외, 2015).

표 6-1. 사회교육의 중요성

구분	내용
자아실현의 욕구 충족	유아의 자기존중, 자기이해 및 자아실현을 위해 유아사회교육이 필요하다. 인간은 혼자서 살아갈 수 없으며, 공동체 속에서 살아간다. 그러므로 타인과 상호작용하는 능력이 매우 중요한데, 이것은 효율적인 대인관계뿐만 아니라 자신의 잠재력을 개발하기 위해 필요한 능력으로 간주된다. 따라서 자신 및 타인을 존중하고 서로를 인정하고 수용, 배려, 협력하는 태도는 유아기에 반드시 형성해야 할 덕목이다. 이를 통해 자아존중, 자기이해, 나아가 잠재력 개발을 통한 자아실현을 이룰 수 있다.
사회 적응력의 향상	유아의 사회 적응력을 향상시키기 위해 유아사회교육이 필요하다. 인간은 불완전한 존재로 태어나며 사회 속에서 여러 형태의 사회화 과정을 거쳐서 사회화된다. 이러한 과정에서 형성되는 인간성을 사회성이라고 한다. 따라서 사회가 지향하는 가치와 미덕을 유아기부터 자연스럽게 익히고 실천함으로써 유아의 사회 적응력을 향상시킬 수 있다.
문제행동 예방	문제행동 발생 가능성을 낮추기 위해서 유아사회교육이 필요하다. 유아의 문제행동이란 일반적으로 생존을 위한 행동이 사회적으로 문제가 되는 것으로 법과 규범에 위배되는 일탈행동과 범죄, 가치기준에서 벗어난 이상행동, 환경에 적응하지 못하는 부적응행동 등을 의미한다. 유아의 문제행동은 유아기의 사회적 부적응 행동을 유발할 뿐만 아니라 그 문제가 해결되지 않았을 경우 청소년기의 비행이나 일탈로 이어져 성인기까지 지속되는 문제점을 가지고 있다. 유아기는 인성의 기초가 형성될 뿐만 아니라 교육의 효과도 매우 크게 나타나는 시기이므로 자율성뿐만 아니라 자신을 적절하게 규제하는 능력을 학습시켜 문제행동을 예방하는 데 초점을 두어야 한다.
의사소통능력 향상	정보화 시대의 효율적인 의사소통을 위해 유아사회교육이 필요하다. 유아기는 건강한 신체와 인지, 사회·정서발달 등 전인적인 발달을 지향해야 하는 매우 중요한 시기이며, 이 시기에 스마트폰 등의 전자 미디어의 사용은 유아에게 신체, 인지, 사회·정서 발달에 긍정적인 영향과 부정적인 영향을 동시에 미치게 된다. 따라서 유아들을 대상으로 미디어의 올바른 활용 및 인터넷 중독, 익명성을 바탕으로 한 악성 댓글 등에 대한 올바른 인식을 교육하여 바람직한 사이버 인성을 기르기 위한 지도가 필요하다.
사회변화 예측과 문제해결	급격한 사회변화에 대한 예측과 새로운 문제해결을 위해 유아사회교육이 필요하다. 최근에는 4차 산업의 혁명이라는 주제로 여러 가지를 준비하고 문제를 해결해야 하는 상황에 직면하게 되었다. 이런 의미에서 유아사회교육은 미래사회를 예측하고 문제를 해결할 수 있는 방안을 제시할 수 있는 수단이 될 수 있다.
다문화 사회의 적응	다문화 사회란 국제결혼이나 입양 등에 의해서 가족구성원 간에 여러 문화가 존재하게 되는 것을 의미한다. 다문화 사회에서는 문화적 차이나 경제적인 어려움을 경험할 가능성이 매우 높다. 그리고 언어적 장벽을 극복하지 못해 정서적인 단절을 경험하기도 한다. 이에 유아기부터 우리나라에 관심을 갖고 이해하는 것에서부터 출발하여 다른 나라 사람의 신체적·사회적·문화적 차이를 존중해야 한다. 다시 말해 진정한 세계화의 경쟁력을 갖출 수 있도록 유아사회교육이 필요하다.

3 사회교육의 내용 및 실제

표준보육과정과 누리과정의 사회관계 영역에서는 영유아 자신에 대한 존중감을 키우고, 자신과 다른 사람의 정서를 인식하고, 이를 사회적 관계에서 적절히 조절하여 활용할 수 있도록 하며, 가족, 또래, 지역사회와 긍정적인 관계를 형성하고, 유능한 사회구성원으로 기능하게 하기 위해서 필요한 사회적 지식을 획득하도록 돕는다. 그리고 자신의 독특한 자아에 대해 인식하고 자신감과 독립심을 기르고, 자신과 다른 사람의 정서를 이해하고 표현하며, 자신의 정서를 조절하고 활용하도록 한다. 또한 예의 바른 행동과 약속의 중요성을 알며, 우리나라와 다양한 문화에 대해 관심을 가져 더불어 살아가는 능력을 기르는 영역이다. 표준보육과정과 누리과정 사회관계 영역의 연령과 내용에 따른 구체적인 내용은 〈표 6-2〉, 사회관계 영역의 통합적 이해를 위한 활동내용의 예는 〈표 6-3〉과 같다.

표 6-2. 사회관계 영역의 내용범주와 내용

제4차 어린이집 표준보육과정(2020)				개정 누리과정(2019)	
0~1세		2세		3~5세	
내용범주	내용	내용범주	내용	내용범주	내용
나를 알고 존중하기 (3)	① 나를 인식한다.	나를 알고 존중하기 (3)	① 나와 다른 사람을 구별한다.	나를 알고 존중하기 (3)	① 나를 알고 소중히 여긴다.
	② 나의 욕구와 감정을 나타낸다.		② 나의 감정을 표현한다.		② 나의 감정을 알고 상황에 맞게 표현한다.
	③ 나와 친숙한 것을 안다.		③ 내가 좋아하는 것을 한다.		③ 내가 할 수 있는 것을 스스로 한다.

제4차 어린이집 표준보육과정(2020)				개정 누리과정(2019)	
0~1세		2세		3~5세	
내용범주	내용	내용범주	내용	내용범주	내용
더불어 생활하기 (4)	④ 안정적인 애착을 형성한다.	더불어 생활하기 (4)	④ 가족에게 관심을 가진다.	더불어 생활하기 (6)	④ 가족의 의미를 알고 화목하게 지낸다.
	⑤ 또래에게 관심을 가진다.		⑤ 또래와 함께 놀이한다.		⑤ 친구와 서로 도우며 사이좋게 지낸다.
	⑥ 다른 사람의 감정과 행동에 주의를 기울인다.		⑥ 다른 사람의 감정과 행동에 반응한다.		⑥ 친구와의 갈등을 긍정적인 방법으로 해결한다.
	⑦ 반에서 편안하게 지낸다.		⑦ 반에서의 규칙과 약속을 알고 지킨다.		⑦ 서로 다른 감정, 생각, 행동을 존중한다.
					⑧ 친구와 어른께 예의 바르게 행동한다.
					⑨ 약속과 규칙의 필요성을 알고 지킨다.
				사회에 관심 가지기 (3)	⑩ 내가 살고 있는 곳에 대해 궁금한 것을 알아본다.
					⑪ 우리나라에 대해 자부심을 가진다.
					⑫ 다양한 문화에 관심을 가진다.

표 6-3. 사회관계 영역의 통합적 이해를 위한 활동내용

알겠어. 미안해!

하원 시간, 우주는 놀이를 계속하고 있는 서연이에게 블록 정리를 하자고 말한다.
우주 (서연이의 귀 뒤쪽에 대고) 이제 블록 정리하는 시간이야!
서연이가 듣기에 우주의 큰 목소리는 자신의 귀에 대고 크게 소리를 지르는 것처럼 들린다.
서연 귀에 대고 하지마! 귀 아파!
우주 아니야. 나는 머리카락에 대고 말했거든(서연이의 귀 뒷면 머리를 만진다).
서연 너가 내 귀에 대고 크게 말했잖아. 귀 아팠거든.
우주 (매우 큰 목소리로) 아니야. 나는 여기에 대고 말했어.

우주와 서연이의 모습을 지켜보던 은성이가 다가와 무슨 일인지 묻는다.
우주 (울먹이는 듯한 목소리로) 있잖아. 내가 귀에 말 안 하고 여기 머리카락에 말했는데, 서연이가 자꾸 내가 귀에 대고 말했다고 하잖아. 나 기분 진짜 안 좋아. 힝!
은성 알겠어. 서연이가 어떤 말했는데?
서연 얘가 내 귀에 대고 말했다구! 여기가 귀야(서연이는 자신의 귀를 만지며 소리가 들렸던 위치를 가리킨다).
은성이는 두 유아의 말을 듣고 팔짱을 끼고 잠시 말없이 생각하더니, 서연이에게 "귀를 막아 봐"라고 말한다. 서연이가 두 손가락으로 귀를 막는다. 은성이는 서연이의 등 뒤로 돌아가 서연이의 귀 옆에서 소리를 낸다.
은성 아 아... (서연이에게) 어때? 소리 들려?
서연 응. 귀에 대고 하는 것처럼 들려.
은성 이제 됐지?
우주 봐 봐, 맞지? 나 여기 뒤에다 대고 말했지?
서연 알겠어. 미안해.

5개 영역의 통합적 이해

■ **의사소통**

• **듣기와 말하기** 말이나 이야기를 관심 있게 듣는다. 은성이는 갈등 상황에 있는 유아들의 말을 관심 있게 들음. 자신의 경험, 느낌, 생각을 말한다. 우주와 서연이는 자신의 입장을 적극적으로 주장함. 상황에 적절한 단어를 사용하여 말한다. 유아들은 상황에 적절한 단어와 문장을 사용하여 말함. 상대방이 하는 이야기를 듣고 관련해서 말한다. 갈등 중에 있는 유아들이나 갈등을 해결하려는 유아 모두 서로의 이야기를 듣고 상대방의 생각, 의도, 감정을 이해하여 관련지어 말하고자 노력함.

■ **사회관계**

• **나를 알고 존중하기** 나를 알고 소중히 여긴다. 서연이는 자신의 귀가 아프다는 것을 알고 보호하려고 하며, 우주는 자신의 행동에 대한 오해를 풀기 위해 적극적인 태도를 취함. 나의 감정을 알고 상황에 맞게 표현한다. 갈등 중에 있는 두 유아는 서로 자신의 속상한 감정을 알고 상황에 맞게 말함.

• **더불어 생활하기** 친구와의 갈등을 긍정적인 방법으로 해결한다. 은성이는 두 친구의 갈등을 긍정적인 방법으로 해결함. 친구와 서로 도우며 사이좋게 지낸다. 은성이는 두 유아의 문제해결을 위해 적극적으로 도움. 서로 다른 감정, 생각, 행동을 존중한다. 은성이는 두 유아가 느끼는 감정, 생각, 행동을 존중하여 갈등의 원인이 된 상황을 재연하기를 제안함.

■ **자연탐구**

• **생활 속에서 탐구하기** 물체의 특성과 변화를 여러 가지 방법으로 탐색한다. 유아들은 갈등을 해결하는 과정에서 귀 옆에서 크게 말하는 소리는 귀에 대고 하는 소리로 들릴 수 있음을 알게 됨. 물체의 위치와 방향, 모양을 알고 구별한다. 유아들은 귀의 위치, 말소리가 들린 귀 옆 등 방향을 짚어 가며 서로 말함.

출처: 교육부, 보건복지부(2019). 누리과정 해설서. pp.90-91.

4 사회교육의 방법

유아교육현장에서 유아를 대상으로 사회성을 향상시키는 방법은 다양한데, 놀이활동, 신체활동 및 체험활동을 통한 사회교육 방법에 대해 살펴보면 다음과 같다(김연희, 2021).

1) 놀이활동을 통한 사회교육

놀이는 어린이의 신체, 언어, 인지, 사회, 정서발달을 도모하는 활동으로 보고 있으며, 이에 교육부와 보건복지부(2019)에서도 놀이가 유아들에게 있어서 생활의 전부라고 할 수 있을 만큼 자연스럽고 보편적인 활동이라고 주장한다. 즉, 놀이활동은 놀이 그 자체가 목적이며 순수한 만족을 위한 활동이다. 이러한 놀이활동은 집단 전통놀이, 모래놀이, 실외놀이 등 형태가 다양하다. 놀이는 어디서나 존재하며 모든 것이 아이에게 놀이가 될 수 있으며, 놀이에는 몇 가지 특성을 보인다. 먼저, 놀이는 강제성이 없어야 한다. 참여자가 자유롭게 선택하지만 놀이자가 적극적으로 참여해야 한다. 그리고 놀이는 본질에서 놀이자에게 즐거운 활동이어야 한다. 마지막으로 비사실성을 가지기도 한다. 놀이는 놀이자의 관심을 이끌기 위해 실제를 왜곡하는 가상의 요소를 포함한다. 즉, 놀이자의 상상력을 충족시켜 주는 요소가 있어야 한다.

놀이활동의 순서나 규칙들을 듣고 이해하고, 다른 친구들에게도 설명하면서 사회성의 기본이 되는 언어발달이 이루어지며, 또한 이러한 규칙들을 지키면서 아이들은 자연스럽게 도덕적 기준을 배울 수 있다. 놀이활동 과정에서 친구들과의 협동, 배려 등도 배울 수 있고, 경쟁하고 다투기도 하면서 작은 사회의 경험을 간접적으로 할 수 있다. 그리고 놀이 과정에서 유아는 자연스럽게 본인의 흥미 요소를 접하고 적극적인 태도를 보이게 된다.

2) 신체활동을 통한 사회교육

신체활동은 움직임 활동의 기본원리인 신체, 공간, 노력, 관계를 중심으로 호기심을 가지고 탐색하고 새로 발견하는 움직임을 통해 신체, 언어, 인지, 정서, 사회적 성장과 발달에 이바지함으로써 전인 발달을 도모하는 활동이며, 신체를 이용한 여러 활발한 움직임을 통해 근육과 신경의 통제능력을 발달시켜 물리적 세계를 이해하고 비언어적인 의사소통을 학습하고 습득할 뿐 아니라 자신의 세계를 발견하고 앞으로 나가는 수단이며, 움직임의 요소인 노력, 신체, 관계, 공간을 토대로 신체를 다양하게 움직이는 방법을 유아가 스스로 발견하도록 하는 것이라고 주장한다(권미란, 2005; 한규령, 2005).

신체활동은 기구를 활용한 신체활동, 리듬을 활용한 신체활동 등이 있다. 기구 신체활동은 공이나 훌라후프, 줄 등 운반 가능한 기구 혹은 미끄럼틀, 그네, 철봉 등 고정시설의 기구를 사용하여 유아들에게 흥미와 관심을 유발한다. 교사는 아이들에게 기구의 특성을 설명하고 바르고 안전하게 사용하는 방법을 익히게 도와야 한다. 리듬을 통한 신체활동은 음악에 맞춰 다양한 신체동작을 행하는 것이며 전신 활동과 표현활동을 동시에 할 수 있다. 이때 교사는 유아의 발달 시기에 적합한 동작을 시연하고 적절한 언어를 통한 설명을 해야 한다.

신체활동 중에서도 여러 친구와 함께 서로 도움 주고 협동할 수 있는 활동으로 유아는 자발적으로 즐겁게 참여할 수 있는 협동적 신체활동이 유아의 사회성을 향상하는데 긍정적인 효과가 있다고 주장한다(고자영, 2016). 또한 또래 간 협동적 신체활동이 유아의 사회성 발달에 영향을 미치고(이정화, 2012), 교육과정 생활 중심의 신체활동이 유아의 사회성에 긍정적인 결과를 나타내는 것으로 나타났고(이선경, 2011), 노래극 행위에 참석한 실험집단 유아들의 개별 정서 능력, 상호관계 및 상호 간의 능력 등이 비교집단 유아들보다 모두 향상되었다고 보고하고 있다(이민정, 2012).

3) 체험활동을 통한 사회교육

체험활동은 몸소 겪고 느끼면서 활동하는 것을 의미한다. 체험은 실제로 보고 듣는 과정을 통해 어떤 지식이나 기능을 얻는 것을 강하게 드러내는 경험의 의미와 달리 겪는 것 자체를 의미한다고 할 수 있다. 일반적인 체험활동의 의미는 소위 창의적 체험활동에 가깝다. 일상적인 수업에서 벗어난 활동을 통해 다양한 경험을 쌓는 것이다. 실물교육과 연관하여 해석된 체험활동은 아동이 지식을 전달받는 것보다 스스로 해

봄으로써 깨닫거나 발견하는 활동을 의미한다. 체험활동은 숲 체험활동, 농촌 체험활동, 직업체험 등 다양하다. 이러한 체험활동이 유아의 사회성 발달 및 사회성 발달의 하위요인, 즉 협동성, 타인 이해성, 자율성, 또래 간 상호작용에 긍정적인 영향을 미치는 것으로 나타났다(권혜인, 2019; 정은주, 2018).

5 사회교육의 평가

1) 형식적 평가방법

표준화검사(standardized tests)는 누가 사용하더라도 검사의 목적, 내용, 대상, 실시 절차 및 조건, 채점, 결과의 해석이 동일하도록 모든 절차와 방법을 일정한 기준에 맞추어 만들어 놓은 검사로, 결과에 대한 신뢰도와 타당도가 높은 평가방법 중 하나이다. 표준화검사법은 개인이 지니고 있는 신체적 · 심리적 특성의 양과 질을 측정할 목적으로 일정한 조건하에 특정한 문제나 작업을 부과하여 피검사자가 나타내는 반응을 체계적으로 관찰하는 절차이다(황해익 외, 2004). 〈표 6-4〉는 국내에서 제작 또는 표준화된 유아대상 심리검사의 예이다.

표 6-4. 유아대상 사회성 발달 심리검사

검사명	저자	내용	대상연령
한국판 덴버발달선별 검사 (K-DDST-Ⅱ)	신희선 (2002)	• 검사항목: 개인성 · 사회성, 미세운동 · 적응성, 언어, 전체운동 • 검사KIT: 딸랑이, 털뭉치, 블록, 연필, 공, 종, 인형, 컵, 이동용 가방)	출생~6세
아동발달검사 (K-CDI)	김정미, 신희선 (2006)	• 사회성, 자조행동, 대근육운동, 소근육운동, 표현언어, 언어이해, 글자, 숫자, 문제항목	15개월~6세
영유아 발달선별검사 (KCDR-R)	김정미, 신희선 (2011)	• 사회성, 자조행동, 대근육운동, 소근육운동, 언어영역	0~6세
영유아 기질 및 비전형 행동 척도 (K-TABS)	김정미, 김효창, 조윤경 (2013)	• 고립행동 요인, 과활동성 · 과민감성 요인, 저반응성 요인, 조절문제 요인	12~72개월
한국 영유아 발달선별검사 (K-DST)	대한 소아과학회 (2014)	• 대근육운동, 소근육운동, 인지, 언어, 사회성, 자조	4~71개월
EBS 유아성격검사	프로이드 심리검사 연구소 (2015)	• 적극성: 기쁨, 접근성, 활동성 • 정서성: 분노, 공포, 슬픔, 회복율 • 사회성: 수줍음, 사교성, 이타성 · 협동성, 공감 • 자기조절: 충동성, 통제력, 주의집중, 조직화 • 민감성: 적응성, 자극 · 민감성, 규칙성, 불안	3~6세

2) 비형식적 평가방법

비형식적 평가는 유아교육이 이루어지는 상황과 맥락의 전체 과정 속에서 교사의 요구와 목적에 따라 자연스럽게 사용될 수 있는 평가로 포트폴리오 평가방법, 관찰에 기초한 일화기록법이나 행동목록 평가방법, 평정척도 평가방법 및 면담법을 통한 평가방법이 대표적이다. 포트폴리오 평가활동의 과정에서 나타난 사회적 기술의 변화는

〈표 6-5〉, 일화기록법에 의한 평가방법은 〈표 6-6〉, 시간표집법에 의한 평가방법은 〈표 6-7〉, 행동목록법에 의한 평가방법은 〈표 6-8〉, 평정척도법에 의한 평가방법은 〈표 6-9〉, 면담법에 의한 평가방법은 〈표 6-10〉과 같다.

표 6-5. 포트폴리오 평가활동의 과정에서 나타난 사회적 기술의 변화

연구의 마지막 부분에 이르자 다운이가 먼저 친구들에게 활동을 함께할 것을 권유하며, 도움을 청하고 있는 모습이 관찰되었다. 이로써 다운이가 친구들과 조화롭게 지내는 순응 능력을 자연스럽게 터득하여 실천하고 있음이 나타났다.

그림 6-2 자신의 감정을 조절하여 설명하기

그림 6-3 친구들과 함께 협동하여 표현하기

다른 친구들에 비하여 인지적인 측면이 발달한 다운이는 연구 시작 이전부터 자기주도성이 강하여 친구들과 함께 활동을 할 때 자주 갈등상황을 만드는 편이었다. 포트폴리오 평가활동의 초기에도 모든 활동을 자기 주도적으로 하려고 하여 친구들과 갈등상황이 발생하였다. 또한 자신의 인지적 발달을 "저는 잘하기 때문이에요"라고 과시하는 것도 관찰되었다. 그러나 시간이 흐름에 따라 포트폴리오 평가 과정에 능동적으로 참여하여 자신의 활동에 대해 반성적으로 생각해 보게 되었으며, 활동과정에 대한 동영상을 보며 회상하기를 통하여 다른 사람의 마음에 대해 점점 관심을 갖고 다름을 이해하기 시작하였다. 또한 활동의 공유과정에서 친구들과의 대화 및 조언(또래평가)하기 활동에 참여하여 친구들의 마음을 이해하고 모둠활동을 할 때 점점 자신의 마음을 조절하는 모습이 관찰되었다. 이는 포트폴리오 평가활동의 자기반영지, 교사와의 면담, 조언(또래평가), 활동회상하기 등이 다운이 자신의 행동과 정서를 조절하는 능력과 문제해결 발생 시 조정하는 자기조절능력의 향상에 영향을 미쳤으며, 다운이가 친구들과의 관계 속에서 지켜야 할 규칙 · 기준 · 요구에 따름으로써 타인과 조화롭게 지내는 "순응" 능력의 향상을 지지해 주는 결과이다.

출처: 권옥순(2008). 포트폴리오 평가 활동이 유아의 기초학습능력 및 학습과 관련된 사회적 기술에 미치는 영향. 강릉대학교 교육대학원 석사학위논문.

표 6-6. 일화기록법에 의한 평가방법

<table>
<tr><th>관찰대상</th><td colspan="2">정규운, 유영진</td><th>생년월일</th><td>2018.09.23.</td></tr>
<tr><th>관찰시간</th><td colspan="2">자유선택활동 시간
(10:00~10:40)</td><th>관 찰 자</th><td>이슬비</td></tr>
<tr><th>관찰행동</th><td colspan="4">컴퓨터 영역에서 부키 동화나라 싸이트에 접속하여 색종이 접기 놀이를 하고 있음.</td></tr>
<tr><th>관찰내용</th><td colspan="4">영진이와 규운이가 컴퓨터 영역에서 색종이 접기 놀이를 하고 있다. 영진이가 먼저 컴퓨터 앞의 의자에 앉아서 색종이 접기를 하고 있으며, 규원이의 옆의 의자에 앉아서 영진이가 하는 것을 바라보며 함께 이야기를 하고 있다.
영진이는 순서와 방법을 말하며 계속 마우스를 클릭한다. 옆에 앉아 있던 규원이 미소를 띠며 영준이가 하는 것을 바라보고 있다. 영진이는 '가자미 접기' 놀이가 끝나자 일어서며, "규원아, 이젠 규원이 차례다"라고 말을 한다. 교사가 영진이에게 "영준아 컴퓨터를 하기 전에 어떤 약속을 생각하고 시작했니?"라고 묻자 "규원이랑 한 번 씩 하기로 했어요"라고 말을 한다. 그리고 규운이에게 자리를 양보하였다. 규운이도 자리에 앉아서 영진이와 마찬가지로 '가자미 접기' 놀이를 하였다. 규운이는 가자미 접기 놀이를 마친 후, "색종이를 세모로 접으면 되는 거야"라고 말을 하자마자 영준이가 "이번에 내 차례다 정규운, 얼른 비켜 줘"라고 말을 한다. 규운이가 일어나자 컴퓨터 자리에 앉아서 다시 색종이 접기 놀이를 한다.</td></tr>
<tr><th rowspan="3">분석 및 해석</th><th>관찰유아</th><th colspan="2">요약 및 해석</th><th>교수학습계획</th></tr>
<tr><td>정규운</td><td colspan="2">• 정해진 약속을 잘 지키고 있음을 알 수 있었다.
• 가자미 접기의 방법을 실제 설명으로 표현하고 있었다.</td><td>• 규운이가 컴퓨터 영역에서 익혔던 가자미 접기를 할 수 있도록 조형 영역에 가자미 접기 순서를 출력하여 비치해 두어야겠다.</td></tr>
<tr><td>유영진</td><td colspan="2">• 활동을 시작하기 전에 약속을 정하였음을 알 수 있었다.
• 정해진 약속을 잘 지키고 있었다.
• 놀이를 바꾸지 않고 계속 한 가지 놀이만 하므로 과제에 대한 숙달이 보여졌다.</td><td>• 영진이가 약속을 정하여 조절함이 보여졌다. 컴퓨터 영역에서는 친구에게 양보하기보다는 영진이 혼자 10분 이상씩을 활동을 했었는데, 사전에 약속을 정하고 실천하려는 과정을 통하여 영진이가 이러한 능력이 갖추어질 수 있도록 적절히 격려해 주고 친구들에게 소개도 해 주어야겠다.</td></tr>
</table>

표 6-7. 시간표집법에 의한 평가방법

관찰대상	송유화(여)	생년월일	2011.02.15.
관찰장면	자유선택활동 시간	관찰일시	2017.08.30. 오전 10시
관찰행동	놀이유형	관 찰 자	이지수

〈관찰지침〉

1. 관찰하고자 하는 대상에 대한 정보를 적는다.
2. 1분간 관찰한 후 30초간 기록하는 방식으로, 총 15분 동안 전체 10회의 관찰을 실시한다.
3. 30초 이내 관찰한 행동이 어느 단계에 속하는지 판단해서 관련된 칸에 체크(∨) 표시를 한다. 만일 1분 동안 여러 가지 단계에 속하는 행동을 보이면 나타난 모든 단계에 표시한다.
4. 기타는 놀이행동 외, 예를 들어 화장실 다녀오기, 물 마시기 등의 행동을 취할 때 표시하고, 간단히 메모한다.

놀이유형 / 횟수	비놀이		사회적 놀이				기타
	비참여	방관	단독	평행	연합	협동	
1		∨					
2	∨						
3	∨						
4			∨				
5			∨				
6				∨			
7				∨	∨		
8					∨		
9					∨		
10						∨	
요약	• 총 15분 동안 비놀이는 3회, 사회적 놀이는 8회가 관찰됨. • 사회적 놀이유형의 출현 빈도는 연합 〉 단독, 평행 〉 협동 순으로 나타남. • 시간이 지남에 따라 사회적 놀이의 수준이 증가함.						

출처: 황해익 외(2014). 아동관찰 및 행동연구. 공동체.

표 6-8. 행동목록법에 의한 평가방법

관찰대상	류민지(여)	관찰일시	2018.06.15.
생년월일	2012.02.15.	관 찰 자	은지영

〈관찰지침〉

다음의 행동이 관찰되면 '관찰됨', 관찰되지 않으면 '관찰 안 됨'에 V 표시를 하시오.

사회적 행동	관찰됨	관찰 안 됨
1. 차례를 지켜 줄을 선다.	V	
2. 쓰레기를 아무 데나 버리지 않는다.		V
3. 자신의 감정을 조절하여 표현한다.		V
4. 물건을 소중히 다룬다.	V	
5. 놀이 시 규칙을 잘 지킨다.	V	
6. 친구들과 사이좋게 지낸다.	V	
7. 동 · 식물의 소중함을 알고 대한다.		V
8. 스스로 할 수 있는 일은 혼자 하려고 한다.	V	
9. 웃어른께 예의 바르게 행동한다.	V	
10. 정직하여 거짓말을 하지 않는다.		V

구분	내용
요약	총 10문항 중 사회적 행동이 '관찰됨'은 6회, '관찰 안됨'은 4회로 나타남. 민지에게 관찰된 사회적 행동의 양상은 차례 지키기, 물건 소중히 다루기, 놀이 규칙 지키기, 친구와 사이좋게 지내기, 자신의 일 스스로 하기, 예의 바르게 행동하기이며, 관찰되지 않은 행동은 쓰레기 함부로 버리지 않기, 자기감정 조절하기, 동 · 식물의 소중함 알기, 거짓말 하지 않기로 나타남.
총평 및 교육계획	사회적 행동 목록에서 관찰된 항목 중 자신의 일 스스로 하기를 제외하면, 대부분의 항목이 '다른 사람과 더불어 생활하기'와 관련된 항목임을 알 수 있음. 또한 관찰되지 않은 항목에 대해서는 관찰장면의 상황에 따른 것인지 개별적인 교육적 지원이 필요한 상황인지 정확히 알 수 없음으로, 추후 다른 평가의 내용을 취합하여 종합적으로 판단을 해야 할 필요가 있음.

표 6-9. 평정척도에 의한 평가방법

<table>
<tr><th>구분</th><th>문항</th></tr>
<tr><td>기술평정척도</td><td>• 친구와 협동하며 놀이하기
• (　　) 친구와 협동하는 놀이를 전혀 하지 않는다.
• (　　) 친구와 협동하는 놀이를 하지 않는다.
• (　　) 친구와 협동하는 놀이를 한다.
• (　　) 친구와 협동하면서 놀이하기를 즐긴다.
• (　　) 친구와 협동하면서 놀이하기를 매우 즐긴다.</td></tr>
<tr><td>숫자평정척도</td><td>• 다른 사람에게 양보하기<table><tr><td>전혀 그렇지 않다</td><td>그렇지 않다</td><td>보통이다</td><td>그렇다</td><td>매우 그렇다</td></tr><tr><td>1</td><td>2</td><td>3</td><td>4</td><td>5</td></tr></table></td></tr>
<tr><td rowspan="2">도식평정척도</td><td>• 규칙을 이해하고 매우 잘 지킨다. |―|―|―|―| • 규칙을 거의 지키지 않는 편이다.</td></tr>
<tr><td>• 교실 내 규칙을 잘 지키는가?
전혀 그렇지 않다 | 별로 그렇지 않다 | 보통이다 | 대체로 그렇다 | 항상 그렇다</td></tr>
</table>

표 6-10. 면담법[1]에 의한 평가방법(부모면담)

<table>
<tr><th colspan="2">면담일시</th><td>2013.07.13.(16:00~16:30)</td><th>면담교사</th><td>배연희</td></tr>
<tr><th colspan="2">유아명</th><td>김예나</td><th>생년월일</th><td>2010.05.07.</td></tr>
<tr><th colspan="2">면담 참여자</th><td>권지희(모)</td><th>면담형태</th><td>대면( ) 전화(∨)
서신( ) 기타( )</td></tr>
<tr><th colspan="2">면담 준비자료</th><td colspan="3">첨부한 자료: 자유선택활동 월별 통계표, 사회관계도
참고한 자료: 환경조사서, 건강기록부, 생활기록부, 관찰일지</td></tr>
<tr><th colspan="2">구분</th><th colspan="2">교사의견</th><th>부모의견</th></tr>
<tr><th rowspan="4">현행수준</th><th>생활습관</th><td colspan="2">스스로 자신의 물건을 제자리에 바르게 정리하며, 스스로 손을 깨끗이 씻으며 양치질을 바르게 함.</td><td>수면, 배변, 양치 모두 양호함.</td></tr>
<tr><th>대인관계</th><td colspan="2">친구들과 사이좋게 지내는 편이나 한 두 명의 친구와 놀이하는 경향이 있음.</td><td>친구가 유치원에서 안 놀아 준다고 자주 이야기함.</td></tr>
<tr><th>발달정도</th><td colspan="2">자신과 친구의 이름을 읽고 쓰며 친구들에게 글과 그림으로 편지쓰기를 좋아함.</td><td>집에서도 그림 그리기를 즐겨함. 대상은 주로 선생님과 친구들임.</td></tr>
<tr><th>행동특성</th><td colspan="2">놀이시간에 한 두 명의 친구와 놀이하며 항상 그 친구들 옆에 앉으려고 함.</td><td>때를 쓰거나 고집부리는 일이 없음. 자신의 물건을 잘 양보함.</td></tr>
<tr><th colspan="2">면담(요청)내용</th><td colspan="2">예나의 친구관계</td><td>예나의 친구관계</td></tr>
<tr><th colspan="2">종합의견</th><td colspan="2">선호하는 놀이상대가 분명함. 자신이 좋아하는 친구에게는 적극적으로 자신의 감정을 글과 그림으로 표현함. 반면, 다양한 또래 상호작용을 이루는 주변 친구들의 경우 예나의 행동이 지나치게 느낄 수 있고, 예나 역시 친구들이 자신을 좋아하는 않는 것처럼 느낄 수 있음.</td><td>친구가 없어서 슬프다고 자주 이야기함. 어떻게 해야 할지 잘 모름.</td></tr>
<tr><th colspan="2">건의사항</th><td colspan="2">다른 유아와의 다양한 교류가 요구됨.</td><td>친구들과 잘 어울렸으면 함.</td></tr>
<tr><th colspan="2">이후 면담 약속</th><td colspan="2">일시: 10월 10일 15:00
장소: 들꽃향기반 교실
주제: 예나의 친구관계 변화 양상</td><td></td></tr>
</table>

출처: 황해익 외(2014). 아동관찰 및 행동연구. 공동체.

1) 면담(interview)은 특정한 목적을 가지고 특정한 내용에 관하여 면담자와 피면담자가 일정한 시간에 언어를 매개로 하여 정보를 얻거나 의사나 감정을 전달하는 방식을 의미한다. 면담법은 관찰과 달리 심층적이고 직접적인 상호작용을 통해 자료를 수집하는 조사기법으로, 대상과 일대일 혹은 포커스 그룹의 형태로 대화를 나누며 정보를 수집한다. 그 외 전화 인터뷰나 대상자로부터 직접 응답을 받아 녹취 및 기록하여 정보를 수집할 수도 있다. 면접법의 가장 대표적인 특징은 면담자, 즉 교사가 피면담자인 유아 또는 부모의 발화뿐 아니라 표정, 몸짓, 태도, 어투 같은 비언어적인 표현까지도 수집이 가능하다는 점이다.

Chapter

07

수학교육

배울 내용

1. 수학교육에 대한 이해
2. 수학교육의 중요성
3. 수학교육의 내용 및 실제
4. 수학교육의 방법
5. 수학교육의 평가

학습목표

1. 수학교육에 대한 정의를 살펴본다.
2. 수학교육의 중요성을 숙지한다.
3. 수학교육의 내용 및 실제를 익힌다.
4. 수학교육 방법을 숙지하고 실제 활용방안을 모색해 본다.
5. 수학교육의 구체적인 평가방법을 숙지한다.

수학은 우리의 삶과 매우 밀접하게 관련되어 있는 개념으로 유아들은 수학적 감각을 가지고 태어나며 호기심과 흥미를 가지고 주변 환경을 탐색하면서 비형식적 수학개념을 습득하게 된다. 따라서 부모와 교사는 유아들의 수학적인 관심과 호기심을 기초로 일상생활과 놀이를 통해 자연스럽게 수학을 접하도록 하고 수학에 대한 긍정적인 태도를 형성할 수 있도록 돕는 것이 무엇보다 중요하다. 최근 유아기 수학의 중요성이 강조됨에 따라 질 높은 유아수학교육에 대한 유아교육학계와 현장의 관심이 매우 높아지고 있다.

1 수학교육에 대한 이해

수학은 주변 세계를 이해하기 위해 규칙성(pattern)을 찾는 학문으로 규칙성과 순서의 과학이다. 그러므로 수학을 안다는 것은 물리적 세계에 있는 대상과 관계를 추상화하여 규칙성과 순서를 찾고 이를 나타내기 위해 세밀하게 선택된 용어와 기호를 수학적 언어로 표현하는 것을 의미한다. 수학의 영어식 표기인 'Mathematics'는 그리스어로 배운다는 뜻의 'Manthano'와 과학이란 뜻의 'Mathema'에서 유래된 용어로 수학이란 단순히 수(數)나 계산(計算)을 의미하는 것이 아니라 '배우는 것, 생각하는 것, 사고하는 과학'을 뜻한다. 다시 말해 수학이란 사고하는 방법이며, 규칙성을 연구하는 학문이자 추상화된 기호로 이루어진 학문으로 정의할 수 있다.

수학교육은 주로 학교교육에서의 산수 · 수학의 교수법이나 그 원리적인 제 문제를 연구하는 분야로 정의되거나 수 · 양 · 형에서의 여러 관계에 대해 연구하는 학문으로 정의되고 있다. 이러한 맥락에서 유아수학교육은 유아들에게 제공하는 수학교육으로서 수학교육의 의미, 수학교육의 방법, 수학교육의 평가 등을 포함하는 개념이다. 또한 다른 측면에서 유아수학교육은 '유아기 아동의 수학적 사고능력발달의 특성을 고려하여 수학의 기초적 원리와 개념 습득을 도와주고, 수학적 사고과정을 통해 문제를 해결하도록 환경을 제공하는 것'으로 정의할 수 있다. 따라서 유아기의 수학교육은 주로 수학적 개념과 지식 습득을 강조하기보다는 영유아가 수학에 흥미를 가지고 자연스럽게 탐구하는 태도를 길러 수학적 소양(mathematical liheracy)을 가지도록 하는 것이 중요하다. 수학교육에 대한 개념과 정의를 바탕으로 유아수학교육의 개념을 살펴보면, 유아수학교육은 유아의 선천적인 호기심을 자극하여 일상생활 속에서 스스로 경험하고 탐구하는 과정에서 유아의 수학적 사고와 태도를 형성하도록 돕는 교육적 활동을 의미한다.

유아기는 수학적 사고발달의 토대가 이루어지는 매우 중요한 시기이다. 이에 미국 수학교사협회(NCTM)에서는 수학교육 대상의 연령 범위가 하향화되어 유치원 이전 시기를 포함시키고 있다(황의명 외, 2012). 따라서 유아기의 시기부터 일상생활에서의 경험을 통해 비형식적인 수학지식의 가치를 존중하고 유치원이나 어린이집 등 교육기관과 연계하여 유아가 생활 속에서 자연스럽게 수학적 지식을 스스로 습득하고 개념을 이해할 수 있도록 돕는 것이 필요하다. 왜냐하면 유아들은 유아교육기관에 오기 전부터 여러 가지의 직관적이고 비형식적인 수학지식과 개념을 배우기 때문이다. 또한 유아교육기관에서 자유선택활동, 바깥놀이, 이야기나누기 시간 등을 통해 놀이와 노래 및 율동, 책 읽기 활동을 하고 수의 이름, 모양, 위치, 많고 적음 등과 같은 수학적 개념과 어휘가 포함된 활동을 하게 되면서 환경과의 적극적인 상호작용을 통해 비형식적인 수학개념을 형성하게 되기 때문이다(정정희 외, 2018).

이러한 유아기의 비형식적 수학개념은 초등학교에 입학해서 습득하게 될 형식적 수학개념들을 배우기 위한 기초를 형성하게 된다. 유아들이 지닌 수학에 관한 비형식적 지식은 성인의 사고와는 다르며 불완전한 것이라도 유아들의 논리 · 수학적 사고 형성에 도움을 주며 일상생활의 문제를 해결하는 데 유용한 역할을 한다. 이에 비해 형식적 수학은 논리적으로 일관성을 가지고 체계적으로 잘 조직되어 있는 형태를 지니고 있다는 특성을 지닌다. 따라서 초등학교에 입학한 아동들이 수학개념을 생소하고 추상적으로 느껴 수학교육을 학습하기에 어려움을 경험할 수 있지만 유아기에 수학에 대한 개념을 구체적인 활동으로 자주 접하고 경험한 경우, 형식적 지식과 비형식적 지식을 자연스럽게 연결하면서 수학적 개념을 더 용이하게 학습하게 된다. 따라서 교사들은 일상생활과 놀이활동을 통해 유아들이 지니고 있는 비형식적 수학지식을 파악하고 이에 근거하여 수학활동들을 제공함으로써 비형식적 지식과 형식적 지식을 연결할 수 있도록 도와주어야 한다.

2 수학교육의 중요성

수학은 일상생활과 밀접하게 연결되어 있으며, 특히 4차 산업혁명 시대에는 수학이 필수적인 분야로 포함되고 있을 뿐 아니라 국가 경쟁력에서도 중요하게 인식되고 있다. 이와 같은 맥락에서 유아기의 수학교육의 중요성을 크게 발달적 측면, 사회적 측면 및 교육적 측면으로 구분하여 살펴보면 다음과 같다(김이영 외, 2020).

1) 발달적 측면

유아기의 수학교육은 발달적 측면에서 중요하다. 왜냐하면 발달적 측면에서 보면 유아기는 수학적 사고능력발달의 결정적인 시기이기 때문이다. 유아기는 다른 어떤 발달단계보다 인지, 언어, 신체, 사회, 정서 등 모든 영역에서 급격한 발달이 이루어진다. 더하여 수학적 사고능력발달에서도 유아들은 수학적 민감성을 가지고 주변을 탐구하면서 비형식적인 수학지식을 습득한다(정정희 외, 2016). 본질적으로 유아는 태어나면서부터 능동적인 수학자이며, 일상생활이나 놀이상황에서 수학적 관계를 탐색하고 수학적 개념습득에 적극적으로 참여하는 모습을 보인다는 특징을 가지고 있다. 따라서 유아들에게 수학은 자신의 삶과 분리된 학문 속에서 존재하는 지식이기보다는 삶 그 자체라고 할 수 있다(조형숙, 2005).

피아제(Piaget)의 인지발달이론에 따르면, 유아기는 전조작기로 직관적 사고를 하는 시기이며, 이 시기의 유아들은 사물을 능동적으로 조작해 보는 경험을 통해 지식을 구성해 나간다. 또한 이 시기의 유아들은 수학적 민감성을 가지고 세상을 탐구하면서 물리적 · 사회적 환경과의 상호작용을 통해 수학적 개념과 과정기술, 수학적 태도를 형성해 나간다. 이 시기에 형성된 수학적 개념과 과정기술은 이후 수학적 능력의 발달에 토대가 되며 수학에 대한 긍정적인 태도는 수학적 상황에서 유아들에게 자신감을 갖게 해준다.

2) 사회적 측면

유아기의 수학교육은 사회적 측면에서도 중요하다. 수학에 대한 의미가 단순한 계산 능력 이상으로 확대되고 있고, 우리의 주변 환경과 사물을 이해하는 도구로 간주되면서 이제 수학은 우리 삶에 필수적인 요인으로 인식되고 있다. 사회가 점점 정보화되고 기술사회로 변화하면서 정보를 선별하고 논리적으로 조직하여 활용할 수 있는 수학적 사고능력이 직업 선택에 중요한 변수가 될 뿐 아니라 고도의 전문적인 역할을 수행하는 데 필수적인 능력으로 포함되고 있는 실정이다(정정희 외, 2018). 특히 앞으로 유아들이 살아가야 할 사회는 빅데이터(Big Data), 로봇(Robot), 인공지능(AI) 등의 핵심 용어로 정의될 수 있으며, 이러한 사회에서는 수학적 능력이 필수적으로 요구된다. 즉, 앞으로의 사회는 수학적 소양이 갖춰진 인재를 필요로 하며 유아기의 수학적 경험은 향후 수학적 능력에 기초가 된다. 따라서 유아기 수학교육은 다양한 상황에서 수학을 경험하고 스스로 문제를 해결해 나가면서 수학에 대한 긍정적인 태도를 형성하도록 돕는 것이 중요하다.

3) 교육적 측면

유아수학교육의 교육적 측면에서 효과적인 수학교육의 필요성이 증대되고 있다. 최근 우리나라에서도 미국 Pre-K에서 제시한 12학년 수학교육에 대한 표준 제시(NCTM)와 영국의 국가 수준 수학교육과정의 강화 등의 영향으로 바람직한 수학교육의 방향에 대한 관심이 증가하고 있다. 수학교육의 효율성 측면에서 살펴보면, 유아수학교육과 초등수학교육의 연계를 위해 수학교육의 기초 단계인 유아수학교육을 재조명하고 질 높은 유아수학교육을 제공하는 것이 무엇보다 중요하고 필요하다. 따라서 우리나라에서도 국가 수준의 교육과정인 누리과정과 표준보육과정에 수학을 포함시켜 영유아기부터 다양하고 효과적인 수학적 탐색 기회를 제공할 수 있는 방안에 대해 관심을 기울이고 있다(정정희 외, 2018).

3 수학교육의 내용 및 실제

최근 유아수학교육의 내용에 대한 동향은 현재는 물론 미래에 필요한 수학적 요구를 반영할 수 있도록 수학교육이 광범위한 영역의 내용을 포함해야 하며, 유아의 수학적 소양을 함양할 수 있는 내용, 즉 수학개념, 수학과정기술 및 수학적 태도〈표 7-1〉가 포함되어야 한다고 주장하고 있다(박지희, 2019).

표 7-1. 유아수학교육의 내용

구분		내용
수학개념 (상황이나 사물의 관계를 통해 유아가 수학에 대해 논리적으로 구성할 수 있는 지식)	수와 연산	수는 수학에서 가장 기본 개념이며, 숫자는 수를 나타내는 기호이다. 수의 이해는 단순한 암기로 수를 세는 능력이나 숫자를 인지하는 능력 이상을 포함한다. 따라서 수 세기, 숫자 읽기와 쓰기, 비형식적 수 연산에 관한 내용을 다룬다.
	공간과 도형	공간은 위치, 방향, 거리 등과 관련된 위상학적 기하와 점, 선, 모양, 크기에 관련된 유클리드 기하가 주요 개념으로 다루어지고, 도형에서는 평면 위에 점, 선, 면으로 이루어진 직선, 곡선, 원, 삼각형, 사각형과 같은 평면도형과 공간 안에 점, 선, 면으로 이루어진 구, 정다면체, 다양한 기둥과 뿔과 같은 입체도형에 대해 다룬다.
	측정	측정은 한 집합 혹은 물체의 연속적인 양에 수를 부여하는 수학적 과정이다. 측정은 길이, 무게, 부피, 면적에 대한 구체적인 사물의 직접적인 측정과 시간, 온도 등과 같이 구체적으로 측정할 수 없는 간접적인 측정을 다룬다.
	규칙성	규칙성은 사물의 모양이나 양상이 일정한 규칙을 나타내며 반복되는 것으로, 패턴으로 지칭되기도 한다. 규칙성 또는 패턴을 구성하는 관계에 따라 반복 패턴(repeating pattern), 증가 패턴(growing pattern), 관계 패턴(relationship pattern)으로 나누어 다룬다.
	자료수집 및 결과 나타내기	정보를 수집하고 이를 범주에 따라 분류하여 그래프와 같은 형태로 표현한 후 그래프를 분석, 해석하는 것은 정보화 사회에서 매우 중요한 능력이다. 따라서 자료수집, 분류하기, 자료조직과 결과 나타내기, 자료 비교하기, 확률적 사고와 표현을 다룬다.
수학과정기술 (유아가 수학적 지식을 획득하고 이를 사용하는 방법)	문제해결하기	문제해결하기는 그 자체가 수학교육의 목적이 되기도 하며, 수학지식을 획득하기 위한 주요 수단이 된다. 유아는 이미 일상생활을 통해서 다양한 문제상황에 직면하고, 해결책을 찾기 위해서 나름대로 자신이 쌓아온 지식과 경험을 활용한다. 이러한 과정에서 교사는 문제해결을 위해 일상생활의 작은 문제부터 다양한 상황 속에 있는 복잡한 문제까지 다양한 맥락을 가진 문제들을 제공하여 다룸으로써 유아가 자신만의 해결 전략을 통해서 수학적 지식을 발달시킬 수 있도록 돕는다.
	추론하기	추론하기는 결과를 통하여 원인을 분석하는 인과관계에 기초하고 있으며, 유아의 추론능력의 발달에 기초가 되는 주된 요소는 패턴 인식하기와 분류하기이다. 패턴은 규칙을 찾고 이것을 설명하는 것이지만 분류하고, 그 근거를 말하는 것은 유아가 자신의 사고과정을 점검하고, 이를 입증하는 증거를 찾는 기회를 제공하는 것이기 때문에 연역적 추론능력의 발달을 도울 수 있다.

구분		내용
	의사소통하기	일반적인 의사소통은 듣기와 말하기, 제스처, 얼굴표정으로 이루어진다. 수학교육에서 의사소통하기는 유아가 자기 생각을 조직하여 수학적으로 표현하는 방법을 뜻하며, 이때 유아는 수학적 상징을 활용하여 수학적 의사를 명확하게 표현할 수 있도록 해 준다.
	표상하기	유아의 수학적 사고나 이해를 표상하기 위해서 수학적 아이디어를 기록하고, 조직하고, 의사소통을 위한 표상을 만들어 사용하기와 문제해결을 위한 적절한 수학적 표상의 선택과 적용, 물리적, 수학적, 사회적 현상을 해석하고 모델링을 하기 위한 표상 사용하기를 다룬다.
	연계하기	연계하기는 다른 교과나 영역과 연결하여, 유아의 기존의 지식과 새로운 지식, 학습을 관련시키는 것이다. 연계하기를 통하여, 유아는 어려운 수학개념이 서로 분리되어 있는 것이 아니라 연결 지을 수 있고, 실생활에서 만나는 문제를 해결하는 데 도움이 된다는 것을 알고 즐거움을 느끼게 된다.
수학적 태도		수학적 태도는 수학에 대한 일반적인 감정적 성향이며, 수학을 하는 과정에서 나타나는 특별한 행동양식으로, 이전의 수학경험에 의해 형성된다. 수학교육에서 유아에게 기르고자 하는 수학적 힘이란 인지적 영역뿐 아니라 수학에 대한 긍정적 성향, 다시 말해 긍정적 태도를 함양하는 것을 포함한다.

그리고 표준보육과정과 누리과정에서 유아수학내용을 다루고 있는 영역은 자연탐구 영역이다. 자연탐구 영역에서는 주변의 사물과 자연현상을 지각하고 호기심을 가지며, 지속적으로 탐구하는 태도를 가지며 문제해결을 위한 기초능력을 기르고, 자연을 사랑하는 마음을 가지도록 한다. 또한 일상생활의 여러 상황과 문제를 수학적으로 이해하고 해결하기 위해서 기초능력을 기르고, 주변 사물과 자연현상에 대한 기초 지식을 쌓도록 한다. 표준보육과정과 누리과정 자연탐구 영역의 연령과 내용에 따른 구체적인 내용은 〈표 7-2〉와 같다.

표 7-2. **자연탐구 영역의 내용범주와 내용**

제4차 어린이집 표준보육과정(2020)				개정 누리과정(2019)	
0~1세		2세		3~5세	
내용범주	내용	내용범주	내용	내용범주	내용
탐구과정 즐기기 (2)	① 주변 세계와 자연에 대해 호기심을 가진다.	탐구과정 즐기기 (2)	① 주변 세계와 자연에 대해 호기심을 가진다.	탐구과정 즐기기 (3)	① 주변 세계와 자연에 대해 지속적으로 호기심을 가진다.
	② 사물과 자연을 탐색하기를 즐긴다.		② 사물과 자연을 반복하여 탐색하기를 즐긴다.		② 궁금한 것을 탐구하는 과정에 즐겁게 참여한다.
					③ 탐구과정에서 서로 다른 생각에 관심을 가진다.
생활 속에서 탐구하기 (4)	③ 친숙한 물체를 감각으로 탐색한다.	생활 속에서 탐구하기 (6)	③ 친숙한 물체의 특성과 변화를 감각으로 탐색한다.	생활 속에서 탐구하기 (7)	④ 물체의 특성과 변화를 여러 가지 방법으로 탐색한다.
	④ 물체의 수량에 관심을 가진다.		④ 물체의 수량에 관심을 가진다.		⑤ 물체를 세어 수량을 알아본다.
	⑤ 주변 공간과 모양을 탐색한다.		⑤ 주변 공간과 모양을 탐색한다.		⑥ 물체의 위치와 방향, 모양을 알고 구별한다.
	⑥ 규칙성을 경험한다.		⑥ 규칙성에 관심을 가진다.		⑦ 일상에서 길이, 무게 등의 속성을 비교한다.
			⑦ 주변 사물을 같고 다름에 따라 구분한다.		⑧ 주변에서 반복되는 규칙을 찾는다.
			⑧ 생활도구에 관심을 가진다.		⑨ 일상에서 모은 자료를 기준에 따라 분류한다.
					⑩ 도구와 기계에 대해 관심을 가진다.

제4차 어린이집 표준보육과정(2020)				개정 누리과정(2019)	
0~1세		2세		3~5세	
내용범주	내용	내용범주	내용	내용범주	내용
자연과 더불어 살기 (2)	⑦ 주변의 동 · 식물에 관심을 가진다.	자연과 더불어 살기 (2)	⑨ 주변의 동 · 식물에 관심을 가진다.	자연과 더불어 살기 (3)	⑪ 주변의 동 · 식물에 관심을 가진다.
	⑧ 날씨의 변화를 감각으로 느낀다.		⑩ 날씨와 계절의 변화를 감각으로 느낀다.		⑫ 날씨와 계절의 변화를 생활과 관련짓는다.
					⑬ 생명과 자연환경을 소중히 여긴다.

0~1세 표준보육과정 자연탐구 영역에서 수학교육 관련 내용을 다루고 있는 부분이 생활 속에서 탐구하기이다. '생활 속에서 탐구하기'는 일상의 문제를 수학적, 과학적 방식으로 탐구하는 유아의 경험을 반영한 것이다. 유아가 물체의 특성과 변화를 여러 가지 방법으로 탐색하고, 물체를 세어 수량을 알아보고, 물체의 위치와 방향, 모양을 알고 구별하며, 길이와 무게 등의 속성을 비교하고, 반복되는 규칙을 찾아보고, 모은 자료들을 기준에 따라 분류하며, 도구와 기계에 관심을 가지고 생활 속의 문제를 다양하게 탐구하는 내용이다. 여기서 '친숙한 물체를 감각으로 탐색한다'의 내용을 제외한 '물체의 수량에 관심을 가진다', '주변 공간과 모양을 탐색한다', '규칙성을 경험한다'가 수와 연산, 공간과 도형, 측정, 규칙성, 자료의 이해와 같은 수학교육의 내용을 다루고 있다.

2세 표준보육과정 자연탐구의 내용에서 수학교육과 관련된 부분은 생활 속에서 탐구하기이며, 구체적으로 '친숙한 물체의 특성과 변화를 감각으로 탐색한다'와 '생활 도구에 관심을 가진다'를 제외한 '물체의 수량에 관심을 가진다', '주변 공간과 모양을 탐색한다', '규칙성에 관심을 가진다', '주변 사물을 같고 다름에 따라 구분한다'가 수학교육과 관련된 내용들이다.

3~5세 누리과정 자연탐구의 내용에서 수학과 관련된 내용범주는 생활 속에서 탐구

하기이며, 구체적으로 '물체의 특성과 변화를 여러 가지 방법으로 탐색한다', '도구에 관심을 가진다'를 제외하고 '물체를 세어 수량을 알아본다', '물체의 위치와 방향, 모양을 알고 구별한다', '일상에서 길이, 무게 등의 속성을 비교한다', '주변에서 반복되는 규칙을 찾는다', '일상에서 모은 자료를 기준에 따라 분류한다'가 수학교육과 관련된 내용들이다. 자연탐구 영역의 통합적 이해를 위한 활동내용은 〈표 7-3〉과 같다.

표 7-3. 자연탐구 영역의 통합적 이해를 위한 활동내용

꿀벌처럼
첫 번째 날
유아들은 바깥 놀이터에서 바닥에 힘없이 널브러져 있는 벌을 발견한다. "아! 여기 벌이 있어. 죽었나 봐!" 유아의 외침에 화단에서 곤충을 찾던 유아들이 모여든다. 그때, 죽은 듯이 움직이지 않던 벌이 바르르 떨며 꿈틀거린다. 유아들은 "으악! 도망쳐!"라고 말하며 벌떡 일어나 사방으로 흩어져 달아난다. 
두 번째 날
유아는 선생님에게 『꿀벌나무』 그림책을 읽어 달라고 한다. 유아들이 선생님 주위로 모여든다. 그림책을 읽은 뒤, 유아는 "꿀벌들은 말도 못하는데, 어떻게 그렇게 집으로 잘 돌아가요?"하고 호기심을 가진다. 선생님은 "사람은 목소리로 이야기를 하는데 꿀벌은 어떻게 말을 할까?"라고 묻자 유아는 "엉덩이로 말해요"하며 엉덩이를 좌우로 흔든다. 선생님도 "이렇게?"하며 유아를 따라 몸을 움직인다. 선생님은 점심 식사 시간에 〈꿀벌의 여행〉 동요를 들려준다. 유아들은 밥을 먹으며 제자리에서 엉덩이를 흔들며 까르르 웃는다.
세 번째 날
오전에 선생님은 〈꿀벌의 여행〉 동요를 다시 들려준다. 유아들은 꿀벌처럼 두 팔을 벌려 날갯짓하며 친구의 옷, 사진, 화초, 꽃무늬, 창문에 전시한 압화, 선생님의 물병 등에서 꽃을 찾는다. 이제 교실에서는 더 이상 꽃을 찾기 어려워지자 유아가 교사에게 말한다. **유아** 선생님. 꿀벌은 꽃이 있어야 돼요. 붕붕이가 배고파서 꿀을 먹어야 돼요. **교사** 그럼 어떻게 하면 좋을까? **유아** 우리가 꽃을 그려 줘요.

유아들은 미술 영역으로 가서, 제 나름대로 꽃을 그리고 색을 칠하고 오리고 수수깡을 붙여 꽃자루도 만든다. 선생님은 유아들이 꽃을 만드는 동안 꿀벌을 그리고 오려서 수수깡을 붙인다. 선생님은 벌을 유아들의 꽃에 살포시 얹어 꿀을 빨아먹는 시늉을 하며 함께 놀이한다.
과학 영역에서 자석 놀이를 하고 있던 유아가 "이거 재미있는데"하며 놀이에 참여한다. 은호와 지율이는 "꿀을 많이 먹어서 이젠 좀 쉬어야겠다. 히히"하며 교실 바닥에 드러눕는다. 유아들은 선생님께 "선생님, 밖에 나가요. 밖에는 꽃이 많아요"하며 큰 소리로 요청한다. 선생님은 "그래. 이따 점심 먹고 나가 보자. 꿀벌은 꽃을 많이 먹어서 배부르겠다. 너희도 맛있게 점심 먹으렴"하며 즐겁게 유아들의 제안을 받아들인다.

오후 바깥 놀이터에서, 유아들은 꽃을 찾기보다는 개미, 공벌레, 송충이 등 곤충들을 찾아다닌다. 지율이의 자전거 짐칸 바구니에는 공벌레 몇 마리가 기어 다니고 있다. 유아는 "공벌레한테 자전거 태워 줄 거예요"하며 자전거를 타고 힘차게 달린다.

네 번째 날

교사는 유아들이 꿀벌에 많은 관심과 흥미가 있다는 것을 이해하여, 유아들의 흥미를 재미있게 지속시키고 싶었다. 그래서 교사는 꿀벌 머리띠도 만들고 꿀벌 날개도 만들 계획을 한다. 그러나 교사는 여러 가지 고민 끝에 꿀벌 머리띠와 꿀벌 날개를 구입하기로 하고, 유아들과는 꿀벌 날개가 햇빛에 비칠 때 반짝거리는 느낌을 꾸미는 활동을 하는 것으로 계획을 변경한다. 교사는 꿀벌 머리띠와 꿀벌 날개를 어떻게 유아들에게 전달하고 소개해야 꿀벌 활동이 놀이처럼 보다 즐겁고 재미있게 지속될 수 있을지 고민한다.

교사 (택배 상자를 보여 주며) 얘들아, 우리가 꿀벌을 좋아한다고 붕붕이가 꿀벌 머리띠를 선물해 줬어.
유아들 와! 붕붕이가 우리한테 선물해 줬대. 붕붕아 고마워.
교사 우리 붕붕이에게 고맙다고 인사해야 하는데, 어떻게 인사를 하지?
유아 엉덩이춤으로 말해 줘요.

유아들은 선생님과 함께 창문 밖에 꿀벌이 있는 듯, 꿀벌을 향해 엉덩이를 흔들어 준다. 유아들과 선생님은 꿀벌 머리띠와 날개를 달고 바깥 놀이터로 나가 벌을 찾으러 다니기도 하고, 흙을 파고 지렁이와 개미, 공벌레를 찾아 탐색하기도 하고, 손으로 잡아 자전거 짐칸 바구니에 넣고 달리며 놀이한다.

다섯 번째 날

바깥 놀이터 미끄럼틀 근처에 피어 있는 노란 민들레꽃 위에 벌이 내려앉았다. 벌은 민들레꽃 위에서 방향을 바꾸며 엉덩이를 흔든다. 유아들은 꿀벌이 빨아먹고 있는 꿀맛에 대해 이야기를 나누며 벌을 관찰한다. 그리고 민들레 옆에서 기어가고 있는 송충이를 발견하고 서로 이야기를 주고받으며 오랫동안 관찰한다.

여섯 번째 날

오전 시간, 유아는 곤충 그림책을 읽는다. 그림책에는 육각형으로 표현된 벌집 그림이 있다. 유아는 선생님에게 벌집에 관해 묻는다. 유아들과 선생님은 벌과 벌집에 대한 영상을 감상한 뒤 벌집을 만들기로 한다.

일곱 번째 날

오늘도 유아들은 꿀벌 머리띠와 꿀벌 날개를 달고 교실의 이곳저곳에 있는 꽃, 꽃을 닮은 무늬를 찾아다니며 놀이한다. 유아가 갑자기 놀이를 멈추고 미술 영역으로 가더니, A4용지, 가위, 투명테이프를 활용하여 벌의 '침'을 만들어 자기 엉덩이에 붙여 달라고 한다.

5개 영역의 통합적 이해

■ **신체운동 · 건강**

- **신체활동 즐기기** 신체 움직임을 조절한다. 유아들은 개미나 공벌레를 잡을 때 손가락 힘을 조절하며, 미술활동의 결과물인 꿀벌 집에서 발꿈치를 들고 다니고 몸을 웅크리며 움직임을 조절함. 기초적인 이동 운동, 제자리 운동, 도구를 이용한 운동을 한다. 유아들은 벌을 찾아 걷기도 하고 달려가기도 함. 벌을 탐색할 때는 가만히 멈춰 서고, 벌을 따라 옆으로 움직임.

■ **의사소통**

- **듣기와 말하기** 말이나 이야기를 관심 있게 듣는다. 유아들은 벌을 발견한 친구의 외침과 친구들이 하는 벌에 대한 이야기를 관심 있게 들음. 상대방이 하는 이야기를 듣고 관련해서 말한다. 유아들은 친구들이 하는 말을 듣고 관련해서 말함.
- **책과 이야기 즐기기** 책에 관심을 가지고 상상하기를 즐긴다. 유아들은 곤충도감을 보며 꿀벌 집과 꿀벌의 천적에 대해 알게 됨. 유아들은 벌과 관련된 그림책을 선생님에게 읽어 달라고 요청함. 유아들은 그림책의 내용을 즐겁게 상상하며 엉덩이춤을 춤.

■ **사회관계**

- **더불어 생활하기** 서로 다른 감정, 생각, 행동을 존중한다. 유아들은 벌에 대한 친구의 생각과 행동을 잘 들으며, 꿀벌처럼 날갯짓하거나 꿀을 먹는 흉내 내는 것을 함께 즐거워함. 친구와 어른께 예의 바르게 행동한다. 유아들은 친구와 달리 교사에게 말을 할 때 존칭어를 사용하며 예의 바른 행동을 함.

■ **예술경험**

- **창의적으로 표현하기** 신체나 도구를 활용하여 움직임과 춤으로 자유롭게 표현한다. 유아들은 꿀벌 머리띠와 꿀벌 날개를 활용하여 꿀벌 날갯짓을 하고 엉덩이를 흔들며 꿀벌 춤을 춤. 다양한 미술재료와 도구로 자신의 생각과 느낌을 표현한다. 유아들은 다양한 재료를 활용하여 꽃 그리기, 꿀벌 날개 꾸미기, 꿀벌 집 만들기 등을 하고 나아가 꿀벌 침을 창의적으로 표현하는 과정을 즐김.

■ **자연탐구**

- **탐구과정 즐기기** 주변 세계와 자연에 대해 지속적으로 호기심을 가진다. 궁금한 것을 탐구하는 과정에 즐겁게 참여한다. 죽은 벌과 살아 있는 꿀벌에 관심을 가지고, 이후 지속적으로 벌이 사는 집, 벌의 말과 움직임 등에 호기심을 가지며 그것을 알아보는 과정에 즐겁게 참여함. 탐구과정에서 서로 다른 생각에 관심을 가진다. 유아들은 친구들, 선생님, 그림책, 곤충도감 등에서 벌에 대한 정보를 얻고, 서로 다른 사람의 생각을 들으며 관심을 가짐.
- **생활 속에서 탐구하기** 물체를 세어 수량을 알아본다. 물체의 위치와 방향, 모양을 알고 구별한다. 유아들은 벌집 모양을 그리며 수를 세거나, 벌집의 8각형 모양을 알고 다른 모양과 다름을 구별하는 경험을 함.
- **자연과 더불어 살기** 주변의 동 · 식물에 관심을 가진다. 유아들은 개미, 공벌레, 노린재 등을 찾으러 다님. 누군가 "찾았다!" 하고 외치면 그곳으로 달려가 한참 동안 지켜봄. 생명과 자연환경을 소중히 여긴다. 꿀벌을 친구로 여기고 소중하게 생각함. 꿀벌을 잡지 않고 날아가게 함.

출처: 교육부, 보건복지부(2019). 누리과정 해설서. pp.110-114.

4 수학교육의 방법

1) 문학을 통한 수학교육

문학은 유아들에게 상상력을 길러 주고, 경험의 확산과 충족을 제공하며 사고력 및 창의력을 길러 주고, 즐거움 속에서 세상을 잘 이해하며 살 수 있도록 도와준다. 또한 자기를 잘 표현할 수 있고, 독서에 대한 좋은 태도와 함께 언어능력, 심미적 감상력 등을 기를 수 있도록 해 준다(이상금, 장영희, 2003). 유아문학은 모든 장르를 다 포함하여 표현할 수 있는 독특한 장르이며, 그림과 단어들이 서로 의존하면서 이야기를 꾸며 나가는 형태를 가지고 있다는 특징을 지닌다(김현희, 박상희, 1999). 유아문학학습에서 지향하고 있는 놀이 및 활동중심의 통합적 관점에서 볼 때도 유아문학활동은 수학적인 아이디어에 대한 내용이 포함되어 있고 수학활동의 맥락, 수학적 어휘, 기술 등 다양한 내용들이 포함되어 있어 더욱 중요성을 가진다.

2) 미술을 통한 수학교육

유아에게 미술은 의사소통과 표현의 수단이 될 뿐 아니라 미술을 통해 상상력과 감수성이 발달되고 주변 환경에 대한 이해력을 높이게 된다(이숙재 외, 2002). 유아의 미술활동을 통한 수학교육은 생활, 느낌, 관찰, 상상, 감상, 공작 등의 경험을 중심으로 학습자의 새로운 지식의 구조를 형성하고, 수학적 원리와 연관된 주변 교과목에 대한 긍정적 자아개념을 형성하도록 도와준다. 이러한 특성이 반영된 유아미술교육은 유아에게 아름다움과 즐거움을 찾아 주고 주변의 환경과 현상을 새롭게 관찰할 수 있는 심미적인 안목을 기르게 한다(권상구, 1999). 즉, 유아는 오감을 통해 감각을 기르고, 감수성을 발달시키므로 오감을 최대한 활용할 수 있는 것이 미술이다. 유아 자신의 창의능력을 마음껏 발휘하여 자신의 능력을 체험할 수 있고, 내적 충동과 동기유발을 경험하면서 정서적, 사회적, 신체적 발달을 도모할 수 있다는 점에서 긍정적인 영향을 미친다.

3) 음악을 통한 수학교육

유아들은 본능적으로 음악을 듣고 즐기며 다양하게 표현되는 심미감을 통해 아름다움을 느낀다. 음악의 기본적 요소인 음계는 수학적 원리로 구성되어 있으며, 음의 기본적 명칭은 수학적 분할개념으로 구분할 수 있다. 이 밖에도 리듬과 박자는 수학의 규칙성 및 분수의 개념으로 해석될 수 있고 소리의 진동수, 주파수는 음정과 형식 등에서 수열, 비수, 함수 등 독특하고 다양한 방식으로 표현될 수 있다. 수학개념에 기초한 음악의 개념은 소리를 통하여 현상을 적용하고 상상력뿐만 아니라 집중력, 융통성, 유창성, 탐구력을 표현해 봄으로써 수학적 개념과 밀접하게 관련된 특성을 가지고 있다. 이러한 구조와 원리상 음악에서 중요한 기본 요소인 리듬, 박자는 수학의 규칙성으로 구성되어 있음을 알 수 있다.

4) 신체를 통한 수학교육

유아는 신체활동을 경험하면서 발육을 촉진시키고 자신과 외부 세계를 지각하며 새로운 기능을 습득한다. 신체의 움직임을 통해 자아를 인식하기 시작하고, 사회적인 협동력과 심미감을 통해 직면한 문제를 자신의 몸으로 해결하는 능력을 기른다. 특히 유아기에 있어서 신체발달은 지적 발달과 연관성이 있으므로 교사는 유아가 자신의 신체를 직접 움직여 봄으로써 여러 가지 방향, 위치, 도형 등의 공간개념을 이해할 수 있도록 다양한 경험을 제공해 주어야 한다(김희선, 2005). 이런 신체의 움직임을 통해 환경에 적응하고 자기 자신을 표현하는 데 능동적으로 대처하여 의미 있는 생활을 가능하게 해 주는 도구로써의 행동을 의미한다(류진희 외, 2015). 특히 유아는 자신의 신체적 감각활동과 반복적인 움직임을 통하여 깊이 사고하고 표상할 수 있는 능력이 길러짐으로써 신체활동은 수학적 문제해결능력에 긍정적인 영향을 미친다고 할 수 있다.

5) 야외활동을 통한 수학교육

수학을 배우는 것이 생활 속에서 만나게 되는 문제들을 해결하는 데 있어 가치 있고 유용하다는 사실을 이해하고 이러한 경험이 즐겁다는 생각을 갖게 해 주기 위해서는 유아기에 긍정적인 수학경험이 중요하다(서동미, 2007). 특히 유아가 능동적 수학경험을 하기 위해서는 즐거운 경험을 통하여 수학에 대한 긍정적인 생각을 강화시키는 것이 중요하며, 유아가 즐거워하는 수학과 야외활동을 통합하여 교육과정을 구성하는 교수 학습방법의 기회를 제공하여야 한다. 대부분의 유아교육기관에서는 야외활동을 수학적 내용이 포함된 동작활동을 통해, 수학적 경험을 자연스럽게 수학개념을 접하는 경험으로 하게 된다. 그러므로 유아는 야외활동을 통하여 신체와 공간, 관계, 흐름을 연계함으로써 여러 가지 수학개념을 습득할 수 있다.

5 수학교육의 평가

유아수학교육에서 유아를 평가하는 중요한 목적은 유아들이 알고 있는 것과 할 수 있는 것에 대한 정보를 얻고 해석하는 것에 있다. 이를 위해서 평가는 유아수학교육과정의 목적과 목표를 반영해야 하며, 유아의 성취를 정확하게 나타내는 유아수학교육의 목적과 일관된 맥락에서 다루어져야 한다. 유아수학교육을 평가하는 방법으로는 크게 형식적 평가방법과 비형식적 평가방법으로 구분할 수 있다.

1) 형식적 평가방법

유아용 수학능력평가는 수학의 각 하위내용별로 개발된 평가도구와 수학내용을 종합적으로 측정하는 평가도구나 평가준거로 나누어 볼 수 있다. 종합적인 수학교육의 내용을 포함하고 있는 평가도구(김반재, 2013; 황해수, 2011)는 〈표 7-4〉와 같다.

표 7-4. 종합적인 수학교육의 내용을 포함하고 있는 평가도구

평가도구	개발자(연도)	영역수 (문항수)	평가내용 영역 및 방법
문제해결능력 검사	Ward(1993) 황정숙(1996) 번안	4(15)	유사, 차이 알아내기, 구분 짓기, 패턴, 측정하기
수학성취검사 (Stanford Early School Achievement Test) Ⅰ	The Psychological Corporation(1989) 이기현(1995) 번안 · 수정	4(42)	수 개념, 문제해결, 기하, 측정 (만 3, 4세용)
수학성취검사 (Stanford Early School Achieveme nt) Ⅱ	The Psychological Corporation(1989) 이기현(1995) 번안 · 수정	4(38)	수 개념, 문제해결, 기하, 측정 (만 5세용)
유아 수학능력 검사	최혜진(2003)	4(91)	사물의 규칙성, 수 개념, 기하, 측정
NCTM에 기초한 수학능력 검사	김지영(2004)	5(90)	수와 연산, 수, 기하, 측정, 자료 분석과 확률
유아 수학활동과제	홍혜경(1995)	4(4)	분류활동, 수활동, 공간 및 수활동, 모양활동
유아 수학활동	채혜경(2005)	6(3)	사물의 규칙성, 수 개념, 측정, 시간, 공간과 도형, 통계
수학게임을 통한 유아의 수학적 지식, 수학적 과정 기술, 수학적 태도에 대한 평가도구	김소향(2004)	3(38)	수학적 지식, 과정 기술 및 수학적 태도
유아 수학학습능력에 대한 역동적 평가도구	황해익(2008)	4(72)	수 세기, 패턴, 기하, 측정

평가도구	개발자(연도)	영역수 (문항수)	평가내용 영역 및 방법
아동용 수학능력 평가도구 (TEMA)	김반재(2013)	2(72)	형식적 수학능력, 비형식적 수학능력
High/Scope의 아동관찰 척도	이정환(1997)	분류, 순서와 시간, 수 개념, 공간관계 영역별 5수준	
활동동심 스펙트럼의 수학 평가	Mara Krechevsky(1998)	공룡게임(수 개념, 수 세기 기술, 규칙사용 능력, 전략사용), 버스게임(암산능력, 수 정보의 기록, 조직능력)	

2) 비형식적 평가방법

비형식적 평가는 유아교육이 이루어지는 상황과 맥락의 전체 과정 속에서 교사의 요구와 목적에 따라 자연스럽게 사용될 수 있는 평가로 포트폴리오 평가방법, 관찰에 기초한 일화기록법이나 행동목록 평가방법, 평정척도 평가방법 및 수행평가 활동을 통한 평가방법이 대표적이다. 포트폴리오에 의한 평가방법은 〈표 7-5〉, 일화기록법에 의한 평가방법은 〈표 7-6〉, 평정척도법에 의한 평가방법은 〈표 7-7〉과 같다.

표 7-5. 포트폴리오에 의한 평가방법

유아명	문기한	연령	7세(만 5세)
주제	병아리	활동명	여러 가지 알과 알을 낳는 동물들
활동목표	여러 종류의 알과 알을 낳는 동물들을 알고, 알의 여러 가지 특징(색, 모양, 크기)을 이야기할 수 있다.		
평가관점	여러 종류의 알과 알을 낳는 동물들을 알고, 알의 여러 가지 특징(색, 모양, 크기)을 이야기할 수 있는지 평가한다.		
과학적 요소	예측, 관찰 토의		
평가상황	자유 선택 활동: 소집단 과학 활동		
평가유형	유아들 활동기록지, 유아논평지, 평정척도, 사진, 일화기록, 교사논평		
구성요소 활동기록지			

<table>
<tr><td>평정척도</td><td>1 2 3 4 5
1. 알에 관한 자신의 경험에 비추어 생각하는가?
2. 여러 가지 알을 낳는 동물을 예측하는가?
3. 여러 가지 알들을 보고 탐색하는가?
4. 여러 가지 알들의 특징을 그리고 묘사할 수 있는가?
5. 먹는 알과 먹지 않는 알을 구분할 수 있는가?</td></tr>
<tr><td>일화기록</td><td>시간: 10시 05분/장소: 교실/관찰자: 교사/장면: 알을 관찰하고 있을 때
교사: 알을 관찰하고 자신이 관찰한 것을 한번 그려 보고, 글씨로 적어 보기로 하자!
기한: 이거요, 이거 만지니까 찐득찐득해요.
교사: 생선 알을 만지니까 찐득찐득한 느낌이 들었어?
기한: 네, 신기한 느낌이에요.
교사: 그럼, 다른 알들은 만져 보고 어떤 느낌이 드는지 이야기 해 볼까?

해석) 기한이는 여러 알들을 관찰한다. 유난히 생선 알의 촉감에 초점을 맞추는 것 같다. 다른 알들은 촉감이 어떤지 기록되어 있지 않지만, 생선 알만 만지면 찐득찐득한 느낌이 든다고 기록하고 있다.</td></tr>
<tr><td>유아논평</td><td>1. 이 활동에서 무엇을 알게 되었나요? – 알을 보게 되었어요.
2. 무엇이 더 알고 싶나요? – 타조알
3. 친구의 작품에서 어떤 점이 좋았나요? – 메추리 알을 잘 그었어요.
4. 이 활동을 하면서 무엇이 재미있었나요? – 알 관찰하는 거요.
5. 다른 것으로 실험하고 싶은 것이 있나요? – 개구리 알</td></tr>
<tr><td rowspan="2">교사논평</td><td>포트폴리오 결과 분석
기한이가 관찰한 것을 보면, 기한이는 알의 크기와 모양에 흥미를 보이고 있음을 알 수 있다. 특히 두꺼비 알이나 개구리 알을 표현하는 과정을 보면 더욱 그렇다. 그러나 알의 촉감에 대해서는 관찰이 부족하다.</td></tr>
<tr><td>다음 교육활동에 반영해야 할 점
다음에 알을 관찰 시 알의 촉감에 대해 관찰할 수 있도록 도와주어야겠다.</td></tr>
</table>

출처: 김윤희(2002). 포트폴리오 구성 활동이 유아의 과학적 개념 및 탐구능력에 미치는 효과. 중앙대학교 대학원 석사학위논문.

표 7-6. 일화기록법에 의한 평가방법

관찰대상	박민준(남)	생년월일	2012.03.06.
관찰시간	자유선택활동 시간 (10:00~10:40)	관 찰 일	2018.09.23.
관찰장면	쌓기놀이 영역	관 찰 자	이슬비
관찰행동	놀이 시 갈등상황		
관찰내용	민준이와 은호가 자유선택활동 시간에 쌓기놀이 영역에서 협력하여 블록을 높이 쌓고 있다. 은호가 민준이에게 "얼만큼 높이 쌓을 거야?"라고 하자, 민준이는 "일단 계속 블록 가져와 봐"라고 하며 무엇인가를 생각하고 있다. 잠시 후 해솔이와 재현이가 다가와 "우리 엄청 큰 다리 만들자"라고 하며 블록으로 다리를 만들기 시작한다. 해솔이가 민준, 은호가 모아 놓은 블록을 보며 가져가려 하자 민준이가 "이거 만지지마!"하고 큰 소리로 이야기한다. 해솔이가 "이거 다 같이 쓰는 건데 왜 너만 쓰려고 하냐"라고 하자, 민준이가 블록 2개를 건네주면서 "우리도 모자라~. 이것만 써"한다. 해솔이는 아무런 말없이 재현이 옆으로 가서 앉는다. 재현이가 해솔이에게 블록이 더 많이 필요하다고 이야기하자 해솔이가 다시 민준이 옆으로 가서 한참 동안 쳐다본다. 민준이 해솔이를 쳐다보지 않자 해솔이는 교사에게 "선생님, 블록이 모자라요"라고 말한다.		
분석 및 해석	민준이 쌓기놀이에서 놀이를 주도하는 것을 알 수 있었다. 같이 놀이하는 은호는 민준에게 얼마나 더 높이 쌓을 것인지 물어보면서 민준의 쌓기 계획을 확인하는 모습을 보였다. 한편 다른 구성물을 만들던 친구들(해솔, 재현)에게 블록을 빌려주기 싫어하며 친구를 배려하지 않는 모습을 보였다. 해솔은 민준이 블록을 독점하려는 것에 불만이 있는 듯 보였으나 크게 저항하지 않고 교사에게 이야기하러 가는 것을 보면서 평소 민준이는 다른 아이들에게 친근한 상대는 아니라는 것을 알 수 있다. 한창 협동놀이가 일어나는 이 시기 유아들은 규칙이 있는 게임 등 사회적 놀이가 가능하다. 쌓기놀이 영역에서 주로 많은 시간을 가지는 민준을 비롯한 남자아이들에게 교사가 일정한 규칙을 가지고 놀이할 수 있도록 적극적으로 개입하여 서로 협력하고, 배려하면서 놀이하는 것에 익숙해질 수 있는 기회를 마련해 주어야겠다.		

출처: 이영애, 유준호(2018). 아동관찰 및 행동연구. 한국방송통신대학교출판문화원.

표 7-7. 평정척도법에 의한 평가방법

<table>
<tr><th>분류</th><th>설명</th><th>예시</th></tr>
<tr><td>기술
평정
척도</td><td>척도를 간단한 어구나 문장으로 기술하는 평정척도</td><td>당신은 유아수학교육이 교사의 전문성을 나타내는 교과목이라는 것에 동의하십니까?
① 매우 동의 ② 대체로 동의 ③ 보통 ④ 대체로 동의하지 않음 ⑤ 매우 동의하지 않음</td></tr>
<tr><td>도식
평정
척도</td><td>척도를 그림으로 나타낸 평정척도로 각 단계를 시각적으로 제시하고 있어 평정에 도움을 주는 평정척도</td><td>다음은 수학적 기초능력과 태도에 관한 내용이다. 해당 유아가 속하는 숫자에 ○표 하시오.

그림 7-1. 유아의 수학적 태도 검사의 예
<table>
<tr><th></th><th>아주 그렇다</th><th>약간 그렇다</th><th>중간 정도</th><th>약간 그렇지 않다</th><th>전혀 그렇지 않다</th></tr>
<tr><td>1. 생활 속에서 사용되는 수가 수 세기 의미가 있다는 것을 안다.</td><td>1</td><td>2</td><td>3</td><td>4</td><td>5</td></tr>
<tr><td>2. 생활 속에서 사용되는 수가 순서 짓기 의미가 있다는 것을 안다.</td><td>1</td><td>2</td><td>3</td><td>4</td><td>5</td></tr>
<tr><td>3. 수의 의미를 알고 관심을 가진다.</td><td>1</td><td>2</td><td>3</td><td>4</td><td>5</td></tr>
<tr><td>4. 수의 의미를 알기 과정을 즐긴다.</td><td>1</td><td>2</td><td>3</td><td>4</td><td>5</td></tr>
</table></td></tr>
<tr><td>순위
평정
척도</td><td>어느 한 집단을 기준으로 집단에 속한 특정 아동의 능력이나 행동특성을 평정하여 순위를 매기거나 상대적 위치를 표시하는 평정척도</td><td>선생님의 반에서 수학의 평가항목을 평정하시되, 학급 전체를 기준으로 하여 아래 각 영역별 수준을 표시하세요.
<table>
<tr><th>구분</th><th>상</th><th>중</th><th>하</th></tr>
<tr><td>1. 수 감각 기르기</td><td></td><td></td><td></td></tr>
<tr><td>2. 공간 및 도형에 대해 알아보기</td><td></td><td></td><td></td></tr>
<tr><td>3. 기초적인 측정해 보기</td><td></td><td></td><td></td></tr>
<tr><td>4. 규칙성 알아보기</td><td></td><td></td><td></td></tr>
<tr><td>5. 자료정리 및 결과 나타내기</td><td></td><td></td><td></td></tr>
</table></td></tr>
</table>

Chapter 08

과학교육

배울 내용

1. 과학교육에 대한 이해
2. 과학교육의 중요성
3. 과학교육의 내용 및 실제
4. 과학교육의 방법
5. 과학교육의 평가

학습목표

1. 과학교육에 대한 정의를 살펴본다.
2. 과학교육의 중요성을 숙지한다.
3. 과학교육의 내용 및 실제를 익힌다.
4. 과학교육 방법을 숙지하고 실제 활용방안을 모색해 본다.
5. 과학교육의 구체적인 평가방법을 숙지한다.

과학은 우리가 살고 있는 세계에 대해 의문을 가지고, 그러한 의문을 해결하기 위해 특정 현상에 대한 자료 및 정보를 수집하고 예측 가능한 원리를 찾으면서 사물과 사람이 어떻게 반응하는지의 법칙을 알아내는 발견과정에서 지식을 추구하는 과정이다. 유아기에 경험하게 되는 과학은 일상생활에서 관찰할 수 있는 것을 단순히 모방하는 것이 아니라 유아 스스로 사고하고 문제를 해결해 본 결과를 통해 학습하는 과정이다. 따라서 유아기 과학활동은 새로운 정보를 조직하고 기술할 수 있는 능력을 학습할 수 있는 과정을 제공함으로써 사고의 과정을 다양화하고 분석하여 지식의 형태를 변화하고 변형할 수 있는 기틀이 제공되어야 한다.

1 과학교육에 대한 이해

21세기를 살아가는 사람들의 일상을 보면 과학에 의존하지 않는 것이 없다고 할 만큼 현대 과학은 인간 세상에 깊숙이 관여하고 있다. 이처럼 과학과 기술의 산물이 생활 속에 깊숙이 자리 잡고 과학의 발전이 곧 국가의 경쟁력이 되는 현대의 사회에서는 단순히 과학을 불변의 지식으로 간주하고 이를 전달하는 것에 목적을 두는 것이 아니라, 일상생활 속에서 과학을 이해하고 활용할 수 있는 능력과 과학이 낳은 다양한 문제에 대해 과학적 지식과 이해에 기초해서 의사를 결정할 수 있는 능력이 필요하다(김지혜, 2011). 따라서 최근 과학교육의 흐름은 모든 국민의 과학적 소양(Scientific literacy) 증진, 즉 과학적 지식과 기술을 활용하고 새롭게 창조하며 일상에서 과학을 즐기는 과학적이고 합리적인 생활인으로서의 능력을 개발해 나가는 데에 그 초점을 두고 있다(김기예, 박은주, 2012).

우리나라에서도 2009년 11월 교육과학기술부가 유아교육 선진화 추진계획에서 유아기에 길러야 할 핵심역량 표준 개발을 발표한 이후 개발된 핵심역량과 연계하여 2013년 3~5세 누리과정을 발표, 시행하고 있다. 과학지식의 급속한 팽창으로 인해 과학기술의 발전은 한층 더 가속화되고 있으며, 정보화 사회의 도래로 인해 현대사회에서 창의력과 문제해결능력은 유아기부터 길러져야 할 핵심역량이 되었다. 이러한 전 세계적인 움직임으로 인해 국가발전의 기반이 되는 유아기의 질 높은 과학교육의 중요성과 필요성이 더욱 커지고 있다(이경민, 2003).

그러므로 유아기 때부터 합리적이고 체계적인 과학을 다양하게 접할 수 있게 하는 교육은 매우 필요하다(서지원, 2008). 유아를 위한 과학교육의 최근 동향도 일상생활 속에서 과학을 활용할 수 있는 과학적 소양을 가진 시민 육성을 목표로, 어릴 때부터 과학적 태도와 과학에 대한 흥미를 길러 주는 교육이 주류를 이루고 있으며(송연숙, 2004), 유아기부터 스스로 탐구하는 과정을 통하여 과학적 지식과 개념을 형성하고 과학적 과정기술을 익히고 과학에 대한 흥미와 태도를 길러 주는 것이 중요하다고 할 수 있다(김지혜, 2011).

2 과학교육의 중요성

과학은 인간의 주변 세계와 일상에 깊이 자리 잡고 있고, 우리의 삶과 경험에 매우 밀접하게 연관되어 있다. 호기심으로 가득한 영유아기에 주변 세계 및 일상생활에서 어떠한 과학적 경험을 하는가는 유아들의 주변 세계에 대한 이해와 과학에 대한 흥미 및 태도를 기르는 데 중요한 역할을 한다. 과학교육은 일상생활에서 필요한 지식과 기술을 익히고, 주변 세계를 탐구하고 이해하는 방법을 학습하고 과학적 사고와 태도를 형성하는 것으로, 유아기에 매우 중요한 교육영역이라고 할 수 있다. 유아기에 매우 중요한 교육영역으로서 과학교육은 영유아의 발달, 현대사회와 과학기술의 발달과 깊은 연관성이 있기 때문에 이러한 측면에서 유아과학교육의 중요성을 살펴보면 다음과 같다(김태경 외, 2020).

1) 영유아의 발달

일상생활에서 다양한 과학적 경험은 영유아의 발달에 많은 영향을 미친다. 신은수 등(2018)은 영유아기의 다양한 과학적 경험은 주변 세계에 대한 이해를 도와줄 수 있다고 보았으며, 주변 세계에 대한 과학적 태도와 인간의 생활에 대한 이해는 영유아기에 형성되고 영유아기의 과학적 경험은 영유아의 발달과 문제해결능력 등에 의미 있는 영향을 미치기 때문에 영유아기부터 과학교육이 시작되어야 하며 유아과학교육이 중요하다고 주장하고 있다. 과학적 경험과 영유아발달과의 관련성을 통해 유아과학교육의 중요성을 살펴보면 〈표 8-1〉과 같다.

표 8-1. 영유아발달과 관련된 유아과학교육의 중요성

구분	내용
영유아의 과학적 태도 및 자아개념 발달에 영향을 미친다.	과학적 경험은 영유아들이 주변 세계의 변화를 주의 깊게 관찰하거나 능동적으로 탐구하면서 긍정적인 자아개념 형성뿐만 아니라 성취감을 얻는 데 도움을 준다. 이는 영유아의 긍정적인 과학적 태도 및 자아개념 발달에 많은 영향을 미친다.
영유아의 과학적 사고발달과 문제해결능력을 증진시켜 주며 인지적 발달에 영향을 미친다.	과학활동은 영유아들이 흥미를 갖는 구체적 사물이나 상황을 능동적이며 직접적으로 조작하고 탐색하는 문제해결경험을 제공한다. 영유아기에 구체적이고 직접적인 과학적 경험이 풍부하면, 손으로 직접 조작하는 감각운동적 경험에 의한 조작적 사고의 반복이 이루어져 이후에 이루어지는 상징적 · 추상적 경험을 통한 상위인지능력의 발달을 촉진시킬 수 있다. 그러므로 풍부한 과학적 경험은 영유아의 과학적 사고발달과 문제해결능력을 증진시켜 주며 인지적 발달을 촉진할 수 있다.

구분	내용
영유아의 사회 · 정서발달에 영향을 미친다.	주변 세계 및 현상에 대한 다양한 과학적 경험은 영유아의 사회 · 정서발달을 도와준다. 특정 대상이나 물건을 탐구하는 과정에서 영유아들은 막연한 공포감과 두려움에서 벗어나 사물의 현상을 있는 그대로 자연스럽게 받아들이게 된다. 그리고 주변에서 흔히 볼 수 있는 동물이나 곤충류, 익숙하지 않은 기계나 바람과 안개, 낮과 밤 현상에 의한 어둠 등에 대해서도 자연스럽게 익숙해질 수 있다. 이러한 과정에서 유아들은 긍정적인 자아개념과 정서적 안정감을 형성할 수 있다. 또한 또래와 협력하는 과학활동의 과정에서 자신에 대한 만족감과 타인에 대한 배려와 같은 사회적 기술을 향상시킬 수 있다. 협력과정에서 영유아는 정서적인 안정감을 갖고 서로의 생각을 교환하고 새로운 생각을 확장하도록 도울 수 있기 때문에, 과학적 개념이 심화될 수 있고, 다양한 사회적 기술을 익힐 수 있다. 그리고 호기심을 갖는 대상에 열심히 몰두하여 탐색하거나 탐구하는 과정에서 영유아는 과학현상에 개방적이고 적극적으로 참여하게 된다. 자신의 호기심을 지속시키면서 끈기 있게 결과를 확인하여 긍정적 과학적 태도 등 과학적 경험의 즐거움과 성취감을 갖게 된다.
영유아의 언어 및 의사소통기술에 영향을 미친다.	다양하고 풍부한 과학적 경험은 영유아의 언어 및 의사소통기술을 발달시켜 준다. 영유아들은 과학활동을 하는 과정에서 과학서적을 읽거나 관찰한 것을 글과 그림으로 기록하는 등 언어적 기술을 익히게 된다. 또한 영유아 개인의 발견 및 탐색적 경험에서 벗어나 자신의 발견과 경험에 대한 또래와의 의사소통, 교사와의 상호작용 기회를 갖게 된다. 이러한 과정에서 영유아는 또래와 교사와의 상호작용을 하면서 다양한 신체의 몸짓을 통한 동작적 표상, 그림을 통한 영상적 표상, 말이나 글의 언어적 표상을 할 수 있는 기회를 갖게 되어 언어 및 의사소통능력을 기를 수 있다.
영유아의 감각운동적 신체발달에 영향을 미친다.	다양하고 풍부한 과학적 경험은 영유아의 감각운동적 신체발달에 도움이 된다. 영유아들은 과학활동의 과정에서 시각, 청각, 촉각, 후각, 미각의 오감각을 사용하기 때문에 자연적으로 감각 운동적 학습을 하게 된다. 다양한 자료를 자세히 보고, 만지고, 냄새 맡고, 맛보고, 소리를 듣는 경험을 통해 영유아들은 다양한 감각운동적 경험을 할 수 있다. 주변 사물과 자연현상에 대한 과학활동의 경험은 실내 활동뿐만 아니라 실외 활동을 촉진하여 영유아의 감각과 대 · 소근육의 운동능력을 향상시키게 된다.

〈표 8-1〉과 같이 다양하고 풍부한 과학적 경험은 영유아들의 발달과 문제해결능력에 많은 영향을 미치기 때문에 영유아기부터 과학교육을 시작하여 주변 세계에 대한 과학적 태도와 인간의 생활에 대한 이해를 형성할 수 있도록 도와야 한다.

2) 현대사회와 과학기술의 발전에 필요한 역량

유아과학교육의 중요성은 현대사회와 과학과의 관련성과도 함께 살펴볼 수 있다. 현대사회는 4차 산업혁명 시대로서 과학기술의 급격한 발전으로 과학이 인간의 삶에 깊숙이 들어와 생활 속에서 과학이 미치는 영향이 높아지고 있으며, 미래사회를 향한 도전이 더욱 활발해지고 있다. 오늘날의 과학기술 중심 사회는 과학적 지식의 중요성이 더욱 강조되고 과학에 대한 이해와 활용 능력뿐만 아니라 융합적 사고 또한 중요하다. 이에 따라 인간의 상상력과 창의력, 논리적인 사고력 등과 같은 과학적 소양이 요구되고 있다. 유아들은 일생생활 속에서 타고난 호기심과 탐구 성향의 뛰어난 과학적 사고와 태도를 가지고 있다. 따라서 과학기술이 발달한 현대사회에서 유아들의 과학적 흥미와 소양을 키워 주기 위해 다양한 경험과 환경을 제공해 줄 필요가 있으며, 영유아 시기에 과학교육의 중요성에 대해서도 의미 있게 다룰 필요가 있다.

이처럼 현대사회는 과학적 지식과 태도가 무엇보다 중요하며 우리의 일상생활에 미치는 영향이 크기 때문에, 유아기부터 과학적 탐구 경험의 기회를 다양하게 제공하는 것이 중요하다. 과학에 대한 개방적인 태도를 형성하고 지식의 전달이 아니라 스스로 탐구하는 과학적 과정을 통해 미래사회에 필요한 역량을 키우는 데 유아과학교육의 중요성이 강조된다. 현대사회가 요구하는 과학교육의 중요성을 살펴보면 〈표 8-2〉와 같다.

표 8-2. 현대사회의 유아과학교육의 중요성

- 유아들은 타고난 호기심으로 주변 세계를 탐색하고 탐구하고자 하는 타고난 과학자이다. 따라서 과학교육을 통해 유아들의 지적인 욕구와 호기심을 충족시켜 줄 수 있으며 탐구능력과 문제해결능력을 향상시켜 줄 수 있다.
- 과학활동의 과정은 유아들이 주변 세계를 이해하도록 돕고, 유아는 자신의 경험을 바탕으로 다양한 과학활동의 과정에서 과학적 정보와 지식을 배울 수 있다.
- 다양한 과학적 경험은 유아의 발달에 영향을 미치며 일상생활 속에서 과학에 대한 흥미와 긍정적인 태도를 기를 수 있다.
- 과학기술이 발달한 현대사회에서 필요한 과학적 지식과 태도뿐만 아니라 유아들의 과학적 사고능력과 문제해결능력을 길러 준다.

3 과학교육의 내용 및 실제

자연탐구 영역에서는 주변의 사물과 자연현상을 지각하고 호기심을 가지며, 지속적으로 탐구하는 태도를 가지며 문제해결을 위한 기초능력을 기르고, 자연을 사랑하는 마음을 가지도록 한다. 또한 일상생활의 여러 상황과 문제를 수학적으로 이해하고 해결하기 위해서 기초능력을 기르고, 주변 사물과 자연현상에 대한 기초 지식을 쌓도록 한다. 표준보육과정과 누리과정 자연탐구 영역의 연령과 내용에 따른 구체적인 내용은 〈표 8-3〉과 같다.

표 8-3. 자연탐구 영역의 내용범주와 내용

제4차 어린이집 표준보육과정(2020)				개정 누리과정(2019)	
0~1세		2세		3~5세	
내용범주	내용	내용범주	내용	내용범주	내용
탐구과정 즐기기 (2)	① 주변 세계와 자연에 대해 호기심을 가진다.	탐구과정 즐기기 (2)	① 주변 세계와 자연에 대해 호기심을 가진다.	탐구과정 즐기기 (3)	① 주변 세계와 자연에 대해 지속적으로 호기심을 가진다.
	② 사물과 자연을 탐색하기를 즐긴다.		② 사물과 자연을 반복하여 탐색하기를 즐긴다.		② 궁금한 것을 탐구하는 과정에 즐겁게 참여한다.
					③ 탐구과정에서 서로 다른 생각에 관심을 가진다.
생활 속에서 탐구하기 (4)	③ 친숙한 물체를 감각으로 탐색한다.	생활 속에서 탐구하기 (6)	③ 친숙한 물체의 특성과 변화를 감각으로 탐색한다.	생활 속에서 탐구하기 (7)	④ 물체의 특성과 변화를 여러 가지 방법으로 탐색한다.
	④ 물체의 수량에 관심을 가진다.		④ 물체의 수량에 관심을 가진다.		⑤ 물체를 세어 수량을 알아본다.
	⑤ 주변 공간과 모양을 탐색한다.		⑤ 주변 공간과 모양을 탐색한다.		⑥ 물체의 위치와 방향, 모양을 알고 구별한다.

제4차 어린이집 표준보육과정(2020)				개정 누리과정(2019)	
0~1세		2세		3~5세	
내용범주	내용	내용범주	내용	내용범주	내용
	⑥ 규칙성을 경험한다.		⑥ 규칙성에 관심을 가진다.		⑦ 일상에서 길이, 무게 등의 속성을 비교한다.
			⑦ 주변 사물을 같고 다름에 따라 구분한다.		⑧ 주변에서 반복되는 규칙을 찾는다.
			⑧ 생활도구에 관심을 가진다.		⑨ 일상에서 모은 자료를 기준에 따라 분류한다.
					⑩ 도구와 기계에 대해 관심을 가진다.
자연과 더불어 살기 (2)	⑦ 주변의 동 · 식물에 관심을 가진다.	자연과 더불어 살기 (2)	⑨ 주변의 동 · 식물에 관심을 가진다.	자연과 더불어 살기 (3)	⑪ 주변의 동 · 식물에 관심을 가진다.
	⑧ 날씨의 변화를 감각으로 느낀다.		⑩ 날씨와 계절의 변화를 감각으로 느낀다.		⑫ 날씨와 계절의 변화를 생활과 관련짓는다.
					⑬ 생명과 자연환경을 소중히 여긴다.

〈표 8-3〉의 자연탐구 영역에서 유아과학교육과 관련된 내용범주는 탐구과정 즐기기와 자연과 더불어 살기 및 생활 속에서 탐구하기의 일부분이 해당된다. 자연탐구 영역의 내용을 기초로 해서 유아과학교육과 관련된 물체와 물질, 생명체와 자연환경, 자연현상 및 도구와 기계로 구분하여 살펴보면 다음과 같다.

1) 물체와 물질

물체란 물질로 이루어진 하나의 사물을 의미한다. 즉, 물질이란 물체를 이루는 것으로서 물체를 구성하는 재료이다. 물체는 공간상에서 움직일 수 있고, 물체가 가지고 있는 물체의 고유한 양, 물체가 가지고 있는 정전기의 양 등의 물리량을 가진다. 물리량이란 물리적 성질이나 상태인데 길이, 무게, 용량, 온도 등 수량으로 나타낼 수 있다. 책상을 예로 든다면, 하나의 책상은 나무, 철제, 플라스틱 등의 물질들로 이루어진 사물이다. 물체의 위치, 상태, 운동, 에너지 등의 변화를 관찰하거나 실험하여 그 원인을 밝히는 이론이 물리학이다. 물론 물리학을 유아에게 가르치는 것이 아니다. 유아에게 물체와 물질의 기본적 특성을 경험하도록 하여 지속적으로 주변의 사물에 관심을 갖고 탐구과정에 즐겁게 참여하는 것이 유아에게 적합한 과학교육의 방향이다.

2) 생명체와 자연환경

생명체란 생명이 있는 사람을 비롯하여 동물과 식물을 의미한다. 넓은 의미로 유기체라고도 한다. 유아는 생명이 있다는 것을 어떻게 알 수 있을까? 자신의 키가 자라고, 몸이 커지며, 말을 하게 되는 등의 발달을 통해 성장을 이해하듯, 동물과 식물도 성장한다는 것을 알아 가는 경험이 필요하다. 자신과 같이 성장하는 다른 생명체에 관심을 가지고 성장 과정을 지켜보아야 생명의 소중함에 대해 이해할 수 있는 것이다. 자신의 주변에 존재하는 생명체가 각자 성장의 과정은 다르지만 성장을 하고 있다는 것을 알아 가는 것이다.

자연환경은 사람에 의해서 생겨난 것이 아닌 생명체가 살아가기 위해 자연적으로 생성된 것으로서 누구에게나 공평하게 주어진 환경이다. 사람을 위한 자연환경이 아니라 사람을 비롯한 동물과 식물, 때론 식물의 먹이가 되는 토양의 미생물에게도 주어진 환경이다. 그러므로 생명체가 지속적으로 살아가기에 좋은 자연환경을 만들어 가기 위한 모두의 노력이 있어야 한다. 유아 주변의 동·식물에 관심을 가지고, 사람뿐 아니라 생명이 있는 모든 환경을 아끼고 보살피는 태도를 갖도록 하는 것이 자연환경 교육의 방향이다.

3) 자연현상

자연계는 법칙이 존재한다. 법칙이 성립되려면 수많은 가설에서 시작된 사실의 증명 과정이 필요하다. 과거 천문학에서 천동설을 지지했던 과학자들은 거대한 우주에서 지구가 중심이 되어 태양, 별, 달 등의 행성이 지구를 중심으로 회전한다고 주장하였다. 우주 밖으로 나가서 관측을 할 수 없었기 때문에 사실처럼 받아들여졌다. 하지만 망원경의 발달과 천체를 연구하는 과학자들의 호기심과 도전정신으로 천동설의 법칙은 깨진 지 오래되었다. 이처럼 우리의 자연계는 아직까지 밝혀지지 않은 사실이 존재하고, 이를 증명하려는 과학자들의 노력이 지속되고 있는 것이다.

유아에게 어떠한 개념이나 법칙을 가르치는 것은 매우 추상적이다. 그러므로 유아가 일상생활에서 접할 수 있는 구체적인 경험이 적합하다고 할 수 있다. 낮과 밤, 계절의 변화 등 자연계의 변화와 규칙을 일상생활과 연결 지어 경험하는 것이 중요하다.

4) 도구와 기계

도구란 어떤 일을 할 때 노력을 덜 들이고 편하게 일할 수 있도록 도와주는 장치를 말한다. 망치와 못은 벽에 못을 박기 위해 필요한 도구라면, 숟가락이나 젓가락, 포크 등은 음식을 먹기 위한 도구가 된다. 기계란 동력을 사용하여 도구를 움직이는 것을 말한다. 물론 소근육과 대근육을 움직여 벽에 못을 박는다면 동력의 제공자는 못을 박는 사람이다. 그러나 여러 차례 일을 반복한다면 힘이 들고 근육의 통증을 유발할 수도 있다. 또는 일을 수행하면서 오랜 시간이 걸릴 수도 있다. 이러한 불편함을 최소화하기 위해 외부로부터 에너지를 공급받아 도구를 움직이는 기계가 발명된 것이다.

전기가 상용화되면서 산업화가 빠르게 진행된 것도 과학기술의 발달로 평가한다. 기계의 발명은 사람이 직접 힘을 가하는 노동력을 최소화하고 생산성을 높이기 위한 장치로서 생활문화와 삶의 태도까지도 바꿀 수 있는 상태로 발전하고 있다. 기계와 도구의 사용은 우리 삶에서 선택할 수 없는 필수적인 조건이 되고 있다. 그러므로 유아가 일상생활에서 도구와 기계를 바르고 안전하게 사용하여 우리 삶에 어떤 도움을 주는지 도구로서의 가치를 인식하는 교육이 필요하다.

0~1세 표준보육과정 탐구과정 즐기기의 활동내용은 〈표 8-4〉, 3~5세 생활 속에서 탐구하기의 활동내용은 〈표 8-5〉와 같다.

표 8-4. 0~1세 표준보육과정 탐구과정 즐기기의 활동내용

영아 경험의 실제	흔들고 찢고 구기고...

교사는 평소 새로운 놀이 자료에 낯설음이 많고 소극적인 혜진이가 재미있게 탐색할 수 있는 자료가 무엇이 있을지 생각했다. 지난 번 적극적으로 습자지를 가지고 놀이했던 모습이 떠올라서 교실에 많은 양의 습자지를 놓아 둔다. 몇 차례 여러 종이를 가지고 놀이했던 영아들은 교실에 있는 습자지를 보고 다가온다.

혜진이가 습자지를 두 손으로 날리며 교사를 보고 웃는다.

교사: (혜진이처럼 날리며) 날아가네!

혜진이는 앉아서 습자지를 흔들고 구기고 입으로 불고 찢기를 15분 정도 지속한다.

승오가 습자지를 휘젓고 찢다가 그 위에 눕는다.

교사: 승오야~ 누웠네.

승오가 눈을 감고 자는 모습을 하여 교사는 조각을 이불처럼 덮어 준다.

놀이가 정리될 즈음 교사가 보육실을 가로질러 투명 테이프를 연결하고 조각을 붙인다. 교사의 모습을 본 영아들도 바닥에 떨어진 조각을 테이프에 붙인다.

혜진이가 몸을 낮추어 쳐다본다.
교사: (눈이 마주치자) 까꿍!
혜진이가 "까하하하하~" 웃으며 엉금엉금 기어서 통과한다.

영아 경험 이해
• 영아들은 습자지를 흔들고 손으로 휘젓고 구기고 찢고 입으로 불거나 그 위에 눕기도 하면서 나름의 방법으로 탐색하며 즐거워하였다. • 영아는 습자지로 가로막힌 공간이 생기자 호기심을 가지고 몸을 숙여 건너편을 바라보다가 교사를 발견하고 즐거워하였다. • 영아들은 습자지로 가로막힌 공간을 몸을 낮추어 탐색하고 교사의 모습이 안 보이다가 나타나는 것을 보면서 즐거워하였다. • 자유롭게 몸을 움직이고 표현하면서 몸과 마음을 편안하게 하는 경험을 하였다.

교사 지원
■ **공간** • 영아들이 습자지를 가지고 마음껏 탐색할 수 있도록 교구장을 한 편으로 치워서 넓은 공간을 만들었다. ■ **자료** • 영아들이 습자지로 놀이하는 것을 좋아하여 일정한 간격을 두고 습자지를 반복하여 제공하였다. • 모든 영아들이 자신만의 방법으로 자유롭게 탐색할 수 있도록 많은 양의 습자지를 제공하였다. • 보육실 공간을 가로질러서 투명 테이프를 붙임으로써 영아가 습자지로 다채로운 놀이를 할 수 있도록 지원하였다. ■ **일과** • 영아들이 충분히 놀이하고 싶을 때까지 즐겁고 자유롭게 놀이할 수 있도록 영아들의 놀이를 존중하였다. ■ **상호작용** • 영아가 나름의 방법으로 탐색할 수 있도록 옆에서 지켜보다가, 영아가 교사를 쳐다볼 때는 영아의 놀이 모습을 따라 하며 격려하였다. • 교사는 영아의 행동을 언어로 표현하거나 영아의 놀이에 참여하며 같이 즐거워하였다.

출처: 보건복지부(2020). 제4차 어린이집 표준보육과정 해설서. pp.128-129.

표 8-5. 3~5세 누리과정 생활 속에서 탐구하기의 활동내용

내용 이해	유아 경험의 실제
주변에서 반복되는 규칙을 찾는다. 유아가 생활 주변에서 사물이나 사건의 양상이 일정한 순서로 반복 배열되는 것에 관심을 갖고 즐기며, 반복되는 배열에 숨어 있는 질서와 규칙을 발견하여 다음에 올 것이 무엇인지를 예측하는 내용이다. **일상에서 모은 자료를 기준에 따라 분류한다.** 유아가 일상생활에서 흥미와 관심에 따라 필요한 자료를 다양한 방법으로 모으고, 수집한 자료의 공통점과 차이점을 탐색하며, 이를 하나 또는 그 이상의 다양한 기준(예: 모양, 크기, 색깔 등)에 따라 정리하고 조직해 보는 내용이다. **도구와 기계에 대해 관심을 가진다.** 유아가 일상생활에서 사용하는 다양한 도구와 기계에 관심을 가지고 직접 사용해 보면서, 도구와 기계가 우리의 생활에 어떠한 도움을 주는지에 대해 관심을 가지는 내용이다.	바깥 놀이터에서 유아가 친구들에게 "우리 이 열매 모으자. 개미는 이걸 좋아하거든"하며 제안하자, 유아들이 "여기 많다"라고 말하며 바닥에 떨어진 작은 열매를 줍기 시작한다. 한 유아가 솔방울을 내밀자, "아니야. 솔방울은 너무 커, 좀 작은 게 필요해. 동그랗게 이거랑 똑같이 생긴 것만"하고 말한다. 잠시 후 유아들이 주운 열매를 모으고, "이것 봐, 진짜 다 똑같은 열매다", "그런데 여기 빨간 건 잘 익은 건가?", "내일 오면 개미가 빨갛게 익은 건 다 먹었겠지?"라고 말하며 빨간 열매와 초록 열매를 골라낸다.  유아들이 선생님과 함께 콩나물무침 요리를 하고 있다. 작은 절구를 보던 한 유아가 "와! 맷돌이다"라고 말하자, 다른 유아들이 "저건 콩콩 찧는 거야", "맷돌이 아니고...?" 하며 선생님을 쳐다본다. 선생님은 "이건 절구인데"라고 말하자, 유아들이 "오늘 콩나물 무침에 쓰려고요?"하고 묻는다. 선생님은 "그래. 이걸로 깨소금을 만들어 볼까?"라고 말하며 절구 안에 깨를 넣는다.

출처: 교육부, 보건복지부(2019). 누리과정 해설서. p.108.

4 과학교육의 방법

1) 창의적 실험 접근법

창의적 실험 접근법은 직접적인 탐구를 통해 과학적 의문을 해결하려는 것으로, 조사나 관찰이 아닌 구조적인 과학실험에 의해 활동이 이루어지는 방식이며, 유아나 교사가 제시한 흥미로운 과학적 질문을 해결하기 위해 실험을 구성하고 실행하는 과정 중심의 과학교육 접근법이다(조형숙, 2001). 따라서 창의적 실험 접근법에서 중요한 것은 탐구를 위한 과학적 질문을 제기하고 전개하는 것으로, 이 질문은 교사가 이미 짜여진 활동을 선정하여 교사 주도적으로 이루어지는 과학활동이 아닌 유아와 교사가 함께 구성하고 실행하는 과정 중심의 과학활동을 위한 방식으로 이루어진다. 다시 말해 창의적 실험 활동에서 어떤 질문을 제기하는가는 매우 중요하며 질문에 따라 과학활동의 효과도 달라진다.

유아를 위한 과학교육방법은 과학교육을 접근하는 방식에 따라 크게 두 가지로 볼 수 있다. 즉, 유아들에게 현재까지 축적된 과학적 사실과 개념에 대해 알려 주는 결과론적 접근법과 과학적 지식을 유아들 스스로 구성할 수 있도록 실천하는 탐구과정으로 보는 과정론적 접근법이다(Koch, 1999). 창의적 실험 접근법은 과학적 탐구를 하려는 태도와 기술을 길러 주는 과정론적 접근에 기초하여 유아가 보다 창의적이고 주도적으로 과학적 탐구과정에 참여할 수 있도록 하는 방식이다. 기존의 과학교육방법이 교사가 과학활동의 주제, 내용, 방법, 자료를 모두 주도적으로 진행하였다면, 창의적 실험 접근법은 교사뿐만 아니라 유아와 같이 활동의 출발점이 되어 궁금한 내용에 대해 과학실험으로 전개하고 유아에게 과학하는 과정에 참여하는 직접 기회를 제공함으로써 과학에 대한 긍정적인 태도를 형성하고 과학적 지식을 구성해 가도록 하는 데 목적이 있다(남기원, 2001).

2) 자연탐구 접근법

인간은 태어나면서부터 자연을 만나고 자연에 둘러싸여 보고 듣고 느끼며 성장한다. 또한 자연의 모든 생명체들은 인간의 삶과 서로 밀접하게 연관되어 영향을 주고 받는다. 유아들 역시 선천적으로 자연을 선호하는 경향이 있으며, 이 시기의 유아들은 오감각을 활발하게 사용하여 자연 및 주변 세계와의 상호작용을 한다. 이는 인간의 생애주기 중 유아기가 주변 환경과의 자발적이고 능동적인 상호작용을 통해 전인적인 발달과 성장이 이루어지는 시기이기 때문이다. 「2019 개정 누리과정」에서도 이를 반영하듯 자연탐구 영역의 내용범주를 '자연과 더불어 살기'로 별도로 구분하였으며, 이는 유아 시기의 과학활동에서 '동 · 식물과 자연'에 대한 주제가 강조되고 있음을 알 수 있다.

유아가 일상생활에서 자연스럽게 접하게 되는 자연 친화적 경험은 앞으로의 자연에 대한 인식 및 태도에 중요한 영향을 미친다. 유아 시기의 자연과의 경험은 지적 호기심과 궁금증에 대한 해소를 넘어 자연과 공존하는 삶을 실천하는 소양을 길러 주는 토대가 된다. 특히 현대사회에 환경 문제가 심각하게 대두되면서 유아기부터 생명을 존중하고 자연과 더불어 사는 인식 및 이에 대한 문제해결능력을 길러 주려는 목적으로 자연탐구 중심의 교육들이 요구되고 있다. 그러나 도시 중심의 현대사회에서 유아들이 자연과 직접 대면할 수 있는 환경이 부족하고 실내 위주의 생활 패턴 역시 자연 친화적인 활동이 이루어지기에는 많은 어려움이 있어 유아교육기관에서는 과학교육을 위해 실현 가능한 자연탐구 접근법을 계획할 필요가 있다. 이에 자연탐구를 활용한 과학교육방법으로 기관에서 활용하기 용이한 접근법으로는 교실에서 동 · 식물 기르기, 산책활동, 텃밭 가꾸기 등이 있다.

3) 문학적 접근법

과학교육에서 문학적 접근법은 과학적 내용이나 과정을 내포하고 있는 아동문학을 매개로 하여 과학활동과 통합하여 이루어지도록 하는 과학교육방법이다. 유아들이 과학적 개념을 일상생활 경험에 기초하여 자연스럽게 전개되도록 하는 통합적 접근에 의한 유아과학교육이 강조되면서 이야기에 내포된 맥락 속에서 자연스럽게 과학적 개념이나 과정을 받아들이는 매체로 그림책을 활용함에 따라 유아교육현장에서도 과학활동에서 문학적 접근을 활용한 과학교육이 활발하게 이루어지고 있다.

아동문학 중 그림책은 유아들이 가장 처음 접하는 문학 매체로 유아들에게 친숙하다. 그림책은 언어와 시각적 이미지가 결합한 예술장르로 성인이 유아에게 읽어 주는 단순한 인쇄물이 아닌 글과 그림의 전체적인 디자인을 통해 사회, 역사, 문화를 전달하는 문학작품이자 예술작품이다. 유아는 그림책을 보면서 이야기에 내포된 지식을 이해할 뿐 아니라 그림을 통해서도 개념을 형성한다. 그림책의 특징은 글과 그림이 함께 이야기를 전달하는 것으로 언어와 그림이라는 두 가지 서로 다른 매체가 결합하여 의미를 전달한다는 것이다.

유아교육에서 그림책을 활용하는 방식을 크게 두 가지로 구분하는데, 하나는 그림책이 갖고 있는 문학적, 예술적, 내용상의 특성 자체를 교육내용으로 그림책을 활용하는 방식이고, 다른 하나는 그림책을 별도의 교육내용을 가르치기 위한 학습활동의 교수자료로 활용하는 방식이다(서정숙, 2000). 다시 말해 교육내용으로 그림책을 활용한다는 것은 그림책이 갖고 있는 언어적, 미술적, 내용적 특징에 대한 교육을 위해 그림책을 사용하는 것을 의미하며, 교수자료로 그림책을 활용한다는 것은 언어, 수학, 사회 등의 교과내용의 교육을 위해 그림책을 활용하는 것을 의미한다.

4) 프로젝트 접근법

프로젝트 접근법에서 프로젝트란 한 명 또는 그 이상의 유아가 수행하는 특정 주제에 대한 깊이 있는 탐구로서, 프로젝트 접근법의 특징은 조사 형식이라는 것이다(Katz & Chard, 2000). 유아들은 프로젝트 활동 계획에 직접 참여하며, 계획 세운 것을 달성하기 위하여 다양한 활동과 노력을 며칠에서 몇 주 동안 지속해 나가게 된다. 프로젝트 접근법이 유아과학교육에 활용되는 의미는 과학활동을 진행하는 일련의 과정이 프로젝트 활동을 진행하는 과정과 유사한 부분이 많기 때문이다. 일반적으로 과학활동은 유아들이 궁금한 현상이나 주제에 대해 관찰, 조사, 실험, 기록 등의 과정으로 이루어진다. 프로젝트 접근법 역시 유아들이 알고 싶어 하는 주제를 선정하여, 그 주제에 대한 질문 목록을 만들고 그에 대한 해답을 얻기 위해 조사하고 표상하는 과정으로 수행되기 때문에 프로젝트 접근법에 의한 과학교육이 용이하게 이루어지고 있다.

5 과학교육의 평가

1) 과학교육의 평가내용

유아과학교육에 대한 평가는 일반적으로 유아의 과학적 태도, 탐구능력 및 과학적 개념에 대해 평가가 이루어지게 된다. 유아과학교육의 평가내용이 되는 유아의 과학적 태도, 탐구능력 및 과학적 개념을 구체적으로 살펴보면 다음과 같다(김태경 외, 2020).

(1) 과학적 태도

과학적 태도란 과학적으로 사고하는 습관으로서 문제를 해결할 때 또는 아이디어나 정보를 평가할 때 취하는 특별한 행동양식으로 정의된다. 유아기의 과학교육은 과학에 대한 흥미와 탐구하려는 태도를 갖게 하고 감각을 통해 스스로 탐색함으로써 자신과 다른 사람, 주변세계의 여러 가지 현상과 사물을 알고 이해하도록 도와주는 것이다. 태도는 어떤 것에 대한 사람의 감정이나 경향으로서 유사한 경험에 대한 감정이 축적

됨으로써 형성된다. 만약 어떤 경험이 유쾌하고, 성공적이며, 보상을 받게 되면 긍정적 태도가 발달된다. 과학교육에 대한 긍정적 태도는 과학을 좋아하고 가치 있게 여기는 요소들로서 유아의 긍정적 태도의 발달은 매우 중요하다(Martin, 2001). 유아의 과학적 태도를 측정하는 평가척도의 예는 〈표 8-6〉과 같다.

표 8-6. 유아의 과학적 태도 평가척도

다음은 유아의 과학적 태도에 관한 질문입니다. 해당 유아에게 가장 적합하다고 생각되는 번호에 ✓표를 해 주십시오.

유아명 : ______________

번호	문항	전혀 그렇지 않다	그렇지 않다	보통이다	그렇다	매우 그렇다
1	유아는 과학적인 주제에 대한 호기심을 말로 표현하거나 관련된 질문을 자주한다.	1	2	3	4	5
2	유아는 과학영역을 자주 선택한다.	1	2	3	4	5
3	유아는 과학과 관련된 새로운 책, 비디오 등 관심을 갖고 본다.	1	2	3	4	5
4	유아는 과학활동이나 실험에 적극적으로 참여한다.	1	2	3	4	5
5	유아는 과학활동의 과정에서 의문 나는 것이나 잘 모르는 것을 솔직하게 표현한다.	1	2	3	4	5
6	유아는 자신이 예상한 점이나 관찰한 것을 망설이지 않고 솔직히 표현한다.	1	2	3	4	5
7	유아는 실험이 실패했을 때 좌절하거나 의기소침해 하지 않는다.	1	2	3	4	5
8	유아는 과학실험이나 활동을 하는 과정에서 잘 안되는 점을 그대로 표현하고 도움을 요청한다.	1	2	3	4	5
9	유아는 실험을 한 후 결론을 내릴 때 실험 결과를 근거로 결론을 내린다.	1	2	3	4	5
10	유아는 과학실험의 과정에서 여러 가지 가능한 아이디어를 통해 객관적으로 문제를 해결하려고 시도한다.	1	2	3	4	5
11	유아는 다른 친구의 의견이 옳고 그른지에 대한 자신의 생각을 말한다.	1	2	3	4	5

12	유아는 다른 친구의 의견이나 설명에 대해 증거를 요구하거나 자신의 주장에 대한 증거를 제시한다.	1	2	3	4	5
13	유아는 과학활동 과정에서 쉽게 포기하지 않고 지속적으로 문제를 해결하려고 노력한다.	1	2	3	4	5
14	유아는 실험 도중 실패했을 때 포기하지 않고 반복해서 실험해 보거나 왜 실패했는지 찾아보려고 시도한다.	1	2	3	4	5
15	유아는 과학활동의 과정에서 다른 유아와 함께 협력하거나 도움을 요청한다.	1	2	3	4	5
16	유아는 과학활동을 마친 후에 다른 유아들과 함께 정리정돈을 같이 한다.	1	2	3	4	5

출처: 박진영(2013). 어머니의 과학교육에 대한 인식이 유아의 과학적 태도 및 탐구능력에 미치는 영향. 전남대학교 대학원 석사학위논문.

(2) 탐구능력

과학활동은 탐구의 연속적인 과정으로 탐구능력은 유아과학교육 평가의 중요한 구성요인 중의 하나이다. 과학활동에 참여하는 유아들은 사물을 다루고, 문제를 제기하고, 현재의 과학적 이론과 법칙, 원리와 개념에 비추어 설명을 검증하고, 도구를 조작하고 다룬다. 유아들은 탐구과정을 거치면서 과학적 추리능력과 사고능력을 결합하여 탐구능력을 발달시켜 간다. 과학적 현상을 탐구하기 위해 탐구과정기술을 사용하며, 탐구과정을 통해 과학의 내용과 지식을 발견하게 된다. 탐구능력이란 유아들이 어떤 문제를 접했을 때 과학적 탐구방법에 의해 스스로 문제를 해결해 나갈 수 있는 능력을 의미한다. 유아들은 생활 속에서 문제를 인식하고 질문하며, 가설을 설정하고 조사하며, 결과에 이르는 전 과정에 탐구능력을 사용하고 획득한 결과를 검증하게 된다(Martin, 1997). 유아의 과학적 탐구능력을 측정하는 평가척도의 예는 〈표 8-7〉과 같다.

표 8-7. 유아의 과학적 탐구능력 척도

다음은 유아의 과학적 탐구능력에 관한 질문입니다. 해당 유아에게 가장 적합하다고 생각되는 번호에 ✓ 표를 해 주십시오.

유아명 : ______________

번호	문항	전혀 그렇지 않다	그렇지 않다	보통이다	그렇다	매우 그렇다
1	유아는 확대경과 같은 도구를 사용하여 관찰한다.	1	2	3	4	5
2	어떤 사물이나 동·식물의 변화를 주의 깊게 관찰한다.	1	2	3	4	5
3	유아는 관찰한 내용을 그림이나 글로 표현한다.	1	2	3	4	5
4	유아는 사물을 한 가지 어떤 속성(모양, 크기, 색깔 등)을 고려하여 분류한다.	1	2	3	4	5
5	유아는 두 가지 속성 이상을 고려하여 분류한다.	1	2	3	4	5
6	자신이 분류한 것에 대해 설명한다.	1	2	3	4	5
7	실험을 해 보기 전에 어떻게 될 것인지 예측한다.	1	2	3	4	5
8	유아는 자신이 예측한 것에 대한 이유를 제시한다.	1	2	3	4	5
9	유아는 자신이 예측한 것이 맞았는지 확인한다.	1	2	3	4	5
10	유아는 사물의 속성에 따라 적절한 측정유형(길이, 부피, 무게, 시간)과 측정도구를 선택한다.	1	2	3	4	5
11	유아는 사물의 속성에 따라 적절한 측정단위(비표준단위·표준단위)를 선택한다.	1	2	3	4	5
12	유아는 측정한 결과를 그림이나 글, 도표 등으로 기록한다.	1	2	3	4	5
13	유아는 실험적 상황을 만든다.	1	2	3	4	5
14	유아는 새로운 방식으로 자료를 조작하거나 관련된 변인을 조작하여 탐구한다.	1	2	3	4	5
15	유아는 자신의 아이디어를 탐구하기 위해 실험한다.	1	2	3	4	5
16	유아는 과학활동 과정에서 자신이 생각하고 있는 아이디어를 말로 설명하거나 글로 표현한다.	1	2	3	4	5
17	유아는 자신의 과학적 경험을 과학적 어휘를 사용하여 말한다.	1	2	3	4	5
18	유아는 과학활동 과정에서 다른 유아의 이야기를 잘 들으며 구체적으로 질문한다.	1	2	3	4	5

19	유아는 관찰하기, 분류하기, 예측하기, 측정하기, 실험하기, 의사소통 및 토의하기와 같은 탐구과정기술을 적절히 선택하고 적용한다.	1	2	3	4	5
20	유아는 탐구하는 과정에서 나타난 현상에 대해 질문을 하고, 자신의 질문과 생각을 탐구한다.	1	2	3	4	5
21	유아는 탐구하는 과정에서 책이나 비디오, 컴퓨터 등을 포함한 다양한 정보원을 사용한다.	1	2	3	4	5
22	유아는 탐구과정에서 다른 사람이 이해할 수 있는 합리적인 방법을 사용하여 자신이 발견한 것이나 알아낸 것에 대해 설명한다.	1	2	3	4	5
23	유아는 계속적으로 탐구할 기회를 달라고 요구한다.	1	2	3	4	5
24	유아는 탐구과정에서 발견한 새로운 증거들과 새로운 경험을 통해 알아낸 것을 중심으로 결론을 내린다.	1	2	3	4	5

출처: 박진영(2013). 어머니의 과학교육에 대한 인식이 유아의 과학적 태도 및 탐구능력에 미치는 영향. 전남대학교 대학원 석사학위논문.

(3) 과학적 개념

과학의 기본개념은 과학교육내용 영역에 따라 다양한 과학적 개념이 획득되면서 이해 되어지기 때문에 유아기 동안 과학적 개념이 구성될 수 있도록 흥미로운 탐구중심의 과학활동들을 제공해야 한다. 과학적 개념이 획득되면 유아들은 자신들이 아는 것이 무엇인지를 의식적으로 알게 되고 자신의 이해를 명료하게 표현할 수 있게 되므로, 과학적 개념을 평가할 때는 과학활동 과정에서 유아가 발견한 사실이나 재구성한 개념을 표현할 수 있도록 기회를 제공해야 한다. 또한 유아의 사전개념의 경우 잘못된 개념이거나 협소한 개념일 경우가 많으므로 과학활동을 제공한 후에 사전개념을 파악하고, 교수 · 학습 활동이 이루어지는 과정에서 사전개념이 과학적 개념으로 변화되었는지를 평가할 수 있어야 한다. 유아의 과학적 개념을 측정하는 평가척도의 예는 〈표 8-8〉과 같다.

표 8-8. 과학적 개념 평가척도

기관명		유아성명		나이 및 성별	세(남/여)
기관이용기간		평가일시		평가자	

평가점수와 기준: 1점 수행하지 못함, 2점 어느 정도 수행함, 3점 잘 수행함, 4점 탁월하게 수행함

구분	문항	관찰점수
생명과학 교육내용 영역	1. 유아는 식물(동물)에는 여러 가지 종류가 있다는 것을 안다(기본개념: 다양성).	1, 2, 3, 4
	2. 유아는 살아 있는 것(인간, 동물, 식물)은 물, 공기, 영양분, 적당한 온도를 필요로 한다는 것을 안다(기본개념: 시스템).	1, 2, 3, 4
	3. 유아는 살아 있는 것은 성장하고 변화한다는 것을 안다(기본개념: 항상성과 변화).	1, 2, 3, 4
	4. 유아는 살아 있는 것은 서로에게 영향을 주고 받는다는 것을 안다(기본개념: 시스템).	1, 2, 3, 4
	5. 유아는 씨앗이 뿌리와 줄기, 잎을 가진 식물로 성장한다는 것을 안다(기본개념: 시스템과 변화).	1, 2, 3, 4
물리과학 및 화학 교육내용 영역	6. 유아는 물리적인 변화가 외형상으로는 변하지만 물질 자체는 같은 상태라는 것을 안다(기본개념: 항상성과 변화, 인과관계).	1, 2, 3, 4
	7. 유아는 어떤 물질이 속성까지 변하여 새로운 물질로 만들어질 수 있다는 것을 안다(기본개념: 변화, 측정).	1, 2, 3, 4
	8. 유아는 우리가 살고 있는 이 세계에 다양한 형태의 에너지가 존재한다는 것을 안다(기본개념: 시스템, 다양성).	1, 2, 3, 4
	9. 유아는 기계가 다양한 기능을 가지고 있고 분해와 조립이 가능하다는 것을 안다(기본개념: 구조와 기능, 조직).	1, 2, 3, 4
	10. 유아는 사람들이 기계를 이용하여 물건을 쉽게 이동할 수 있다는 것을 안다(기본개념: 시스템, 모델).	1, 2, 3, 4
지구 및 공간과학 교육내용 영역	11. 유아는 지구에는 물, 돌, 흙, 화석 연료 등과 같은 물질이 있다는 것을 안다(기본개념: 시스템).	1, 2, 3, 4
	12. 유아는 지구에 있는 물질은 다른 방식으로 사용될 수 있다는 속성이 있음을 안다(기본개념: 변화).	1, 2, 3, 4
	13. 유아는 물의 무게와 위로 미는 힘이 물체를 뜨게 한다는 것을 안다(기본개념: 인과관계).	1, 2, 3, 4
	14. 유아는 지구의 물질 중 물의 형태는 액체이나 조건에 따라 변할 수 있음을 안다(기본개념: 변화).	1, 2, 3, 4

	15. 유아는 물이 다른 물질을 녹일 수 있다는 것을 안다(기본개념: 변화).	1, 2, 3, 4

기타 참고사항 및 종합의견

출처: 안경숙(2003). 유아과학활동과 통합된 과학능력 평가도구의 개발: 과학적 태도, 탐구능력, 과학적 개념에 대한 평가. 덕성여자대학교 대학원 박사학위논문.

2) 비형식적 평가방법

유아과학교육에서 유아를 평가하는 중요한 목적은 유아들이 알고 있는 것과 할 수 있는 것에 대한 정보를 얻고 해석하는 것에 있다. 이를 위해서 평가는 유아과학교육과정의 목적과 목표를 반영해야 하며, 유아의 성취를 정확하게 나타내는 유아과학교육의 목적과 일관된 맥락에서 다루어져야 한다. 유아과학교육을 평가하는 방법으로 많이 사용되는 것은 관찰법, 면담법 및 포트폴리오 평가법 등이다. 포트포리오에 의한 평가방법은 〈표 8-9〉, 일화기록법에 의한 평가방법은 〈표 8-10〉, 행동목록법에 의한 평가방법은 〈표 8-11〉, 숫자평정척도법에 의한 평가방법은 〈표 8-12〉, 수행 평가활동을 통한 평가내용은 〈표 8-13〉과 같다.

표 8-9. 포토폴리오에 의한 평가방법

생계란과 삶은 계란 비교하기	
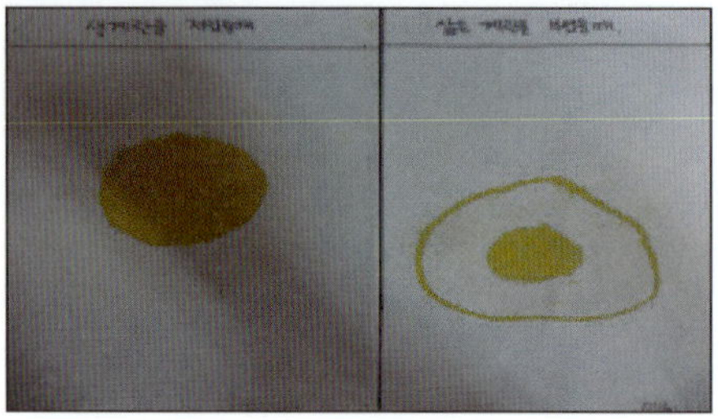	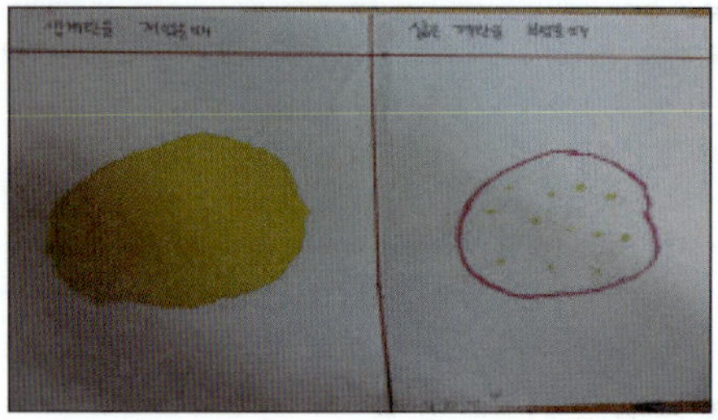
1차 표상: 생계란 저었을 때 삶은 계란 부셨을 때	2차 표상: 생계란 저었을 때 삶은 계란 부셨을 때

바다 속 해초를 알아보기	
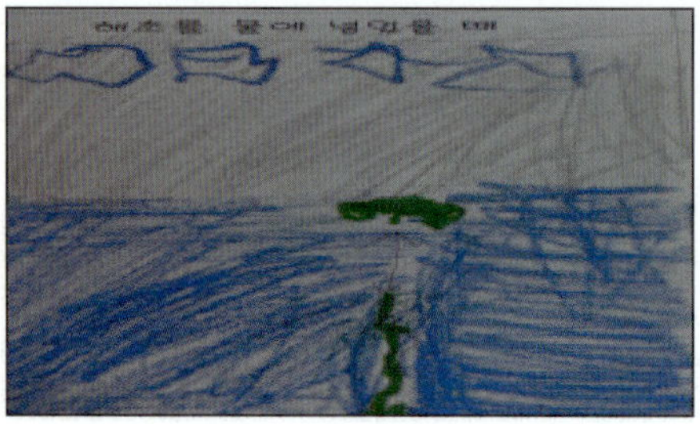	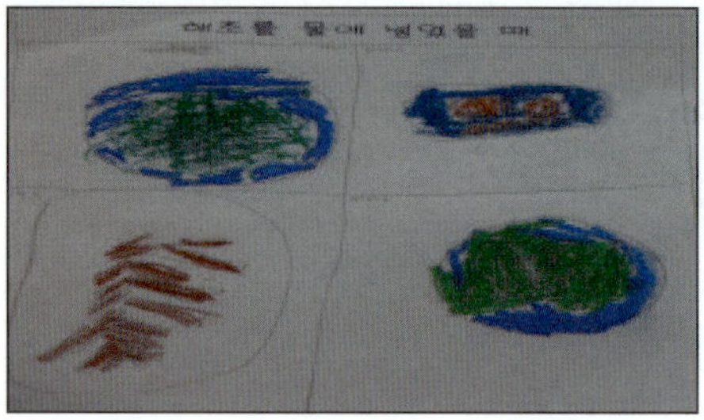
1차 표상: 해초를 물에 담구었을 때	2차 표상: 해초를 물에 담구었을 때

돌멩이를 수집하자	
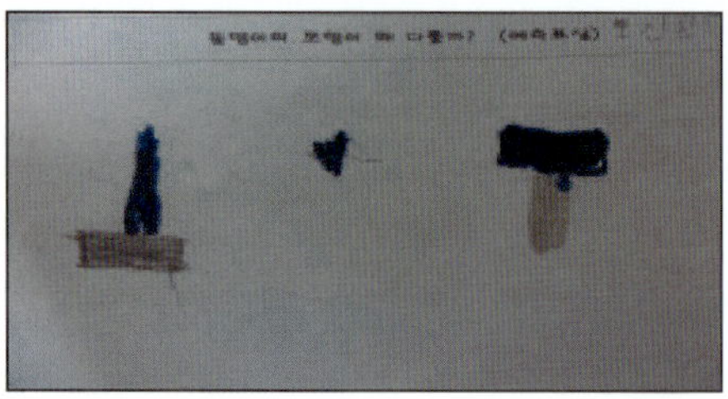	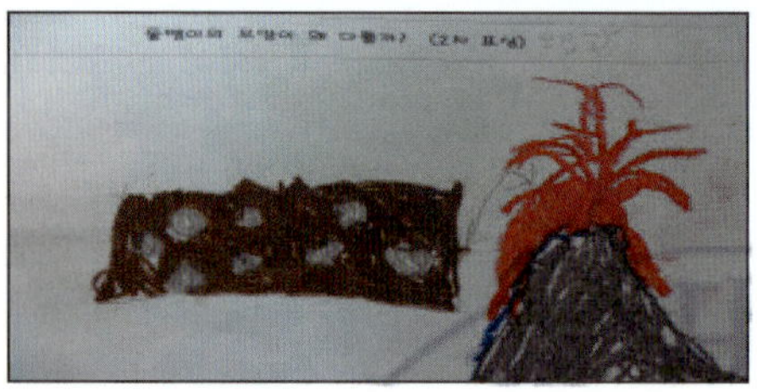
1차 표상: 돌멩이 모양이 다른 이유 표상	2차 표상: 돌멩이 모양이 다른 이유 표상

포토폴리오는 한 개인의 지식, 기술, 성향을 알 수 있는 것으로 유아 내의 발전, 변화 과정을 평가하기 위한 목적으로 성과물을 모아 놓은 것이다. 포토폴리오 평가는 교사에게는 유아의 단면적인 평가가 아니라 전반적이며 전체적인 평가를 할 수 있게 해 주며, 유아에게는 스스로 자신의 활동을 반성하고 평가해 보는 기회를 제공해 준다. 또한 유아의 강점과 약점을 잘 알 수 있게 해 준다. 교사는 여기서 얻어지는 정보를 활용함으로써 개별 유아나 학급 전체를 위한 다음 단계의 학습 목표를 명료히 하고 학습내용을 결정할 수 있다. 박은주(2011)는 표상 및 토의 중심 유아과학교육 프로그램을 개발하여 그 효과성을 검증하였다. 그 결과, 표상 및 토의 중심 유아과학교육 프로그램은 과학적 탐구능력, 유아의 표상능력, 언어 및 사고능력에 긍정적인 효과가 나타났다. 이러한 결과를 통해, 표상 및 토의 중심 유아과학교육 프로그램은 유아의 과학 탐구능력, 표상능력, 언어 및 사고능력의 발달을 극대화시킬 수 있는 효과적인 교수·학습법이 될 뿐만 아니라 실제 유아교육현장에 표상 및 토의 중심 유아과학교육 프로그램의 적극적인 적용의 필요가 있음을 주장하고 있다.

출처: 박은주(2011). 표상 및 토의 중심 유아과학교육 프로그램 개발 및 적용효과. 원광대학교 대학원 박사학위논문.

표 8-10. 일화기록법에 의한 평가방법

관찰대상	김동민(남)	생년월일	2013.03.06.
관찰시간	자유선택활동 시간 (10:00~10:40)	관 찰 일	2019.09.23.
관찰장면	자연탐구 영역	관 찰 자	김다연
관찰내용	화장실을 다녀온 후 영희가 소리를 지른다. 어른 새끼손가락 길이의 지렁이가 교실 바닥 위를 기어 다니고 있는 것을 영희가 본 것이다. 동민이가 영희에게 다가가서 "무서워? 무서워하지 마! 지렁이는 좋은 동물이야. 책에서 읽었어. 조심해서 살려 주자"라고 말한다. 영희가 조용해지자 미술 영역에서 휴지심을 가져와 지렁이가 들어갈 수 있도록 지렁이 앞에 내려놓는다. 지렁이가 그 안에 들어가자 동민이는 그 휴지심을 창문 밖으로 조심하여 내려놓았고 잠시 후 지렁이는 휴지심에서 나와 수풀 속으로 들어갔고 교실은 다시 조용해졌다.		
분석 및 해석	동민이는 지렁이를 포함하여 동물에 대해 관심이 많아 스스로 알아보고자 한다. 또한 지렁이 같은 작은 동물도 소중히 여기는 마음을 가지고 있다.		

표 8-11. 행동목록법에 의한 평가방법

관찰대상	류민지(여)	관찰일시	2020.02.15.
생년월일	2014.02.15.	관 찰 자	지해경

〈관찰지침〉
다음의 행동이 관찰되면 '관찰됨', 관찰되지 않으면 '관찰 안 됨'에 ∨ 표시를 하시오.

과학활동	관찰됨	관찰 안 됨
1. 과학활동에 자발적으로 참여한다.		∨
2. 과학활동과 관련된 책을 골라서 본다.	∨	
3. 동 · 식물 기르기에 관심을 갖는다.	∨	
4. 과학활동의 과정에서 다른 유아와 함께 협력하거나 도움을 요청한다.		∨
5. 과학활동을 마친 후에 다른 유아들과 함께 정리정돈을 같이 한다.		∨
요약	총 5문항 중 과학활동에 대한 행동이 '관찰됨'은 2회, '관찰 안 됨'은 3회로 나타남. 민지에게 관찰된 과학활동 행동의 양상은 과학활동에 관련된 책을 골라서 보거나 동 · 식물 기르기에 관심을 가지는 행동이며, 관찰되지 않는 행동으로는 과학활동에 자발적으로 참여하는 것, 과학활동의 과정에서 다른 유아와 함께 협력하거나 도움을 요청하는 것, 과학활동을 마친 후에 다른 유아들과 함께 정리정돈을 하는 것으로 나타남.	
총평 및 교육계획	민지는 전반적으로 과학활동 자체에는 다소 관심을 보이는 것으로 나타났지만 다른 유아와 함께하는 과학활동에서는 매우 소극적인 행동을 보이는 것으로 나타났음. 이런 결과는 과학활동 자체에 대한 관심이 부족하다고 보기보다는 친구들과 어울려 함께하는 사회적 행동이 부족한 원인에 기인할 수 있으므로 추후 사회성 및 다른 평가의 내용을 종합하여 판단할 필요성이 있음.	

표 8-12. 숫자평정척도법에 의한 평가방법

관찰아동: 생년월일: 성 별:
관 찰 자: 관 찰 일: 연 령:

연령	항목	전혀 그렇지 않다	그렇지 않다	보통 이다	그렇다	매우 그렇다
만 0세	주변의 사물에 대한 관심을 보인다(관심).	1	2	3	4	5
	생활주변의 자연물과 바람, 햇빛, 비 등을 감각으로 느낀다(감각 지각).	1	2	3	4	5
만 1세	주변의 사물에 대해 관심을 보이고 탐색한다(관심).	1	2	3	4	5
	주변 동 · 식물의 모양, 소리, 움직임에 관심을 갖는다(동 · 식물에 대한 관심).	1	2	3	4	5
	생활주변의 자연물과 바람, 햇빛, 비 등을 감각으로 느낀다(감각 지각).	1	2	3	4	5
	도움을 받아 생활도구를 탐색한다(도구 탐색).	1	2	3	4	5
만 2세	주변의 사물과 자연세계에 대해 호기심을 나타내고 탐색하기를 즐긴다(호기심, 탐색).	1	2	3	4	5
	주변 동 · 식물의 모양, 소리, 움직임에 관심을 가진다(특성 인식).	1	2	3	4	5
	생활주변의 자연물과 날씨 등을 감각으로 느낀다(감각 지각).	1	2	3	4	5
	생활 속에서 간단한 도구에 관심을 가지고 사용한다(흥미, 자발성).	1	2	3	4	5

출처: 이미화 외(2014). 영아보육 질 제고를 위한 평가도구 개발 및 활용방안. 육아정책연구소.

표 8-13. 수행 평가활동을 통한 평가방법

기관명		유아성명		나이 및 성별	세(남/여)
기관이용기간		평가일시		평가자	

활동명	기계와 도구에 대한 활동: 바퀴와 경사로 실험
평가목표	바퀴와 경사로 실험을 통해 유아의 과학적 태도와 탐구능력, 과학적 개념을 평가한다. 개념: 둥근 모양으로 만들어진 바퀴와 같은 도구는 기울기에 따라 굴러가는 속도와 힘에 차이가 있다(인과관계).
평가자료	여러 가지 도구들이 그려져 있는 그림(연필, 자, 돌멩이, 장난감 자동차, 나사 등), 여러 종류의 바퀴와 굴러가는 물건, 장난감 자동차 2개, 긴 나무로 된 판자, 블록이나 책, 분류할 수 있는 작은 상자, 측정도구 등

학습주기	활동제시 및 교사의 질문	평가문항 및 점수화 준거
도입 (인식)	• 유아에게 다섯 개의 다른 도구 그림을 보여 주고 도구들의 기능을 물어본다. 도구들을 굴려 본다면 어떻게 될지 예측하도록 이야기를 나눈다.	• 유아의 사전개념 평가: 유아가 도구의 모양과 움직임의 관계에 대한 질문에 응답한 내용을 간단히 기록한다.
탐색	• 유아가 도구들을 탐색하고 놀이하도록 격려한다. "도구의 모양이 어떠니?" 등	• 다음과 같은 항목이 수행 및 수행 변화에 따라 낮은 수행에서 변화하지 않았다면 0점, 한 단계 높게 변화하였다면 1점, 두 단계 높게 변화하였다면 2점을 부여한다. 단 중간 정도로 수준이 변화하지 않았다면 1점, 한 단계 높게 변화하였다면 2점을 부여할 수 있다.
탐구 및 실험	• 유아들이 탐구할 수 있도록 상호작용하고 구조적 질문을 하여 실험하도록 유도한다. "어떤 도구들이 잘 굴러가니?" "어떻게 하면 더 잘 굴려가게 할 수 있을까?" "똑같은 장난감 자동차 두 대를 동시에 경사로에서 굴린다면 어떻게 될까? 왜 그렇게 생각했니?"	
결론 및 적용	• 유아가 활동의 과정에서 발견한 것이나 관찰한 사실 등을 토대로 결론을 내리도록 유도하고 질문한다. "이 활동을 통해 무엇을 알 수 있었니? 네가 발견한 것을 말해 주겠니?" 등	

구분	문항	점수
과학 태도	• 유아는 활동에 호기심을 보인다.	0, 1, 2
	• 유아는 활동에 적극적으로 참여한다.	0, 1, 2
	• 유아는 자신이 모르는 것을 솔직히 표현하고 궁금한 것에 대해 질문한다.	0, 1, 2
	• 유아는 문제를 해결하기 위해 끝까지 노력한다.	0, 1, 2
탐구 능력	• 유아는 주의 깊게 관찰한다.	0, 1, 2
	• 유아는 어떤 속성에 기초하여 분류한다.	0, 1, 2
	• 유아는 측정도구를 이용하여 측정한다.	0, 1, 2
과학 개념	사전개념이 과학적 개념으로의 변화 정도에 따라 점수를 부여한다. • 0점: 비개념→비개념/관찰개념→관찰개념 • 1점: 비개념→관찰개념/관찰개념→구성개념/구성개념→구성개념 • 2점: 비개념→구성개념(이론개념)/관찰개념→이론개념/구성개념→이론개념	0, 1, 2

출처: 안경숙(2003). 유아과학활동과 통합된 과학능력 평가도구의 개발: 과학적 태도, 탐구능력, 과학적 개념에 대한 평가. 덕성여자대학교 대학원 박사학위논문. p.145.

Chapter 09

건강교육

배울 내용

1. 건강교육에 대한 이해
2. 건강교육의 중요성
3. 건강교육의 내용 및 실제
4. 건강교육의 방법
5. 건강교육의 평가

학습목표

1. 건강교육에 대한 개념을 살펴본다.
2. 건강교육의 중요성을 숙지한다.
3. 건강교육의 내용 및 실제를 익힌다.
4. 건강교육 방법을 숙지하고 실제 활용방안을 모색해 본다.
5. 건강교육의 구체적인 평가방법을 숙지한다.

사람이라면 누구나 건강하고 행복한 삶을 살아가기를 희망한다. 건강은 자신의 잠재력을 실현하고 행복한 삶을 살아가기 위한 전제조건으로 유아의 건강은 성장과 발달의 기초를 형성하고 이후 발달에 영향을 준다는 점에서 더욱 중요하다고 할 수 있다(유은영, 2011). 세계보건기구(World Health Organization, 2003)는 신체적으로 건강하지 못하면 교육의 기회마저 위해를 받게 된다고 보고하면서 삶의 초기를 지나는 유아들의 건강한 삶에 대한 가치를 강조하였다. 즉, 교육과 건강한 삶은 서로 분리해서 생각할 수 없는 영역으로 건강에 대한 교육이 효과적으로 이루어짐으로써 유아들의 삶이 건강해질 수 있고 유아들의 삶이 건강할 때 포괄적인 의미에서의 교육과 학습의 지속이 가능하다는 것이다.

1 건강교육에 대한 이해

1) 건강교육의 개념

일반적으로 건강하다는 의미란 개인의 신체적 상태에 질병이 없는 정상적인 상태를 의미한다. 그러나 최근에는 보다 구체적이고 적극적인 의미로 신체적 상태를 넘어서 정신적 상태까지 영역을 넓혀 포괄적인 의미를 담고 있다. 세계보건기구(WHO)의 정의에 의하면, 건강하다는 것은 성장 · 발육이 저해되지 않고 순조롭게 진행되는 상태로서 단순히 질병에 감염되지 않았거나 허약하지 않다는 것만을 의미하는 것이 아니라 신체적 · 정신적 · 사회적 모든 인간발달의 측면에서 아무런 문제가 없는 상태를 의미한다(정미라 외, 2008). 이러한 설명은 건강에 대한 의식변화를 잘 보여 준다. 즉, 과거에는 건강이란 신체적, 정신적으로 질병이나 장애가 없고, 스스로 정상적인 활동을 할 수 있는 상태를 의미했지만 오늘날에는 사회적 영역의 건강까지도 요구하고 있다〈그림 9-1〉.

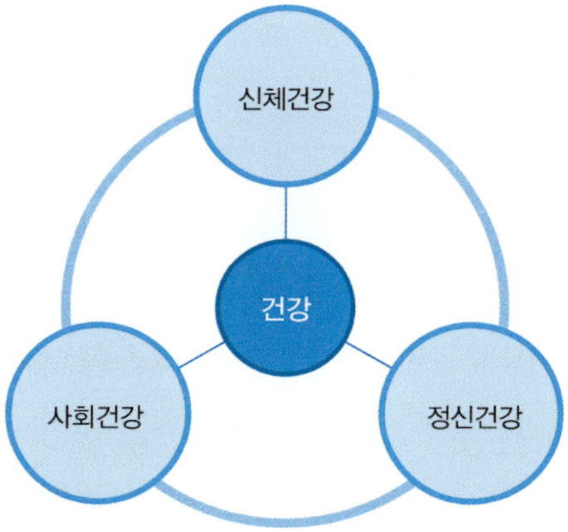

그림 9-1. 건강의 의미

건강교육은 건강과 교육의 합성어로, 새로운 지식을 얻거나 이미 알고 있는 지식을 새롭게 이해하여 새로운 태도를 개발하거나 기존에 가지고 있는 태도를 강화, 수정하여 새로운 건강행위를 하도록 노력하는 것이다. 즉, 이미 활용하고 있는 행동을 수정하여 올바른 건강행위를 실천하도록 하는 것이다. 이런 의미에서 아동건강교육은 바람직한 식생활 습관, 규칙적인 운동, 건전한 몸가짐 등과 같이 한 인간의 평생 삶에 영향을 미치는 생활습관의 기초를 형성하는 데 도움이 된다. 따라서 아동건강교육은 모든 교육에 앞서 우선적으로 이루어져야 하며 모든 교육활동의 기초가 되어야 한다. 왜냐하면 결정적 시기 동안 내·외적인 환경적 경험에 의해 획득된 특성은 전 생애에 걸쳐 영향을 미치기 때문에 보다 풍부한 환경의 경험이 제공되어야 하기 때문이다. 또한 유아교육기관에서는 아동으로 하여금 스스로 건강을 유지, 증진할 수 있도록 아동 자신을 튼튼한 개인으로 가치 있게 생각하도록 하고 신체를 스스로 보호하도록 해야 한다. 왜냐하면 건강에 대한 긍정적인 태도가 건강을 지키기 위한 행동을 이끄는 요인이기 때문이다.

2) 건강교육의 목적

건강에 관한 사람들의 관심이 증가함에 따라 그 의미도 과거 질병의 개념에서 신체적 · 정신적 · 사회적 안녕의 상태를 유지하는 예방적 의미로 변화되었다. 따라서 예방적 차원에서 건강을 유지하기 위해서는 질병이 발생한 후 그에 대한 치료방안을 찾기보다는 개인이 자신의 건강과 관련된 여러 가지 요소를 스스로 통제하며, 이를 위해 필요한 지식이나 기술, 태도 등을 학습하고 실천하는 것이 중요하다(정미라 외, 2012). 즉, 사후처치격인 치료가 아니라 예방을 위해서는 일상생활이나 식습관 등과 건강과의 연관성을 알아야 하므로 반드시 학습이 선행되어야 한다. 따라서 건강교육은 청결, 영양, 질병예방, 휴식 등을 통해 신체건강을 유지하고, 정신건강을 도모하기 위한 건강한 생활습관을 가지게 하며, 주변에서 발생할 수 있는 위험을 예방하고 대처하는 데 필요한 지식과 기술 및 태도를 기르는 데 중점을 둔다(교육과학기술부, 보건복지부, 2013; 보건복지부, 2013).

이처럼 건강교육은 아동들이 건강에 관한 올바른 지식, 태도, 기술을 바탕으로 건강증진 행위를 하는 것을 의미하며, 아동들이 일상생활에서 접하는 신체건강, 영양, 정신건강, 안전의 측면을 포괄한다. 뿐만 아니라 아동들은 주변에서 접하는 건강문제를 해결하기 위해 건강정보를 찾고 이를 바탕으로 건강을 증진시킬 수 있는 행동을 하는 것이 필요하며, 이와 같은 건강소양 함양이 건강교육의 궁극적인 목적이라고 할 수 있다(유은영, 2011).

2 건강교육의 중요성

미국의 National Professional School Health Education Organizations에서는 교육기관에서의 건강교육은 단순히 질병 예방만을 목적으로 하는 것이 아니라 학습자의 요구와 시대적으로 강조되는 건강의 개념, 사회적 쟁점에 기초하여 건강의 유지와 안녕 증진을 위한 노력이 필요하다는 것을 강조하였다(Allensworth, 1993). 또한 유아의 건강교육은 유아가 유아교육기관을 다니는 동안 건강하고 행복하게 생활할 수 있도록 배려해 주고 도와주는 일이 되어야 한다(정미라 외, 2007). 즉, 유아로 하여금 스스로 건강을 유지, 증진할 수 있도록 유아 자신을 튼튼한 개인으로서 가치 있게 생각할 수 있게 하고 자신의 신체를 스스로 보호할 수 있게 도와주어야 한다. 유아는 발달 특성상 스스로 건강의 유지 및 관리가 어렵다. 또한 모험심과 호기심이 많은 유아들은 자신의 신체적 특성을 간과하고 행동하는 경향이 있어 성인의 도움이 많이 필요하다(하새봄, 2014). 이와 같은 유아의 생애주기적 특성으로 볼 때, 유아교육기관에서 교사의 적극적인 관심과 노력이 필요하며 가정에서 미처 파악하지 못한 유아의 특성에 따라 교육현장에서 체계적인 건강교육이 이루어져야 할 것이다(박승주, 2013).

인간의 성장과 발달에 있어 기본적인 틀은 태아기에서부터 12세까지 거의 완성되기 때문에 아동기의 건강은 매우 중요하며, 태내에서 벗어나 신생아기를 거치면서 영아기와 유아기에는 생리적, 심리적, 인지적 측면으로써 일생 중 가장 현저한 변화를 경험하게 되는 시기이다. 아동건강교육이 중요시되고 있는 이유는 〈표 9-1〉과 같다(김명 외, 2008).

표 9-1. 아동건강교육의 중요성

• 아동기는 건강생활습관이 형성되는 시기이다. 최근 잘못된 생활습관으로 인한 생활습관 병이라는 개념이 등장하고 있는데, 이는 신체활동의 감소, 불규칙한 식생활, 스트레스 등으로 인해 생기는 만성질환들로부터 나타나는 것으로 이를 예방하기 위해서 아동기부터 건강생활습관을 형성하도록 하는 것이 필

요하다.
- 아동의 건강은 학업성취도에 영향을 주게 된다. 세계보건기구(WHO)에서는 학습이 효과적으로 이루어지기 위해서는 건강이 필수적이며, 영양결핍, 감염성 질환, 신체 · 정신적인 문제들이 학업성취도에 영향을 미친다고 보고하고 있다.
- 아동의 건강한 발달을 위한 최적기를 놓치면 이에 대한 교정에 어려움이 따른다. 아동기에 형성된 건강생활습관을 이후에 변화시키는 것은 생활습관이 형성되기 이전에 건강교육을 실시하여 올바른 습관의 형성을 돕는 것보다 더 많은 시간, 노력, 비용이 요구된다.

특히 아동기는 감염성 질환에 대한 높은 감수성, 쉽게 탈수나 고열의 발생, 영양부족에 대한 민감성, 신체조절능력과 판단력 부족으로 인한 높은 사고의 위험성을 갖고 있다. 따라서 아동의 건강을 돌볼 때, 아동의 생리적, 발달적 특성과 바람직한 환경구성 그리고 폭넓은 아동 건강에 대한 지식이 필요하다.

3 건강교육의 내용 및 실제

표준보육과정과 누리과정에 있어 건강교육을 내포하고 있는 부분이 기본생활 영역이다. 이 영역에서는 건강과 안전에 대한 지식, 기술, 태도를 배우고 익히며 올바른 습관을 길러 자신의 건강과 안전을 자기 스스로 보호하고 타인을 존중하며 즐겁게 생활하도록 하는 영역이다. 그리고 청결과 위생, 수면과 휴식, 바른 식생활, 의생활 및 심신의 건강을 바탕으로 발달을 촉진시키고, 위험 요인과 상황에 대해 알고 안전하게 대처하는 능력을 길러서 자신과 타인을 보호하도록 하는 영역이다. 표준보육과정과 누리과정 기본생활 영역의 연령과 내용에 따른 구체적인 내용은 〈표 9-2〉, 신체운동 · 건강 영역의 통합적 이해를 위한 활동내용은 〈표 9-3〉과 같다.

표 9-2. 기본생활 영역의 내용범주와 내용

제4차 어린이집 표준보육과정(2020)				누리과정(2019)	
0~1세		2세		3~5세	
내용범주	내용	내용범주	내용	내용범주	내용
건강하게 생활하기 (4)	① 도움을 받아 몸을 깨끗이 한다.	건강하게 생활하기 (4)	① 자신의 몸을 깨끗이 해 본다.	건강하게 생활하기 (4)	① 자신의 몸과 주변을 깨끗이 한다.
	② 음식을 즐겁게 먹는다.		② 음식에 관심을 가지고 즐겁게 먹는다.		② 몸에 좋은 음식에 관심을 가지고 바른 태도로 즐겁게 먹는다.
	③ 하루 일과를 편안하게 경험한다.		③ 하루 일과를 즐겁게 경험한다.		③ 하루 일과에서 적당한 휴식을 취한다.
	④ 배변의사를 표현한다.		④ 건강한 배변습관을 갖는다.		④ 질병을 예방하는 방법을 알고 실천한다.
안전하게 생활하기 (3)	⑤ 안전한 상황에서 놀이하고 생활한다.	안전하게 생활하기 (3)	⑤ 일상에서 안전하게 놀이하고 생활한다.	안전하게 생활하기 (4)	⑤ 일상에서 안전하게 놀이하고 생활한다.
	⑥ 안전한 상황에서 교통수단을 이용해 본다.		⑥ 교통수단을 안전하게 이용해 본다.		⑥ TV, 컴퓨터, 스마트폰 등을 바르게 사용한다.
	⑦ 위험하다는 말에 주의한다.		⑦ 위험한 상황에 대처하는 방법을 경험한다.		⑦ 교통안전 규칙을 지킨다.
					⑧ 안전사고, 화재, 재난, 학대, 유괴 등에 대처하는 방법을 경험한다.

표 9-3. 신체운동 · 건강 영역의 통합적 이해를 위한 활동내용

"나 잘하죠?"

바깥 놀이터에서 4세 반과 5세 반 유아들이 함께 놀이하고 있다. 유아들은 모래를 파 커다란 구덩이를 만들었다. 4세 은제는 모래 구덩이를 뛰어넘다가 모래 구덩이 속에 빠진다.

은제 (모래 구덩이를 바라보며) 아, 이거 어려운데….

은제는 한쪽 다리를 크게 들어올려 모래 구덩이에서 위로 올라온다. 그러다 옆에서 소꿉놀이를 하던 수하의 얼굴에 모래가 튄다.

은제 (수하의 표정을 살피며) 수하야, 미안해.

4세 수하는 얼굴을 찡그리더니 말없이 얼굴에 묻은 모래를 털어 낸다. 옆에 있던 5세 지원이가 말한다.

지원 음…. 나는 이거 할 수 있을 것 같은데…. 하얏!

지원이는 모래 구덩이를 가볍게 뛰어넘는다. 지원이는 모래 구덩이의 가장 긴 거리를 뛰어넘고, 반대편에서 또 다시 뛰어넘기를 반복한다. 지원이는 모래 구덩이 뛰어넘기를 성공할 때마다 웃는다.

지원이를 지켜보던 은제가 모래 구덩이 뛰어넘기를 다시 시도한다. 은제는 모래 구덩이 가장자리 끝을 뛰어넘었지만, 두 발로 서서 착지하지 못하고 넘어졌고, 두 손으로 바닥을 짚고 곧바로 일어난다. 그리고 손바닥과 무릎에 묻은 모래를 툭툭 털어 낸다. 지원이와 은제의 모습을 보고 있던 4세 수하가 소꿉놀이를 멈추고 벌떡 일어난다. 그리고 금세 모래 구덩이를 풀쩍 뛰어넘는다. 그리고 활짝 웃으며 말한다.

수하 "나 잘하죠?"

5개 영역의 통합적 이해

■ **신체운동 · 건강**

- **신체활동 즐기기** 신체를 인식하고 움직인다. 유아는 모래 구덩이에서 올라올 때 다리를 넓게 벌려야 한다는 것을 앎. 유아는 넘어졌을 때 손바닥과 무릎에 묻은 모래를 툭툭 털어 냄. 신체 움직임을 조절한다. 모래 구덩이를 뛰어넘을 때 자신의 팔과 다리, 허리 등의 움직임을 조절함. 기초적인 이동운동, 제자리 운동, 도구를 이용한 운동을 한다. 유아들은 한 곳에서 다른 곳으로 점프하며 몸이 움직이는 방향과 공간에 대해 느끼며, 힘과 빠르기를 다르게 하여 몸을 이동함. 실내 · 외 신체활동에 자발적으로 참여한다. 유아들은 스스로 모래 구덩이를 뛰어넘으며 신체활동에 즐겁게 참여함.
- **안전하게 생활하기** 일상에서 안전하게 놀이하고 생활한다. 유아들은 모래 구덩이의 크기와 너비를 살펴보고, 자신이 잘 뛰어넘는 방법에 대해 생각하며 놀이함. 모래가 튀어서 친구의 얼굴에 묻거나 눈에 들어가면 위험할 수 있다는 것을 알고 행동을 조심함.

■ **의사소통**

- **듣기와 말하기** 말이나 이야기를 관심 있게 듣는다. 유아는 소꿉놀이를 하면서 친구들을 관심 있게 지켜봄. 자신의 경험, 느낌, 생각을 말한다. 유아는 교사에게 자신의 경험과 느낌, 생각을 말함.

■ **사회관계**

- **나를 알고 존중하기** 나를 알고 소중히 여긴다. 유아는 모래 구덩이 뛰어넘기를 성공하며 성취감과 만족감을 느낌. 유아는 모래 구덩이를 훌쩍 뛰어넘을 수 있는 자신의 능력을 알고, "나 잘하죠?"라고 말하며 자신을 가치 있는 존재로 느낌.
- **더불어 생활하기** 서로 다른 감정, 생각, 행동을 존중한다. 유아는 활짝 웃으며 모래 구덩이를 훌쩍 뛰어넘은 기쁨을 표현함. 이와 달리 실패한 유아는 성공한 유아가 부럽고 한편으로 속상하지만 모래 구덩이 뛰어넘기를 다시 도전함. 유아는 친구의 얼굴에 모래가 튀었을 때, 친구의 찡그린 얼굴 표정을 보고 친구의 감정을 알아차렸고, 미안한 마음을 적절한 말로 상황에 맞게 표현함. 유아는 말없이 얼굴에 묻은 모래를 털어 내면서 친구의 실수를 이해해 줌.

■ **자연탐구**

- **생활 속에서 탐구하기** 일상에서 길이, 무게 등의 속성을 비교한다. 유아들은 자신이 뛰어넘을 수 있는 모래 구덩이의 너비를 비교한 뒤 자신이 잘 뛰어넘을 수 있는 거리를 선택함.

출처: 교육부, 보건복지부(2019). 누리과정 해설서. pp.71-72.

4 건강교육의 방법

영유아기는 전인적인 성장과 발달의 결정적 시기이며, 일생 동안 건강을 유지하는 기초가 되는 생활습관을 형성하는 시기이다. 따라서 교사는 영유아에게 발달에 적합한 다양한 활동과 놀이를 통해 건강과 관련된 지식, 기술, 태도를 습득하고, 올바른 생활습관을 갖도록 교육과정을 계획하고 실행해야 하며, 건강한 생활습관을 형성할 수 있도록 지속적이고 반복적인 관심을 가지고 지도해야 한다.

건강교육의 방법을 하루 일과 운영에서의 건강교육과 통합적 접근방법에 의한 건강교육으로 구분하여 살펴보면 다음과 같다(최윤희 외, 2019).

1) 하루 일과 운영에서의 건강교육

영유아가 올바른 건강생활습관을 형성하기 위해서는 일상생활에서 지속적으로 건강 관련 경험이 이루어져야 한다. 따라서 교사는 유아교육기관의 일과를 통해 반복적으로 건강교육을 실시하도록 한다.

표 9-4. 하루 일과 운영에서의 건강교육

구분	내용
등원	교사는 영유아가 기관으로 등원할 때 세심하게 영유아의 건강상태를 체크할 수 있다. 영유아의 표정이나 기분을 파악하고, 콧물이나 기침과 발열 등 질병 관련 증상 유무를 확인한다. 등원할 때 영유아의 옷차림을 통해 날씨와 계절 특성에 관련한 기본생활습관에 대해 지도할 수 있으며, 투약의뢰서를 통해 투약 여부를 확인하도록 한다.
식사와 간식	식사와 간식은 영유아들의 성장 · 발달에 필요한 영양소를 제공하며, 올바른 식습관을 형성하도록 지도하는 시간이 된다. 교사는 영유아들이 바른 식습관을 형성하는 모델이 되어야 하며, 활동 전 · 후 손씻기와 양치를 통해 위생적인 생활습관을 갖도록 하고, 음식을 소중히 여기고 편식하지 않고 골고루 먹도록 하며, 바른 식사 예절에 대해 지도하므로 좋은 식습관을 형성하도록 해야 한다.

구분	내용
낮잠 및 휴식	낮잠과 휴식은 놀이와 활동을 통해 소비한 에너지를 충전하고, 피로 회복을 통해 건강한 생활을 유지하도록 하는 시간이다. 교사는 개인차와 날씨, 하루 일과를 고려하여 낮잠 및 휴식시간을 일정한 시간에 계획하여 운영하며, 영유아가 조용하게 휴식을 취하고 낮잠을 잘 수 있도록 환경을 조성하여 주도록 한다.
정리정돈 및 전이활동	정리정돈 및 전이활동은 하나의 활동이 끝난 후 사용한 것(놀잇감, 자료, 이불 등)을 정리하고 다음 활동으로 넘어가는 과정에서 이루어진다. 교사는 영유아들이 정리 · 정돈을 통해 자신의 주변을 깨끗이 하는 기본생활습관을 형성할 수 있도록 지도한다.
화장실 다녀오기	화장실 다녀오기는 하루 일과 중 수시로 일어나며, 교사는 영유아의 개별 배변훈련 정도에 따라 변기 사용 방법, 배변 후 물 내리기, 휴지 사용 방법, 배변 후 손 씻기 등의 내용을 적절하게 지도하도록 한다.
귀가	귀가 시간에는 하루 일과를 마무리하며 영유아의 상태와 옷차림을 점검하고 개별 소지품을 챙겨 안전하고 즐겁게 부모님을 만날 수 있도록 지도한다. 또한 이 시간에 그날 하루의 일과 중 특이사항(활동, 투약, 낮잠, 급식, 건강 등)에 대해 부모님에게 전달하도록 한다.

2) 통합적 접근방법에 의한 건강교육

주제에 따른 통합적 접근방법은 유아의 흥미와 발달, 학습에 적합한 주제를 선정하여 교과영역 간 관련 내용들을 통합하여 활동하는 것이다. 유아는 주제를 탐구하기 위해 여러 가지 활동을 하게 되는데, 이 활동들은 서로 연관됨으로써 주제에 대해 효과적이며 깊이 있게 이해할 수 있게 된다(교육부, 보건복지부, 2013). 예를 들어, 건강과 안전에 대한 생활주제를 통합적으로 접근할 경우, 이야기 나누기, 언어활동, 쌓기활동, 수학 · 과학 · 조작활동, 동화 · 동시활동, 조형활동, 음률활동, 게임 · 신체활동, 역할활동, 견학활동 등의 다양한 교과영역을 건강과 안전에 관련한 내용으로 통합하여 활동하도록 계획할 수 있다〈그림 8-1, 표 9-5〉.

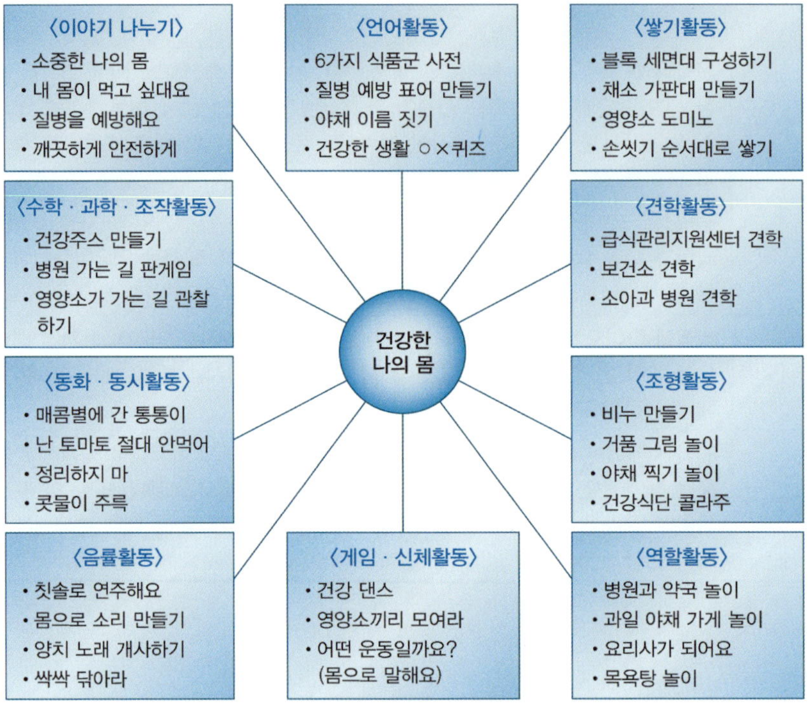

그림 9-2. 건강과 안전 교과영역 간 통합적 구성의 예

출처: 최윤희 외(2019). 아동건강교육. 수양재.

표 9-5. 통합적 교육방법에 의한 건강교육

구분	내용
이야기 나누기	유아들은 대 · 소집단으로 이루어지는 이야기 나누기 활동을 통해 건강과 관련한 주제에 대해 자신의 경험을 이야기하고, 생각을 표현하며, 다른 사람의 이야기를 듣는 시간을 갖는다. 교사는 유아들의 흥미나 요구에 따라 활동을 진행하며, 질문을 통해 유아의 사고가 확산될 수 있도록 도와주도록 하며, 교사가 주도적으로 건강에 대한 지식을 전달하는 시간이 되지 않도록 주의해야 한다.
문학활동	문학활동은 유아들이 가장 흥미로워하는 그림책을 활용하여 건강 관련 활동을 하는 것으로 건강과 관련된 그림책을 선정하여 읽어 주므로 건강 관련 정보를 제공하고, 그림책의 내용과 관련한 후속 활동을 통해 다양한 교과영역으로의 통합적 접근을 실시할 수 있다.

구분	내용
역할놀이	역할놀이는 건강과 관련한 주제를 중심으로 가상의 상황을 설정하고 역할을 맡아서 놀이하여 영유아들이 실제적인 상황을 경험하게 함으로 관련 내용을 더욱 쉽게 이해할 수 있도록 하는 활동이다. 건강과 관련한 역할놀이로는 병원놀이, 야채가게놀이, 요리사놀이, 목욕탕놀이 등이 있다.
게임활동	게임을 통한 건강교육 활동에서 교사는 주제와 흥미, 연령을 고려하여 게임방법과 유형을 정하고 유아들이 게임을 이끌어 가도록 상호작용하며 활동한다.
음률활동	노래와 움직임을 좋아하는 유아들에게, 노래부르기, 신체표현, 악기연주 등의 다양한 음률활동을 통한 건강교육은 건강에 대한 개념을 쉽게 전달하고 자연스럽게 기억할 수 있도록 하는 매우 흥미로운 활동이 된다.
현장학습	현장학습이란 영유아 건강교육을 실행할 수 있는 교수방법 중의 하나로, 외부에 있는 장소를 방문해 영유아가 실제로 경험을 할 수 있게 함으로써 학습효과를 높이는 방법이다. 교사는 건강과 관련된 현장학습 장소를 미리 선정하여 사전답사를 실시한다. 또한 영유아들과 현장학습 목적과 내용 등을 미리 이야기하여 흥미를 가지고 탐구할 수 있도록 돕는다. 현장학습을 마친 후, 회상활동과 연계활동을 통해 영유아들의 경험을 확장할 수 있도록 한다. 건강교육과 관련된 현장학습 장소로는 급식관리지원센터, 보건소, 병원, 건강검진센터 등이 있다.

5 건강교육의 평가

1) 형식적 평가방법

영유아의 건강 정도를 평가하기 위한 형식적 평가방법은 다양하다. 하지만 일반적으로 부모와 교사가 쉽게 사용할 수 있는 평가방법으로는 영유아 건강검진 문진표[1] 〈표

1) 영유아는 정해진 개월 기간 마다 정기적으로 종합병원 및 소아과 등의 의료기관에 방문하여 건강검진을 받도록 권장하고 있다. 이런 맥락에서 국민건강보험공단에서는 생후 4개월부터 71개월까지의 영유아를 대상으로 총 7차례에 걸쳐 단계별 건강검진을 제공하고 있는데, 이것이 영유아 건강검진 문진표이다. 영유아 검진은 생후 4~6개월, 9~12개월, 18개월~24개월, 30~36개월, 42~48개월, 54~60개월, 66~71개월의 7단계로 나누어 받도록 되어 있다. 또한 이와는 별도로 18~29개월, 42~53개월, 54~65개월 이렇게 3단계로 영유아 구강검진도 진행한다.

9-6〉, 한국 영유아 발달선별검사[2]〈표 9-7〉가 대표적이다.

표 9-6. 영유아 건강검진 문진표(54~60개월용)

54~60개월용 ●○

영유아 건강검진 문진표 (54~60개월용)

수검자 성명		주민등록번호		보호자 연락처	
보호자 성명		수검자와의 관계		E-mail(메일)주소	

영유아건강검진은 **영유아의 정상적인 성장과 발달을 확인**하는 것이 목적이며, 특정 질환의 발견을 위한것이 아닙니다. 이사실을 이해하셨습니까?

예 ☐ 아니오 ☐

1. 아이의 생년월일: ______ 년 월 일 2. 출생시 체중: ☐.☐ kg (소수 첫째 자리까지)
3. 지금까지 실시한 예방접종에 표시하여 주십시오(해당란에 횟수를 표시 하십시오)

	비씨지	B형 간염	디피티	소아마비(폴리오)	폐구균	B형 헤모필루스균	홍역,볼거리,풍진	수두	일본뇌염
시행한 횟수									

4. 발달문제로 진단을 받거나, 치료 중인 질환이 있습니까? ①예 ②아니오 있다면 구체적인 진단명은? ______

시각

		예 ① 아니오 ②
1	눈동자의 위치가 이상합니까?	① ②
2	정면(앞에 있는 사물)을 볼 때 늘 얼굴을 돌려 옆으로 쳐다보거나 고개를 기울이고 보는 편입니까?	① ②
3	책/TV/물건 등에 너무 가까이 다가가서 보거나 찡그리고 봅니까?	① ②
4	아이의 한쪽 눈을 가리고 보게 했을 때 두 눈의 시력이 서로 다르다고 느껴집니까?	① ②

안전사고 예방 교육

		예 ① 아니오 ②
1	아이가 자전거나 인라인 스케이트를 탈 때마다 헬멧, 관절보호대를 사용합니까?	① ②
2	아이가 차가 다니는 길에서 노는 때가 있습니까?	① ②
3	아이를 승용차에 태울 때 보조의자에 앉히고 안전띠를 매어줍니까?(승용차가 없는 경우 ③)	① ② ③
4	아이가 물놀이 할 때 지켜야 할 규칙을 알고 있습니까?	① ②
5	아이가 성냥이나 라이터, 폭죽 같은 것을 가지고 놉니까?	① ②
6	약이나 화학제품(표백제, 세제 등), 날카로운 물건 등을 아이 손이 닿지 않도록 보관합니까?	① ②

청각

		예 ① 아니오 ②
1	간단한 동화나 이야기를 듣고 질문에 답할 수 있습니까?	① ②
2	간단한 문장으로 자연스럽게 의사표현을 할 수 있습니까?	① ②
3	두 단계의 명령문을 이해하고 수행할 수 있습니까? (책을 집어서, 가방에 넣으세요)	① ②
4	어린이집, 놀이터, 친구 집 등에서 있었던 일들을 이야기 할 수 있습니까?	① ②
5	아이가 ㅅ, ㅆ, ㅈ, ㅊ 등의 자음이 포함된 단어를 사용할 수 있습니까?	① ②

개인 위생 교육

		예 ① 아니오 ②
1	아이가 음식을 먹거나 마시기 전에 손을 씻습니까?	① ②
2	아이가 장난감이나 동물을 만진 후 손을 씻습니까?	① ②
3	아이가 화장실을 이용한 후 손을 씻습니까?	① ②
4	아이가 눈, 코, 입을 손으로 자주 만집니까?	① ②
5	외출 중 아이가 물을 사용하여 손을 씻을 수 없는 경우 어떻게 하십니까? ① 마른 티슈로 닦는다 ② 물티슈로 닦는다 ③ 알코올 성분이 있는 손세정제를 사용한다 ④ 일단 그냥 둔다	① ② ③ ④

영양 교육

1	아이의 외모(체격)에 대해 어떻게 생각하십니까? ① 뚱뚱한 편이다 ② 보통이다 ③ 마른 편이다	①	②	③
2	식사 속도가 다른 가족과 비슷합니까? ① 빠르다 ② 비슷하다 ③ 느리다	①	②	③
3	식사와 간식을 규칙적으로 먹습니까? ① 예 ② 아니오	①		②
4	아이의 1회 식사량은 또래에 비해 어떻습니까? ① 적다 ② 비슷하다 ③ 많다	①	②	③
5	아이가 편식을 합니까? ① 예 ② 아니오	①		②
6	기름진 음식이나 달거나 짠 음식을 많이 먹습니까? (예: 패스트 푸드, 인스턴트 식품 등) ① 예 ② 아니오	①		②
7	물 대신 음료수를 선호합니까? ① 예 ② 아니오	①		②
8	아이가 TV나 모니터(컴퓨터, 게임기, 스마트폰 등)를 보는 시간이 하루에 2시간 이상입니까? ① 예 ② 아니오	①		②
9	아이가 하루에 1시간 이상 땀이 날 정도의 신체 활동(놀기, 운동 등)을 합니까? ① 예 ② 아니오	①		②

※ 정해진 검진횟수를 초과하여 검진을 받으시면 해당 검진비용은 부당이득금으로 환수됩니다.

210mmX297mm[일반용지 60/㎡(재활용품)

출처: 건강인 영유아 건강검진(http://hi.nhis.or.kr/aa/ggpaa001/ggpaa004_m01.do).

---

2) 한국 영유아 발달선별검사(K-DST)는 부모나 양육자가 영유아의 발달, 건강, 행동에 대한 정보를 통합하여 발달 기능과 수준에 대해 평가하는 발달선별검사이다. 즉, 영유아의 발달이 연령에 맞게 적절하게 발달되고 있는지, 혹은 지연되고 있는지를 확인할 수 있다. 본 검사는 간단하면서도 포괄적인 내용으로 짧은 시간 내에 아동의 현재 발달적 기능을 진단하고 파악하는 데 도움을 준다. 본 검사는 생후 4개월~71개월 영유아를 대상으로 하며, 나이에 따라 총 5~6개의 영역(대근육운동, 소근육운동, 인지, 언어, 사회성, 자조)으로 구성되어 있다. 각 영역은 8개의 문항으로 구성되어 총 40~48문항이 연령 구간별 검사지에 포함되어 있다.

표 9-7. 한국 영유아 발달선별검사(54~59개월용)

K-DST Korean Developmental Screening Test for Infants & Children
한국 영유아 발달선별검사

✣ 다음 사항을 기재해 주십시오. 빈칸에 작성하시고 해당 사항에 ☑ 표시하십시오.

아이 이름		(남, 여)	설문 응답자	□ 어머니 □ 아버지 □ 할머니 □ 할아버지 □ 기타( )
생년월일	년 월		일 (조산아인 경우 출산 예정일 : 년 월 일)	
부모정보 (선택사항)	어머니	나이 : 만 ( ) 세	학력 : □ 대학원이상 □ 대졸 □ 대학중퇴 □ 고졸 □ 중졸이하	
	아버지	나이 : 만 ( ) 세	학력 : □ 대학원이상 □ 대졸 □ 대학중퇴 □ 고졸 □ 중졸이하	
아이가 신체나 기타 발달상의 문제가 있나요?			□ 아니오 □ 예 (있다면 구체적 병명은?)	

** 이 질문지는 만 54~59개월 유아를 위한 질문지입니다. 아이의 월령에 해당하는 질문지가 아닌 경우, 질문지를 교체해 주세요.

✣ 각 질문 항목에 대하여 다음 네 가지 중 하나에 표기해 주십시오.
만약 아이가 질문 내용 속 행동을 할 수 있는지 모르는 경우 직접 시켜보고 답해 주십시오.

잘 할 수 있다 ③	할 수 있는 편이다 ②	하지 못하는 편이다 ①	전혀 할 수 없다 ⓪

아래 문항들은 '아이가 할 수 있는지'를 평가하는 것입니다.
아이가 해당 행동을 할 수는 있지만 여러 가지로 잘 하지 않았던 경우들
예) 아이가 가위질을 충분히 할 수 있는 손기능을 보이지만 평소 가위를 주지 않았다.
블록 쌓기가 가능하지만 집에 해당 장난감(블록)이 없거나 그 놀이를 즐겨 하지 않았다.
이런 경우는 '할 수 있다'라고 봐야 합니다.

대근육운동

1	한발로 두세 발자국 뛴다.	③ ② ① ⓪
2	서 있는 자세에서 팔을 들어 머리 위로 공을 2미터 이상 앞으로 멀리 던진다. 	③ ② ① ⓪
3	아무것도 붙잡지 않고 한 계단에 한발씩 번갈아 내디디며 계단을 내려간다. 	③ ② ① ⓪
4	굴러가는 공을 발로 세운다.	③ ② ① ⓪
5	2미터 거리에서 테니스공 크기의 공을 던지면 두 손으로 잡는다. 	③ ② ① ⓪
6	공을 바닥에 한 번 튕길 수 있다.	③ ② ① ⓪
7	무릎 아래 높이로 매어져 있는 줄을 뛰어 넘을 수 있다.	③ ② ① ⓪
8	줄넘기를 1회 한다.	③ ② ① ⓪

잘 할 수 있다 ③	할 수 있는 편이다 ②	하지 못하는 편이다 ①	전혀 할 수 없다 ⓪

소근육운동

1	색칠 공부의 그림 속에 색을 칠한다.	③ ② ① ⓪
2	종이에 그려진 네모를 가위로 오린다.	③ ② ① ⓪
3	블록으로 피라미드 모양을 쌓는다. 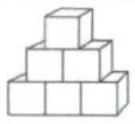	③ ② ① ⓪
4	엄지손가락과 다른 네 손가락을 차례로 맞닿게 한다(반대편 네 손가락이 아니고 같은 손이어야 한다). 	③ ② ① ⓪
5	삼각형이 그려진 것을 보여주면 삼각형을 그린다(그리는 과정의 시범을 보지 않고도 그려야 한다).	③ ② ① ⓪
6	아이의 이름을 적어주면 쓰여진 자기 이름을 보고 따라 쓴다(글자의 크기나 순서가 바뀌었거나 뒤집혔어도 된다).	③ ② ① ⓪
7	종이에 그려진 동그라미를 가위로 오린다.	③ ② ① ⓪
8	간단한 자동차 모양을 흉내 내어 그린다.	③ ② ① ⓪

인지

1	아침, 점심, 저녁, 오늘, 내일 등 시간의 개념을 이해한다.	③ ② ① ⓪
2	손에 닿지 않는 물건을 도구를 사용하여 가져온다. (예: 책상 밑에 들어간 것을 막대기로 꺼낸다.)	③ ② ① ⓪
3	자신이 원하는 TV 채널로 돌린다.	③ ② ① ⓪
4	동화책을 읽어주면 내용을 일부 이해하고 기억한다.	③ ② ① ⓪
5	엄마(보호자)가 많이 쓰는 물건들이 어떤 용도로 사용되는지 알고 있다.	③ ② ① ⓪
6	1 더하기 2를 계산한다.	③ ② ① ⓪
7	자신의 왼쪽과 오른쪽을 구분할 수 있다.	③ ② ① ⓪
8	요일을 순서대로 알고 있다.	③ ② ① ⓪

언어

1	그날 있었던 일을 이야기한다.	③ ② ① ⓪
2	친숙한 단어의 반대말을 말한다. (예: 덥다 ↔ 춥다, 크다 ↔ 작다)	③ ② ① ⓪
3	간단한 농담이나 빗대어서 하는 말의 뜻을 알아차린다.	③ ② ① ⓪
4	단어의 뜻을 물어보면 설명한다. (예: "신발이 뭐야?"라는 질문에 "밖에 나갈 때 신는 거요."와 같은 대답을 할 수 있다.)	③ ② ① ⓪
5	'만약~라면 무슨 일이 일어날까?'와 같이 가상의 상황에 대한 질문에 대답한다. (예: "동생이 있으면 어떨까?")	③ ② ① ⓪
6	이름이나 쉬운 단어 2~3개를 보고 읽는다.	③ ② ① ⓪
7	가족 이외의 사람도 이해할 수 있을 정도로 모든 단어의 발음이 정확하다.	③ ② ① ⓪
8	자기 이름이나 2~4개의 글자로 된 단어를 보지 않고 쓸 수 있다. (예: 동생, 신호등, 대한민국)	③ ② ① ⓪

✣ 각 질문 항목에 대하여 다음 네 가지 중 하나에 표기해 주십시오.
만약 아이가 질문 내용 속 행동을 할 수 있는지 모르는 경우 직접 시켜보고 답해 주십시오.

잘 할 수 있다 ③	할 수 있는 편이다 ②	하지 못하는 편이다 ①	전혀 할 수 없다 ⓪

사회성

1	자기보다 어린 아동을 돌봐 주는 행동을 한다.	③ ② ① ⓪
2	처음 만난 또래와 쉽게 어울린다.	③ ② ① ⓪
3	또래와 함께 차례나 규칙을 알아야 할 수 있는 놀이를 한다. (예: 윷놀이, 보드게임)	③ ② ① ⓪
4	자기 생각을 이야기하고 다른 아이의 말을 귀 기울여 듣는다.	③ ② ① ⓪
5	게임을 하는 방법에 대해 다른 아이와 이야기를 나눈다.	③ ② ① ⓪
6	다른 아이들과 적극적으로 어울리려고 한다.	③ ② ① ⓪
7	시키지 않아도 아는 사람에게 "안녕하세요?"라고 인사한다.	③ ② ① ⓪
8	친구에게 자기 집으로 와서 같이 놀자고 하거나, 무슨 놀이를 하자고 제안한다.	③ ② ① ⓪

자조

1	혼자서 비누칠을 하여 손과 얼굴을 씻고 수건으로 닦는다.	③ ② ① ⓪
2	대소변을 볼 때 혼자서 옷을 벗고 입는다.	③ ② ① ⓪
3	밤에 자는 동안 대소변을 가린다.	③ ② ① ⓪
4	대소변을 본 후 화장실 물을 내린다.	③ ② ① ⓪
5	숟가락 등을 사용하여 빵에 버터나 잼을 바른다.	③ ② ① ⓪
6	목욕한 후에 혼자서 몸을 수건으로 닦는다.	③ ② ① ⓪
7	윗옷의 지퍼를 혼자 끼워 올린다.	③ ② ① ⓪
8	옷이 더러워지면 스스로 알아서 갈아입는다.	③ ② ① ⓪

추가 질문

		예	아니오
1	아이가 보호자와 눈을 잘 맞추지 않는다(다른 것에 집중하고 있어서 눈을 맞추지 않는 경우는 해당되지 않는다).	1	0
2	이름을 불러도 대부분 쳐다보지 않는다(청력에 이상이 있거나, 다른 것에 집중하고 있어서 불러도 쳐다보지 않는 경우는 해당되지 않는다).	1	0
3	어른들의 관심을 끄는 행동(예: 손가락으로 물건을 가리키면서 보호자의 반응을 살피기, 물건 가져다 보여주기, 같이 놀자고 조르기, 소리 내어 부르기 등)을 하지 않는다.	1	0
4	또래 아이들에게 관심이 없다. 또래와 함께 있어도 아이들을 지켜보거나, 행동을 따라하거나, 함께 놀려고 시도하지 않는다.	1	0
5	간단한 규칙이 있으면서 편을 나누어서 하는 놀이(예: 숨바꼭질, 잡기 놀이 등)나 3인 이상이 모여 하는 규칙이 있는 역할놀이(예: 가게 놀이, 학교 놀이 등)를 하지 않는다.	1	0

결과표 (54~59개월용)

아이 이름		(남, 여)	작성일	년 월 일
생년월일	년 월 일 (조산아인 경우 출산 예정일 : 년 월 일)			
설문 응답자		□ 어머니 □ 아버지 □ 할머니 □ 할아버지 □ 기타( )		

결과 요약

영역 \ 분류	1	2	3	4	5	6	7	8	총점	절단점 가	절단점 나	절단점 다
대근육운동										15	18	24
소근육운동										15	20	24
인 지										12	17	24
언 어										12	17	24
사 회 성										12	16	23
자 조										16	20	24

추가 질문

1 = 예 0 = 아니오

문 항	1 (S)	2 (S)	3 (S)	4 (S)	5 (S)
결 과	1 0	1 0	1 0	1 0	1 0

평가 결과

점수화

1. 점수화를 위한 채점 단계는 다음과 같이 4단계로 구성됩니다.
   (잘 할 수 있다 = 3점, 할 수 있는 편이다 = 2점, 하지 못하는 편이다 = 1점, 전혀 할 수 없다 = 0점)
2. 각 영역별로 문항별 점수를 합하여 총점을 기록합니다.
3. 총점에 대한 평가는 각 영역별로 제시된 절단점에 근거하여 다음과 같이 네 가지로 평가합니다.
   ① 심화평가 권고 ② 추적검사 요망 ③ 또래 수준 ④ 빠른 수준

작성일자: ____________

작 성 자: ____________ 서명

출처: 건강인 영유아 건강검진(http://hi.nhis.or.kr/aa/ggpaa001/ggpaa004_m01.do).

2) 비형식적 평가방법

건강교육활동의 평가는 단순히 지식의 습득에 그치지 않고 일상생활에서 건강한 행동양식이 얼마나 습관화되었는가 하는 관점에서 이루어져야 한다(이순형 외, 2009). 건강교육활동의 프로그램 평가와 영유아평가의 구체적인 평가내용은 〈표 9-8〉과 같다.

표 9-8. 건강교육활동의 프로그램 평가와 영유아 평가

구분		내용
프로그램 평가	활동계획	• 건강교육 내용이 연간, 월간, 주간 계획안에 균형 있게 배분되었는가? • 영유아의 경험, 일상생활과 관련된 내용으로 계획하였는가? • 표준보육과정의 활동을 통합적으로 계획하였는가? • 영유아의 발달단계에 기초해 건강교육활동을 계획하였는가?
	활동방법	• 영유아의 발달단계에 맞게 활동이 구성되었는가? • 영유아의 흥미를 고려하여 활동을 지도하였는가? • 활동에 따라 다양한 자료 및 교재를 사용하였는가? • 적절한 지도방법을 사용하여 활동을 전달하였는가? • 지속적이고 일관성 있게 지도하였는가? • 유아교육기관과 가정과의 건강교육이 연계되었는가?
	활동실행	• 장기간에 걸쳐 지속적이고 반복적으로 실시하였는가? • 활동이 일관성 있게 지속적으로 실시되었는가?
영유아 평가	건강교육 활동의 효과평가	• 일상생활에서 청결하게 행동하는 것이 어느 정도 습관화되었는가? • 표준보육과정 기본생활 영역의 행동관찰표에 의한 평가

출처: 이순형 외(2009). 영 · 유아건강교육. 학지사.

영유아의 건강교육활동 평가는 영유아에게 적합한 방식으로 이루어져야 한다. 즉, 영유아의 생활습관형성과 태도 변화에 대한 평가를 위해서는 하루 일과 속에서 포트폴리오, 일화기록, 체크리스트 등의 다양한 평가방법을 통해 평가가 이루어지도록 해야 한다〈표 9-9〉. 건강인식 검사 평정척도의 예는 〈표 9-10〉과 같다.

표 9-9. 영유아 건강교육활동의 평가방법

구분	내용
포트폴리오	포트폴리오는 영유아의 활동자료(글, 그림, 작품, 사진 등)를 수집하여 분석하여 평가하는 방법으로 건강과 관련한 사진이나 활동을 통해 영유아의 건강생활습관이나 행동의 변화를 살펴볼 수 있다. 교사와 영유아의 개별면담자료나 부모와의 면담 자료 등을 포트폴리오에 포함하면 가정에서의 건강생활습관도 반영하여 평가가 더욱 포괄적으로 이루어질 수 있다.
일화기록	일화기록은 영유아의 행동이나 말을 관찰하여 일어난 순서대로 객관적 사실을 기록하여 평가하는 방법이다. 건강 및 기본생활습관과 관련된 상황을 관찰하여 그대로 기록하도록 하며, 관련 상황에 대한 여러 번의 일화기록을 통해 평가하는 것이 바람직하다.
체크리스트	체크리스트는 교사가 관찰한 내용을 바탕으로 제시된 항목에 예/아니오, 혹은 점수를 부여하여 평가하는 방법이다. 교사는 평가하고자 하는 영유아의 건강교육 목표에 맞춰 목록을 구성하되 건강에 대한 지식, 기술, 태도를 모두 평가할 수 있도록 구성한다.

표 9-10. 건강인식 검사 평정척도

반____ 성별______ 유아명 : ______________ 검사일___________ 검사자______________

검사자: OO야 안녕? 만나서 반가워. 선생님이 OO가 평소에 건강에 관해 얼마나 중요하게 생각하고 있는지 궁금해서 몇 가지 물어보고 싶어. 잘 듣고 대답해 줄 수 있겠니? OO가 선생님의 이야기를 듣고 하나도 안 중요하다고 생각하면 1, 중요하지 않다고 생각하면 2, 보통이라고 생각하면 3, 중요하다고 생각하면 4, 정말 중요하다고 생각하면 5라고 이야기해 주겠니. 해 볼 수 있겠니?

번호	문항	전혀 중요하지 않다	중요하지 않다	보통이다	중요하다	매우 중요하다
1	밥을 먹은 후에나 잠자기 전에 꼭 이를 닦는 것이 어느 정도 중요하다고 생각하나요?	1	2	3	4	5
2	밥을 먹기 전이나 밖에 나갔다 온 후에 음식을 먹기 전에 손을 씻는 것은 어느 정도 중요하다고 생각하나요?	1	2	3	4	5
3	화장실에서 소변이나 대변을 본 후에 비누칠해서 손을 씻는 것이 어느 정도 중요하다고 생각하나요?	1	2	3	4	5
4	신종플루 같은 전염병이 유행할 때 예방접종을 맞는 것이 어느 정도 중요하다고 생각하나요?	1	2	3	4	5

5	항상 끓인 물이나 정수기 물을 먹는 것이 어느 정도 중요하다고 생각하나요?	1	2	3	4	5
6	아침밥을 매일 먹는 것이 어느 정도 중요하다고 생각하나요?	1	2	3	4	5
7	야채나 과일을 매일 5번 정도 먹는 것은 어느 정도 중요하다고 생각하나요?	1	2	3	4	5
8	우유를 하루에 3컵 정도 마시는 것은 어느 정도 중요하다고 생각하나요?	1	2	3	4	5
9	매일 30분 정도 밖에서 놀이하는 것은 어느 정도 중요하다고 생각하나요?	1	2	3	4	5
10	몸무게가 갑자기 늘어나거나 줄어들지 않게 노력하는 것은 어느 정도 중요하다고 생각하나요?	1	2	3	4	5
11	하루에 8시간 정도 잠을 자는 것이 어느 정도 중요하다고 생각하나요?	1	2	3	4	5
12	주위의 친구들과 함께 어울리는 것이 어느 정도 중요하다고 생각하나요?	1	2	3	4	5
13	갑자기 기분이 안 좋은 일이 생겼을 때 어떻게 하면 기분이 다시 좋아질 수 있는지 방법을 알고 있는 것은 어느 정도 중요하다고 생각하나요?	1	2	3	4	5
14	항상 즐거운 마음으로 생활하려고 노력하는 것은 어느 정도 중요하다고 생각하나요?	1	2	3	4	5
15	너의 얼굴이나 키에 대해서 '나는 이 정도면 괜찮아?'라고 생각하는 것이 어느 정도 중요하다고 생각하나요?	1	2	3	4	5
16	인라인스케이트를 탈 때 반드시 헬멧을 쓰는 것은 어느 정도 중요하다고 생각하나요?	1	2	3	4	5
17	자동차를 탈 때는 안전벨트를 꼭 메는 것은 어느 정도 중요하다고 생각하나요?	1	2	3	4	5
18	수영장에 들어갈 때에는 반드시 준비운동을 하고 들어가는 것이 어느 정도 중요하다고 생각하나요?	1	2	3	4	5
19	TV, 라디오와 같은 전기 제품을 사용할 때 하나의 콘센트에 하나의 코드를 꼽는 것이 어느 정도 중요하다고 생각하나요?	1	2	3	4	5
20	계단을 오르내릴 때 뛰지 않고 한 칸씩 밟고 다니는 것이 어느 정도 중요하다고 생각하나요?	1	2	3	4	5

출처: 유은영(2011). 멀티미디어를 활용한 유아건강교육 프로그램 개발 및 효과. 중앙대학교 대학원 박사학위논문.

Chapter 10

미술교육

배울 내용

1. 미술교육의 목표
2. 미술교육의 내용 및 실제
3. 미술교육의 방법
4. 미술교육의 평가

학습목표

1. 미술교육의 목적, 필요성을 이해한다.
2. 미술교육의 내용 및 실제를 통해 활용방안을 모색해 본다.
3. 미술교육의 방법을 숙지하고 활용방안을 모색해 본다.
4. 미술교육의 구체적인 평가방법을 숙지한다.

21세기는 문화 예술적 감수성이 어느 때보다 강조되는 시대로, 생활 속에서 아름다움을 느끼고 이를 즐기며 보다 풍요로운 삶을 살아가기 위해서는 유아기부터 질 높은 미술교육이 요구된다(이정욱, 임수진, 2016).

1 미술교육의 목표

1) 미술교육의 목적

(1) 누리과정에 나타난 미술교육의 목적

누리과정 해설서에 나타난 예술경험의 목적은 세 가지이다. 첫째, 자연과 생활 및 예술에서 아름다움을 느낀다. 둘째, 예술을 통해 창의적으로 표현하는 과정을 즐긴다. 셋째, 다양한 예술 표현을 존중한다. 따라서 아름다움과 예술에 관심을 가지고 창의적 표현을 즐기는 이 세 가지 목적이 서로 연관되고 통합적으로 이루어질 때 영유아들에게 보다 의미 있는 미술교육이 이루어질 수 있다.

예술경험 영역의 목표와 내용범주는 영유아가 자연, 생활, 예술에서 아름다움을 느끼고, 음악, 움직임과 춤, 미술, 극놀이 등의 예술에서 자신의 느낌과 생각을 창의적으로 표현하는 과정을 즐기며, 다양한 예술 작품을 감상하며 다른 사람의 예술 표현을 존중하는 내용으로 구성하였다. 영유아가 자연과 생활, 예술에서 아름다움을 느끼고 즐기는 경험을 반영하여 '아름다움 찾아보기'를 편성하였다. '아름다움 찾아보기'는 영유아가 자연과 생활에서 아름다움을 느끼며 예술적 요소에 관심을 가지고 찾아보는 내용이다. '창의적으로 표현하기'에서는 영유아가 자신의 느낌과 생각을 음악, 움직임과 춤, 미술, 극놀이 등을 통해 자유롭게 표현하는 과정을 즐기는 내용으로 구성하였다. '창의적으로 표현하기'는 영유아가 노래를 즐겨 부르고, 간단한 소리와 리듬을 만들어 보며, 자유롭게 움직이며 춤추고, 다양한 미술 재료와 도구를 활용하여 표현하며, 경험과 이야기를 극놀이로 표현하는 내용이다. '예술 감상하기'에서는 영유아가 다양한 예술을 통해 상상하기를 즐기고, 우리나라 고유의 전통 예술에 친숙해지는 경험을 강조하였다. '예술 감상하기'는 영유아가 자신과 또래의 작품뿐만 아니라 다양한 예술을 감상하며 상상하기를 즐기고, 서로 다른 예술 표현을 존중하며, 우리 고유의 전통 예술에 친숙해지는 내용이다. 지금까지 살펴본 내용을 정리하면 〈표 10-1〉과 같다.

표 10-1. 예술경험 영역 내용범주 및 내용

내용범주	내용
아름다움 찾아보기	자연과 생활에서 아름다움을 느끼고 즐긴다.
	예술적 요소에 관심을 갖고 찾아본다.
창의적으로 표현하기	노래를 즐겨 부른다.
	신체, 사물, 악기로 간단한 소리와 리듬을 만들어 본다.
	신체나 도구를 활용하여 움직임과 춤으로 자유롭게 표현한다.
	다양한 미술재료와 도구로 자신의 생각과 느낌을 표현한다.
	극놀이로 경험이나 이야기를 표현한다.
예술 감상하기	다양한 예술을 감상하며 상상하기를 즐긴다.
	서로 다른 예술 표현을 존중한다.
	우리나라 전통 예술에 관심을 갖고 친숙해진다.

(2) 미술적 관점에 나타난 미술교육의 목적

2019 개정 누리과정에 기초한 미술교육의 목적을 미술적 관점에서 살펴보면 탐색 표현, 감상으로 구분된다. 탐색은 감각적, 직접적 경험을 통해 주변의 예술적 요소를 찾고 느끼며 다양한 미술재료, 매체와 도구들을 탐색하는 것이고, 표현은 미적요소를 사용해 자신의 경험과 생각과 느낌을 시각적으로 나타내는 것이며, 감상은 자연과 사물, 예술품, 자신 또는 또래의 작품 속에서 아름다움을 인식하고 이해하는 것을 의미한

다. 탐색, 표현, 감상의 통합적인 미술교육은 각 내용 영역이 독립된 활동으로 분리되는 것이 아니라 통합적으로 제시되는 것이다(박은주, 2015).

탐색, 표현, 감상의 통합적 미술교육에 대한 견해는 2019 개정 누리과정에도 반영되어 '아름다움 찾아보기', '창의적으로 표현하기', '예술 감상하기'로 예술경험 영역의 내용체계가 구성되어 있음을 알 수 있다.

2) 미술교육의 필요성

영유아기는 신체, 언어, 인지, 정서, 사회성 발달이 급속히 이루어지는 중요한 시기이며, 미술활동은 이러한 발달을 원만하게 이끌어 줄 수 있는 가장 적절한 활동이다. 영유아에게 있어서의 미술은 단지 그림을 그리거나 무엇을 만드는 것 이상이며, 자신의 개성을 표현하는 창의적인 표현방법이 될 수 있다. 미술활동을 통해 이 세상을 보다 잘 탐색할 수 있다. 미술교육의 필요성을 구체적으로 살펴보면 〈표 10-2〉와 같다.

표 10-2. 미술교육의 필요성

구분	내용
신체발달	영유아들은 미술재료를 보고 만지고 냄새 맡는 등의 탐색하는 감각적 경험을 통해 감각능력을 확장시킬 수 있고 그리기, 붙이기, 오리기, 꾸미기, 만들기 등의 미술활동을 통해 대·소근육이 발달할 수 있는 기회를 갖게 된다. 또한 다양한 재료 및 도구를 실제로 사용하는 과정에서 눈과 손의 협응력을 기르고, 조작능력을 더욱 정교화시킬 수 있다.
언어발달	미술은 보고 느끼고 생각하여 행동하는 것과 말하는 것을 표현하는 데 사용된다. 즉, 미술활동은 영유아 자신과 주변세계에 대한 생각과 느낌뿐만이 아니라 영유아가 탐색하고 경험한 것을 표현하는 기회가 된다. 영유아는 미술활동을 하면서 자신의 생각을 다른 사람에게 설명하기 위해 노력한다. 또한 미술활동에 대한 질문을 하거나 자유롭게 미술감상을 통해서 다양한 어휘를 습득하고 바르게 표현하는 능력이 향상된다.
인지발달	영유아는 주변 세계를 적극적으로 탐색하는 호기심이 많은 존재이다. 탐색, 표현, 감상과 같은 미술활동 속에서 다양한 재료 및 도구를 자유롭게 탐색하며 여러 가지 사물과 현상에 대한 속성을 경험할 수 있게 된다.

구분	내용
정서발달	손으로 만들고, 찢고, 그리는 등 미술활동의 경험을 통해 감정을 표출하고 정서적 안정감을 갖을 수 있다. 또한 자신의 노력의 산물인 작품을 보며 성취감과 카타르시스를 느끼게 된다.
사회성발달	영유아들은 미술활동을 하면서 또래들과 재료나 도구를 나누어 쓰고, 또래와 생각을 나누며 서로 돕고 협동하는 친사회적 행동을 발달시킨다. 또래가 표현한 작품을 보며 자신이 남과 다른 존재임을 인식하게 되고 영유아 자신과 타인에 대한 감수성을 증가시켜 사회적으로 성장할 수 있는 기회를 갖게 된다.

2 미술교육의 내용 및 실제

미술교육의 내용으로는 미술 활동에서 가장 기본적인 기법을 중심으로 영유아기에 가장 많이 활용되는 그리기, 찢기, 자르기, 붙이기, 판화, 입체물 구성하기, 디지털 미디어 활용하기와 같은 기본기법을 바탕으로, 재료의 특성을 활용하여 다양하게 표현할 수 있는 활동들에 대해 살펴보고자 한다.

1) 미술교육의 내용

(1) 그리기

그림 그리기는 영유아에게 있어 자신의 의도를 스스로 표현해 보는 중요한 활동으로 영유아는 그리기 활동을 통해 여러 가지 그림 그리기 자료의 성질에 대해 배우게 된다. 그러므로 그림 그리기를 지도할 때에는 종이의 모양, 크기, 색깔, 질감을 다양하게 해주고 영유아들이 자신이 표현하고자 하는 대상의 크기나 특성에 따라 흥미롭게 선택할 수 있도록 지도한다. 또한 안전하게 사용할 수 있는 무독성의 그리기 재료인 크레파스, 파스텔, 물감, 잉크, 볼펜, 연필, 색연필, 색분필, 수성매직, 유성매직 등 다양하게 제공해 주는 것이 좋다. 또한 영유아가 그림을 그리는 재료에 익숙해지도록 그림 도구를 제한하지 않고 스스로 도구의 특성을 구분하고 선택하여 사용하도록 배려하는 것이 좋다.

영유아들의 그리기 활동이 자연스럽고 즐거운 경험이 되기 위해서는 교사는 영유아의 그리기의 발달 단계적 특성을 이해하는 것이 중요하며, 각 단계마다 영유아가 자발적인 흥미와 욕구로 그릴 수 있도록 지원해야 한다. 그리기 활동의 예시는 〈표 10-3〉과 같다.

표 10-3. 그리기 활동의 예시

- 스크래치: 여러 색의 크레파스로 색을 칠한 후 검정 크레파스로 그 위를 덧칠하고 뾰족한 도구로 덧칠한 크레파스 위에 그리기
- 비밀그림: 흰색 크레파스 또는 양초로 그림을 그린 후 물감으로 전체를 덧칠하면 크레파스로 그린 부분이 드러남
- 손가락 그림 그리기: 밀가루풀 반죽에 손가락 그리기

(2) 찢기, 자르기 및 붙이기

찢기, 자르기 및 붙이는 과정은 영유아가 직접 손을 활용해 표현하는 활동으로 감각능력을 기르고, 눈과 손의 협응력이 생기며, 소근육을 발달시킨다. 교사는 생활 주변의 다양한 소재의 재료로 찢거나 자르는 경험을 영유아에게 일상적으로 제공하고, 이러한 조각들을 사용하여 붙이기 활동을 할 수 있다.

① 찢기

영유아에게 친숙한 소재를 이용해서 자유롭게 찢거나 구기는 경험을 통해서 영유아는 스트레스를 낮추고 부정적인 감정을 해소하여 긍정적으로 바꾸어 볼 수 있는 활동

이다. 처음에는 영유아가 잘 찢을 수 있는 종이를 준비해 영유아에게 성취감과 친숙함을 느끼게 하고 점차 다양한 질감의 종이를 제공해 찢기 활동을 할 수 있다. 예를 들어, 종이를 반으로 찢기, 작게 찢기, 크게 찢기, 자유롭게 찢기, 동그랗게 찢기, 네모로 찢기, 길게 찢기, 짧게 찢기 등 다양하게 찢는 경험을 하도록 한다.

② 자르기

가위를 사용해서 손의 근육을 조절하며 오려 내는 활동이다. 영유아들에게 가위를 제공할 때는 안전하고, 발달 수준에 적합한 것을 준비한다. 영유아들이 가위를 처음 접할 때에는 부드러운 점토와 같이 잘 잘라지는 재질의 재료를 사용하여 감각의 자극을 점차 느낄 수 있도록 한다. 또한 가위 사용 활동 시 우려되는 안전사고를 위해 교사는 가위를 건네는 방법, 안전한 가위 사용기술, 안전규칙 정하기 등의 활동을 함으로써 안전한 활동이 되도록 한다. 영유아들이 특정한 형태를 자르도록 하기보다는 자유롭게 잘라 보도록 하고, 영유아들이 자르는 과정 자체에 즐거움을 느낄 수 있도록 충분히 격려한다.

③ 붙이기

찢거나 오려 낸 조작들을 다양한 형태로 붙여서 구성하는 표현활동이다. 다양한 재료(고체 풀, 액체 풀, 반짝이 풀, 목공 풀, 스카치테이프 등)를 사용하여 생활 주변에서 쉽게 구할 수 있는 모든 재료를 붙이기 활동을 할 수 있으며, 다양한 질감과 양의 조절이 익숙해지도록 돕는다. 붙이기 활동의 예시는 〈표 10-4〉와 같다.

표 10-4. 붙이기 활동의 예

- 콜라주: 평면 위에 여러 가지 재료를 붙여서 구성하는 방법. 잡지책 콜라주, 폐품을 이용한 콜라주 등과 같이 화면의 질이 다른 여러 가지 소재를 붙이는 것
- 모자이크: 기본적인 밑그림에다가 다양한 작은 조각들(색종이, 씨앗, 곡식, 병뚜껑, 단추, 달걀 껍데기, 모래, 톱밥 등)을 접착제를 바른 곳에다 하나씩 붙여 그림이나 모양을 완성하는 것

(3) 판화(찍기)

찍기는 여러 가지 찍는 도구와 방법에 따라 표면에 찍힌 모양의 변화와 질감의 효과를 발견할 수 있는 표현활동이다. 영유아에게 판화의 고차적인 기법을 요구하기보다는 영유아들이 일상에서 손쉽게 경험할 수 있는 다양한 찍기의 방법과 재료들에 의하여 나타나는 미를 발견하게 하고, 다양한 재료들을 경험하는 데 중점을 둔다. 영유아가 쉽게 이용할 수 있는 찍기활동은 손이나 손바닥으로 그림을 그리거나 찍어 내게 할 수 있고, 찍고 난 후 질감과 모양의 차이를 경험할 수 있다. 영유아의 찍기 활동은 단순한 작업에서 복잡한 작업 순으로 실시되어야 한다(이수경, 2017). 즉, 처음에는 신체 부분으로 찍기(손바닥, 손, 발바닥 등)로 쉬운 작업으로부터 시작하여 조각하여 찍기 등으로 점차 수준을 높여 실시함으로써 흥미를 북돋우고 효과를 높일 수 있다. 찍기 활동의 예시는 〈표 10-5〉와 같다.

표 10-5. 찍기 활동의 예

- 신체 부분으로 찍기: 손가락, 손바닥, 발바닥 찍기
- 문지르기(프로타주): 요철이 있는 물건의 표면을 문질러서 흥미 있는 무늬를 발견
- 대칭무늬 찍기(데칼코마니): 대칭적인 디자인 창작
- 과일이나 야채 찍기: 과일이나 야채의 절단한 면의 전체를 찍기
- 교실물건 찍기: 교실에 있는 다양한 물건 찍기
- 면봉 찍기: 면봉을 물감에 담근 후 찍기

(4) 입체물 구성하기

점토 놀이뿐만이 아니라 석고, 나무, 비누, 상자 및 여러 폐품 재료들을 이용하여 재미있는 입체물을 만들어 실생활을 연결시킬 수 있는 표현활동이다. 각 재료의 특성을 충분히 탐색할 수 있는 기회를 제공하고, 이때 다양한 사고를 촉진할 질문을 하여 영유아들이 여러 방법으로 재료를 사용하는 방법을 찾아내고, 창의적으로 표현하도록 돕는다(이정욱, 임수진, 2016). 점토 활동은 영유아의 구성하기 활동에 흔히 이용되며,

손으로 주무르면 주무르는 대로 다양한 형태가 나오는 것이 영유아의 정서발달에 도움이 된다. 점토를 가지고 두드리고, 굴리고, 자르고, 뭉쳐 보고, 도구로 찍어 보는 등의 탐색 과정을 거쳐 점차적으로 형태를 표현할 수 있게 된다. 따라서 처음부터 구체적인 형태를 만들도록 하기보다는 재료의 특성을 탐색할 수 있는 충분한 시간을 주고, 점토를 가지고 탐색하는 과정 자체를 즐길 수 있도록 한다. 입체적인 감각을 통하여 상상력과 창의력을 기를 수 있도록 하며 새로운 것을 창작할 수 있는 창조의 즐거움을 느낄 수 있도록 한다. 대 · 소근육의 온몸을 움직이며 작업하는 과정을 통해 눈과 손의 협응력과 감각을 조절하여 영유아의 신체발달을 도모할 수 있다(문현희, 2017).

입체물 구성하기에서의 창의력을 위한 지원으로는 누구나 똑같은 모형을 만들지 않도록 다양한 재료를 제시해야 하고, 이미 완성한 모형을 보여 주며 모형과 똑같이 만들어 보기를 요구해서는 안된다. 또한 교사는 영유아가 구성과정을 자발적으로 경험하도록 유도하고 과정 동안 발견과 창조가 일어나도록 적절한 질문을 해야 한다. 입체물 구성하기 활동의 예시는 〈표 10-6〉과 같다.

표 10-6. 입체물 구성하기 활동의 예

• 점토로 짓기: 밀가루 점토, 찰흙, 고무 찰흙, 지점토 등의 여러 종류의 점토 제공 • 종이상자로 구성: 상자, 우유갑, 종이컵 등 다양한 모양으로 구조물 완성

(5) 디지털 미디어 활용하기

영유아들이 가정에서 TV, 핸드폰이나 아이패드와 같은 기기들을 자유롭게 사용하며 놀이를 하고 있기 때문에 교육 현장에서의 디지털 미디어 활용은 자연스러운 현상이라고 할 수 있다(Ward, 2015). 현재의 정보화 사회에서 영유아들에게 컴퓨터와 인터넷은 삶의 필수조건이 되었고 컴퓨터를 가지고 놀기를 좋아한다. 이러한 사회 환경에 있는 영유아들에게 컴퓨터가 중심이 되는 멀티미디어를 매개체로 활용한 교육을 하여 어릴 때부터 정보화 사회의 지식 폭을 넓혀 주어서 날로 변화하고 복잡해지고 상호 의존적이 되어 가는 세상에 적응하며 생애를 통해 학습할 수 있는 계기를 마련해 주어야 한다.

디지털 미디어는 문자, 소리, 영상이 통합된 매체환경이어서 이 매체의 문자, 소리, 영상의 통합적 특성 때문에 미술 감상을 함에 있어서도 눈으로 보고, 귀로 듣고, 손으로 그림을 그리는 다감각적 학습이 가능함으로, 즐겁게 놀면서 지식의 여러 개념을 배울 수 있어 교육의 효과를 높일 수 있다. 이렇게 디지털 미디어를 활용한 미술 활동은 학습 동기를 유발하고, 영유아들에게 딱딱하고 지루한 방법의 학습보다는 놀이를 통해서 효과적으로 미술 활동을 할 수 있다(이정란, 2005). 디지털 미디어를 활용하기 활동의 예시는 〈표 10-7〉과 같다.

표 10-7. 디지털 미디어를 활용하기 활동의 예

- 디지털 기기화면에 색칠 및 그리기 활동(그림그리기 · 색칠하기 프로그램 모바일 앱)

- 디지털 카메라나 핸드폰으로 사진이나 동영상 찍는 활동: 디지털 카메라나 핸드폰을 소개하고 사용했던 경험에 대해 이야기해 본다. 사진 찍는 법을 설명하고 사진 촬영 시 주의사항에 대해 이야기를 나눈다. 영유아가 교실 안이나 바깥 놀이터에서 마음에 드는 장면을 찍고, 각자 찍은 사진들을 모아서 TV 스크린에 띄어 놓고 감상한 뒤 평가해 본다.
- TV 속 화면 분석: 영유아들이 늘 접하는 TV 속의 화면을 미적요소와 원리를 중심으로 분석해 보는 활동이다.

이미자(2002)의 디지털 미디어를 활용한 미술활동에 관한 연구에서, 디지털 미디어는 영유아들이 새로운 미술도구에 대한 흥미, 자신감의 증가, 작품의 존중 및 효율적인 관리를 통하여 긍정적인 태도를 형성하고 미술 교육의 가능성을 갖게 하는 매체임을 알 수 있다. 또한 디지털 미디어를 활용한 미술표현능력에서 디지털 미디어는 다양하고 독창적인 색채표현과 선과 색채를 통한 사물의 형태표현 및 영유아들이 상상할 수 있는 주제 표현을 통해 미적 발달의 기회를 제공하는 도구이다. 따라서 디지털 미디어를 활용한 미술활동은 디지털 미디어 그 자체로써의 장점을 지닌 새롭고 유용한 미술 도구로써 현장에서 적용할 수 있다.

2) 미술교육의 실제

(1) 2019 개정 누리과정

2019 개정 누리과정 해설서에 제시된 미술교육 내용을 바탕으로 구체적인 활동의 예를 살펴보면, 〈표 10-8〉, 〈표 10-9〉, 〈표 10-10〉, 〈표 10-11〉, 〈표 10-12〉, 〈표 10-13〉과 같다.

표 10-8. 아름다움 찾아보기 목표 및 내용

내용범주	아름다움 찾아보기
목표	자연과 생활 및 예술에서 아름다움을 느낀다.
내용	• 자연과 생활에서 아름다움을 느끼고 즐긴다. • 예술적 요소에 관심을 갖고 찾아본다.

표 10-9. 아름다움 찾아보기 영유아 경험의 실제

내용 이해	영유아 경험의 실제
자연과 생활에서 아름다움을 느끼고 즐긴다. 영유아가 자신의 주변에서 만나는 자연, 공간, 사물 등의 아름다움을 풍부하게 느끼며 즐기는 내용이다.	벚꽃이 바람을 타고 눈처럼 휘날린다. 영유아들이 "저것 봐! 눈이 오는 것 같아. 분홍색 눈이야. 정말 예쁘다!"하며 감탄한다. 영유아들은 하늘을 향해 고개를 들고 두 팔을 벌리며 흩날리는 벚꽃잎을 맞기도 하고, 바람결에 날아가는 벚꽃잎을 쫓아다니기도 한다. 그리고 땅에 떨어진 벚꽃잎을 조심스럽게 다루며 한 잎 한 잎 줍기도 한다.

내용 이해	영유아 경험의 실제
예술적 요소에 관심을 갖고 찾아본다. 영유아가 주변의 자연과 생활에서 다양한 소리나 리듬 등의 음악적 요소, 색이나 형태 등과 같은 미술적 요소를 발견하고, 사물이나 동식물의 움직임에서 아름다움을 경험하는 내용이다.	영유아는 바깥 놀이터에서 스카프를 재빠르게 높이 올렸다 내리기를 반복하며 바람에 스카프를 날려 보기도 한다. 스카프가 펄럭이고 날아가는 모습을 보며 "바람 따라 춤추는 것 같아", "파도같이 움직여"하며 즐거워한다.

표 10-10. 창의적으로 표현하기 목표 및 내용

내용범주	창의적으로 표현하기
목표	예술을 통해 창의적으로 표현하는 과정을 즐긴다.
내용	• 다양한 미술 재료와 도구로 자신의 생각과 느낌을 표현한다. • 극놀이로 경험이나 이야기를 표현한다.

표 10-11. 창의적으로 표현하기 영유아 경험의 실제

내용 이해	영유아 경험의 실제
다양한 미술 재료와 도구로 자신의 생각과 느낌을 표현한다. 영유아가 자연과 생활에서 발견한 다양한 재료와 도구를 활용하여 여러 가지 방법으로 표현하는 내용이다. 자신의 경험, 느낌, 생각 등을 창의적으로 표현하는 과정을 즐기는 내용이다. 극놀이로 경험이나 이야기를 표현한다. 영유아가 자신의 경험, 다양한 상황, 이야기를 자유롭게 상상하며 극놀이로 표현하는 과정을 즐기는 내용이다.	영유아가 친구들에게 꿀벌놀이를 하자고 제안한다. 수진: 나는 여왕벌 할래. 너희들은 모두 일벌 해. 아이 배고파. 일벌들아 꽃에게 가서 꿀을 가져와. 유찬: (날갯짓하며 교실을 한 바퀴 돌아와 수진이에게 손을 내밀며) 이건 꿀이야. 자, 먹으세요! 승민: 나는 말벌이야. 너희들은 꿀벌이니까 도망가야 돼. 웽웽. 꿀벌 역할을 맡은 두 영유아가 "으악!"하며 달아난다. 이 모습을 보고 있던 희원이와 민이가 "애들아, 잠깐 기다려 봐. 우리가 꿀벌집 만들어 줄게"라고 말하며 상자, 사인펜, 물감 등을 가지고 모인다.

표 10-12. **예술 감상하기 목표 및 내용**

내용범주	예술 감상하기
목표	다양한 예술 표현을 존중한다.
내용	• 다양한 예술을 감상하며 상상하기를 즐긴다. • 서로 다른 예술 표현을 존중한다. • 우리나라 전통 예술에 관심을 갖고 친숙해진다.

표 10-13. **예술 감상하기 영유아 경험의 실제**

내용 이해	영유아 경험의 실제
다양한 예술을 감상하며 상상하기를 즐긴다. 영유아가 자신과 또래의 작품이나 음악, 춤, 미술작품, 극 등 다양한 예술을 감상하고 자유롭게 상상하기를 즐기는 내용이다.	영유아들이 분홍색 한지를 구기고 찢어서 꾸민 봄꽃 작품을 감상하며 "와! 예쁘다. 어! 이건 어떻게 했지? 이렇게 하니까 진짜 꽃 같다. 꽃 냄새 맡아보자. 흠, 꼭 봄꽃 요정이 나타날 것 같아, 그치?" 하며 친구와 마주 보고 웃는다.
서로 다른 예술 표현을 존중한다. 영유아가 자신과 또래의 작품, 음악, 춤, 미술작품, 극 등에 포함된 다양한 표현을 존중하는 내용이다.	
우리나라 전통 예술에 관심을 갖고 친숙해진다. 영유아가 우리나라 고유의 전통 음악, 춤, 미술, 건축물, 극 등에 관심을 가지고 전통 예술을 감상하며 우리나라 문화에 친숙해지는 내용이다.	자신들의 다리를 연결하여 단순한 선을 만든다. 자신들의 다리 길이만큼의 크기로 만들어진 공간 안에서 팔 길이를 조절해 가며 구슬을 굴린다.

(2) 예술경험 영역의 통합적 이해

비가 내리는 날, 창문 밖을 바라보던 영유아들은 선생님에게 바깥으로 나가자고 제안한다. 우비와 장화 차림으로 친구들과 함께 바깥 놀이터로 나온 신유와 지효는 친구들과는 조금 떨어진 곳으로 걸어간다. 그리고 비가 와서 생긴 흙탕물 도랑을 밟으며 말없이 천천히 걷는다.

- 신유: (작은 목소리로) 소리가 난다.
- 지효: (미소 지으며 작은 목소리로) 응. 우비에서 소리가 난다.
- 신유: 응. 신발에서도 소리가 난다. … 이것 봐. 발자국이 생긴다.
- 지효: 너 발자국 위에 내 발자국 올라간다.

지효가 화단에 동백꽃 잎들이 떨어진 것을 발견하고 동백꽃 잎을 줍는다. 지효가 "아 정말 부드럽다"라고 말하자 신유가 "살살 만져야겠어. 우리 동백꽃 잎 케이크 만들자. 정말 맛있을 거야"하며 제안한다. 지효는 동백꽃 잎을 주워 오고, 신유는 동백꽃 잎으로 케이크를 만들기로 한다. 신유는 큰 냄비에 모래를 가득 담아 바닥에 엎고, 작은 그릇에도 모래를 가득 담아 그 위에 엎는다. 그리고 손으로 모래를 다듬으며 동백꽃 잎을 하나씩 꽂는다.

교사가 분홍색 꽃잎이 비에 젖으니까 더 선명하고 예쁜 것 같다고 말한다. 신유는 "동백꽃 잎 케이크예요. 친구에게 선물하고 싶어요"라고 말하며 계속 모래를 다듬으며 동백꽃 잎을 꽂고, 지효는 계속 동백꽃 잎을 주워 신유에게 전달한다. 동백꽃 잎 케이크를 만든 뒤 지효는 화단에서 짧고 가느다란 나뭇가지를 주워 온다. 그리고 작은 목소리로 신유에게 "나무가 연필이라고 생각하고 서로 그려 주자"라고 말한다. 지효와 신유는 모래 위에 서로의 모습을 나뭇가지로 그려 준다.

(3) 5개 영역의 통합적 이해

① 신체운동 · 건강

신체활동 즐기기 신체를 인식하고 움직인다. 영유아들은 발로 천천히 걷기, 발자국 만들기, 엄지와 검지 손가락으로 조심스럽게 꽃잎 줍기, 손바닥으로 모래 다듬기 등의 신체를 인식하고 움직이는 경험을 하고 신체 움직임을 조절한다. 영유아들은 동백꽃 잎, 젖은 모래, 나뭇가지 등 사물의 특성에 따라 손가락 힘의 강도를 조절한다.

② 의사소통

듣기와 말하기 말이나 이야기를 관심 있게 듣는다. 영유아들은 빗소리와 물 웅덩이 등에 대해서 다양한 표현을 하며 서로의 이야기를 관심 있게 듣고 말한다. 또한 자신의 경험, 느낌, 생각을 말한다. 영유아들은 동백꽃 잎이 떨어진 모습을 보며 서로의 생각을 말하고 상대방의 말이나 이야기를 듣고 적절하게 반응한다.

③ 사회관계

더불어 생활하기 친구와 서로 도우며 사이좋게 지낸다. 영유아들은 동백 꽃잎 케이크를 만들기 위해 서로 역할을 분담하며 협력한다. 서로의 모습을 예쁘게 그려 준다.

④ 예술경험

아름다움 찾아보기 자연과 생활에서 아름다움을 느끼고 즐긴다. 영유아들은 비가 내리는 날 만나는 자연과 공간, 사물에서 아름다움을 발견하고 풍부하게 느낀다. 말없이 조용히 걸으며 주의를 기울여 빗소리를 듣고, 화단에서 발견한 동백꽃 잎으로 동백꽃 잎 케이크를 만들고, 서로의 모습을 그려 주는 모든 과정에서 아름다움을 느끼고 즐긴다. 예술적 요소에 관심을 갖고 찾아본다. 빗소리, 우비에 떨어지는 빗소리, 장화와 흙탕물 도랑이 만나는 소리 등의 음악적 요소, 동백꽃 잎의 분홍빛, 곡선, 부드러운 질감과 모래의 까끌까끌한 질감 등의 미술적 요소에 주의를 기울이고, 케이크를 동백꽃 잎과 불그스름한 나뭇잎으로 장식하며 케이크의 꼭대기에 동백꽃 한 송이를 장식하는 과정을 통해 색, 모양, 질감, 공간을 탐색한다.

창의적으로 표현하기 다양한 미술 재료와 도구로 자신의 생각과 느낌을 표현한다. 동백꽃 잎과 불그스름한 나뭇잎, 젖은 모래, 큰 냄비와 작은 그릇을 활용하여 2층으로 올린 동백꽃 잎 케이크를 창의적으로 만든다. 동백꽃 잎을 하나씩 둥글게 꽂고, 불그스름한 나뭇잎을 이중으로 꽂아 꾸민다. 화단에서 주운 짧고 가느다란 나뭇가지로 젖은 모래 위를 도화지 삼아 서로의 모습을 그려 주며 창의적 표현을 즐긴다.

⑤ 자연탐구

생활 속에서 탐구하기 물체의 특성과 변화를 여러 가지 방법으로 탐색한다. 영유아들은 젖은 모래는 마른 모래보다 잘 뭉쳐지기도 하지만 모래이기 때문에 잘 부스러진다는 특성을 자연스럽게 탐색한다.

3 미술교육의 방법

1) 미술교육의 지도방법

2019 개정 누리과정이 제시하고 있는 영유아미술교육의 내용은 탐색, 표현, 감상으로 구성된다. 탐색, 표현, 감상은 서로 밀접하게 관련되므로 각각 독립된 활동으로 이루어지기보다는 통합적으로 이루어지는 것이 바람직하다. 탐색, 표현, 감상에 따른 미술교육의 지도방법을 구체적으로 살펴보면 다음과 같다.

(1) 탐색 지도방법

탐색은 영유가 감각을 활용하여 주변의 아름다움을 발견하고 느끼는 것이다. 교사는 영유아가 일상생활에서 자연스럽게 자연물과 사물에 관심을 두고 탐색할 수 있도록 끊임없이 지원하고 상호작용해야 한다. 탐색의 대상은 자연물, 인공물, 생활용품 등 다양한 소재가 될 수 있으므로 교사는 영유아가 다양한 대상에 대해 탐색할 수 있도록 충분한 시간과 다양한 재료와 도구 및 미적 대상을 제공해야 한다.

(2) 표현 지도방법

표현은 영유아가 자연이나 주변, 사물, 일상생활 속에서 오감을 통해 체험한 것에 대한 느끼고 생각한 바를 다양한 재료와 도구를 활용하여 자유롭고 창의적으로 나타내고 제작하는 것이다. 미술교육은 개별적인 교육으로만 진행하기보다는 또래와 함께하는 협동작품 만들고 꾸미기, 벽화 꾸미기 등 협동작업으로 작품이 구성되는 교육이 이루어져야 효과적이다.

협동은 인간이 상호작용하는 가장 기본적 형태로서 모든 사람이 습득해야 할 중요한 기술이다(Johnson & Johnson, 1994). 협동은 '서로 마음과 힘을 합하는 것' 또는 '힘을 합하여 돕는 것'으로 정의되며(한글학회, 1992), 공유된 목표에 대하여 개인들이 관계를 이루어 가면서 나타나는 행동으로 자신이 원하는 것을 얻기 위해 다른 사람과 함께 노력할 때 일어난다.

마예스키(Mayesky, 1998)는 여러 명의 영유아가 한곳에 모여 함께 표현하는 미술 협동작업은 영유아들에게 공통된 흥미를 가지게 하며 서로의 다른 느낌이나 생각을 표현하고 함께 의논하고 합의하여 창의적으로 표현해 보는 기회를 제공하는 미술 교수방법의 한 형태로 자리 잡고 있다고 하였다.

미술 협동작업이란 주어진 과제나 목표를 소속된 집단 구성원들이 서로의 상호작용을 통해 함께 노력하여 그 목표와 과제를 수행하고 공동으로 보상을 받는 방법이다(번영계 외, 1999). 코헨(Cohen, 1994)은 협동작업을 모든 학습자들이 공동과제를 가지고 소집단에서 함께 학습하는 것으로 정의하였다(번영계 외, 1999 재인용). 따라서 미술 협동작업은 두 명 이상의 영유아가 공동의 작업을 이루기 위하여 서로 상호작용하여 공동작품의 목표를 완성하는 것이다.

비고츠키(Vygotsky, 1978)는 미술 협동작업이 영유아가 비슷한 연령의 영유아들과 함께 서로의 근접발달지대(ZPD) 안에서 작업하도록 하기 때문에 개별적으로 작업을 하는 것보다 발달을 촉진 또는 증진시킬 수 있다고 보았다. 미술 협동작업은 영유아들이 함께 계획을 세우고 방법을 결정하고 서로의 의견을 조정하는 협동적 계획과정이 중요하다. 또한 다양한 자료의 특성을 함께 탐색해 보고 나누어 사용하며 서로의 작업에 대해 이야기 나누고 생각을 공유해 봄으로써 또래와의 자연스러운 관계가 이루어지도록 한다. 그리고 다른 영유아의 감정이나 생각에 대해 느껴 볼 수 있도록 함으로써 서로가 "함께"인 것에 대해 생각할 기회의 폭을 넓히게 되는 것이다(이현경, 2000). 김영옥(2000)이 설계한 영유아의 미술 협동작업의 교수·학습 모형을 살펴보면 〈표 10-14〉와 같다(예지민, 2005; 이정욱 외, 2016).

표 10-14. 협동작업의 교수 · 학습 모형

구분	내용
개인작품 합하여 완성하기	영유아의 개별 작품이 합쳐져서 전체 작품으로 완성된다. 예를 들어, 영유아가 각자 작은 종이에 여러 가지 찍기 도구를 이용하여 물감 찍기를 한 것을 연결하여 큰 꽃밭을 만든다. 또는 육각형 모양의 종이에 각자 생각한 벌을 그린 후 친구들 것과 모아 붙여서 벌집을 완성한다.
제시된 구조물의 내용 완성하기	제시된 구조물에 영유아가 내용을 마무리하여 완성한다. 예를 들어, 소풍 가방 모양의 큰 종이를 제공해 주고 영유아가 소풍갈 때 가져갈 물건을 그리거나 오려 붙여 완성한다. 또는 산타 할아버지의 보따리 모양의 종이를 제공해 주고 각자 받고 싶은 선물을 그리거나 오려 붙인다.
작품을 정하고 역할 분담하여 완성하기	영유아들이 공동으로 제작할 작품을 정하고, 역할을 분담하여 공동 작품을 완성한다. 예를 들어, 여러 명의 영유아들이 의논하여 우산 꾸미기로 결정한 후, 역할을 분담하여 한 칸씩 오려 낸 우산 조각에 각자 색칠하고 모아서 붙인다. 또는 백화점 만들기로 결정한 후, 층별로 역할을 분담하여 꾸미고 싶은 코너를 꾸민 후 다시 합쳐 붙인다. 활동의 진행 과정에서 자신이 맡은 역할을 소홀히 하게 되면 계획했던 작품이 완성되지 않는다는 것을 알게 됨으로써 긍정적인 상호 의존성을 경험하게 되어 영유아는 주어진 과제를 충실히 수행하게 되는 책임감을 가지게 된다.
주어진 공간에 의논하여 꾸며 완성하기	주어진 공간에 영유아들이 의논하여 평면 또는 입체의 작품으로 꾸며서 완성한다. 평면의 작품의 예를 들면, 우리 몸 꾸미기의 주제로 친구 몸 윤관이 그려진 전지에 함께 꾸며 완성한다. 또는 가을동산 꾸미기의 주제로 전지에 가을에 볼 수 있는 나무나 과일, 동물 등을 함께 꾸며 완성한다. 입체의 작품의 예를 들면, 크리스마스 트리를 제공해 주고 여러 가지 장식을 함께 꾸며 본다. 또는 투명하거나 색이 있는 유리병을 제공해 주고 아크릴 물감이나 시트지, 여러 가지 단추, 구슬 등을 이용하여 함께 꾸며 본다. 개인의 목표달성이 각 집단의 공동목표 달성 여부에 달려 있으므로 구성원들이 집단의 목표 달성을 위해 동료들을 도와주고 도움을 받으려 하는 등 활발한 긍정적 상호작용을 하게 된다.
주제와 공간을 선택하고 의논하여 꾸며 완성하기	영유아들이 공동으로 주제와 공간을 결정하고 역할을 의논하여 꾸며 완성한다. 예를 들어, 우주정거장꾸미기로 공동의 제작으로 작품을 결정하고 천장과 벽면에 우주 정거장, 우주선 등을 함께 꾸민다. 또는 동극을 하는 데 필요한 배경을 의논하여 벽면과 바닥, 천장을 함께 꾸민다.

이러한 미술 협동작업 교수 · 학습 모형의 특징은 협동 학습의 종류에 관계없이 구성원 사이의 상호작용을 최대화시키는 역할을 하며, 이런 특징이 많이 반영된 협동 학습 모형이 더 좋은 효과를 나타낸다. 교사는 협동 작업을 위한 계획에서부터 작업 진행의 전 과정에서 영유아들이 토의를 거쳐 문제해결을 하도록 지도한다.

(3) 감상 지도방법

감상은 미술작품을 즐기는 감성적이고 주관적인 체험이며, 새로운 세계를 이해하고 표현하며 느낄 수 있는 활동이다. 다시 말해 미술작품에 담겨 있는 미적 가치를 느끼고 이해하는 심리적 정신적인 활동인 것이다. 미술 감상을 통해 영유아는 자신의 감각과 지각을 이용하여 감상대상의 미적 가치를 내면화할 수 있다는 점에서 영유아기에서부터 자연스럽게 미술 감상을 경험해야 한다(조은정, 2009).

「박물관 및 미술관 진흥법」에 의하면, “미술관”이란 문화 · 예술의 발전과 일반 공중의 문화향유 및 평생교육 증진에 이바지하기 위하여 박물관 중에서 특히 서화 · 조각 · 공예 · 건축 · 사진 등 미술에 관한 자료를 수집 · 관리 · 보존 · 조사 · 연구 · 전시 · 교육하는 시설을 말한다. 미술관에는 작품 전시뿐 아니라 영유아들을 위한 프로그램, 비디오 상영, 작품 설명회 등으로 이루어지고 있다.

영유아들은 미술관에서 현대미술과 소통할 수 있는 창의적 교육문화 공간을 통해 영유아들이 다양한 미술 작품을 접하고 느낄 수 있는 기회를 제공받고 있다. 미술관을 생활과 친밀한 공간으로 여기고, 감상과 이해 교육에 접근하는 경험을 제공하기 위하여 미술관을 견학하며, 미술관에서 영유아가 직접 참여하고 체험해 보는 상호작용의 기회를 갖는다.

교사는 영유아에게 의미 있는 미술관 관람을 제공하고, 미술관 견학의 효율적인 운영을 위하여 영유아의 발달 단계를 고려하여 사전에 체계적으로 계획을 수립해야 한다. 다음에 제시한 내용을 토대로 영유아가 효과적으로 미술을 감상하도록 계획할 수 있다.

① 관람 전 단계

미술관 견학이 형식적인 방문이 되지 않도록 교사는 사전에 철저히 준비하여야 한다. 미술관을 가기 전 교사는 영유아들과 함께 미술관 홈페이지에 접속하여 영유아들과 충분한 이야기를 나눈다. 또한 홈페이지에서 각종 행사 일정을 숙지하고 참여 프로그램이 있으면 미리 신청한다. 미술관에서 교사와 영유아들이 관람을 준비하는 데 도움이 될 안내문, 전시에 대한 사전 정보 등을 받아 보는 등 사전에 정보를 충분히 검색하고 얻는다. 이는 영유아에게 적절한 자료를 수집하여 함께함으로써 영유아에게 관심을 가지고 보고 느끼며 자신의 생각을 정리할 수 있는 기회를 부여하는 것이다(김현자 외, 2013).

교사는 사전답사를 하여 영유아들의 연령과 발달에 적합한지, 진행되고 있는 주제와 부합하는지, 미술관 관람 시간 확인, 영유아들이 체험하기에 불편한 점은 없는지, 편의시설, 화장실 등을 파악해야 한다. 출발에서 마무리에 이르기까지 영유아들과 함께 움직일 경로를 미리 계획하여 예상소요시간을 정한다. 미술관 견학을 가기 전 교사는 영유아들과의 사전 활동을 통해 기대감을 높이고 주제의 확장이 일어날 수 있도록 다음과 같은 언어적 상호작용을 한다(정미라 외, 2019).

- 미술관은 어떤 곳일까?
- 미술관에 가서 우리는 무엇을 할까?
- 미술관에 가서 우리는 어떻게 해야 할까?
- 미술관에서 알아보고 싶은 점은 무엇일까?
- 미술관에서 가면 무엇이 궁금할까?

그리고 전시 관람 경험을 나누어 보면서 전시 관람 예절 및 안전 규칙에 대해서도 이야기 나누어 관람예절을 지킬 수 있도록 한다.

- 관람선을 지켜서 차례대로 질서를 유지하면서 관람합니다.
- 작품을 손으로 만지게 되면 파손의 우려가 있고 손에 있는 염분 등으로 변질될 수 있으니 눈으로만 관찰합니다.
- 전시장에 음식물을 가져가지 않습니다.
- 떠들지 않고 조용히 말해야 합니다.

- 뛰어다니지 않고 걸어 다녀야 합니다.
- 사진 촬영이 금지된 곳에서는 사진을 찍지 않습니다.

② 관람 단계

미술관 견학 시에는 전문가의 도움을 받아서 작품에 대한 설명을 들을 수 있다. 그리고 교사는 영유아를 위해서 전문적인 지식을 가지고 폭넓은 관람의 기회를 통해서 작품을 감상할 기회를 제공한다(이숙재 외, 2002). 교사는 작품에 대해 설명하고 작품에 대한 해석을 해 주는 것이 아니라 교사와 영유아 혹은 영유아와 영유아가 대화를 통해 서로의 생각을 교류하면서 작품을 해석해 나갈 수 있어야 한다. 친구들과 함께 이야기하고 함께 감상활동을 펼치면서 집단 간 상호작용의 긍정적인 경험도 이끌어 낼 수 있도록 돕는다.

영유아들이 자유롭게 전시관을 전체적으로 둘러볼 때, 교사는 능동적이고 다양한 방법으로 관찰하도록 격려한다. 교사는 미술 관람을 하면서 영유아의 사고와 이해를 확장시키기 위해 여러 가지 발문을 할 수 있다. 이때 교사는 발문에 특히 주의하여 단편적인 지식 이해로 치우치지 않도록 해야 하며 영유아가 적극적으로 참여할 수 있도록 이끌어 준다.

- 여기에 어떤 것들이 있니?
- 작품을 보니까 어떤 느낌이 드니?
- 가장 눈에 띄는 그림은 무엇이니?
- 어떤 작품이 가장 마음에 드니?
- 그 작품의 어떤 점이 좋으니?
- 작품을 만든 사람은 어떤 생각을 하고 있었을까?
- 작품에 새로운 이름을 지어 볼 수 있을까?

전시장에 전시된 미술작품을 편안하게 관람하며 마음에 드는 작품을 찾아 감상한다.

이러한 작품에 대한 감상내용은 미적 요소와 원리를 중심으로 영유아와 상호작용할 수 있다. 미적 요소와 원리를 바탕으로 한 상호작용은 영유아로 하여금 미술작품을 좀 더 적극적으로 감상하는 기회를 가지게 하고, 미적 요소와 원리들이 어떻게 구성되었는지에 대한 이해를 통해 작품을 이해하게 된다(김남연 외, 2020).

- 가장 밝은(어두운) 색은 무슨 색이니?
- 선(모양, 색)의 모습이 어떠니?
- 작품을 가까이(멀리)서 보자.
- 작품을 가까이서 볼 때와 멀리서 볼 때 어떤 차이점이 있었니?
- 작품을 위(아래)서 보자.
- 작품을 위에서 볼 때와 아래에서 볼 때 어떤 차이점이 있었니?
- 작품을 정면(뒷면)에서 보자.
- 작품을 정면에서 볼 때와 뒷면에서 볼 때 어떤 차이점이 있었니?

종종 미술관에서 영유아가 미술작품과 미술관에 친숙해질 수 있는 다양한 활동을 계획하고 운영하고 있으므로 이를 적극 활용하여 체험과 놀이를 통해 즐거운 미술감상을 단계별로 할 수 있도록 하는 것이 좋다.

③ 관람 후 단계

미술관 작품 감상 후, 영유아의 관심에 따라 다양하게 사후활동을 접근해 볼 수 있도록 한다. 교실로 돌아와 경험한 것에 대한 감동이나 느낌, 혹은 본인의 해석 등 감상내용을 발표하고 토론하는 기회를 가짐으로써 미술작품을 보다 쉽게 이해할 수 있게 된다. 또한 전시된 작품의 주제나 관심 있는 작품의 기법이나 재료 등을 통해 미술활동을 할 기회를 주어 영유아들이 자신만의 그림을 그릴 수 있도록 한다. 미술관에서 제공하는 사후 활동자료가 있다면 영유아들과 함께 활동해 봄으로써 전시 경험을 더욱 연장시켜 사고의 폭을 넓혀 보는 기회를 갖는다. 영유아들과 함께 작품선정 및 배치, 포스터와 초대장, 작품 설명서, 방명록 제작 등 전시방법에 관해 이야기를 나누고 전시회를 준비한다. 전시회에 학부모나 다른 학급의 영유아를 초대하는 것도 영유아의 자발적인 전시 준비를 유도할 수 있다(유성이 외, 2015).

- 미술관을 다녀오니까 어떠니?
- 새로 알게 된 것이나 느낀 점을 이야기해 보자.
- 가장 좋아했던 작품을 만들어 보자.
- 친구들과 함께 미술관을 꾸며 보자.

일부 미술관에서는 영유아들을 위한 별도의 공간을 마련하여 체험 중심의 프로그램이나 정기 교육 프로그램을 운영하거나 영유아들을 위한 워크숍을 개최하기도 하므로 선별적으로 이용하는 것도 좋다. 또한 미술관에서의 예절이나 개별 전시에 대한 이해를 돕기 위하여 워크북 등 활동에 관련된 자료를 배포하고 있다. 따라서 교사는 미술관에서 제공하는 활동지를 교육현장에서 활용하기 전 영유아의 발달과 특성을 고려하여 영유아의 흥미를 끌어낼 수 있는 방안을 충분히 고려하는 것이 효과적이다.

2) 미술교육의 교사의 역할

최근 교육에 있어서 많은 연구들은 영유아의 학습과 발달에 중요한 영향을 미치며 교육의 질을 결정하는 가장 중요한 요인으로써 교사를 들고 있다(Howes & Oerick, 1986). 특히 영유아교육의 특성상 교사의 전문적 판단과 교육적 선택에 의해 영유아교육과정이 구성되어지고 체계화되므로 영유아교육의 질을 결정하는 데 중요한 변인은 영유아교사라고 할 수 있다(이기숙 외, 1986). 이는 아무리 좋은 환경과 프로그램을 가지고 있다 할지라도 그것을 운영하는 교사가 우수한 자질을 갖고 있지 못한다면 교육의 효과는 제대로 나타날 수 없음을 말한다. 이처럼 영유아교육의 질에 가장 큰 영향을 미치는 것이 영유아교사의 전문적 능력과 자질이라고 한다면 영유아미술교육의 질을 결정하는 것 또한 영유아교사일 것이다. 즉, 영유아교육기관의 물리적 환경, 시설, 미술활동을 위한 자료 및 재료 등 물리적 교육조건이 아무리 잘 갖추어져 있다 할지라도 일차적으로 미술교육을 수행하는 인적 환경인 영유아교사의 역할수행 능력과 자질이 우수하지 않다면 성공적인 교육적 결과를 기대할 수 없음을 의미한다.

영유아미술교육에 있어 교사의 자질과 전문성이라는 것은 전문적인 예술가로서의 능력을 말하는 것이 아니다. 영유아에게 있어 미술은 단순하게 미술 그 자체만의 의미이기보다는 영유아의 정서적, 신체적, 사회적 그리고 언어적인 모든 것들이 영유아의 성장과 발달에서 매우 중요한 교육적 매체로서 의미를 가진다. 이처럼 영유아미술교육은 영유아들의 전반적 발달에 매우 중요하다. 그러나 실제로 영유아교사들은 영유아의 미술교육의 중요성을 인식하면서도 영유아교육현장에서 미술교육에 관한 미술지도의 능력 부족이나 기본지식의 부족(김인희, 2007), 자신감 부족(곽옥희, 2008) 등의 이유로 인해 영유아미술교육을 부담스러운 지도 영역으로 생각한다. 그러므로 영유아교사들은 자신들의 미술적 교수능력의 부족과 자신감 부족으로 인해 영유아들이 미술을 통해 받아야 할 교육적 혜택의 기회를 놓치지 않도록 미술에 대한 좀 더 풍부한 미술적 전문지식과 적절한 자질을 갖출 수 있도록 끊임없는 노력이 필요하다(윤희경, 2002). 연령별 교사의 역할에 대해서 구체적으로 살펴보면 〈표 10-15〉와 같다.

표 10-15. 연령별 교사의 역할

구분	내용
만 2세	영아의 경우 놀이와 활동은 개별 상호작용을 중심으로 이루어지므로, 영아반에서는 원칙적으로 계획적이고 의도적인 대 · 소집단 활동을 진행하지 않는 것이 바람직하다. 다만 교사가 의도하지 않거나 계획하지 않은 활동 진행과정에서 영아의 흥미나 요구에 따라 자연스럽게 소집단 형태로 활동이 이루어질 수 있다. 이때에도 영아 주도적인 접근에 원칙을 두고 상호작용하는 것이 바람직하다. 예를 들어, 색밀가루 반죽 탐색 활동 시 5~6명의 영아들이 활동에 참여하기를 원하여 소집단으로 운영하게 될 경우, 교사는 영아의 발달적 수준, 요구, 흥미를 반영한 개별적 상호작용을 하여 활동을 진행한다.

구분	내용
만 3세	같은 공간에서 또래와 같은 장난감으로 노는 병행놀이를 한다. 병행놀이는 놀잇감을 교환하기는 하지만 공동의 놀이 주제나 구조물은 만들지 않고 옆의 또래가 무엇을 하든 상관하지 않는다. 영유아는 또래의 행동에 관심을 갖고, 또래의 행동을 따라서 한다. 예를 들어, 옆에 있는 영유아가 밀가루 점토를 길게 만들면, 자기도 따라서 밀가루 점토를 길게 만든다. 그러므로 교사는 영유아들의 편안한 미술활동이 이루어질 수 있도록 동일한 재료와 도구를 충분히 준비해 주어야 한다.
만 4세	서로에게 근접한 자료와 공간을 영유아들이 나누고 조정하지만 참된 협력이 부족한 연합놀이가 나타난다. 또래와 함께하는 미술활동에 참여하는 과정에서 서로 생각과 느낌의 차이가 있음을 알고 이를 나누도록 협동적인 미술활동에 참여하지만 자신이 만든 부분에만 흥미를 느끼고 전체 작품이 아니라 자신이 만든 부분만을 보는 경향이 있다. 개인작품 합하여 완성하기, 작품을 정하고 역할 분담하여 완성하기 같이 각자가 개별적인 역할을 하는 협동 활동을 잘할 수 있다. 교사는 영유아가 자신의 작은 작품이 또래의 작품과 조화되어 더 큰 작품으로 구성될 수 있음을 인식하도록, 그리고 다른 또래의 작품에 관심을 가지도록 지도한다. 협동적인 미술활동에 따른 작품의 완성보다는 협동적인 미술활동 과정에 또래와 함께 공동으로 꾸며 보는 경험을 제공하여 자신의 생각과 느낌을 나누고 협동하면서 활동에 적극적으로 참여하도록 한다.
만 5세	또래와 공동의 주제와 규칙에 따라 각각의 역할이 주어지며 조직적이고 협동적인 협동놀이를 한다. 또래들과 협동적인 미술활동을 통해 서로의 느낌과 생각 그리고 미적 감각과 취향을 나누면서 공동 미술표현을 즐기도록 협동적인 미술활동에 참여하여 즐긴다. 또래와의 공유된 목표를 가지고 협의하여 미술 작품을 완성해 가는 과정에 참여하는 기회를 제공하며, 결과물에 대한 성취감을 느끼고 즐길 수 있도록 한다. 집단의 크기는 2~3명의 소집단에서 더 큰 집단으로 확장해 가는 등 다양한 집단 활동으로 구성한다. 영유아들의 완성된 작품에 대해서 서로 논의 할 수 있도록 도와주고 또래 앞에서 발표를 하도록 한다. 이때 작품을 비평하기보다는 노력에 대해 칭찬과 격려로 자긍심을 갖도록 해 준다.

모든 영유아들의 미술활동 지도 시 교사는 영유아가 일상에서 아름다움과 경이감을 느끼고 즐기며 표현하는 풍부한 감성을 가진 존재임을 인정하며 영유아가 자연, 생활, 예술에서 아름다움을 찾아보고 느끼며, 다채롭고 창의적인 방법으로 자신의 경험, 생각, 느낌을 표현해 보고, 다양한 예술 표현을 존중하는 경험과 관련된 활동을 할 수 있도록 지원할 수 있다. 교사는 영유아가 아름다움을 느끼고 즐기며 창의적으로 표현하는 과정을 통해 풍부한 감수성을 기르도록 돕고, 영유아가 다양한 예술 감상을 통해 상상력을 키우고 예술 표현이 가지고 있는 고유의 가치를 존중하도록 지원할 수 있다.

4 미술교육의 평가

평가란 실시된 모든 학습에 있어서 그 목표에 대한 성취의 정도를 확인하는 것이다. 이러한 측면에서 볼 때 미술활동에 대한 평가는 미술교육이 영유아의 창의력, 표현력, 상상력, 관찰력 및 조형적 감각과 지적 · 육체적 · 사회적 성장 등에 있어서 어느 정도의 변화와 향상을 가져왔는가를 관찰하여 다음 학습 계획에 필요한 자료를 제시할 수 있어야 한다. 따라서 이러한 목표에 대한 확인으로서 평가는 과학적이고 객관적인 태도로 실시되어야 한다. 그러나 영유아의 미술활동은 지극히 주관적이고 개성적인 자아의 반영이므로 그것을 객관적으로 측정하기란 여러 가지로 어려운 점이 미술교육의 특징이다.

영유아들의 미술작품 평가는 영유아가 가지는 특성, 즉 지적수준, 연령, 개성 등을 고려해 볼 때 어려운 일이며 영유아들의 미술자체가 내면세계의 표출이고 정신활동의 소산으로 개인의 발달과정과 주어진 환경에 따라 많은 차이가 있기 때문에 보다 넓은 관점에서 평가는 이루어져야 한다. 다시 말해 영유아미술은 개개인의 특성(환경, 연령, 성숙도, 지적수준 등)에 따라 차이가 있고 개인의 발달과정과 지역문화의 차이, 경험에 따라 많이 달라지므로 미술평가를 한다기보다는 그들이 남긴 작품이나 활동 과정 속에서 영유아 개개인에 대한 이해를 한다는 표현이 옳을 수도 있다. 이는 영유아들의 그림이나 꾸미기, 만들기 등을 통해서 그들의 내면세계가 얼마나 성장하고 있는지, 어떤 문제점을 지니고 있는지에 대해 면밀히 파악하고 이해하는 데 주안점을 두어야 한다는 것이다.

1) 평가의 필요성

영유아의 미술활동에 전반적인 평가의 필요성에 대해서 영유아, 교사 및 학부모 입장에서 살펴보면 <표 10-16>과 같다.

표 10-16. **평가의 필요성**

구분	내용
영유아	영유의 흥미도, 표현 방법, 적극성 등을 살펴봄으로써 개별 영유아에 대한 이해를 돕게 하여 미술활동을 즐겁고 적극적으로 참여할 수 있도록 지지할 수 있다.
교사	평가를 통해 개별 영유아의 특성에 대해 이해할 수 있고, 발달을 돕기 위한 자료를 사용하여 교수활동을 계획할 수 있다.
학부모	평가의 특성을 이해하고 평가 결과를 통해 영유아의 현재 수준 및 발달에 대해 이해할 수 있으며 가정과 영유아교육기관이 연계하여 적절한 지원을 할 수 있다.

2) 평가 방법

영유아들의 미술작품 평가에 있어서 단순한 결과위주의 작품평가가 아닌 표현과정을 통한 평가로 볼 때 아이들의 각 발달 수준을 고려한 기술식 평가방법을 사용해야 하며 발달단계에 맞는 다양한 평가 유형과 평가 방법을 적용해야 한다. 영유아 미술작품의 평가는 아이들의 작품을 상대적으로 비교하여 우열을 결정하는 상대 평가가 아닌 학습목표의 성취도를 알아보는 절대 평가로써 아이들의 표현과정과 결과를 잘 관찰하고 아이들의 발달 수준을 고려하여 장 · 단점을 기술해야 한다. 또한 평가는 영유아를 관찰하고 놀이활동이 잘 일어날 수 있도록 지원해 주기 위한 방법 중 하나임을 명심해야 한다(김희숙, 2004).

(1) 영유아 평가

영유아미술에 대한 평가를 위해서, 첫째, 포트폴리오 평가가 사용된다. 영유아의 작품수집, 즉 포트폴리오는 어떤 한 영역 또는 여러 영역에 걸쳐서 영유아가 얼마나 노력했는지, 얼마나 나아졌는지, 그리고 얼마나 성취했는지를 잘 보여 주는 자료이다. 따라서 결과보다도 수행과정을 중요시하는 미술교육에 있어 포트폴리오를 통한 평가가 권장되고 있다.

둘째, 일화기록법 및 관찰기록법을 사용한다. 교사는 미술활동의 과정에서 영유아가 나타내는 언어적 반응뿐만 아니라 비언어적 반응까지도 주의 깊게 관찰하고 객관적으로 기록해야 한다. 즉, 탐색, 표현, 감상의 과정에 참여하는 영유아의 모든 표현과 반응을 구체적으로 살펴서 기록해야 한다.

셋째, 평가도구를 통한 평가이다. 영유아 미술활동에 대해 표준화된 절차를 걸쳐 신뢰도와 타당도가 검증된 평가도구는 목적에 따라서 다양하게 사용할 수 있다.

넷째, 면담을 사용한다. 영유아의 미술활동 참여 시 이루어지는 교사의 발문 및 상호작용은 영유아의 심리 상태, 사고를 알 수 있는 기회를 제공한다. 또한 영유아에게 스스로 자신의 활동 과정을 평가해 볼 수 있는 기회를 제공하기도 한다.

(2) 교사 평가

교사는 자기 평가를 통해 교수활동을 점검하고 이를 개선해 나갈 수 있다. 첫째, 미술 환경 구성에 대한 평가이다. 예를 들어, 연령에 적합한 재료 및 도구가 준비되었는지, 영유아의 흥미를 자극하는 자료가 준비되어 있었는지, 미술활동을 하기에 적절한 공간이 마련되어 있는지와 영유아의 작품을 전시하고 보관할 수 있는 공간이 마련되어 있는지 등을 평가할 수 있다. 둘째, 교수활동에 대한 평가이다. 교사가 계획한 미술교육 활동이 활동목표에 맞게 잘 이루어졌는지 등에 대한 평가로 다음 미술교육 활동의 기초 자료로서 활용이 가능하다.

Chapter 11

음악교육

배울 내용

1. 음악교육의 개념 및 중요성
2. 음악교육의 목표 및 목적
3. 음악교육의 내용 및 실제
4. 음악교육의 평가

학습목표

1. 음악교육의 개념 및 중요성을 이해한다.
2. 음악교육의 목표 및 목적을 숙지한다.
3. 음악교육의 내용 및 실제를 통해 활용방안을 모색해 본다.
4. 음악교육의 구체적인 평가방법을 숙지한다.

1 음악교육의 개념 및 중요성

1) 음악교육의 개념

인간은 태아기부터 부모의 목소리, 주변 환경의 소리 등에 본능적으로 반응하고 움직인다. 유아들은 오감각 중 청각이 가장 먼저 발달되어, 태어날 때부터 주변 소리에 민감하게 반응하고 탐색하며, 성장하면서 음악에 맞추어 흥얼거리거나 신체를 움직이는 등 음악을 듣고 즐긴다. 유아는 음악적 잠재력을 가지고 태어나며, 본능적으로 음악을 즐기는 특성을 보인다. 성인에 비해 언어적 표현이 자유롭지 못한 유아들은 음악을 통해 자신의 생각과 느낌, 감정을 표현하며 타인을 이해한다.

따라서 유아의 삶에서 음악은 매우 가치롭고 본질적 요소라고 할 수 있으므로(Greenberg, 1985), 유아기의 음악적 경험은 매우 중요하다. 유아기의 음악적 경험은 영유아의 잠재적 창의성을 자극하고 음악적 감각을 개발하며, 표현력을 기르는 동시에 음악에 대한 흥미를 증진시킬 뿐만 아니라 궁극적으로 전인발달을 돕는 데 중요한 영향을 미친다(안미숙, 신원애, 2016).

유아음악교육은 유아의 발달에 적합한 노래 부르기, 악기 연주하기, 신체표현하기, 음악 감상하기 등의 음악적 경험을 통해 자신의 생각과 느낌을 표현함으로써 음악적 능력을 발달시켜 전인발달을 돕는 계획적이고 체계적인 노력이라고 정의할 수 있다. 또한 유아음악교육은 유아가 음악을 느끼고 상상하고 즐김으로써 음악의 아름다움을 인식하도록 돕는 교육이라 할 수 있다. 즉, 유아음악교육은 음악적 요소를 활용한 다양한 음악적 활동을 통하여 유아가 음악의 아름다움을 인식하도록 돕는 교육이며, 유아의 음악적 능력을 기르는 동시에 조화로운 전인발달을 촉진하는 교육이다.

2) 음악교육의 중요성

인간은 누구나 음악적 잠재력을 지닌 존재로 태어나지만, 후천적인 경험과 환경의 영향으로 그 잠재력이 변화될 수 있기 때문에 음악교육이 필요하다. 또한 음악적 능력은 생후 10년 동안에 가장 활발하게 발달하고(Gembris, 2002), 유아기는 청감각이 매우 민감한 시기이므로 음악적 능력 발달의 결정적 시기라고 할 수 있다(Chen, 2000). 그러므로 유아의 발달에 적합한 다양한 음악적 경험을 체계적으로 제공하는 유아음악교육이 필요하며, 이는 유아의 음악적 발달과 함께 전인 발달에 긍정적인 영향을 미치므로 매우 중요하다.

유아들은 경험을 통해 세상을 인식하고 배워 나간다. 다양한 음악적 경험은 유아의 전인적 성장과 발달에 도움을 줄 수 있으며, 미래의 학교나 사회 생활에 필요한 능력을 갖출 수 있도록 돕는 중요한 경험이 되므로 많은 학자들은 음악교육에 있어서 유아기에 체계적인 음악교육을 제공해야 함을 주장하였다.

고대시대 플라톤(Platon)은 인격형성과 감성의 도야를 위해 음악교육이 필요하며, 그것이 음악의 목적이 되어야 한다고 주장하였다. 아리스토텔레스(Aristotles) 역시 음악은 미적 도야 및 도덕성 발달에 반드시 필요한 교과임을 강조하였다.

고든(Gordon)은 모든 유아가 음악적 잠재력을 가지고 태어나지만, 10세 이전에 음악적 경험을 많이 한 사람과 그러한 환경을 제공받지 못한 사람 사이에는 음악적 능력에 많은 차이가 있다고 하였다. 특히 유아기는 음악적 능력 형성에 매우 중요한 시기이므로 음악교육이 필요하다고 하였다. 젬브리스는 누구나 음악성을 발달시킬 수 있는 가능성을 가지고 있다고 하며, 대부분의 사람들이 평균 지능을 가지듯이 보통의 사람들은 평균적인 음악성을 지닌다고 설명하였다. 가드너(Gardner)는 인간에게 잠재된 9가지 지능 영역 중 음악지능은 누구나 가지고 태어나지만 성장하면서 경험한 음악적 교육에 따라 음악적 능력의 개인차가 크다고 주장하였다. 이처럼 모든 인간은 선천적으로 음악적 능력을 가지고 태어나지만 음악적 경험의 정도에 따라 음악적 능력의 발달에 차이가 나타남을 알 수 있다.

유아기의 긍정적이고 의미 있는 음악적 경험은 미래 사회의 적응과 대체능력을 기르고, 유아들의 신체, 정서, 언어, 인지, 사회성 및 창의성 등의 모든 영역에서의 발달을 촉진할 수 있다. 코메니우스(Comenius), 루소(Rousseau), 페스탈로치(Pestalozzi), 프뢰벨(Fröbel), 몬테소리(Montessori) 등 대부분의 유아교육자 역시 음악교육의 가치를 강조하며, 소리 탐색하기, 노래 부르기, 악기 연주하기, 신체표현하기 등을 유아가 경험할 수 있도록 음악적 환경을 제공하는 것이 중요함을 시사하였다(Greata, 2006).

듀이(Dewey)는 유아가 음악에 친숙해질 수 있도록 하여 음악적 표현이나 감상에 긍정적이고 적극적으로 참여하는 태도를 형성하도록 돕고, 생활 속에서 자연스럽게 음악을 접할 수 있도록 하였다. 피아제는 유아의 발달단계에 맞는 음악교육을 제공하고 유아가 스스로 음악활동에 참여함으로써 자존감을 가지고 인격을 형성하는 데 도움을 주어야 한다고 하였다(정현경, 2001). 이처럼 많은 학자들이 유아를 대상으로 하는 음악교육의 가치를 인정하였으며, 유아기의 음악교육은 음악적 경험을 통하여 음악적 능력뿐 아니라 정서와 인격의 도야에 도움이 되는 교육임을 인정하였다.

코다이(Kodály), 달크로즈(Dalcroze), 오르프(Orff) 등의 학자들은 음악성의 발달이 영유아기에 빠르게 진행되며, 음악교육의 적기로 조기교육의 필요함을 역설하였다. 코다이는 생애 부여된 가장 아름다운 선물은 음악의 축복이라고 하면서 늦어도 3~7세에는 음악교육이 시작되어야 음악적 청력과 감상력이 최대한으로 향상될 수 있다고 주장하였다. 음악성 발달 뿐만 아니라 음악을 통한 자기표현과 자아개념의 발달을 기대할 수 있으며, 나아가 신체, 정서, 언어, 인지, 사회성 및 창의성 발달을 가져올 수 있다고 하였다. 오르프는 음악교육의 목적을 인격형성에 두고 생애 초기의 의미 있고 즐거운 경험으로서 유아가 앞으로 성인이 되어서 음악을 향유하며 예술을 사랑하는 문화인으로 살아가도록 하는 데 영향을 준다고 하였다. 달크로즈는 인간은 태어날 때부터 신체적으로 음악적 리듬을 타고나므로 신체를 활용한 음악교육을 강조하였다. 그러므로 영유아기에는 음악적 능력의 발달을 돕는 적절한 환경과 경험의 제공이 필수적이라 하겠다. 유아기 음악교육의 중요성을 정리하면 〈표 11-1〉과 같다(박명숙, 2017).

표 11-1. **유아기 음악교육의 중요성**

- 영유아는 음악적 존재로 태어나며 음악적 잠재력을 가지고 있다.
- 영유아는 호기심이 강하며 이를 음악경험을 통해 충족시키기도 한다.
- 영유아기는 음악성 발달이 가장 활발하게 이루어지는 결정적 시기이다.
- 영유아의 예민한 청각 발달을 위해 음악적 경험이 필요하다.

2 음악교육의 목표 및 목적

1) 음악교육의 목표

유아음악교육은 기능의 연습을 통해 전문적인 음악가를 양성하는 것보다는 유아들이 음악과 친숙해지고 음악적 표현과 감상에 적극적인 태도를 형성하고 생활 속에서 자연스럽게 음악을 받아들이는 습관을 기르도록 돕는다. 음악교육의 목표는 유아의 잠재되어 있는 음악성을 최대한 계발하고 전인적 삶의 토대로서 음악을 즐기고 표현하는 사람으로 자라도록 하며, 음악을 즐겁게 배우고 익히며 다양한 음악개념들을 영유아 자신의 발달 수준에서 즐기고 표현하도록 하는 데 있다. 음악교육의 목표를 정리하면 〈표 11-2〉와 같다.

표 11-2. **음악교육의 목표**

- 음악을 즐기고 표현하는 능력을 기른다.
- 영유아 발달에 적합한 음악에 대한 반응능력(음악의 지각, 변별)을 키운다.
- 다양한 음악활동 영역(노래 부르기, 신체표현하기, 악기 연주하기, 음악 감상하기, 음악 창작하기)을 서로 유기적이며 통합적으로 조화롭게 경험한다.
- 음악을 통해 긍정적인 자아개념과 창의적인 문제해결능력을 키운다.

- 자신의 감정을 자유롭게 표현하도록 하고 정서적 반응능력을 기른다.
- 음악적 감수성을 계발한다.

다시 말해 유아음악교육의 목표는 유아가 일상생활에서 발견되는 음악의 아름다움을 느끼고 표현하는 과정에 적극적으로 참여함으로써 즐거움을 느끼고 음악적 심미감을 기르도록 하는 데 있다.

2) 음악교육의 목적

음악은 그 자체로 유아에게 만족감과 즐거움을 줄 뿐만 아니라 노랫말과 리듬, 선율, 박자, 음색을 즐기며 긴장과 갈등을 해소시켜 준다. 또한 상상과 자유로운 표상이 가능하며, 음악성과 심미적 발달을 통한 긍정적 자아개념 형성 및 창의적 사고를 발달시키는 동시에 신체, 정서, 사회성, 언어, 인지발달을 이루는 데 도움을 준다.

따라서 유아기의 음악교육은 악기를 잘 연주하도록 하거나 정확하게 소리 내어 노래를 잘 부르도록 하기보다는 음악을 놀이로 경험하면서 즐거움을 느낄 수 있도록 하여 유아들에게는 생활로서의 음악을 즐기도록 도와야 한다(Dewey, 1963). 유아를 위한 음악교육은 음악만을 위한 교육이 되어서도 안 되고 단지 다른 영역의 발달을 위해 수단으로 사용되는 교육이 되어서도 안 된다. 영유아의 음악교육은 영유아들이 음악전문가가 되기 위한 것이 아니라 음악을 통해 즐거움과 행복감을 느끼며, 음악적 소양을 기르고 통합적인 전인발달을 시키는 데 목적이 있다. 따라서 자기표현의 도구로써 음악교육은 영유아가 각자의 개성을 마음껏 발휘할 수 있도록 열려 있어야 한다.

자연과 생활 주변 그리고 영유아 자신에게서 음악적 요소를 발견하고, 그것을 소리 만들기 또는 움직임으로 재현하면서 아름다움과 즐거움을 느끼는 경험을 통해 영유아는 삶의 주변에서 보고 듣는 것에서 아름다움을 발견하고 즐길 줄 알게 될 것이다.

따라서 유아음악교육은 유아에게 음악을 지각하고 느끼며 즐길 수 있는 다양한 음악적 환경 및 경험을 제공하고 심미적 잠재력의 계발이 이루어지도록 해야 한다. 즉, 유아들이 일상생활 속에서 음악을 즐겁게 경험하고 음악적 요소들에 관심을 가지고 음악활동에 적극적으로 참여하는 과정에서 음악을 대하는 태도를 기르고 음악적 능력을 증진시키는 것과 동시에 심미감을 길러 준다. 그러므로 유아교육기관에서는 풍부한 음악적 경험과 환경을 제공해 주어야 한다.

(1) 음악적 개념 발달

다양한 음악 활동을 통해 유아가 가지고 태어난 잠재적인 음악 능력을 최대한 발현시킬 수 있다. 소리 탐색하기, 노래 부르기, 악기 연주하기, 신체표현하기, 음악 극하기, 음악 감상하기 등의 다양한 음악활동을 통해 리듬, 멜로디, 화성, 음색, 형식, 빠르기 등의 음악적 개념을 발달시킬 수 있다.

표 11-3. **음악적 개념 발달을 돕는 활동**

- 음악을 듣고 빠르기에 따라 몸을 움직여 보기
- 리듬을 듣고 손뼉치기
- 소리의 높낮이에 따라 몸을 움직이기
- 음색에 따라 동작으로 표현하기

(2) 언어발달

음악활동은 주의 깊게 주변의 소리를 듣고 소리의 차이를 구별하며 비슷한 소리를 식별할 수 있는 능력의 발달을 돕는다. 또한 노래 부르기 활동에서 노랫말을 통해 어휘와 문장의 의미를 이해하고 활용할 수 있도록 어휘력과 문장력을 기른다. 음악을 듣고 느끼고 생각한 것을 표현하는 과정에서 이루어지는 또래와의 상호작용을 통해 언어발달을 가속화시킬 수도 있다.

표 11-4. 언어발달을 돕는 활동

- 음악 감상 후 작품의 특징이나 느낌을 언어로 표현하기
- 노랫말과 음악 활동을 통해 새로운 단어 알기
- 상황을 묘사하는 의성어와 의태어 알기
- 노랫말 개사하기
- 음악극 활동을 하면서 등장인물과 배경, 분위기 등 언어 표상하기
- 노랫말 창작하기

(3) 인지발달

유아의 음악적 경험은 유아의 문제해결 능력과 소리에 대한 이해력 발달을 돕는다. 음악적 경험을 통해 음의 특성을 이해하고, 음을 구별할 수 있는 변별력, 음을 음악의 개념에 따라 분류할 수 있는 분류 능력, 음을 차례로 배열할 수 있는 서열 능력, 음을 기억할 수 있는 기억능력과 들은 음악을 재생할 수 있는 재생 능력은 인지능력의 발달을 돕는다. 유아들이 이해하거나 기억하기 힘든 언어나 숫자 등을 여러 번 반복하여 노래 부르거나 자연적 현상 및 사회적 상황에 대한 이해를 도울 수 있다.

표 11-5. 인지발달을 돕는 활동

- 소리의 특징 이해하기
- 악기를 만드는 과정에서 소리를 탐색하며 문제해결능력 키우기
- 노랫말 만들기
- 음악극에서 등장인물과 상황 분석 후 대사, 효과음, 노래, 동작, 조명, 무대배경 등을 구상하고 만들기
- 다양한 소리를 녹음하여 들어 보기

(4) 정서적 발달

음악은 생각이나 정서표현의 수단이 되며, 다양한 감정을 전달하는 도구가 된다. 음악 활동을 통해 음악적 요소를 충분히 탐색하고 이를 음악적으로 표현하는 과정을 통해 자신의 감정을 자연스럽게 인식하고 표현하여, 타인의 감정과 생각을 민감하게 인식하게

함으로써 자연스러운 감정 표현 및 조절을 할 수 있도록 하여 정서적 감수성을 기른다. 음악은 평소 잘 처리하지 못하는 생각이나 감정을 전달하는 도구의 역할을 하며 슬픔, 기쁨, 공상, 놀람 등의 모든 감정적 느낌을 표현하는 데 사용된다(Radocy & Boyle, 1997).

표 11-6. 정서발달을 돕는 활동

- 노래의 다양한 정서를 느끼고 표현하기
- 소리 탐색과 악기 연주를 하면서 자신의 정서를 표현하기
- 리듬에 따라 몸을 흔들거나 조작 도구로 표현하기
- 노래를 흥얼거리면서 정서적 감수성 기르기
- 음악의 주제에 따라 물감 작업이나 그림 등으로 다양하게 표상하기

(5) 사회성 발달

친구들과 어울려 소리를 만들고 음악에 맞추어 신체표현을 하거나 음악극 활동을 하면서 공동체 의식을 느끼고, 서로 협력하고 의견을 조율하는 과정에서 타인에 대한 배려와 소통의 경험을 가능하게 한다. 음악활동 과정에 참여하면서 친구와 함께 노래를 부르거나 악기를 연주하며 느끼는 즐거운 감정을 통해 관계 내에서 이루게 되는 사회적 능력이 발달된다. 즉, 다양한 음악활동을 통해 유아는 친구와의 관계를 형성하는 데 필요한 참여, 나눔, 협동 등을 경험하게 된다. 영유아가 사회적 관계를 형성하고 사회활동에 필요한 능력 및 태도를 형성하는 데 음악의 역할이 크므로 또래 유아와 함께 하는 다양한 음악적 경험을 제공하는 것이 중요하다.

표 11-7. 사회성 발달을 돕는 활동

- 친구와 함께 노래 부르기
- 악기 합주하기
- 가족이나 친구, 지역사회, 세계 여러 나라 등 다양한 주제의 음악 활동을 통해 소중한 관계의 의미 형성하기

(6) 창의성 발달

유아가 자신의 생각과 느낌을 자유롭게 표현하도록 유도하면 자신의 느낌을 독창적으로 표현하게 되어 상상력과 표현력이 발달될 수 있다(전인옥, 이숙희, 1997). 소리를 탐색하고 새로운 시도를 하면서 소리를 창조하고, 자신의 느낌을 노래, 악기연주, 신체표현, 음악창작 등으로 표현하면서 기쁨을 느끼고 창의력이 발달된다. 그러므로 유아가 자신의 생각과 느낌을 창의적으로 표현할 수 있도록 풍부한 음악경험을 제공하고, 자유롭고 개방된 분위기를 마련해 주는 것이 중요하다.

표 11-8. **창의성 발달을 돕는 활동**

- 작곡가의 생각을 유추하기
- 음악의 느낌을 몸의 움직임으로 표상하기
- 재미있는 음악을 만들기
- 소리를 탐색하고 느낌 말하기
- 느낌을 동작으로 표현하기
- 음악 만들기

(7) 신체발달

손뼉을 치며 음악에 맞춰 신체표현을 하는 등의 활동을 통해 유아의 손과 눈의 협응력이 길러지고 소근육과 대근육 조절능력을 향상시킨다. 소리 인식을 포함한 다양한 감각경험을 하게 되어 신체적 리듬을 개발할 수 있으며, 음악을 바탕으로 한 신체활동을 통해 이동 및 비이동 움직임, 조작 움직임, 음률 활동, 가상 움직임 등 신체발달이 이루어진다. 그러므로 음악을 기초하는 다양한 신체표현의 기회를 제공하고 유아들이 자유롭게 자신의 신체를 표현할 수 있도록 안내해야 한다.

표 11-9. **신체발달을 돕는 활동**

- 다양한 음악에 맞춰 손뼉치기
- 음악에 맞춰 신체표현하기
- 걷기, 뛰기, 꼬기, 구르기 등 동작으로 표현하기
- 리본, 공, 스카프와 함께 움직이기
- 북이나 탬버린 등 악기 연주하기
- 음악의 요소에 따라 지휘하기

(8) 긍정적인 자아개념

음악활동은 영유아의 호기심과 성취감을 충족시켜 줄 뿐만 아니라 긍정적인 자아개념의 형성을 도와준다. 음악활동 속에서 자신의 이름, 역할 등에 친숙해지며 자신의 생각과 감정을 표현하고 이해하게 된다. 영유아는 창의적으로 음악활동을 시도하면서 한 개인으로서의 자신감과 다양한 성취감을 경험하게 된다. 그러므로 자신의 생각과 느낌을 표현할 수 있는 활동과 경험을 제공하는 것이 중요하다.

표 11-10. **긍정적인 자아개념 형성을 돕는 활동**

- 나와 관련된 동요 불러 보기
- 음악에 맞추어 신체표현하기

(9) 심미감 발달

유아가 자연과 생활 주변에서 음악적 요소를 발견하여 아름다움을 느끼고, 표현하며 창작하는 경험을 통해 아름다움과 즐거움을 느끼며, 이를 통해 심미감을 발달시킬 수 있다. 그러므로 음악적 경험과 환경을 제공하여 음악을 충분히 이해하고 연주하며 창작할 수 있는 음악적 능력을 기르는 동시에 음악이 가지는 심미감을 경험할 수 있도록 도와야 한다.

표 11-11. 심미감 발달을 돕는 활동

• 자연에서 들리는 소리, 몸에서 나는 소리 감상하기 • 가족, 친구, 이웃 등 사회관계 및 기본생활과 관련된 다양한 음악을 통한 감상, 탐색, 표현 활동하기

3 음악교육의 내용 및 실제

유아음악교육에서는 음악의 요소에 대한 지식을 직접 가르치는 것보다 놀이를 통해 경험으로 개념을 이해할 수 있도록 돕는 것이 중요하다(Greenberg, 1979). 유아는 다양한 음악적 활동에 참여하면서 그들 나름대로 음악의 기본요소들에 대한 개념을 이해하고 음악에 대한 생각과 경험을 표현하고 공유할 수 있다. 즉, 유아는 소리 탐색하기, 노래 부르기, 음악 감상하기, 악기 연주하기, 음악 만들기와 같이 여러 가지 활동에 참여하며, 음악에 대해 흥미를 느끼고 음악적 능력을 발달시켜 나간다. 음악적 경험은 음악적 개념이나 이해를 돕고 이를 바탕으로 음악적인 표현이 가능하게 하여 음악적 유능감과 자신감을 높일 수 있다. 음악교육의 내용에는 유아의 음악적 발달을 고려하여 유아가 경험해야 할 음악적 요소의 탐색과 음악 표현하기, 음악 감상하기에 대한 내용을 포함한다.

1) 국가 수준 교육과정과 음악교육

(1) 표준보육과정과 음악교육

예술경험 영역의 목표는 영아가 친숙한 자연과 사물 및 주변 환경의 아름다움에 관심을 기울이고 반응하기를 즐김으로써 기초적인 심미감을 경험하는 것을 목표로 한다. 영아기는 신체와 주변의 감각자극에 호기심을 가지고 반응하고 즐거워하며 친근한 소리나 주변 환경에 대한 관심을 통해 감성발달과 창의적인 표현이 시작되는 시기이다. 따라서 영아가 주변 환경의 소리나 움직임, 색 모양 등에 호기심을 가지며 예술적 요소를 경험하며 즐기는 경험을 갖도록 하는 데 중점을 둔다. 표준보육과정의 예술경험에서는 음악교육과 관련된 내용을 〈표 11-12〉와 같이 제시하고 있다.

표 11-12. **표준보육과정 예술경험 영역 중 음악교육 관련내용**

내용범주	내용	
	0~1세	2세
아름다움 찾아보기	자연과 생활에서 아름다움을 느낀다. 아름다움에 관심을 가진다.	자연과 생활에서 아름다움을 느끼고 즐긴다. 아름다움에 관심을 갖고 찾아본다.
창의적으로 표현하기	소리와 리듬, 노래로 표현한다.	익숙한 노래와 리듬을 표현한다. 움직임과 춤으로 자유롭게 표현한다.

(2) 2019 개정 누리과정과 음악교육

3~5세 연령별 누리과정의 예술경험 영역은 유아가 자연, 생활, 예술에서 아름다움을 찾아보고 느끼며, 다채롭고 창의적인 방법으로 자신의 경험, 생각, 느낌을 표현해 보고, 다양한 예술표현을 존중하는 경험과 관련된 내용이다. 교사는 유아가 아름다움을 느끼고 즐기며 창의적으로 표현하는 과정을 통해 풍부한 감수성을 기르도록 돕는다. 또한 유아가 다양한 예술 감상을 통해 상상력을 키우고 예술 표현이 가지고 있는 고유의 가치를 존중하도록 지원할 수 있다. 예술경험에서는 음악교육과 관련된 내용을 〈표 11-13〉과 같이 제시하고 있다.

표 11-13. 2019 개정 누리과정 예술경험 영역 중 음악교육 관련내용

내용범주	내용
아름다움 찾아보기	• 자연과 생활에서 아름다움을 느끼고 즐긴다. • 예술적 요소에 관심을 갖고 찾아본다.
창의적으로 표현하기	• 노래를 즐겨 부른다. • 신체, 사물, 악기로 간단한 소리와 리듬을 만들어 본다. • 신체나 도구를 활용하여 움직임과 춤으로 자유롭게 표현한다. • 다양한 미술재료와 도구로 자신의 생각과 느낌을 표현한다. • 극놀이로 경험이나 이야기를 표현한다.
예술 감상하기	• 다양한 예술을 감상하며 상상하기를 즐긴다. • 서로 다른 예술표현을 존중한다. • 우리나라 전통예술에 관심을 갖고 친숙해진다.

2) 음악교육의 내용

(1) 음악적 요소 탐색하기

음악적 요소 탐색하기는 음악활동의 기초가 되는 중요한 경험(Haines & Gerber, 2000)이며, 유아가 주변에서 들을 수 있는 다양한 소리에 관심을 갖고 주의 깊게 듣는 과정에서 음악의 아름다움을 발견하는 것을 말한다. 유아들은 주변의 소리를 탐색하는 과정에서 셈여림과 빠르기, 리듬, 음색, 음의 고저, 멜로디 등의 음악적 요소를 발견할 수 있다. 그러므로 유아의 주변과 자연에서 나는 소리를 탐색하고, 소리를 만들 수 있는 다양한 재료로 소리를 만들어 보며 탐색할 수 있는 경험을 제공해 줄 필요가 있다.

표 11-14. 음악적 요소 탐색하기의 교수·학습 방법

- 영유아가 조작할 수 있는 최대한 다양하고 안전한 악기와 자료를 준비한다.
- 영유아에게 충분한 소리탐색 시간을 제공하고 주도적으로 소리를 탐색할 수 있도록 한다.
- 일상에서 들을 수 있는 소리에 관심을 갖고 구별하도록 안내한다.
- 소리를 듣고 움직이기, 악기나 그림으로 표현하기 등 듣기 활동을 의도적이고 체계적으로 계획하고 제

공한다.
• 실외에서도 소리를 탐색하고 소리를 만들어 볼 수 있도록 격려한다.
• 음률 영역에 소리를 녹음하고 들을 수 있는 CD 플레이어를 비치한다.

음악적 요소에는 음색, 셈여림, 리듬, 음고, 멜로디, 화음, 형식이 있으며, 그 내용을 구체적으로 살펴보면 다음과 같다.

① 음색

음악에서 사용하는 음은 여러 음이 결합된 것이며 음의 특성은 음의 강도, 음의 길이, 음의 높이, 음색 등이 있다(박화윤 외, 2010). 소리가 가지고 있는 색깔 또는 소리의 질을 음색이라고 한다(이선규, 2004). 또한 같은 높이의 음이라도 악기에 따라 혹은 음을 내는 방법에 따라 다른 소리가 나는데 이것을 음색이라고 한다.

표 11-15. **음색과 관련된 활동**

• 높은 소리가 나면 몸을 높게, 낮은 소리가 나면 몸을 낮게 만들어 보기
• 악기에서 나는 소리 맞추기

② 셈여림

셈여림은 영유아에게 가장 먼저 나타나는 음악적 개념이다. 소리의 크고 작음, 세고 여림을 의미하는 것으로, 같은 높이의 음이라고 하더라도 그 음을 세게 연주하는가, 여리게 연주하는가에 따라 느낌은 달라진다.

표 11-16. **셈여림과 관련된 활동**

• 소리가 커질 때에는 몸을 크게, 소리가 작아질 때에는 몸을 작게 만들어 보기
• 우리 주변에서 들리는 큰(작은) 소리를 찾아보기

③ 리듬

리듬은 음악에서 시간적 개념을 일컫는 것으로 일정한 시간 내의 규칙적인 시간의 분할을 뜻한다(박명숙, 2000). 리듬은 소리의 길고 짧음으로 이루어진 묶음의 패턴으로 박, 박자, 속도, 리듬패턴으로 구성된다.

표 11-17. 리듬의 구성

구분	내용
박(박자)	규칙적인 간격을 두고 일정하게 울리는 음이며, 연속되는 박을 2, 3, 4, 6으로 묶어 놓으면 박자가 된다.
속도	음악이 연주되는 빠르기, 음악의 느림과 빠름을 나타내는 것으로, 같은 곡이라도 빠르기에 따라 다른 느낌의 음악이 될 수 있으며, 어떤 곡은 빠르고 신나는 느낌을 주고, 어떤 곡은 느리고 조용한 느낌을 주기도 한다.
리듬패턴	길고 짧은 음이 같이 묶어진 리듬의 형태로, 어린 유아들은 리듬이 단순하고 반복적이며 규칙적인 음악을 선호한다.

표 11-18. 리듬과 관련된 활동

- 친구가 만든 리듬을 따라하기
- 느린 박자에서는 곰처럼, 빠른 박자에서는 다람쥐처럼 걸어 보기

④ 음고

음고는 음의 높낮이로 높고 낮은 음, 같고 다른 음, 제자리에 있는 음을 말한다. 올라가는 음, 내려가는 음, 높은 음, 낮은 음, 뛰어 진행하는 음, 차례로 진행하는 음 등이 있다. 음의 높낮이는 일정한 시간 내의 진동수에 의해서 결정되는데 진동수가 많을수록 높은 음, 적을수록 낮은 음이다(서동미 외, 2009).

표 11-19. 음고와 관련된 활동

- 높은 음에서는 손을 머리 위로 올리고, 낮은 음에서는 손을 무릎 아래로 내려 손뼉치기
- 계단을 오르내리며, 음의 소리 표현해 보기

⑤ 멜로디

멜로디는 음의 고저와 장단이 의미 있는 방식으로 모여 서로 다른 음높이의 흐름을 나타내는 것으로 다양한 리듬의 음이 모여서 멜로디가 된다. 멜로디는 셈여림, 리듬 그리고 높고 낮은 음이 서로 조화롭게 결합하여 나타나는 것을 말한다.

표 11-20. 멜로디와 관련된 활동

• 음악에 맞춰 스카프나 리본을 움직이면서 선율의 변화 경험하기 • 노래를 들으며 도화지에 멜로디의 흐름 그려 보기

⑥ 화음

높이가 다른 2개 이상의 음이 동시에 울리는 음악적 현상을 말하며, 각기 다른 음성과 음성, 악기와 악기, 악기와 음성이 동시에 소리를 냄으로써 만들어진다(류경화, 1998).

표 11-21. 화음과 관련된 활동

• 핸드벨을 이용하여 화음연주하기 • 실로폰의 다른 음을 동시에 쳐 보기

⑦ 형식

형식은 영유아가 쉽게 이해할 수 있는 개념이 아니며, 가장 나중에 발달하게 되는 요소로 신체표현이나 율동을 통해 이해를 도울 수 있다(박명숙, 2000). 유아들은 한 도막이나 두 도막 형식의 노래가 적합하다(이기숙, 2008).

표 11-22. 형식과 관련된 활동

• 같은 노래에서 반복되는 부분 찾아보기 • 긴 노래와 짧은 노래 찾아보기

(2) 음악적 표현하기

음악적 표현은 노래 부르기, 악기 연주하기, 음악 만들기, 음악 극하기 등의 활동을 통해 유아가 자신의 생각과 느낌을 표현해 보는 것을 의미한다. 그러나 여기에서 주의할 점은 유아가 노래를 잘 부르고, 악기를 잘 연주하는 것이 중요한 것이 아니라 유아가 즐거움을 가지고 자발적으로 음악적 표현활동에 참여하는 것이 더 중요하다.

① 노래 부르기

노래 부르기는 유아가 일상생활 속에서 가장 쉽게 음악을 경험할 수 있는 활동이라고 할 수 있다. 유아들은 생활 속에서 노래를 흥얼거리며, 노래 부르기를 즐기고, 음악에 맞추어 몸을 움직이기도 한다. 목소리는 유아가 경험하는 최초의 악기로 유아는 음색을 경험하고 노래를 하는 경험을 통해 자신의 목소리를 통제하고 노래하는 방법을 배워 나간다. 노래 부르기를 통해 음악의 아름다움을 체험하고 음악적 개념을 형성하는 것뿐 아니라 음악을 통해 자신을 표현하는 기회를 가지게 된다. 그러므로 교사는 유아들의 발달수준을 고려하여, 흥미를 가지고 쉽게 부를 수 있는 노래를 선정하여 즐겁게 부를 수 있도록 안내한다.

유아들과 함게 부를 노래를 선정할 때에는 발달에 적합해야 한다. 만 3세는 길이가 짧고 리듬이 반복적이며 쉽게 따라 부를 수 있는 친숙한 노래가 적합하며, 만 4, 5세의 유아는 다양한 장르의 노래를 부를 수 있으나 너무 넓은 음역대의 곡은 피한다. 전래동요는 반복되는 리듬과 가사로 되어 있기 때문에 유아들이 자신감을 가지고 부를 수 있다.

표 11-23. 노래 부르기의 교수 · 학습 활동

• 교사는 노래 부르기 활동을 지도할 때, 노랫말과 리듬, 가락을 철저히 분석하여 자신감을 가지고 아름다운 목소리로 불러 준다. • 교사는 노래의 분위기를 충분히 살려 적합한 얼굴 표정과 몸짓과 함께 노래를 불러 준다. • 교사가 직접 피아노를 연주하며 노래를 지도할 경우 피아노 연주를 완전히 익힐 수 있도록 한다.

- 노래 부르기 활동을 위하여 녹음된 반주곡을 활용할 경우 소리의 크기가 지나치게 크지 않도록 조절하여 들려준다.
- 유아의 호기심과 흥미를 높이고 참여를 유도하기 위해 피아노 반주뿐만 아니라 우쿨렐레나 자일로폰, 타악기 등 다양한 악기를 활용한다.
- 유아가 노래를 쉽게 따라 부를 수 있도록 한 소절씩 교사의 선창을 따라 부르거나 특별한 반복 어구 등을 유아가 부를 수 있도록 지도한다(여우야 여우야 / 우리집에 왜 왔니).
- 노래 부르기 활동 시에 미리 짜여진 율동을 따라 하도록 하기보다는 유아와 함께 창의적으로 표현해 볼 수 있도록 한다.

② 악기 연주하기

악기 연주하기는 모든 유아들이 즐길 수 있는 음악활동이다. 악기 연주하기는 음악에 맞추어 악기의 소리를 조화롭게 만들고 악기의 독특한 음색, 셈여림, 리듬과 같은 음악적 개념을 경험하고 표현함으로써 유아의 음악적 능력과 표현력을 향상시킬 수 있다. 또한 친구들과 함께하는 악기 연주는 유아들이 다른 악기 소리에 귀를 기울이며 다른 악기들의 기능을 이해하고 자기소리를 조절하는 과정을 통해 사회성이 발달된다. 유아는 악기로 소리를 내면서 음의 높낮이와 크기, 속도 등 음악적 요소를 직접 탐색하고 표현할 수 있으므로 유아들이 충분히 악기를 연주할 수 있는 기회를 제공하는 것이 좋다.

표 11-24. **악기 연주하기의 교수·학습 활동**

- 유아들이 생활 속에서 접하고 경험할 수 있는 다양한 악기들을 실제로 탐색하고 연주해 볼 수 있도록 한다.
- 발달에 적합한 음악과 악기를 선정하여 누구나 쉽게 연주할 수 있게 진행한다.
- 악기와 관련된 활동을 통합적으로 전개하는 방법을 고려하여 풍부한 경험을 제공한다.
- 교사주도의 악기탐색이나 악기 만들기, 노래 부르기와 같은 활동에 그치지 않도록 지도하고, 유아들이 자유로운 분위기 속에서 활동에 자유롭게 참여할 수 있도록 한다.
- 유아를 위한 효과적인 악기지도는 연주 능력의 발달을 돕기보다는 영유아의 발달 특성과 흥미를 고려하여 즐거운 경험이 되도록 한다.

③ 음악 만들기

음악 만들기는 음악을 창작하는 것으로 악기를 자신의 방식대로 연주하거나 즉흥적으로 음악을 만드는 것이다. 음악 만들기를 통해 유아들은 간단한 멜로디를 만들 수 있고 유아들이 좋아하는 노래의 일부분을 바꿔 부르거나 멜로디에 원하는 노랫말을 붙여 부를 수 있다. 음악을 만드는 활동을 통해 유아는 자신의 음악적 성향을 자연스럽게 표현하고 해석할 수 있으므로 유아가 음악을 창작할 수 있는 풍부한 환경을 조성하여 음악을 다양하게 접할 수 있는 기회를 통해 음악적 호기심을 갖도록 돕는다.

표 11-25. 음악 만들기의 교수 · 학습 활동

- 동시를 소개하고 리듬이나 가락을 넣어 음악을 만들어 보도록 안내한다.
- 충분한 시간과 공간을 부여하고 영유아의 표현에 격려와 자신감을 줄 수 있는 적절한 상호작용을 한다.
- 유아의 작품을 인정한다.

④ 음악 극하기

음악극은 듣고, 보고, 노래하고, 춤추는 표현과 이야기가 결합된 종합예술로서 전인발달을 도모하는 총체적인 음악활동이라고 할 수 있다. 동화나 동시, 주제와 관련된 내용을 극화하거나 노래극으로 구성하는 창작극을 의미한다(교육부, 1998). 음악극 활동은 여러 영역과 통합하여 이루어지는 활동으로, 유아의 음악적 능력에 긍정적인 영향을 미칠 수 있다(Speake, 1993). 음악극에는 유아가 좋아하는 예술적 요소들과 상상적 요소들이 포함되어 있어 유아들의 생각과 느낌을 표상할 수 있는 활동이 될 수 있어 유아의 음감과 리듬감을 자연스럽게 증진시킬 수 있다(안경숙 외, 2008 재인용).

표 11-26. 음악 극하기의 교수 · 학습 활동

- 창의적인 표현을 격려하고 유아가 자신의 음악적 아이디어를 다양하게 표현하고 창의적으로 음악을 만들어 보도록 한다.
- 여러 영역을 통합하여 활동이 이루어지도록 안내한다.
- 동화를 각색하여 음악극을 구성하되 창의적인 표현이 이루어질 수 있도록 격려한다.

(3) 음악 감상하기

음악 감상이란 연주되는 음악을 일방적으로 수용하는 것이 아니라 음악에 주의를 집중하여 음악에 표현된 감정이나 생각 등을 느끼고 표현하며 다른 사람과 공유하는 과정이다. 유아가 다양한 음악을 주의 깊게 듣고 음악의 아름다움을 느끼고 음악을 해석하는 것을 의미한다. 음악 감상은 모든 음악활동의 기초가 되며, 음악 감상곡은 여러 번 반복적으로 들려주고, 음악적 요소를 탐색하며 감상할 수 있도록 안내한다. 교사는 다양한 음악장르와 감상곡에 대한 충분한 이해를 통해 유아에게 어울리는 곡을 선정하여 흥미롭고 즐거운 음악 감상활동이 이루어질 수 있도록 하고 유아들이 자신의 느낌과 감정을 표현할 수 있도록 돕는다(박부숙, 2004).

표 11-27. 음악 감상하기의 교수 · 학습 활동

- 어떤 곡을 감상하게 하는 것보다 음악에 흥미를 가지고 잘 듣게 하는 것이 중요하다.
- 생활주제와 음악적 개념을 고려한 시청각자료를 이용한다.
- 음악 감상곡은 짧고 생동감이 있으며 양질의 곡을 선정한다.
- 일과 중에 골고루 들려준다.
- 음악 감상하기 좋은 편안한 분위기를 형성한다.
- 교사는 음악 감상 전 미리 들어 보고 다양한 음악을 들어 유아에게 적합한 음악을 선정한다.
- 다양한 음악 감상 방법을 활용한다.
- 음악을 듣고 난 후에는 여러 형태의 통합 활동을 마련하여 연계시킨다.
- 유아기는 음악에 대한 선호도가 결정되지 않은 시기이므로 유아가 다양한 장르의 음악을 경험할 수 있도록 한다.

3) 음악교육의 실제

표 11-28. 악기 연주하기

<table>
<tr><th>활동명</th><td colspan="3">음악에 맞추어 연주해요!</td></tr>
<tr><th>활동형태</th><td>대 · 소집단활동</td><th>생활주제</th><td>생활도구</td></tr>
<tr><th>활동연령</th><td>만 5세</td><th>활동유형</th><td>음악</td></tr>
<tr><th>목표</th><td colspan="3">• 주변의 다양한 소리를 탐색할 수 있다.
• 주변의 물건을 악기로 활용하여 음악에 맞추어 연주할 수 있다.
• 악기 연주를 통해 즐거움을 느끼고, 자신감을 기른다.</td></tr>
<tr><th>누리과정 관련요소</th><td colspan="3">• 사회관계: 나를 알고 존중하기 - 내가 할 수 있는 것을 스스로 한다.
• 예술경험: 창의적으로 표현하기 - 신체, 사물, 악기로 간단한 소리와 리듬을 만들어 본다.</td></tr>
<tr><th>활동자료</th><td colspan="3">다양한 악기 사진, 감상 음악(요한 슈트라우스- 라데츠키 행진곡, 엘가- 위풍당당 행진곡 등), 주변의 다양한 물건 악기, 악기그림 자료</td></tr>
<tr><th>활동방법</th><th colspan="2">활동내용</th><th>유의점</th></tr>
<tr><td></td><td colspan="2">1) 주변의 소리를 탐색한다.
- 주변에서 나는 소리를 들어 보자.
- 어떤 소리가 나니?

2) 소리를 만들 수 있는 물건을 주변에서 찾아본다.
- 우리 주변에서 소리를 낼 수 있는 물건에는 어떤 것이 있을까?
- ○○는 어떤 소리가 날까?
- ○○으로 악기소리를 내어 볼까?

3) '행진곡'을 감상하고 느낌을 이야기 나눈다.
- 음악을 들어 보니 어떤 느낌이 드니?
- 음악에 맞추어 악기를 연주해 볼까?

4) 각자가 찾은 악기로 음악에 맞춰 연주한다.
- 모두 함께 다른 소리를 내어 보았는데 느낌이 어때?
- 아름다운 소리를 낼 수 있는 방법은 무엇일까?</td><td>1) 사전에 유아들과 소리가 나는 물건들을 충분히 탐색할 수 있도록 한다.
2) 행진곡 음악에 익숙해지도록 정리 시간이나 자유선택활동 시간에 감상할 수 있도록 한다.</td></tr>
</table>

	5) 음악에 맞는 악기 연주 방법을 정한다. – 우리가 찾은 악기 중에서 음악에서 들리는 소리와 비슷한 악기는 무엇일까? 6) 음악에 맞춰 주변에서 찾은 악기로 연주한다. – 음악에 맞춰 악기를 연주해 볼까? 7) 악기 연주를 평가한다. – 찾은 악기로 연주해 보니 느낌이 어떠니? – 다른 음악에 맞추어 연주해 볼까? – 연주해 보고 싶은 음악이 있니?	
확장활동	1) 재활용품을 이용하여 다양한 악기를 만들 수 있다. 2) 재활용품 악기를 이용하여 연주회를 연다. 3) 재활용품 악기 전시회를 한다.	
활동평가	1) 주변의 다양한 소리를 탐색할 수 있는가? 2) 주변의 물건을 악기로 활용하여 음악에 맞추어 연주할 수 있는가? 3) 악기 연주를 통해 즐거움을 느끼고, 자신감을 가지는가?	

4 음악교육의 평가

1) 음악교육 평가의 방향

평가는 교육목표를 달성하기 위하여 행해지는 교육활동에 대한 정보를 수집하고 해석하는 과정을 말한다(나은숙 외, 2014). 최근에는 영유아교육에서 평가의 중요성이 강조되고 있으며, 영유아가 평가의 과정에 능동적으로 참여할 수 있도록 평가의 방향이 전환되고 있다. 즉, 결과중심의 평가에서 과정중심의 평가로 교육에서 추구하고자 하는 목표에 대해 영유아들의 수행을 직접 관찰하는 방식으로 전환되었다. 유아음악교육에 대한 평가 역시 음악교육활동 과정에서 나타나는 유아의 음악적 능력을 평가하는 과정중심 평가로 이루어지는 것이 좋다(안경숙 외, 2008).

평가의 목적은 목표가 달성되었는지를 알아보는 것뿐만 아니라 평가의 결과를 바탕으로 유아들의 학습을 확장시켜 주는 데 있다. 음악교육평가의 목적 역시 유아의 음악적 능력과 기술이 얼마나 발달되었는지를 알아보는 것뿐만 아니라 음악을 느끼고 즐기는 태도를 알아보는 것도 포함될 수 있다.

2) 음악교육 평가의 방법

(1) 형식적 평가방법

형식적 평가도구는 평가방법과 절차도 정해진 방법대로 진행되며, 유아교실 이외의 장소에서 유아의 발달수준을 평가하는 방법을 말한다. 유아음악교육의 형식적 평가도구 중 음악적 능력과 태도에 대한 평가도구에는 듣기 검사, 음악개념 검사, 음악적 잠재력 검사 등이 있다.

(2) 비형식적 평가방법

비형식적 평가에는 유아교육이 이루어지는 상황에서 목적에 따라 정보를 수집하고 기록하거나 정보를 종합하여 해석하는 평가 등이 있다. 비형식적 평가는 관찰법, 면담법, 포트폴리오 등이 있다.

① 관찰법

유아에 대한 정보를 수집하는 가장 기본적인 방법은 유아의 특별한 행동이나 문제상황 등을 관찰하는 것이다. 관찰을 통해 정보를 수집하는 방법에는 〈표 11-29〉와 같이 크게 세 가지의 방법이 있다(안경숙, 2003; Wortham, 2001).

표 11-29. **관찰법의 종류**

구분	내용
일화기록	유아교육기관에서 가장 많이 사용하는 방법으로 특정한 사건이나 상황에서 영유아의 독특한 행동이나 기술들을 관찰하여 기록하는 것으로 교사의 판단이나 추측을 배제하고 사실만을 기록해야 한다. 유아의 음악활동 상황, 음악활동에서 상호작용 등 행동에 초점을 맞추어 기록하여 유아 개인의 특성을 이해하기 위한 구체적인 행동 사례나 어떤 사건에 관련된 상황들을 상세히 기록할 수 있다.
체크리스트	평가하고자 하는 행동에 대한 척도를 기초로 유아의 행동을 관찰하고 평가하는 방법으로 미리 정해진 척도에 따라 관찰을 하게 되므로 유아를 이해하는 데 효율적이며 교사가 편리하고 유용하게 사용할 수 있는 평가방법이다. 유아의 음악활동을 관찰하여 활동과정에서 나타난 반응을 기록하는 것으로, 유아의 음악적 태도 성취는 정서, 표현, 평가 등으로 실시할 수 있다.
평정척도	유아의 행동에 대한 수행수준의 척도를 미리 정해 두고 유아의 행동을 관찰하여 척도에 따라 표시함으로써 유아의 발달과 진보를 평가할 수 있다. 유아의 음악적 표현능력의 발달상황을 파악할 수 있을 뿐만 아니라 유아음악교육의 목표가 어느 정도 달성되었나를 확인할 수 있다. 1년 동안 3회 이상 기록하여 노래 부르기, 악기 연주하기, 신체표현하기, 음악 만들기 등의 음악적 능력 진보를 알 수 있다.

② 면담법

유아교육기관에서 유아를 대상으로 하는 면담법은 교사와 영유아가 교실에서 자연스럽게 서로 이야기하고 상호작용하면서 평가하는 비형식적 면담이다. 음악활동을 한 후에 영유아에게 질문이나 대화를 통해서 음악활동의 전반적인 과정에 대해 평가할 수 있다.

③ 포트폴리오

포트폴리오는 정보를 수집하고 종합하여 해석하는 총체적 평가방법으로 최근 유아교육분야에서 가장 강조하는 평가방법으로 단편적이고 일회적인 평가가 아니라 개개인의 변화와 발달과정을 종합적으로 평가하는 전체적이며 지속적인 평가방법이다. 영유아의 음악활동 사진, 영유아가 쓴 글, 영유아의 음악활동에 대한 기록, 친구들과 활동한 사진 등을 포트폴리오에 수집하고 교사가 설명하고 해석하여 그들의 변화를 평가하는 방법이다(McAfee & Leang, 2002). 영유아가 음악매체와 자료를 사용함에 있어 발달 과정 및 성취도와 생각, 개념, 사물, 감정의 표현을 알 수 있으며 부모를 위한 참고자료로 활용하고 추후 교육을 계획하는 데 도움이 된다.

3) 음악교육 평가의 원칙

유아음악교육에서의 평가 원칙을 살펴보면 다음과 같다.

첫째, 평가의 목표를 분명히 한다. 교육과정의 목표와 내용체계에 근거하여 평가가 이루어져야 한다.

둘째, 학습자의 특징을 고려하여 평가한다. 평가는 학습자의 발달 수준, 나이, 음악적 경험 등을 고려하여 실시되어야 한다.

셋째, 다양한 음악적 행동을 검사한다. 평가횟수의 증가, 동일한 검사에서 다양한 음악적 행동의 검사 등 학습자의 음악적 행동을 여러 면에서 평가한다.

넷째, 전인적 발달영역을 균형 있게 다룬다.

다섯째, 태도 및 정의적 영역을 중요시한다.

여섯째, 영유아 자신의 감정이나 생각을 창의적이고 표현력 있게 나타내는지 중요하게 평가되어야 한다.

4) 음악교육에서 교사의 역할

음악교육에서 교사의 역할을 구체적으로 살펴보면 〈표 11-30〉과 같다(나은숙 외, 2014).

표 11-30. **음악교육에서 교사의 역할**

구분	내용
유아들이 흥미를 가질 수 있는 음악활동을 계획한다.	유아들이 음악탐색과 표현, 감상에 동기유발될 수 있도록 유아에게 친숙한 소리와 음악을 중심으로 다양하고 흥미로운 활동을 소개한다. 형식적인 음악교육보다는 놀이를 통해 자연스럽게 음악의 과정을 즐기고 음악의 요소를 인식하고 음악을 감상하는 활동에 참여할 수 있도록 한다.
유아의 발달에 적합한 음악경험을 제공한다.	유아의 발달 수준에 따라 노래의 길이와 음역대, 멜로디의 변화, 악기 다루는 방법 등에 차이를 두고, 제공하는 것이 좋다. 따라서 교사는 음악의 요소 탐색과 노래 부르기, 악기 연주하기, 음악 감상 등의 활동을 선정할 때 유아의 발달 수준과 주의집중 정도, 이전 음악경험 정도를 고려하여 활동을 선정한다.
음악활동을 계획할 때 또래와 함께 즐기고 경험할 수 있는 활동이 되도록 한다.	유아들은 친구들과 함께 노래 부르고 소리를 만드는 경험을 좋아한다. 다른 사람과 함께 음악 경험을 하면서 유아들은 자연스럽게 다른 사람과 협력하고 다른사람의 음악표현을 존중하게 되므로 개별활동뿐만 아니라 또래와 함께하는 활동을 제공하는 것이 좋다.
음악교육은 다른 영역과 통합하여 실시한다.	유아들은 음악의 요소인 멜로디와 셈여림, 음의 고저 등을 탐색할 때, 미술이나 신체영역과 통합했을 때 보다 잘 이해하게 된다. 그 이유는 음악의 개념을 그림이나 신체로 표현하는 경험을 통해 보다 쉽게 이해할 수 있으므로, 음악은 다른 교과와 통합하여 지도하는 것이 좋다.
하루 일과 중 다양한 상황에서 음악적 경험을 할 수 있도록 한다.	교사는 대집단의 음악활동시간 외에도 전이 시간, 휴식 시간, 정리 시간, 식사 시간 등 다양한 시간에 음악을 듣고 표현할 수 있도록 한다.
풍부한 음악적 환경을 제공한다.	유아들은 대 · 소집단 시간 외에도 자유선택활동 시간에 음률 영역에서 개인적으로 음악적 탐색과 표현을 한다. 교사는 음률 영역을 구성할 때 유아들이 다양한 음악적 탐색과 표현이 가능하도록 풍부한 환경을 제공한다.
교사 자신이 음악을 좋아하고 즐기는 모습을 보여준다.	유아에게 교사는 모델링이 될 수 있으며, 음악을 좋아하고 즐기는 교사는 유아에게 풍부한 음악적 경험을 제공할 수 있다. 그러므로 평소 교사 자신이 음악을 즐기고 표현하는 모습을 보여 주어 유아도 음악을 즐길 수 있도록 돕는다.

Chapter 12

동작교육

배울 내용

1. 동작교육의 개념 및 중요성
2. 동작교육의 목표 및 목적
3. 동작교육의 내용 및 실제
4. 동작교육의 평가

학습목표

1. 동작교육의 개념 및 중요성을 이해한다.
2. 동작교육의 목표 및 목적을 숙지한다.
3. 동작교육의 내용 및 실제를 통해 활용방안을 모색해 본다.
4. 동작교육의 구체적인 평가방법을 숙지한다.

1 동작교육의 개념 및 중요성

1) 동작교육의 개념

영아들은 오감을 통해 주변을 탐색하고 움직이며 온몸을 이용해 세상을 배워 나간다. 그러나 신체조절능력 발달이 이루어지지 않아 자신의 신체를 마음대로 조절하기 어려워 위험한 상황에 처할 수 있다. 유아들은 깨어 있는 대부분의 시간 동안 끊임없이 움직이며 탐색하고 실험하고 발견하면서 세상에 대한 경험을 확장시키고 내면화해 간다. 즉, 유아는 움직임을 통해서 자신과 외부 세계를 지각하면서 신체와 공간에 대한 이미지를 발달시키고 반복적인 움직임 속에서 자신의 신체를 조절하는 능력과 다양하게 움직이는 방법들을 발견하고 새로운 운동기능을 습득하게 된다(황순각, 2003).

유아들의 신체운동은 단순한 움직임 이상의 의미를 가지며 유아는 신체 움직임을 통해 자신의 신체 인식과 신체 움직임에 대한 욕구 충족을 하고 이러한 과정에서 자신의 몸과 신체적 능력에 대한 긍정적이 느낌을 발달시키게 된다. 따라서 유아기는 신체적 정서역량을 발달시킬 수 있는 중요한 시기라고 볼 수 있다.

동작교육은 다양한 신체활동을 통해 일상생활에 필요한 기초체력을 기르고, 유아가 자신의 신체에 대하여 긍정적으로 인식하게 하며, 자신의 몸으로 생각과 느낌을 자발적이고 창의적으로 표현함으로써 정서적 안정감을 가지게 된다. 유아는 자신의 몸을 능동적이고 자발적으로 움직이는 창의적 동작활동을 통해 신체발달뿐만 아니라 인지적, 정서적, 사회적, 언어적으로 발달하여 전인발달을 도모할 수 있다.

동작교육은 동작을 위한 교육, 즉 동작을 가르치는 기존의 체육교육 방법과 유아의 과정을 중시하는 동작을 통한 교육을 의미한다(김은심, 2010). 이렇게 볼 때 동작교육은 유아 자신의 느낌과 생각을 창의적으로 표현하며 다양한 동작의 요소를 인식하고 동작의 기술을 발달시키기 위한 교육이라고 볼 수 있다(김은심, 2010).

2) 동작교육의 중요성

유아기는 인간의 성장 발달과정에서 가장 의미 있는 시기로 유아기의 움직임은 그 자체로 매우 중요하다. 영유아기의 동작능력은 일반적으로 만 6~7세경까지 가장 빠르게 발달하고 이 시기 동안 동작능력의 성숙이 거의 이루어지기 때문에 유아동작교육은 매우 중요하다. 유아동작교육은 기본동작부터 창의적 동작으로 구성되며, 다양한 신체활동에 참여함으로써 유아들은 자신의 신체능력을 이해하고 건강한 신체를 유지하며, 즐거움을 느낄 수 있다. 또한 창의적으로 신체를 표현해 보는 과정을 통해 창의성이 발달되며, 성취감을 느낄 수 있게 되는 등 유아의 발달에 도움을 준다. 유아동작교육의 중요성을 정리하면 다음과 같다.

첫째, 다양한 신체활동을 통해 유아에게 필요한 기본운동능력을 기르고, 기초체력을 증진하여 심신의 발달을 돕는다.

둘째, 유아는 음악에 맞추어 자신의 생각과 느낌에 따라 신체를 창의적으로 표현하면서 상상력과 창의성을 기를 수 있다.

셋째, 유아는 자신의 신체를 능동적이고 자발적으로 움직이는 과정을 통해 자아존중감과 사회적 자신감을 향상시키며, 정서적 안정감을 느낄 수 있다.

넷째, 동작교육은 음률, 미술, 언어 영역 등 다양한 영역의 활동과 통합하여 운영함에 따라 전인발달을 도울 수 있다.

다섯째, 유아는 자신의 생각과 느낌을 자발적으로 표현함으로써 표현능력, 심미감, 즐거움, 의사소통능력 등을 기를 수 있다.

2 동작교육의 목표 및 목적

1) 동작교육의 목표

초기 동작교육은 음악에 맞춰 춤을 추거나 교사의 지시에 의해 체육활동을 잘하는 것을 목표로 하였다. 획일적인 신체표현에 반대하여 1990년대 중반에는 유아의 창의적 신체표현 신장을 동작교육의 목표로 하였다. 그러나 최근에는 유아가 동작의 기본 개념을 탐색하고 기초적인 운동능력과 표현능력을 동시에 발달시키는 것을 동작교육의 목표로 제시하고 있다.

동작교육과 관련된 2019 개정 누리과정의 영역은 신체운동 · 건강 영역과 예술경험 영역이다. 신체운동 · 건강 영역은 유아가 자유롭게 신체를 움직이며 놀이하는 즐거운 경험을 강조하고자 기존 누리과정의 '신체인식하기', '신체조절과 기본 운동하기', '신체활동에 참여하기' 등의 내용범주를 통합하여 '신체활동 즐기기'로 제시하였으며, '실내 · 외에서 신체활동을 즐기고, 건강하고 안전한 생활을 한다'로 목표를 제시하였다(교육부, 2019).

동작교육과 관련이 있는 누리과정 예술경험 영역은 유아가 자신의 주변에서 발생하는 소리, 음악, 움직임과 춤, 모양과 색 등에서 아름다움을 느끼고 예술작품을 가까이 접하면서 탐색하고 창의적인 표현을 즐기며 감상하도록 하기 위한 영역으로 목표를 '아름다움과 예술에 관심을 가지고 창의적 표현을 즐긴다'로 제시하였다(교육부, 2019). 유아동작교육의 목표를 정리하면 〈표 12-1〉과 같다.

표 12-1. 유아동작교육의 목표

- 신체인식과 조절력을 기른다.
- 기본운동능력을 기른다
- 동작의 기본 요소를 탐색한다.
- 자신의 생각과 느낌을 춤과 움직임으로 표현한다.

2) 동작교육의 목적

동작교육의 목적은 자신과 타인에 대한 생각과 느낌을 표현하기 위해 신체적 능력을 최대한 증진시키는 것이다(Graham at al., 1993). 또한 동작활동을 통해 대근육과 소근육 조절능력을 향상시키며 움직임에 대한 즐거움을 알게 하는 것이 동작교육의 목적이다(Greenberg, 1979). 즉, 유아동작교육의 목적은 유아가 자신의 신체를 긍정적으로 인식하고, 즐겁게 신체활동에 참여하여 기본운동능력을 기르는 것이라고 할 수 있다.

(1) 인지발달

유아는 감각과 신체를 통해 세상을 배우고 지식을 구성해 나가므로 동작교육은 인지발달을 도울 수 있다. 즉, 유아들은 끊임없이 움직이면서 탐색하고, 조작하고, 탐구함으로써 인지발달이 가능하다. 또한 창의적인 동작표현 활동에 참여함으로써 주변의 환경과 사물에 대한 개념을 학습하고 문제해결능력이 길러질 수 있다.

표 12-2. **인지발달을 돕는 활동**

- 봄, 여름, 가을, 겨울 계절의 특징을 신체로 표현하기
- 태양계의 행성이 되어 움직여 보기
- 애벌레가 나비가 되는 과정을 신체로 표현하기

(2) 정서적 발달

유아는 언어로 표현하기 어려운 생각이나 감정을 동작을 통해 표현하고, 부정적인 감정까지 표출하면서 정서적 안정감을 갖는다. 동작교육은 유아에게 감정의 표현과 부정적 감정을 해소하는 중요한 기회를 제공한다.

표 12-3. **정서발달을 돕는 활동**

• 감정에 따라 북을 두드려 보기 • 즐거움, 화남을 동작으로 표현하기

(3) 사회성 발달

유아들은 짝이나 소그룹으로 활동하는 과정에서 다른 사람과 협력하는 방법을 알게 되고, 주도성이 발달된다. 또한 활동을 통해 다른 유아들과 유대감을 형성하고 다양한 표현방식에 대한 이해를 하게 되고 다름의 가치를 인식하며(Gilbert, 1992), 사회적 기술을 익힐 수 있다. 자신의 신체를 조절하고 통제하면서 자신감을 가지게 되고 스스로 만족감과 기쁨을 느낄 수 있다.

표 12-4. **사회성 발달을 돕는 활동**

• 줄다리기와 같은 팀별 신체활동에 참여하기 • 둘이서 풍선 빨리 옮기기 • 꼬리 잡기

(4) 창의성 발달

유아의 생각과 느낌을 자유롭게 표현하게 함으로써 유아의 창의적 사고력과 표현력이 발달될 수 있다, 동작기술을 익히게 하기보다는 다양한 유형의 동작경험과 발달에 적합한 동작활동을 통해 신체적 능력이 발달되도록 해야 한다.

표 12-5. **창의성 발달을 돕는 활동**

• 바다 속 물고기가 되어 움직여 보기 • 동화 속 주인공이 되어 신체 표현하기 • 비가 되어 비 내리는 모습 표현하기

(5) 신체발달

유아기는 신체발달의 최적기로, 대근육운동기술이 집중적으로 발달하며 기본적인 동작기술을 습득하는 시기이다. 다양한 신체활동을 통해 스트레스가 감소되며, 다른 유아들과 함께 활동하면서 서로 다른 동작표현을 배움으로써 개인적인 동작 능력을 발달시키게 된다. 유아가 마음껏 움직일 수 있는 공간과 기회, 충분한 운동경험을 가질 수 있도록 한다.

표 12-6. **신체발달을 돕는 활동**

- 노래에 맞추어 이동운동하기
- 비이동 운동에 참여하기
- 공이나 도구를 활용하여 동작활동하기

(6) 심미감 발달

유아들은 자신의 생각과 느낌을 신체로 자유롭게 표현하고, 다른 사람의 신체표현을 감상하면서 신체표현의 아름다움을 발견하고 심미감을 기를 수 있다. 다양한 음악과 춤을 통해 균형과 조화의 아름다움, 동작의 아름다움을 느끼고 이해하며, 심미감이 발달된다. 그러므로 신체와 더불어 다양한 소도구를 활용한 동작교육 활동을 통해 심미감이 발달될 수 있도록 한다.

표 12-7. **심미감 발달을 돕는 활동**

- 부채춤을 감상하고 아름다움 느끼기
- 세계 여러 나라의 춤을 감상하고 우리나라 춤과 다른 점 찾아보기

3 동작교육의 내용 및 실제

동작교육은 단순히 운동 기술이나 율동을 가르치는 것에서 벗어나 유아가 자신의 신체에 대해 긍정적인 인식을 하고 신체 조절력을 기르며, 동작의 기본 요소를 인식하고 기본 운동 능력을 발달시키는 것이다. 또한 유아는 동작을 통해 자신의 생각과 느낌을 창의적인 방법으로 표현하기를 즐긴다.

1) 국가 수준 교육과정과 동작교육

(1) 표준보육과정과 동작교육

표 12-8. 표준보육과정 신체운동 영역 중 동작교육 관련내용

내용범주	내용	
	0~1세	2세
감각과 신체 인식하기	• 감각으로 주변을 탐색한다. • 신체를 탐색한다.	• 감각 능력을 활용한다. • 신체를 인식하고 움직인다.
신체활동 즐기기	• 대 · 소근육을 조절한다. • 기본 운동을 시도한다. • 실내 · 외 신체활동을 즐긴다.	• 대 · 소근육을 조절한다. • 기본 운동을 즐긴다. • 실내 · 외 신체활동을 즐긴다.

표 12-9. 표준보육과정 예술경험 영역 중 동작교육 관련내용

내용범주	내용	
	0~1세	2세
창의적으로 표현하기	모방행동을 즐긴다.	움직임과 춤으로 자유롭게 표현한다.

(2) 2019 개정 누리과정과 동작교육

표 12-10. 2019 개정 누리과정 신체운동 영역 중 동작교육 관련내용

내용범주	내용
신체활동 즐기기	• 신체를 인식하고 움직인다. • 신체 움직임을 조절한다. • 기초적인 이동운동, 제자리 운동, 도구를 이용한 운동을 한다. • 실내 · 외 신체활동에 자발적으로 참여한다.

표 12-11. 2019 개정 누리과정 예술경험 영역 중 동작교육 관련내용

내용범주	내용
창의적으로 표현하기	• 신체나 도구를 활용하여 움직임과 춤으로 자유롭게 표현한다. • 극놀이로 경험이나 이야기를 표현한다.
예술 감상하기	• 다양한 예술을 감상하며 상상하기를 즐긴다. • 서로 다른 예술표현을 존중한다. • 우리나라 전통예술에 관심을 갖고 친숙해진다.

2) 동작교육의 내용

동작교육의 내용은 신체인식과 조절하기, 동작의 기본 요소 인식하기, 기본 운동하기, 움직임과 춤 표현하기, 동작 감상하기로 볼 수 있다.

(1) 신체인식과 조절하기

신체인식과 조절하기는 유아가 자신의 신체에 관심을 갖고 탐색하여 몸의 각 부분의 특성을 이해하고 몸을 움직이는 것과 몸의 협응력과 균형 등의 조절력을 발달시키는 내용을 포함한다.

① 신체인식과 움직임

유아는 신체의 부분 명칭을 알고 몸의 각 부분을 돌릴 수 있고 굽힐 수 있는 등 몸의 특성에 맞게 움직일 수 있다. 유아가 자신의 신체를 인식하여 다양한 방법으로 움직이는 경험을 통해 신체에 대한 긍정적인 인식과 신체 움직임의 즐거움을 느낄 수 있다. 또한 자신의 신체를 다양한 방법으로 움직일 수 있다는 이해는 이후 동작의 기본 요소 인식과 기본 운동하기, 춤과 움직임으로 동작 표현하기의 기초가 된다.

표 12-12. **신체인식과 움직임과 관련된 활동**

- 신체와 관련된 노래를 부르며 신체 움직여 보기
- 우리 몸에서 돌릴 수 있거나 구부릴 수 있는 곳 찾아 움직여 보기
- '눈은 어디 있나' 노래 부르면서 신체의 각 부분 탐색하기
- 친구와 나의 손, 발바닥, 어깨, 머리 닿게 해 보기
- 빨래(꽈배기) 되어 보기

② 신체조절

신체조절은 유아가 정지해 있거나 움직일 때 몸의 균형을 유지하고 신체를 협응하여 조절할 수 있는 것을 말한다. 다양한 방법으로 걸어 보기, 서서 균형을 유지하기, 다양한 방법으로 이동하기 등이 그 예이다.

표 12-13. **신체조절과 관련된 활동**

- 평균대 위를 걸어 보기
- 달리다가 신호가 울리면 멈추기
- 걷다가 신호가 들리면 방향을 바꾸어 걷기
- 바닥에 그어진 선을 두 발 뛰기 하여 넘어 보기

(2) 동작의 기본 요소 인식하기

동작의 기본 요소에는 동작을 하기 위해서 필요한 '신체', 몸을 움직이려는 '힘(노력)',

몸이 움직일 수 있는 '공간', 몸을 움직이는 빠르기와 관련된 '시간', 몸이 움직이면서 이루는 '관계'가 있으며(김은심, 2010), 동작의 기본 요소 인식은 다섯 가지 구성 요소가 어떻게 동작에 반영되는지를 인식하고 움직임으로써 우수한 동작을 만들어 내는 것을 말한다.

① 신체

유아가 자신의 신체부위와 모양을 정확하게 구분하여 지각하고 운동을 통하여 활용할 수 있는 능력을 의미한다. 신체인식을 위해서 신체 각 부분의 이름과 신체 각 부분의 위치를 알고, 신체를 움직이는 방법을 알 수 있도록 다양한 경험을 제공해야 한다.

표 12-14. **신체와 관련된 활동**

• 요기 여기 노래를 들으며 신체 탐색하기 • 호키포키 노래에 맞추어 신체 표현하기

② 힘(노력)

노력은 동작표현을 할 때 신체 내부에서 외부로 표출되는 힘, 에너지를 말한다. 유아는 힘의 강약에 대한 인식을 토대로 몸에 어느 정도 힘을 줄 것인가를 결정하여 동작활동에 참여하게 된다. 큰소리에는 힘차게, 작은 소리에는 힘을 적게 들여 부드럽게 움직일 수 있다. 음악의 강약과 신체의 힘에 대한 요소 인식은 연관성을 가지며, 이는 창의적 표현에도 도움이 될 수 있다.

표 12-15. **힘과 관련된 활동**

• 북소리의 크기에 맞추어 걸어 보기 • 음악을 듣고 큰 소리와 작은 소리에 맞추어 움직여 보기 • 곰이 되어 걸어 보거나 다람쥐가 되어 걸어 보기

③ 공간

공간에 대한 인식은 동작활동을 할 때 개인이 사용할 수 있는 공간과 다른 사람과 함께 사용해야 하는 공간에 대한 이해를 발달시키게 될 것이다. 신체를 '어디로 움직일 수 있는가?'를 이해하는 것을 의미한다. 또한 높은 음과 낮은 음을 듣고 자신의 몸을 표현하게 될 때, 높은 음은 신체를 높은 곳을 향하게 하고, 낮은 음은 신체가 낮은 곳을 향하게 할 수 있다.

표 12-16. 공간과 관련된 활동

• 피아노 소리(높은 음, 낮은 음)에 맞추어 몸을 움직여 보기 • 나비가 되어 날아다녀 보기 • 수족관 안에 있는 물고기가 되어 표현해 보기

④ 시간

시간지각은 동작을 얼마나 빠르고 느리게, 혹은 중간 빠르기로 움직이는가 하는 속도와 관련되며, 리듬 또한 시간지각과 관련된다. 스타카토처럼 짧은 음을 들었을 때는 신체를 짧고 빠르게 움직일 것이고, 길고 느린 음을 들었을 때는 신체를 느리게 천천히 움직일 수 있다. 이렇듯 음의 길고 짧음처럼 동작을 짧고, 길게 표현하기 위해서는 시간에 대한 이해가 있어야 가능하다.

표 12-17. 시간과 관련된 활동

• 바람이 세게 부는 모습 표현해 보기 • 소나기가 내려 비를 피할 때 모습 표현해 보기 • 애벌레가 되어 움직여 보기

⑤ 관계

관계는 신체의 어디를 어떻게 어디로 누구와 또는 무엇으로 표현할 것인지를 선택하여 결정하는 것을 말한다. 유아가 신체를 움직일 때는 혼자 움직이기도 하지만, 다른 도구나 친구와 함께 움직이기도 한다. 관계란 유아가 동작활동을 하면서 다른 도구나 사람과 형성되는 관계를 이해하는 것을 말한다.

표 12-18. 관계와 관련된 활동

- 훌라후프를 통과해 보기
- 긴 터널을 통과하기
- 리본테이프를 흔들어 보기
- 짝을 지어 신체활동에 참여하기
- 옆에 있는 사람의 손을 잡고 돌아 보기

(3) 기본 동작하기

기본 동작이란 장소를 이동하면서 몸을 움직이는 '이동 동작', 장소를 이동하지 않고 한 자리에서 몸을 움직이는 '비이동 동작', 다른 도구를 사용하여 움직이는 '조작적 동작'이 있다(김은심, 2010). 기본동작은 이후의 바른 자세를 형성하고, 운동 기술이나 춤과 움직임을 표현하는 데 기초가 되므로 유아기에 다양한 움직임이 있는 동작활동을 경험할 수 있도록 한다.

표 12-19. 기본 동작하기

이동 동작	비이동 동작	조작적 동작
• 걷기 • 달리기 • 뛰어넘기 • 두 발 모아 뛰기 • 두 발 번갈아 뛰기 • 말 뛰기 • 앙감질	• 구부리기 • 뻗기 • 꼬기 • 돌리기 • 흔들기	• 던지기 • 받기 • 차기 • 치기

① 이동 동작

이동 동작은 신체를 한 곳에서 다른 곳으로 이동하면서 움직이는 것으로 걷기, 달리기, 두 발 모아 뛰기, 앙감질하기, 말 뛰기, 두 발 번갈아 뛰기, 뛰어넘기 등이 있다.

표 12-20. 이동 동작과 관련된 활동

- 개구리처럼 뛰어 보기
- 한 발로 뛰기
- 줄을 뛰어 넘어 보기
- 군인처럼 걸어 보기
- 꼬리 잡기

② 비이동 동작

비이동 동작은 장소를 옮기지 않고 자신의 몸을 축으로 움직이는 것을 말한다. 비이동 동작에는 서기, 앉기, 구르기, 멈추기, 재빨리 피하기, 착지하기, 한 발로 균형 잡기, 평균대 걷기, 뻗기, 구부리기, 밀기, 당기기, 회전하기, 흔들기, 비틀기 혹은 꼬기 등을 포함한다.

표 12-21. 비이동 동작과 관련된 활동

- 벽을 밀어 보기
- 팽이가 되어 돌기
- 높은 곳의 물건을 꺼내 보기
- 시계추가 되어 움직여 보기

③ 조작적 동작

조작적 동작은 유아가 도구를 사용하여 움직이는 것으로 물체에 힘을 주고 물체로부터 힘을 받게 되는 것을 말한다(박화윤 외, 2010). 조작적 동작에는 공굴리기, 공차기, 공받고 던지기, 치기 등이 있다.

표 12-22. **조작적 동작과 관련된 활동**

- 공 던지고 받기
- 투호 던지기
- 풍선 땅에 떨어지지 않도록 치기

(4) 춤과 움직임으로 표현하기

춤과 움직임으로 표현하기는 유아가 자신의 생각과 느낌을 신체로 표현하는 것으로 춤과 움직임에 영향을 주는 동작의 기본 요소를 인식하여 자신의 생각과 느낌을 창의적으로 표현하는 것을 말한다. 춤과 움직임으로 표현하기에는 창의적 리듬 동작과 음악에 맞추어 춤추는 리듬 동작, 노랫말에 따라 정해진 움직임에 따라 표현하는 구조적인 리듬 동작이 있다.

표 12-23. **관계와 관련된 활동**

- 훌라후프를 통과해 보기
- 긴 터널을 통과하기
- 리본테이프를 흔들어 보기
- 짝을 지어 신체활동에 참여하기
- 옆에 있는 사람의 손을 잡고 돌아 보기

① 구조적 리듬 동작하기

교사가 동작의 표현방법을 미리 정하여 유아들이 그대로 따라 하게 하는 것을 말한다. 우리나라의 탈춤이나 다른 나라의 훌라춤도 구조적 리듬 동작하기의 예가 될 수 있다. 구조적 리듬 동작은 자유롭고 창의적인 표현이 제한되므로 유아들의 의견을 충분히 반영하여 표현할 수 있는 융통성이 필요하다.

표 12-24. 구조적 리듬 동작과 관련된 활동

- 탈춤 추기
- 훌라춤 배우기
- 강강수월래
- 호키포키

② 리듬 동작하기

리듬 동작은 유아들이 음악에 맞추어 자유롭게 움직임을 탐색하고 표현하는 것을 말한다. 음악의 리듬은 움직임이나 속도를 나타내 주어 춤의 형태에도 영향을 줄 수 있다.

표 12-25. 리듬 동작과 관련된 활동

- 음악을 듣고 셈여림이나 고저와 같은 음악적 요소에 맞추어 표현하기
- 리듬 막대나 악기의 소리를 듣고 걷기, 뛰기, 점프하기
- 노래를 듣고 가사에 적합한 동작을 창작하여 표현해 보기

③ 창의적 리듬 동작하기

창의적 리듬 동작은 유아에게 상상할 수 있는 기회를 제공하고 자신의 생각과 느낌을 자유롭게 표현할 수 있도록 한다. 유아가 자신의 생각을 자유롭게 표현하는 과정에서 자신감을 길러 줄 수 있으며, 다양한 형태로 표현할 수 있음을 경험하여 고정관념에서 벗어날 수 있는 기회를 제공한다.

표 12-26. 창의적 리듬 동작과 관련된 활동

- 비 내리는 모습 표현하기
- 들판의 꽃 표현하기
- 바다 속 생물 표현하기

(5) 동작 감상하기

동작 감상하기는 유아가 자신의 춤과 예술가의 작품을 감상하는 경험을 통해 아름다움을 발견하고 서로의 표현을 존중하는 태도를 기르는 것을 말한다. 다른 사람의 움직임을 감상하면서 심미감뿐만 아니라 동작의 요소를 인식할 수 있으며, 이는 새로운 표현에 도움이 될 수 있다.

표 12-27. **동작 감상하기와 관련된 활동**

- 명화 속 주인공의 동작 감상하기
- 세계 여러 나라의 춤 감상하기
- 우리 나라 전통 춤 감상하기

3) 동작교육의 실제

표 12-28. **창의적 리듬 동작하기**

활동명	동물의 사육제 「수족관」을 감상해요		
활동형태	대 · 소집단활동	생활주제	동물
활동연령	만 5세	활동유형	신체
목표	• 수족관에서 볼 수 있는 동물의 특징을 안다. • 음악을 주의 깊게 들으며 음악에 맞추어 창의적인 신체표현을 할 수 있다. • 신체표현에 참여하면서 즐거움을 느낀다.		
누리과정 관련요소	• 예술경험: 아름다움 찾아보기-예술적 요소에 관심을 갖고 찾아본다. • 예술경험: 창의적으로 표현하기-신체나 도구를 활용하여 움직임과 춤으로 자유롭게 표현한다. • 자연탐구: 생활 속에서 탐구하기-물체의 특성과 변화를 여러 가지 방법으로 탐색한다.		
활동자료	생상스의 '동물의 사육제' 중 제7곡 '수족관' 음원, 수족관의 모습과 움직임을 담은 동영상, 수족관 사진		

활동방법	활동내용	유의점
	1) 생상스의 '동물의 사육제' 중 '수족관' 음악을 들으며 느낌을 이야기 나눈다. - 음악을 들으니 어떤 느낌이 드니? - 어떤 악기의 소리가 들리니? - 이 곡의 작곡자는 누구일까? - 이 음악을 들으니 떠오르는 동물이 있니? 2) 동영상으로 수족관의 모습과 수족관 생물들의 움직임을 살펴본다. - 수족관에는 어떤 생물들이 살까? - 수족관은 어떤 모습일까? - 수족관 속 생물은 어떻게 움직일까? 3) 수족관 생물들의 움직임을 상상하며 다시 음악을 들어 본다. - 수족관의 어떤 모습을 음악으로 표현했을까? - 수족관에서 헤엄치고 있는 물고기의 모습을 상상해 보자. - 수족관에 살고 있는 식물들의 모습을 상상해 보자. - 평화로운 수족관에 나타난 상어의 모습을 상상해 보자. - 상어가 나타났을 때 다른 생물들을 어떤 모습일까? 4) 음악을 들으며 수족관의 모습을 몸으로 표현하고 느낌을 나눈다. - 수족관의 모습을 몸으로 표현해 보니 어떠니? - 어떻게 표현한 것이 재미있었니?	1) 수족관 속 생물의 움직임을 창의적으로 표현할 수 있도록 격려한다. 2) 충분한 공간과 시간을 제공한다. 3) 수족관을 연상시킬 수 있는 배경천과 소품을 준비한다.
확장활동	1) 수족관 배경을 만들고, 신체표현에 필요한 소품을 만든다. 2) 관객을 초대해 수족관 표현하기 공연을 한다.	
활동평가	1) 수족관에서 볼 수 있는 동물의 특징을 알고 표현하는가? 2) 음악을 주의 깊게 들으며 음악에 맞추어 창의적인 신체표현을 할 수 있는가? 3) 신체표현에 즐겁게 참여하는가?	

4 동작교육의 평가

1) 동작교육 평가의 방향

유아를 위한 동작교육의 평가는 유아의 기본운동능력과 지각운동능력, 창의성 등을 주로 관찰에 기초한 평가방법과 비형식적 면담방법, 포트폴리오 등과 같은 비형식적 평가방법에 기초하여 평가한다.

2) 동작교육 평가의 방법

(1) 형식적 평가방법

평가의 목적, 내용, 대상, 절차, 조건, 채점, 결과해석 등이 표준화되어 있는 검사를 주로 활용하게 되며, 표준화 검사 도구는 신뢰도와 타당도가 검증되어 있어 결과를 통해 상대적인 비교도 가능하다. 동작교육과 관련된 평가도구로는 안정성과 이동성, 대근육 조작성 등을 중심으로 평가할 수 있도록 구성되어 있는 기본운동능력 평가도구(이영심, 1997), 유아의 체력측정법(남병진, 1985), 규리턴의 운동적성검사(김현지, 오현주, 1997) 등이 있다.

(2) 비형식적 평가방법

비형식적 평가에는 유아동작교육이 이루어지는 상황에서 목적에 따라 정보를 수집하고 기록하여 정보를 해석하는 방법이다. 비형식적 평가는 관찰법, 면담법, 포트폴리오 등이 있다.

① 관찰법

영유아의 행동을 객관적인 방법으로 관찰하고 기술하는 방법이다. 가장 자연스럽게 영유아 자료를 수집할 수 있는 방법이며, 오래 전부터 활용해 온 영유아 행동연구방법 중 가장 기본적인 방법이라고 할 수 있다(김정민, 2021).

표 11-29. 관찰법의 종류

구분	내용
일화기록	유아의 일상생활이나 학습장면에서 일어나는 특수한 사건이나 행동 사례를 사실적으로 기록하는 방법을 말한다. 유아의 의미 있는 행동이 일어나는 상황을 순서대로 기록하며, 구체적으로 기록하되 유아의 말이나 행동에 대한 교사의 편견이 개입되지 않도록 객관적으로 기술해야 한다. 유아의 동작활동을 관찰하여 기본운동능력 및 창의적인 신체표현에 대해 기술할 수 있다.
체크리스트	영유아의 행동이나 특성과 관련된 목록표에 영유아의 행동이나 특성 출현여부를 체크하는 방법이다. 영유아의 행동이나 사건을 비교적 효율적으로 기록할 수 있고, 양적으로 쉽게 처리할 수 있다는 장점이 있으며, 관찰자가 특별한 훈련을 받지 않고도 쉽게 기록할 수 있다는 장점을 가진다. 유아의 동작활동 과정에서 나타나는 반응을 기록하여 동작운동능력 획득의 유무를 파악할 수 있다.
평정척도	영유아의 행동이나 특성의 정도를 몇 단계로 나누어 평정하는 방식으로 미리 정해진 범주에 따라 평가할 때 사용하는 방법이다. 체크리스트처럼 미리 정해진 범주에 따라 평가되는 도구이지만 관찰된 행동의 질적인 차이를 점수로 평정한다는 점이 체크리스트와 다른 점이다. 평정척도는 개인적인 편견이나 오류가 개입되지 않도록 주의를 기울여야 한다. 1년 동안 3회 이상 기록하여 신체운동능력의 진보를 알 수 있다.

② 면담법

영유아와 교사가 대화를 통해 다양한 정보를 수집하는 방법으로 면담의 내용은 미리 결정할 수도 있고 결정된 내용 없이 면담 상황에서 자연스럽게 이루어질 수도 있다. 면담은 구하고자 하는 정보를 상세하게 수집할 수 있다는 장점이 있으나, 한꺼번에 많은 자료를 수집할 수 없고, 결과 해석에 있어서 면담자의 편견이 작용할 수 있다는 단점이 있다. 동작활동을 한 후에 궁금한 것을 영유아에게 질문이나 대화를 통해서 알아보고 동작활동의 전반적인 과정에 대해 평가할 수 있다.

③ 포트폴리오

포트폴리오는 장시간에 걸쳐 작성하거나 만든 작품을 지속적이고 체계적으로 모아 둔 개인별 작품집 혹은 서류철을 이용하는 평가방법이다. 기존에 사용되어 오던 전통적 평가 방식의 한계점들을 보완하고 보다 총체적인 평가를 하기 위하여 제기된 대안적 평가방법 중 하나이다. 포트폴리오는 영유아의 전체 학습과정을 보여 주며, 성장과정을 이해하는 것으로 영유아들의 작품을 모으는 것이 아니라 영유아의 진보를 확인하기 위한 목적을 가지고 체계적으로 작품을 수집하는 방법이다.

3) 동작교육 평가의 원칙

유아동작교육에서의 평가 원칙을 살펴보면 다음과 같다.

첫째, 교육과정에 근거하여 평가의 목표를 분명히 한다.

둘째, 학습자의 발달 수준, 나이, 특성 등을 고려하여 평가가 다르게 적용되어야 한다.

셋째, 전인적 발달 영역을 균형 있게 다루며 평가한다.

넷째, 지식이나 기술뿐만 아니라 태도 및 정의적 영역에 대한 평가도 중요시해야 한다.

다섯째, 유아의 생각이나 느낌을 창의적이고 표현력 있게 나타낼 수 있도록 해야 한다.

4) 동작교육에서 교사의 역할

(1) 교사의 역할

동작교육에서 교사의 역할을 살펴보면 다음과 같다(나은숙 외, 2014).

첫째, 동작교육의 초기에는 신체적 접근방법 중심으로 지도하고, 익숙해지면 창의적 동작으로 확장시킨다.

둘째, 교사는 이동, 비이동, 조작적 동작으로 구성된 기본동작을 정확히 인지하고, 초기에는 기본움직임에서 시작하여 다양한 동작으로 확장하여 지도한다.

셋째, 이동 동작을 지도할 때 음악에 맞추어 리듬감 있게 움직일 수 있도록 안내한다.

넷째, 조작적 동작의 경우 공이나 손수건, 리듬 막대 등 적절한 도구를 사용하여 활동을 흥미롭게 진행한다.

다섯째, 구조적 리듬 동작하기에서는 유아의 의견을 반영하여 창작해 볼 수 있도록 한다.

여섯째, 리듬 동작하기에서는 노랫말에 맞추어 신체를 움직이고, 노랫말의 특정 부분에서는 유아들이 자유롭게 표현할 수 있도록 배려한다.

일곱째, 처음부터 무리하게 창의적인 동작을 하도록 하기보다는 동화나 시청각 자료, 이야기 나누기 등을 사전 활동으로 제공하여 아이디어를 제공해 주어야 한다.

여덟째, 창의적 동작활동을 할 때 초기에는 짧은 이야기를 듣고 상상하여 표현하게 하거나 셈여림, 리듬, 박자, 멜로디 등 음악적 요소에 초점을 둔 동작 표현을 실시한다.

아홉째, 교사는 활동하기에 편안한 복장을 갖추어야 하며, 자신감을 가지고 재미있고 즐겁게 참여해야 한다.

(2) 동작활동 시 유의사항

동작활동을 진행할 때 유의해야 할 사항을 살펴보면 다음과 같다.

첫째, 유아들이 마음껏 움직일 수 있는 넓은 공간을 마련하고, 자신의 생각과 느낌을 자유롭게 표현하도록 허용적인 분위기를 조성한다.

둘째, 유아의 연령과 발달적 차이 및 개인차를 고려하여 활동을 제공한다.

셋째, 독창적인 표현을 수용하고 격려하여 유아들이 자신의 표현에 자신감을 가지고 다양한 표현을 할 수 있도록 유도한다.

넷째, 유아의 동작에 언어적 자극을 제공하여 유아의 상상력 및 창의적 동작표현을 돕는다.

다섯째, 교사가 적극적으로 참여하여 유아들에게 모델이 되도록 한다.

여섯째, 유아가 표현에 두려움을 느끼고 동작활동에 참여하기를 싫어하는 경우에는 억지로 시키지 말고 다음 기회에 참여하도록 격려한다.

3

PART

유아교과교육의 통합적 접근

Chapter 13

유형별 유아교과교육의 통합

배울 내용

1. 주제중심의 교과통합
2. 활동중심의 교과통합

학습목표

1. 각 활동의 구체적인 진행방법을 이해할 수 있다.
2. 교과통합이 효과적으로 이루어질 수 있는 활동을 계획할 수 있다.

본 장에서는 초임교사 혹은 경력이 적은 교사에게 도움이 될만한 이야기 나누기, 게임, 노래, 동극, 창의적 신체표현, 요리 활동 등 6가지 활동에 대해 준비하기 및 지도하기, 교사들이 특별하게 유의해야 하는 것 등 활동의 구체적인 진행 방법을 알아보고 교과통합이 효과적으로 이루어지는 활동의 예를 살펴보고자 한다.

1 주제중심의 교과통합

유아들의 대상으로 하는 교과수업은 각 교과별로 나누어서 수업을 하기보다는 여러 교과가 통합되어 다루어지게 되며, 실제로 현장에서 유아는 자발적인 놀이 안에서 다양한 교과지식을 탐구하고 발견하게 된다. 교사는 놀이 경험과 교과 지식을 연결해 줄 수 있는 전문적인 지식을 갖추어야 하며, 또한 주제안에서 유아들에게 발달적으로 의미 있고 흥미로운 교육을 실행하기 위하여 교과목들을 통합적으로 재조직해서 전체 경험 속에서 학습하도록 도와주어야 한다(교육과학기술부, 2009).

주제중심의 교과통합은 누리과정의 5개 영역을 분리하거나 각 교과를 분절하는 것이 아닌 유아의 발달과 흥미에 맞추어 교사가 혹은 유아와 함께 선정한 주제를 탐구하는 과정에서 누리과정의 5개 영역 및 각 교과의 내용들을 통합하여 배우는 것이다.

2019 개정 누리과정에서는 배움으로서의 유아 놀이의 의미와 가치를 강조하고 있다. 왜냐하면 유아는 놀이하면서 가장 잘 배우며 놀이를 통한 배움을 지원하는 것은 유아기 교육의 본질이기 때문이다. 유아의 배움을 잘 기록하고 평가하기 위해서 교사는 결과가 아닌 과정에 주목하도록 해야 한다. 개정 누리과정은 평가의 형식에서 탈피하여 기관별 · 학급별로 자율성을 부여하여 월간, 주간, 일일교육계획안을 통합하여 작성하도록 권고하는데, 이는 놀이 중심 교육과정에서는 교사가 미리 계획하여 '계획－실

행-평가-계획'으로 이어지던 기존의 과정을 지양하고 교사들이 서로의 전문성을 인정하고 고민과 의견을 나누며 함께 배우고 성장하는 학습 공동체를 자율적으로 구성하여 정서적이고 실천적인 지원이 이루어질 것을 기대한다(교육부, 보건복지부, 2019).

연간 교육계획은 그동안 미리 계획하고 유아들의 흥미에 따라 수정 · 보완했다면, 개정 누리과정에서 연간 교육계획은 기관 차원에서 일 년간의 중요한 경험을 미리 염두해 두고 계획하되, 유아의 놀이를 관찰하며 유아들의 흥미에 따라 주제를 변경할 수 있는 유연성을 두고 있다. 월간 · 주간교육계획안은 교사의 필요성에 맞게 형식, 분량을 통합하거나 선택하여 작성하는 자율성을 부여하였는데, 교사는 계획안을 작성할 때 유아의 놀이를 충분히 관찰하여 유아의 흥미를 파악하여야 한다. 주제가 정해지면 교사는 다양한 교수 자료를 참고하여 유아가 어떤 것을 경험하고 싶은지 탐색하여 계획한 후 다양한 놀이와 활동으로 지원한다. 유연성 있게 유아의 흥미를 바탕으로 주제가 변경될 때는 발달수준, 확장활동, 각 활동들의 교과 영역 간 또는 교과 영역 내에서 통합을 이루는지 등을 고려한다.

〈표 13-1〉은 봄을 주제로 한 월간 · 주간교육계획안의 예이다. 교사는 '봄'을 주제로 선정하였으나 유아들이 우연히 반짝이 끈에 관심을 가지게 되면서 교사가 계획했던 활동들은 축소되고 반짝이 끈과 관련된 다양한 놀이가 이루어졌으며, 교사는 유아들이 실행한 경험을 중심으로 반짝이 끈과 관련된 활동을 지원하게 되었다.

표 13-1. 월간 · 주간교육계획안 예

<table>
<tr><th colspan="2">주</th><th>5월 1주</th><th>5월 2주</th><th>5월 3주</th><th>5월 4주</th><th></th></tr>
<tr><td rowspan="4">놀이
(바깥
놀이
포함)</td><td rowspan="3">봄</td><td>봄꽃 만들기</td><td>꽃 가게 꾸미기,
꽃가게 놀이</td><td></td><td></td><td rowspan="3">기존의 계획을 변경하여 교사가 계획한 놀이 대신 유아의 놀이를 지원</td></tr>
<tr><td>모형 꽃,
화분으로 놀기</td><td>꽃씨 마라카스</td><td></td><td>티슈로 나비
만들기</td></tr>
<tr><td>산책사진으로
만든 책</td><td>씨앗 그림책</td><td>꽃모양 막대인형</td><td>봄의 곤충 그림책</td></tr>
<tr><td>반짝
이끈</td><td colspan="4">– 반짝이 끈 가지고 바깥놀이터에서 놀기
– 반짝이 끈을 나뭇가지에 묶기, 반짝이 끈으로 만든 도구로 운동하기</td><td>유아의 흥미에 따라 새로운 주제 '반짝이 끈'시작</td></tr>
<tr><td colspan="2" rowspan="3">활동</td><td colspan="4">– 우리 교실에는 어떤 장난감이 있으면 좋을까?
– 상자와 반짝이 끈으로 어떻게 놀이할 수 있을까?
– 놀이의 진행 과정에 따라 문제해결 의견 나누기</td><td rowspan="3">필요한 경우 활동을 통해 유아의 놀이를 지원</td></tr>
<tr><td colspan="4">– 동화 '우리 가족', 동화 '봄 소풍'</td></tr>
<tr><td>노래: 봄이왔어요</td><td>게임: 봄꽃 찾아오기, 반짝이 끈으로 신체표현하기</td><td>노래: 씨앗이 자라서
게임: 반짝이 끈으로 게임하기</td><td>노래: 개미
게임: 애벌레 신체표현하기</td></tr>
<tr><td colspan="2">행사 일정</td><td colspan="5">4일 – 교통안전교육
5일 – 원내 어린이날 행사 / 8일 – 원내 어버이날 행사
22일 – 원내 손 씻기 교육 / 31일 – 5월 생일파티</td></tr>
</table>

출처: 박찬옥 외(2020). 유아교육과정. 정민사.

교사는 각 반의 주제 진행에 대해 다른 교사들과 함께 모여 계획한 활동들이 유아의 흥미가 반영되었는지, 자발적으로 놀이 및 활동에 참여하는지, 교사와의 상호작용이 활발한지, 각 교과별 활동이 포함되었는지 등에 대해 의견을 나누고 계획을 수정 · 보완한다. 즉, 교사는 유아의 흥미, 발달 수준 등을 고려하여 계획을 하지만 실제 현장에서는 유연적으로 실시하여야 함을 염두해 두어야 한다.

일일교육계획안은 유아의 놀이와 매일 반복되는 일상생활과 활동으로 구성된다. 개정 누리과정에서는 일과를 교사가 미리 계획할 수 있지만 유아와 의논하거나 흥미 지속 여부에 따라 달라질 수 있어야 하며 유아가 놀이에 충분히 몰입할 수 있도록 매일 2~3시간 이상의 놀이시간이 포함되도록 강조하고 있다(교육부, 보건복지부, 2019). 일일 교육계획안을 예시를 살펴보면 〈표 13-2〉와 같다.

표 13-2. **일일교육계획안의 예**

<table>
<tr><th>반이름</th><td>믿음반</td><th>일시</th><td colspan="2">2019년 11월 19일 목요일</td></tr>
<tr><th>주제</th><td colspan="3">무지개</td><td rowspan="2">유아들에 의해 발현된 주제</td></tr>
<tr><th>활동명/시간</th><td colspan="2">관찰된 모습</td><td>교사의 계획과 지원</td></tr>
<tr><th>등원 및 실내 자유놀이 (9:00~)</th><td colspan="2">• 한 유아가 집에서 가져온 비눗방울을 불며 "내 비눗방울에 무지개가 있어"라고 말하자 유아들이 우르르 몰려들어 비눗방울 속의 여러 가지 색깔을 찾으며 관심을 보였다.</td><td>• 여러 명의 유아가 비눗방울을 직접 불어 볼 수 있도록 가져다 줌
• 교실 안팎에서 볼 수 있는 무지개 빛을 더 찾아보자고 제안함</td><td>등원 후 자유놀이 모습을 관찰하여 유아들의 흥미를 발견함</td></tr>
<tr><th>자유놀이 및 간식 (~11:00)</th><td colspan="2">• 유아들은 옷, 스팽글, CD, 크레파스와 색연필, 프리즘, 돋보기 등 다양한 곳에서 무지개 색을 발견하였다.</td><td>• 간식은 놀이하는 중간에 자유롭게 먹을 수 있도록 준비해 둠
• 무지개 색을 발견한 물건들을 모아 둘 수 있도록 바구니를 마련해 줌</td><td>원래는 이야기 나누기가 계획되어 있었으나, 무지개 색을 찾아보도록 놀이시간을 확장하여 지원함</td></tr>
<tr><th>이야기 나누기 활동 (11:00~11:30)</th><td colspan="2">• 유아들은 서로가 발견한 무지개 색 물건들을 보며 '무지개 색'과 '무지개 빛'을 나누기 시작했다.</td><td>• 바구니를 하나 더 준비하여 '무지개 색'과 '무지개 빛'을 내는 물건을 분류하도록 함
• '무지개 색'과 '무지개 빛'은 어떤 차이가 있는지 이야기 나눠 봄
• 점심을 먹은 유아들이 읽을 수 있도록 무지개와 관련된 지식 그림책을 마련해 줌</td><td>비눗방울 놀이 맥락에서 이야기 나누기 활동을 계획하여 지원함</td></tr>
<tr><th>손 씻기 및 점심 (11:30~12:30)</th><td colspan="2">• 점심을 다 먹고 책을 읽던 유아들이 책에서 무지개를 만드는 방법을 발견하고, 직접 해 보자고 제안하였다.</td><td>• 유아들이 제안한 실험을 할 수 있도록 분무기를 내어 줌
• 점심을 다 먹은 유아들이 모여 앉아, 실험 방법과 예상되는 결과를 적어 봄</td><td>유아들이 관심을 확장할 수 있는 그림책을 놀이 자료로 지원함</td></tr>
</table>

과학활동 (12:30~13:00)	• 바깥놀이터에 나가 햇빛이 잘 드는 곳에서 분무기로 물을 분사해 보았으나, 무지개가 만들어지지 않아 실망하였다. • 분무기로 마른 바닥에 그림을 그리는 것에 흥미를 갖기 시작했다.	• 그늘진 곳에 앉아, 왜 무지개가 만들어지지 않았는지 이야기 나눔 • 분무기 그림을 사진으로 찍어 둠	유아들의 관심에 따라 과학활동을 지원함
바깥놀이 (13:00~13:40)	• 분무기로 물을 계속 분사하는 것이 손이 아프다고 하였다. 물로 그림을 그릴 수 있는 다른 도구를 찾았다.	• 수돗가에 호스를 연결해 주고, 다양한 크기의 컵과 주전자, 빨대를 마련해 줌	놀이자료를 지원함
귀가 (13:40~14:00)	• 동화감상 후 하루 평가 시간에 물 그림을 그리는 것은 재미있었으나, 무지개가 만들어지지 않아 실망했다고 입을 모아 말하였다.	• 무지개가 잘 만들어지는 날씨에 다시 활동해 보기로 함	유아들과 함께 하루 일과를 평가함
경험의 의미 (누리과정 관련내용)	• 무지개가 생기는 이유에 대해 관심을 갖는다. (자연탐구 〉 탐구과정 즐기기 〉 궁금한 것을 탐구하는 과정에 즐겁게 참여한다) • 무지개 색과 빛의 차이를 비교하며 말해 본다. (의사소통 〉 듣기와 말하기 〉 상황에 적절한 단어를 사용하여 말한다) • 친구와 협력하여 물 그림을 그릴 수 있다. (예술경험 〉 창의적으로 표현하기 〉 다양한 미술재료와 도구로 자신의 생각과 느낌을 표현한다)		하루 일과를 통해 경험된 의미를 기술함
다음 계획에 반영 사항	• 바깥놀이에서 촬영한 물 그림 사진을 감상하고, 제목 지어 보기 • 스포이드, 약병 등 더 가는 선을 그릴 수 있는 물 그림 도구 제공하기 • 무지개 만들어지는 모습이 담긴 동영상 감상하기		내일 일과에 반영할 사항을 정리함

출처: 박찬옥 외(2020). 유아교육과정. 정민사.

2019 개정 누리과정에서의 일상생활은 자율적이고 주도적으로 이루어진다. 교사는 유아들에게 충분한 시간을 허용해 주고 유아는 그 안에서 편안함을 느끼며 반복되는 일상도 놀이와 같은 방식으로 즐기며 배움이 일어난다(교육부, 보건복지부, 2019).

유아의 활동은 유아가 흥미를 가지는 것에서부터 시작해야 한다. 교사는 유아가 주도하는 놀이를 지원하기 위해 다양한 활동들을 계획하여 유아가 원하는 활동을 선택할 수 있도록 도와야 한다. 교사는 미리 계획한 활동을 모두 수행해야 한다는 것보다 유아의 반응을 세심하게 관찰한 후 흥미에 따라 계획을 수정하여 운영하도록 한다.

교사는 활동을 계획할 때 교사의 개입 정도, 유아의 놀이 관찰의 정도, 활동 지원과 연계활동의 계획 등에서 시행착오를 겪을 수 있다. 하지만 누리과정 5개 영역의 목표와 내용을 잘 이해하고 교과 간의 통합성을 염두해 두어 유아의 놀이에 대한 바른 이해, 관찰 및 적절한 교육적 지원을 한다면 교사와 유아가 함께 만들어 가는 교육과정이 될 것이다.

2 활동중심의 교과통합

활동을 중심으로 한 교과통합은 교과 간 통합과 교과 내 통합이 있다. 교과 간 통합은 교과와 교과 간에 공유하거나 연계할 수 있는 내용과 주제와 관련된 주요 내용을 중심으로 언어, 수, 과학, 미술, 음률 등의 교과 영역을 통합하는 것이다. 예를 들어, 동화 듣기 활동에서 동화만 듣는 것이 아니라 동화를 듣고 동화의 내용과 관련된 게임하기, 요리하기, 신체로 표현하기 등으로 다른 교과와 통합하여 활동하는 것이다. 동화 듣기와 미술의 교과 간 통합이 이루어진 예를 살펴보면 〈표 13-3〉과 같다.

표 13-3. **교과 간 통합의 예**

활동명	여름철 날씨
활동유형	이야기 나누기
활동 목표	1. 여름 날씨의 특징에 대해 이야기한다. 2. 여름용품 종류에 관심을 가진다. 3. 다양한 재료로 선캡을 만들어 볼 수 있다.
누리과정 관련 내용	• 의사소통 〉 듣기와 말하기 〉 상대방이 하는 이야기를 듣고 관련해서 말한다. • 예술경험 〉 창의적으로 표현하기 〉 다양한 미술 재료와 도구로 자신의 생각과 느낌을 표현한다.
활동자료	여름철 날씨의 그림자료, 선캡 도안, 고무줄, 스티커, 매직펜, 셀로판지
활동방법	1. 여름 날씨의 특징이 있는 그림자료를 보며 이야기 나눈다. – 그림 자료에 어떤 그림이 있는지 같이 살펴볼까? – (해가 쨍쨍한 사진을 보며)여름에는 날씨가 무덥고 햇볕이 많이 비춰요. – 여름에는 또 어떤 날씨가 있을까? – 여름이 되면 사람들의 옷차림이 어떻게 되었니? – 여름에 얇은 옷을 입는 이유는 무엇일까? – 여름에 외출할 때 무엇이 필요할까? – 여름에 자외선을 피하기 위한 방법에는 어떤 것들이 있을까? 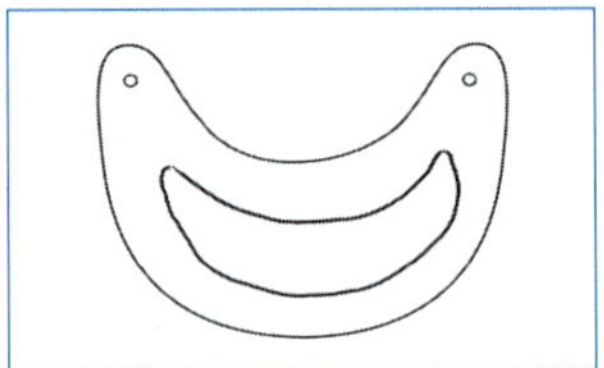 선캡 도안의 예 2. 선캡의 실물과 도안, 만들기 재료를 보여 주며 만드는 방법에 대해 이야기 나눈다. – 너희는 선캡을 써 본 적 있니? – 조금 전 그림자료에서 선캡은 왜 쓰는 것이라고 했지? – 선캡을 쓰면 어떤 점이 좋을까? – 어떤 재료가 준비되어 있니? – 이 재료들로 어떻게 선캡을 만들 수 있을까? – 매직으로 자유롭게 그려 볼까? – 셀로판지를 붙여 볼까? 어떤 색으로 보일까? – 스티커를 자유롭게 붙여 보자.

	〈선캡 만드는 순서〉 1. 도안자료 가운데에 셀로판지를 붙인다. 2. 매직을 이용하여 자유롭게 그림을 그린다. 3. 스티커를 자유롭게 붙인다. 4. 고무줄을 머리에 맞게 잘라 연결한다. 5. 머리에 직접 써 본다. 3. 완성한 선캡을 쓰고 재미있었던 것과 어려웠던 부분에 대해 평가한다. – 우리가 만든 썬캡을 써 보자. – 선캡을 쓰고 어디를 가 보고 싶니? – 선캡 만들기를 할 때 재미있었던 부분은 어떤 것이었니? – 어려운 점은 없었니?

교과 내 통합은 한 교과 내에서 여러 활동들을 통합하는 것이다. 활동 내용들은 교과 특성을 중심으로 서로 밀접하게 관련되어 있으므로 서로 분리해서 다루기보다 통합적으로 제시해야 한다. 교과 내 통합활동의 예를 들면, 동시를 듣고 동시 지어 보기, 동극으로 표현하기 등 언어교과 내의 통합, 음악 감상을 한 후 음악에 맞는 신체표현, 악기 연주, 노래 부르기, 소리 만들기 활동 등으로 음악교과 내 통합을 이루는 것이다. 음악 감상 후 악기연주를 통해 교과 내 통합이 이루어진 예를 살펴보면 〈표 13-4〉와 같다.

표 13-4. 교과 내 통합의 예

활동명	크리스마스 캐럴
활동유형	음악감상 및 악기연주
활동 목표	• 캐럴을 감상하며 성탄절 분위기를 즐긴다. • 캐럴을 들으며 다양한 리듬악기를 연주해 볼 수 있다.
누리과정 관련 내용	• 의사소통 〉 듣기와 말하기 〉 자신의 경험, 느낌, 생각을 말한다. • 예술경험 〉 예술 감상하기 〉 다양한 예술 감상하기 • 예술경험 〉 창의적으로 표현하기 〉 신체, 사물, 악기로 간단한 소리와 리듬을 만들어 본다.
활동자료	캐럴 CD, CD 플레이어, 리듬악기

활동방법

1. 여러 곡의 캐럴을 감상한 후 이야기 나눈다.
   - 이 노래를 들어 본 적 있니?
   - 언제 들어 봤니? 어디에서 들어 봤니?
   - 이 곡들은 크리스마스에 부르는 캐럴이라는 곡이란다.
   - 감상할 때 어떤 악기의 소리가 들렸니?

2. 리듬악기를 탐색한다.
   - 어떤 악기들이 있니?
   - 악기의 이름은 무엇일까?
   - 어떤 소리가 날까? 들어 본 적 있니?
   - 직접 연주해 본 적이 있니?
   - 어떤 소리가 나는지 들어 보자.

징글벨

작사 · 작곡: 제임스 로드 피어폰트

번안: 안병원

흰 눈 사이로 썰매를 타고 달리는 기분 상쾌도 하다
종이 울려서 장단 맞추니 흥겨워서 소리 높여 노래 부르자
종소리 울려라 종소리 울려 우리 썰매 빨리 달려 종소리 울려라
종소리 울려라 종소리 울려 기쁜 노래 부르면서 빨리 달리자

3. 캐럴을 들으며 다양한 리듬악기로 연주해 본다.
   - 캐럴에 맞춰 악기로 연주해 볼까?
   - 어떤 악기로 연주하고 싶니?
   - 어느 부분에 어떤 악기를 연주할까?
   - 자기가 맡은 부분에만 연주해 보자.
   - 이번엔 악기를 바꾸어서 연주해 볼까?

4. 활동 후 느낀 점을 이야기 나눈다.
   - 캐럴을 감상할 때 어떤 기분이 들었니?
   - 직접 악기를 연주해 보니 어땠니?
   - 다음엔 어떤 악기를 연주해 보고 싶니?
   - 연주를 누구에게 들려주고 싶니?

1) 이야기 나누기

이야기 나누기는 학급의 유아들이 모두 함께 모여 진행되는 활동 중의 하나로서 주제, 날씨, 주말 지낸 이야기, 행사를 마친 이야기, 개인적인 경험담을 나누면서 하루의 일과를 계획하거나 주제에 대한 내용들에 대해 교사와 자유로운 상호작용과 의견교환을 하는 활동이다.

이야기 나누기는 단순히 인지, 언어적 발달에 국한되는 교수 활동이 아니며 모든 발달 영역과 통합되며, 유아의 조화로운 발달을 꾀하고 이야기 나누기를 통해 다른 교수 영역에서의 성장을 동반할 가능성을 담고 있다(허미애, 2007). 이 활동을 통하여 유아들은 사고의 확장, 언어표현능력이 증진되며 다른 사람의 말을 열심히 듣는 경험이나 자신이 이야기할 차례를 기다리는 태도 및 타인과의 의견 조정 과정에서 민주적인 방법으로 해결하려고 하는 친사회적 태도가 증가되며 문제해결능력 등을 기르는데 도움을 줄 수 있다.

(1) 교사의 사전 준비

교사는 유아의 흥미와 경험, 계절, 행사 등을 고려하여 주제를 선정한다. 교사는 이야기 나누기를 계획할 때 전체적인 흐름을 체계적으로 계획해야 하며 유아의 연령, 주제, 흥미도에 따라 이야기 나누기 시간을 10분~30분 정도로 운영할 수 있다. 교사가 준비한 주제 이외에 유아들이 흥미를 보이는 다른 주제나 활동으로 전이될 수 있도록 예상되는 유아의 반응을 꼼꼼히 준비해야 한다.

(2) 유아들의 경험을 바탕으로 이야기 나누기 시작하기

이야기 나누기를 시작하기 전에 주제와 관련된 유아의 사전 경험을 공유함으로써 주제를 자연스럽게 시작할 수 있다. 유아는 자신의 경험을 이야기하면서 생각을 정리하고 활동에 대한 기대감과 흥미를 유발시킬 수 있다.

(3) 일방적 설명이 아닌 유아와 의견을 교환하며 진행하기

교사는 유아들의 흥미와 관심에 따라 적절한 발문을 통해 유아와 의견을 상호 교환하며 진행해 나가야 한다. 이야기 나누기 활동에 교사가 지식이나 정보를 일방적으로 전달하게 되면 '이야기 나누기'가 아닌 '이야기 하기'로 이어지게 된다. 이야기 나누기와 이야기 하기의 차이는 〈표 13-5〉와 같다.

표 13-5. 이야기 나누기와 이야기 하기의 차이점

이야기 나누기	구분	이야기 하기
유아들이 자신의 경험, 생각, 느낌을 이야기하는 동안 올바른 의사소통기술을 배우고, 언어 표현능력과 관계를 증진하며, 지식과 정보 및 사물을 공유하는 태도를 기르고 궁극적으로는 개개 유아의 사교능력이 향상되도록 돕는 것이 주 목적임	활동목표	지식과 정보의 전달 및 습득이 주 목적임
특정시기에 관계없이, 교사-유아 간의 합의에 따라 주제나 상황이 선정되고, 활동 중에라도 당사자들의 관심이 바뀌거나 특별한 상황이 발생한 경우에는 진행 중이던 주제가 유보, 전이, 심화될 수 있는 융통성이 있음	활동주제	교사에 의해 일방적으로 주제나 상황이 선정되고, 정해진 주제는 특정 시기에 고정되어 획일적으로 실행함
쌍방적 대인 간 커뮤니케이션	의사소통 형태	일방적 대인 간 커뮤니케이션
교사와 유아	활동주제	교사
평등 관계 가르치는 사람과 배우는 사람의 경계가 없이 상호 가르치고 배움	교사-유아 관계	불평등 관계 – 가르치는 사람과 배우는 사람을 엄밀하게 구분함
말하는 사람과 듣는 사람의 역할이 고정되어 있지 않음 – 교사와 유아 모두: 말하거나 듣는 사람	역할	말하는 사람과 듣는 사람의 역할이 고정되어 있음 – 교사: 말하는 사람 – 유아: 듣는 사람
– 교사와 유아는 잘 말하고, 잘 듣는 기술과 맥락을 이해하고 적절하게 질문하는 기술	관련 기술 및 태도	– 교사: 잘 말하는 기술 – 유아: 잘 듣는 태도

이야기 나누기	구분	이야기 하기
역동적인 분위기 – 적극적 경청과 상호 토론 및 논쟁이 허용되는 개방적 대화 분위기 – 교사는 질문을 한 다음 유아가 생각할 시간을 충분히 제공하여 기다려 줌 – 개방적·확산적 질문이 많음	활동 분위기	정적인 분위기 – 유아가 수동적으로 조용히 경청하는 것을 선호하는 폐쇄적인 분위기 – 교사는 질문을 한 다음 유아에게 생각할 시간을 충분하게 제공하지 않음 – 폐쇄적·수렴적 질문이 많음
활동 과정을 중시함	평가	활동 결과를 중시함
계획은 있으나, 유아의 마음과 생각의 흐름을 읽으면서 즉흥적으로 재구성하며 유아의 생각이 열리고 공유되도록 격려함	교사의 역할	교사가 계획한 대로 지식과 경험을 효과적으로 전달함

출처: 허미애(2007). 유아교사의 이야기 나누기에 대한 실천적 지식탐구. 중앙대학교 대학원 박사학위논문.

(4) 수용적인 분위기에서 다양한 생각을 수용하기

교사는 유아들이 자유롭게 생각과 경험을 이야기할 수 있는 수용적인 분위기를 조성해 준다. 유아의 말에 옳고 그름을 평가하기보다 "네 생각은 그렇구나! 어떤 점에서 그렇게 생각했니?"라는 질문을 통해 유아의 다양한 생각과 표현에 귀 기울여야 하는데 이는, 수용적인 분위기에서 더욱 활발한 상호작용과 의견교환을 나눌 수 있기 때문이다. 또한 표현을 잘하는 유아에 비해 부끄러움을 타는 유아도 있으므로 질문과 답을 잘하는 유아의 의견에 치우치지 않게 주의한다.

(5) 유아의 말을 적절하게 정리하여 들려주기

유아는 하고자 하는 말을 표현할 때 적절한 단어를 선택하지 못할 때가 있다. 교사는 유아의 이야기를 주의 깊게 듣고 유아의 의도를 파악하여 적절한 단어와 표현으로 정리해 줄 필요가 있다.

(6) 확장 활동에 대해 논의하기

이야기 나누기에서 나온 여러 가지 의견들을 유아의 흥미를 반영하여 다양한 영역의 확장 활동으로 이어질 수 있도록 한다. 이야기 나누기의 활동 예시는 〈표 13-6〉, 〈표 13-7〉과 같다.

표 13-6. 이야기 나누기 활동 예시 1

활동명	우리 가족이 하는 일
활동 목표	• 우리 가족이 하는 일에 관심을 갖는다. • 내가 우리 가족을 위해 할 수 있는 일에 대해 이야기 나눈다.
누리과정 관련 내용	• 사회관계 〉 더불어 생활하기 〉 가족의 의미를 알고 화목하게 지낸다. • 사회관계 〉 나를 알고 존중하기 〉 내가 할 수 있는 것을 스스로 한다. • 의사소통 〉 듣기와 말하기 〉 자신의 경험, 느낌, 생각을 말한다.
활동자료	가족이 하는 여러 가지 일에 대한 그림자료
활동방법	1. 그림자료를 보며 가족이 하는 일에 대해 이야기 나눈다. – 어떤 그림일까? – 그림에 어떤 사람들이 있니? – 그림 속 사람들은 무엇을 하고 있니? – 그림 속 가족들처럼 해 본 적 있니? 2. 가족을 위해 부모님이 하시는 일에 대해 이야기 나눈다. – 그림 속의 부모님은 무얼 하고 계시니? – 부모님은 가족을 위해 어떤 일을 하시니? – 부모님은 왜 이렇게 하실까? – 너희는 집에서 어떤 일을 해 보았니? 3. 가족을 위해 내가 할 수 있는 일에 대해 이야기 나눈다. – 내가 가족을 위해 할 수 있는 일은 무엇이 있을까? – 직접 그런 일을 해 본 적 있니? – 부모님이 힘들어하실 때 어떤 일을 도와드릴 수 있을까? – 형제자매를 위해 내가 할 수 있는 일은 무엇이 있을까? – 가족이 나를 도와줄 때 너희들의 기분은 어땠니? – 우리가 가족을 도울 때 가족의 기분은 어떨까? – 가족을 위해 또 어떤 것을 할 수 있을까? 4. 활동 후 평가한다. – 가족이 하는 일에 대해 알아보니 어땠니? – 이야기 나누며 어떤 생각이 들었니? – 이야기 나눈 것들을 오늘 집에 가서 직접 해 보기로 하자.

표 13-7. 이야기 나누기 활동 예시 2

활동명	편리함을 주는 미디어
활동 목표	• 미디어가 우리 생활에 주는 편리함에 대해 안다. • 미디어를 바르게 사용하는 방법에 대해 안다. • 자신의 경험과 생각을 간단한 문장으로 말한다.
누리과정 관련 내용	• 의사소통 〉 듣기와 말하기 〉 상대방이 하는 이야기를 듣고 관련해서 말한다. • 신체운동 · 건강 〉 TV, 컴퓨터, 스마트폰 등을 바르게 사용한다.
활동자료	다양한 미디어 실물(컴퓨터, 텔레비전, 책, 휴대폰 등), 그림자료
활동방법	1. 생활 속 미디어와 관련된 유아들의 경험에 대해 이야기 나눈다. – 미디어란 말을 들어 본 적이 있니? – 너희들이 알고 있는 미디어는 어떤 것들이 있니? – (책, 핸드폰, 광고지, 신문지)... 또 어떤 것들이 있을까? – 너희들은 주로 어떤 미디어를 사용해 보았니? – 우리 가족이 사용하는 미디어에는 어떤 것이 있을까? – 미디어를 어떨 때 사용하니? – 미디어는 우리에게 어떤 도움을 주는 걸까? 2. 다양한 미디어 실물(실물을 가져올 수 없는 물건은 그림자료로 대체)을 보며 미디어가 우리 생활에 주는 편리함에 대해 이야기 나눈다. – 컴퓨터로 어떤 일을 할 수 있니? – 컴퓨터를 직접 사용해 본 적 있니? – 컴퓨터를 사용하면 우리 생활에서 어떤 점이 편리해질까? – 텔레비전에서 우리는 무엇을 볼 수 있니? – 텔레비전이 없다면 어떤 점이 불편할까? – 가족들은 텔레비전을 언제 사용하니? – 너희들은 어떤 미디어를 사용해 보고 싶니? – 그것을 사용해 본 적 있니? – 휴대폰은 어떨 때 사용하니? – 휴대폰이 없다면 어떤 점이 불편할까? 3. 유아들이 주로 사용하는 미디어의 적절한 사용방법과 이용시간에 대해 이야기 나눈다. – 텔레비전과 휴대폰을 오래 사용하게 되면 어떤 점이 안 좋을까? – 텔레비전과 휴대폰을 이용할 때 필요한 약속들은 어떤 것들이 있을까? – 집에서도 그런 약속들을 지키면서 사용해 보도록 하자. 4. 활동을 평가한다. – 오늘 새롭게 알게 된 것들은 어떤 것이니?

- 미디어에 대해 더 알아보고 싶은 점이 있니?
- 이야기 나눈 것들을 기억해서 직접 실천해 보도록 하자.

〈유의점〉
- 유아들이 자주 사용하는 미디어와 미디어의 노출 시간, 폐해에 대한 그림자료를 준비하여 이야기 나누기 활동에 활용한다.

2) 동극

동극은 동화 속 이야기를 극화하여 표현하는 활동으로, 자신이 느끼고 생각한 것을 창의적으로 표현하게 함을 목표로 하는 활동 중 하나이다.

유아는 동극 활동을 통해 일상생활 속의 다양한 어휘를 접할 수 있으며, 교사나 친구의 이야기에 귀 기울여 들으므로 듣는 태도를 기르고, 자신의 생각과 느낌을 다양한 방법으로 표현함으로 좋은 언어적 발달의 기회가 되며, 더 나아가서 사회적, 인지적 발달에도 영향을 미치며 전인적인 발달을 도모할 수 있다. 따라서 동극 활동 과정에서 교사가 대부분의 활동을 계획하고 준비하여 유아가 정해진 배역에만 참여하는 것보다 유아 스스로가 흥미를 가지고 대본 쓰기, 배역 정하기, 소품 만들기, 연기 연습하기 등의 과정에 적극적으로 참여할 수 있도록 충분한 흥미 유발을 이끌어 내야 한다.

교사는 동극으로 표현할 동화책을 선정할 때 유아의 수준의 맞는 동화인지, 주제와 적합한지, 유아에게 친숙한 내용인지 등을 고려하여 선정해야 한다. 또한 줄거리가 길지 않고 단순한 것이 좋은데 내용이 길거나 동극으로 표현하기 어려운 묘사는 표현하기 쉽게 각색해서 들려준다. 동화 들려주기부터 활동 후 평가하기까지 동극 활동의 순서와 교사의 역할 및 유의점을 기술하면 다음과 같다.

(1) 동화 들려주기

동화를 들려줄 때 미리 유아들에게 동화의 내용으로 동극 활동을 할 것임을 이야기해 주어 등장인물, 인물의 특징, 대사 등을 주의 깊게 들을 수 있도록 하고, 이를 회상하기에 도움이 되는 동화로 선정하는 것이 좋다. 또한 의성어와 의태어를 사용하는 것이 유아들이 동극에서 몸동작을 표현하는 데 도움을 줄 수 있다.

(2) 동화 회상하기

동화의 순서, 줄거리, 등장인물, 특이한 행동이나 말투 등을 회상하여 본다. 자유롭게 이야기하는 유아의 말을 교사가 대신 정리하여 이야기하기보다 적절한 질문을 통해 유아가 순서와 특징에 대해 스스로 회상하게 하여 동극에 자발적이고 적극적으로 참여할 수 있도록 한다.

(3) 표현 방법에 대해 이야기 나누기

동화의 등장인물의 특징과 의성어, 의태어 그 밖의 표현을 어떻게 표현할지 유아들과 이야기를 나눈다. 예를 들어, 동화의 내용 중에 "'출랑출랑 걸어간다'에서 '출랑출랑'은 어떤 것을 의미할까? 이것을 어떻게 표현해 볼까?"라는 질문을 통해 다양한 표현 방법을 이끌어 내 본다. 이때 유아들의 자유로운 표현을 격려해 주고, 극과 어울리는 표현들을 다함께 해 볼 수 있도록 유도한다.

(4) 배역 정하기

유아가 맡고 싶어 하는 역할을 우선적으로 정하고, 한 가지 역할에 희망하는 유아가 많을 경우 유아들이 결정한 방법으로 역할을 정한다. 이때 교사는 유아가 다양한 역할에 관심을 가질 수 있도록 각 역할의 장점과 특징을 떠올릴 수 있게 유도한다. 배역 선정 후 큰 목소리로 명확하게 표현하는 유아에게 먼저 시범을 보일 수 있도록 하여 다른 유아들의 흥미를 자극하고 동기를 유발한다.

(5) 동극을 하기 위한 준비 및 약속 정하기

동극에 필요한 소품을 나누어 주고 무대에서 들어가고 나가는 방향, 대기 장소 등을 정한다. 무대 위에서 동극을 하는 유아, 앉아서 동극을 관람하는 유아가 각각 지켜야 할 규칙에 대해 이야기 나누고 배역에 맞는 소품을 착용한 유아가 자신과 배역을 짧게 소개하는 시간을 갖는다.

(6) 동극을 시작하기

교사는 해설을 맡아 진행하고 교사의 해설을 통해 유아들은 동극의 시작과 끝, 등장 순서와 퇴장 신호 등을 알 수 있다. 동극을 하는 중간 대사나 표현 방법을 잊은 유아에게 나즈막히 알려 주고 기존의 대사 대신 창의적으로 표현하는 유아에게 수정해 주기보다 격려하며 동극을 진행해 나간다. 학기 말에는 동극에 익숙해진 유아들에게 간략한 해설을 맡겨 극 전체를 유아들이 진행해 보도록 하는 것도 좋다.

(7) 평가 및 재공연하기

동극을 마치고 나서 가장 인상 깊었던 것, 재미있었던 표현 등의 긍정적인 평가와 더불어 표현하면 좀 더 좋아질 수 있는 부분 등을 이야기 나누어 재공연을 해 본다. 재공연을 할 때 앞서 공연을 하지 않았던 유아들이 우선적으로 참여할 수 있도록 유도한다.

(8) 마무리 및 총 평가하기

유아들이 사용했던 소품을 정리하고 오늘의 동극에 대해 역할을 맡아 무대 위에서 동극을 해 본 느낌, '다른 역할을 한다면?' 등의 평가와 관람했던 유아들의 태도에 대해서도 평가해 본다. 동극소품을 역할놀이 영역에 비치하여 유아들이 자유놀이시간에 더 해 볼 수 있도록 한다.

동극 활동 예시는 〈표 13-8〉, 〈표 13-9〉와 같다.

표 13-8. 동극 활동 예시 1

활동명	팥죽 할머니와 호랑이
활동 목표	1. 동화를 듣고 내용을 이해할 수 있다. 2. 동화의 내용을 동극으로 표현할 수 있다. 3. 바르게 앉아 동화와 동극을 감상할 수 있다.
누리과정 관련 내용	• 의사소통 〉 책과 이야기 즐기기 〉 동화, 동시에서 말의 재미를 느낀다. • 의사소통 〉 듣기와 말하기 〉 말이나 이야기를 관심 있게 듣는다. • 예술경험 〉 창의적으로 표현하기 〉 극놀이로 경험이나 이야기를 표현한다.
활동자료	'팥죽 할머니와 호랑이' 동화자료(글–박운규, 그림–백희나), 동화에 나오는 등장인물과 다양한 도구 사진, 고무줄 머리띠
활동방법	1. 동극 공연을 위해 동화를 감상한다. – '팥죽 할머니와 호랑이' 동화를 들으면서 어떤 것들이 나오는지 잘 생각하면서 들어 보자. **팥죽 할머니와 호랑이** 글 박운규, 그림 백희나 해 설: 옛날 옛날, 깊고 깊은 산골에 팥죽 할머니가 살았어. 어느 봄날 팥죽 할머니가 밭에서 김을 매는데, 아 글쎄, 집채만한 호랑이가 ***어슬렁어슬렁*** 나타난 거야. 호랑이: 어흥, 어흥 할머니: 에구머니나! 호랑이: 어흥, 꿀꺽 잡아먹어야겠다. 할머니: 호랑이야. 지금보다 눈 내리는 겨울날 너도 먹을 게 없을때, 맛난 팥죽 실컷 먹고 나서 나를 잡아먹으렴. 호랑이: 으흠, 그게 좋겠군. 어흐흥. 해 설: 펄펄 눈이 내려 하얀 겨울이었어. 팥죽 할머니는 커다란 가마솥에 팥죽을 ***팔팔팔*** 끓이면서 꺼이꺼이 울었어. 그 때 알밤이 ***폴짝 폴짝 통통*** 뛰면서 할머니에게 왔어. 알 밤: 할머니, 할머니, 팥죽 할머니, 뭣 때문에 그러는 거유? 할머니: 이 팥죽 먹고 나면 호랑이가 ***꿀꺽*** 잡아먹는다니, 에구에구 어찌할꼬. 알 밤: 맛있는 팥죽 한 그릇 주면 못 잡아먹게 해 주지. 해 설: 할머니가 ***척척*** 팥죽 한 그릇을 퍼 주자, 알밤은 ***후루룩*** 다 먹고는 아궁이 속에 쏙 숨었어.

해 설: 그 다음엔 ***빠족빠족*** 송곳이 ***깡충깡충 콩콩*** 뛰어와서 묻는 거야.
송 곳: 할머니, 할머니, 팥죽 할머니, 뭣 땜에 우는 거유?
할머니: 이 팥죽 먹고 나면 호랑이가 꿀꺽 잡아먹는다니, 에구에구 어찌할꼬.
송 곳: 맛있는 팥죽 한 그릇 주면 못 잡아먹게 해 주지.
해 설: 팥죽 한 그릇을 퍼 주자, 송곳은 ***후루룩*** 먹고는 흙덩이 속에 숨었어.
해 설: 어라, 이번엔 멍석이 ***데굴데굴 척척*** 굴러왔어.
멍 석: 할머니, 할머니, 팥죽 할머니, 뭣 땜에 우는 거유?
할머니: 이 팥죽 먹고 나면 호랑이가 꿀꺽 잡아먹는다니, 에구에구 어찌할꼬.
멍 석: 맛있는 팥죽 한 그릇 주면 못 잡아먹게 해 주지.
해 설: 팥죽 한 그릇을 퍼 주자, 멍석은 ***후루룩*** 다 먹고는 부엌 앞에 ***주르륵*** 펼치고 누웠어.
해 설: 그 다음엔 지게가 ***겅중겅중 껑충*** 달려와서 묻는 거야.
지 게: 할머니, 할머니, 팥죽 할머니, 뭣 땜에 우는 거유?
할머니: 이 팥죽 먹고 나면 호랑이가 꿀꺽 잡아먹는다니, 에구에구 어찌할꼬.
지 게: 맛있는 팥죽 한 그릇 주면 못 잡아먹게 해 주지.
해 설: 팥죽 한 그릇을 퍼 주자, 지게는 후루룩 다 먹고는 마당 감나무에 ***척*** 숨었어.
해 설: 할머니는 이제 마음이 조금 놓였어. (놀란 목소리로) 그런데, 저게 누구야? 호랑이가 오고 있어.
호랑이: 어흥, 팥죽도 먹고 할머니도 잡아먹으러 왔다.
할머니: 호랑이야, 날씨가 너무 추우니 아궁이에서 몸부터 녹여라.
해 설: 호랑이가 아궁이 불 앞에 쪼그리고 앉았어. 그 때 아궁이 속에 숨어 있던 알밤이 껍질을 ***뻥*** 터뜨리며 튀어 올라 호랑이 눈에 박치기 하였어.
호랑이: 어이쿠, 눈이야!
해 설: 호랑이가 벌러덩 ***쿵*** 넘어졌어. 그 때 흙덩이 속에 숨어 있던 송곳이 ***벌떡*** 일어서서 호랑이의 엉덩이를 ***콕*** 찔렀어.
호랑이: 어이쿠, 엉덩이야!
해 설: 이번엔 부엌 앞에 누워 있던 멍석이는 ***잽싸게*** 호랑이를 ***둘둘*** 마는 거야.
호랑이: 어이쿠, 어이쿠!
해 설: 바로 그때 지게가 나타나 호랑이를 지고 가서 강물에 ***풍덩*** 던져 버렸어. 할머니는 맛난 팥죽 나눠 주며 행복하게 잘 살았지.

2. 동화를 들은 후 동화의 내용을 회상하며 표현방법을 생각해 본다.
   - 호랑이는 할머니를 왜 잡아먹으려고 했니?
   - 할머니는 호랑이에게 어떤 음식을 해 준다고 했니?
   - 호랑이에게 잡아먹힐 수 있다고 생각한 할머니는 어떤 마음이었을까?

- 할머니의 마음을 어떻게 표현해 볼 수 있을까?
- 겅중겅중 껑충, 잽싸게, 데굴데굴은 어떻게 표현할 수 있을까?
- 할머니는 알밤, 송곳, 지게에게 우는 이유를 뭐라고 얘기했니?
- 알밤이 호랑이에게 어떻게 했니?
- 멍석과 지게는 어떤 행동을 했니?
- 알밤, 멍석, 지게가 한 행동을 어떻게 표현할 수 있을까?
- 알밤, 송곳, 지게는 왜 이런 행동을 했을까?
- 마지막에 호랑이는 어떻게 되었니?
- 호랑이가 사라지자 할머니는 어떤 기분이었을까?

3. 역할을 정한다.
   - 호랑이 역할 하고 싶은 사람있니?
   - '저 알밤, 송곳, 지게 하고 싶어요' 하는 사람 손들어 볼까?
   - 한 가지 역할을 하고 싶어 하는 친구들이 많을 때는 누가 할지 어떻게 정할까?
   - 또 다른 방법으로 정해 볼까?

4. 역할을 맡은 사람은 무대 앞으로 자기의 역할에 대해 소개한다.
   - '저는 호랑이 역을 맡은 ○○○입니다!' 라고 소개해 보자.

5. 동극을 하기 전 지켜야 할 약속에 대해 이야기 나눈다.
   - 무대 위에서는 어떤 약속을 지켜야 할까?
   - 앉아서 관람하는 친구들은 어떤 약속을 지킬 수 있을까?
   - 우리가 정한 약속을 잘 생각하면서 동극을 해 보자.

6. 동극을 시작한다.
   - 지금부터 '팥죽 할머니와 호랑이' 동극을 시작하겠습니다.

7. 역할을 바꾸어 동극을 다시 재연한다.
   - 해 본 역할 말고 다른 역할을 해 보자.
   - 동극을 보면서 바꿔야 할 부분이 있었니? 어떻게 바꾸어 볼까?

8. 활동을 마치고 평가를 한다.
   - 동극을 보면서 어떤 부분이 가장 재미있었니?
   - 아쉬웠던 부분은 어떤 부분이었니?

표 13-9. **동극 활동 예시 2**

활동명	모래바람 아저씨와 아기 봄바람
활동 목표	1. 동화를 듣고 모래바람과 봄바람의 특징을 알아본다. 2. 각자의 역할을 맡아 함께 동극으로 표현할 수 있다. 3. 즐거운 마음으로 동극을 감상한다.
누리과정 관련 내용	• 의사소통 〉 책과 이야기 즐기기 〉 책에 관심을 가지고 상상하기를 즐긴다. • 자연탐구 〉 자연과 더불어 살기 〉 날씨와 계절의 변화를 생활과 관련짓는다. • 예술경험 〉 창의적으로 표현하기 〉 극놀이로 경험이나 이야기를 표현한다.
활동자료	동화 '모래바람 아저씨와 아기 봄바람', 동화자료(글 정선희, 그림 최은지), 배역 머리띠
활동방법	1. 동극 공연을 위해 동화를 감상한다. 아기 봄바람: 야호! 드디어 봄이 왔어요! 아빠 봄바람: 천천히 가렴, 아직 늦지 않았단다. 아기 봄바람: 빨리 가서 개구리도 깨우고 씨앗도 감싸 줘야 해요. 해설: 아기 봄바람은 서둘러 구름 미끄럼틀로 쏘옥 들어갔어요. 아기 봄바람: 여기가 어디지? 해설: 아기 봄바람이 아무리 둘러봐도 숲이 아닌 것 같아요. 그리고 자꾸만 콜록콜록 기침을 하고 따끔따끔 눈물도 흘렸어요. 모래바람: (크게 웃으며)아하하하. 안녕 아기 봄바람아, 여기는 숲이 아니란다. 내 머리 위란다. 아기 봄바람: (깜짝 놀라며) 어머머머! 죄송해요. 그런데 아저씨는 누구세요? 모래바람: 나는 모래바람이란다. 먼지가 너무 많이 쌓여 움직이지 못하고 있단다. 내가 숲의 하늘을 막고 있어서 걱정이구나. 아기 봄바람: 정말 큰일이네요! (혼잣말로)어떻게 하면 아저씨를 움직일 수 있을까? 해설: 아기 봄바람은 고민을 하다가 서둘러 태풍 할아버지를 찾아갔어요! 태풍 할아버지는 모든 이야기를 들으신 후 태풍 할아버지: 걱정말거라, 내가 힘찬 바람을 불어 주마. 하나~둘~셋! 후~~!!!!! 모래바람: (멀리 날아가듯 퇴장하며)고맙다~~ 해설: 모래바람 아저씨가 날아가자 아기 봄바람은 친구들을 만날 수 있었어요. 아기 봄바람: 어서 일어나, 개구리야~, 씨앗아, 내품에서 싹을 틔우렴. 해설: 이렇게 해서 푸르른 숲속에 봄이 찾아왔답니다.

2. 동화내용을 회상하며 등장인물의 특징을 표현해 본다.
   - 아기 봄바람은 왜 신이 났니?
   - 신이 난 아기 봄바람을 어떻게 표현할 수 있을까?
   - 신이 난 아기 봄바람을 보고 아빠 봄바람이 뭐라고 하셨니?
   - 아기 봄바람이 숲인줄 알고 갔던 곳은 어디였니?
   - 아기 봄바람이 모래바람을 만나자 어떻게 됐니?
   - 모래바람은 왜 거기에 머물러 있었니?
   - 아기 봄바람은 누구에게 도움을 청했니?
   - 태풍 할아버지가 바람을 어떻게 불었니?
   - 어떻게 하면 태풍 할아버지처럼 큰 바람을 불 수 있을까?
   - 우리도 같이 표현해 볼까?
   - 모래바람이 날아가자 숲은 다시 어떻게 되었을까?

3. 역할을 정한다.
   - 아기 봄바람, 아빠 봄바람, 모래바람, 태풍 할아버지 하고 싶은 사람?
   - 역할을 서로 하고 싶은 친구들이 있는데 어떻게 하면 좋을까?

4. 동극을 할 때 지켜야 할 약속에 대해 이야기 나눈다.
   - 앞에 나온 친구들의 목소리는 어떻게 해야 할까?
   - 앉아 있는 친구들은 어떻게 해야 할까?
   - 배역을 맡은 친구들이 나오는 곳(들어가는 곳)은 어떻게 할까?
   - 어떤 소리가 나오면 무대 위로 나오는 것으로 할까?

5. 동극을 시작하기 전 맡은 배역을 친구들 앞에서 소개한다.
   - 저는 ○○역을 맡은 ○○○입니다.

6. 동극을 시작한다.
   - 우리가 정한 약속들을 생각하며 동극을 해 보자.

7. 역할을 바꾸어 다시 한번 진행한다.

8. 활동 후 평가한다.
   - 오늘 해 본 동극 어땠니?
   - 친구들이 표현한 것 중에 어떤 것이 가장 재미있었니?
   - 머리띠를 역할 영역에 놓아둘테니 놀이시간에 친구들과 한번 더 해 보자.

3) 게임

게임은 유아들의 흥미를 유발하면서 신체의 균형 있는 발달, 기본생활습관, 집단생활 적응, 타인 수용과 협력적 태도, 정서적 안정감과 긍정적인 태도, 문제해결능력을 기를 수 있으며 풍부한 학습상황을 제공해 주고 상호작용과정에서 요구되는 방법과 규칙을 창조하고 사회적 상호작용을 실행하기 위한 기회를 준다. 또한 단체의 일원으로서 규율을 지키고 공통된 목적을 달성하기 위해 함께 협력해야 함을 배우며 의사결정과정에 참여하는 기회를 가짐으로써 사회적 결단력을 학습하게 된다(이정환, 1997).

게임은 유아들이 개인 또는 집단으로 활발하고 적극적으로 참여하는 놀이다. 유아는 게임을 할 때 매우 활동적으로 에너지를 발산하기 때문에 교사는 미리 적절한 규칙을 세워 두어 유아가 규칙 내에서 안전하게 즐길 수 있도록 준비해야 한다. 정진과 성원경(2004)은 집단구성의 형태에 따라 집단게임을 원게임과 자유대형게임, 편게임으로 나누었는데 그 내용은 다음과 같다.

(1) 원게임

원게임은 유아들이 둥글게 앉아서 비교적 지시가 적은 과제를 수행하는 게임이다. 주로 간단한 규칙에 따라 단순한 행동이 반복된다. 원게임은 하나의 목표를 가지고 함께하므로 유아들이 성취감과 자신감을 느끼고 소속감을 형성하도록 도울 수 있다. 유아들이 집단에 익숙해지기 전인 학기 초에 실시하거나 게임의 경험이 많지 않은 유아, 규칙에 익숙하지 않은 어린 연령의 유아들을 대상으로 실시하는 것이 좋다. 수건돌리기, 음악에 맞추어 움직이다가 의자나 방석 차지하기, 고양이와 쥐 게임이 원게임에 속한다.

(2) 자유대형게임

자유대형게임은 원게임과 마찬가지로 지시가 적고 이기고 지는 승패의 결과가 뚜렷

하게 구분되지 않으며 단순한 규칙에 따라 많은 유아들이 자유롭게 장소를 이용하면서 주변 환경을 탐색하고 자신의 신체를 최대한 활용해 볼 수 있는 게임이다. 많은 아이들이 한꺼번에 움직이므로 넓은 공간을 확보해야 하며, 게임 시작 전에 게임 방법과 규칙을 충분히 이해해야 즐겁게 참여할 수 있다. 보물찾기, 색깔찾기, 술래잡기, 짝짓기 게임 등의 찾기 게임이나 숨기기 게임, 쫓기 게임, 언어적 지시게임 등이 자유대형게임에 속한다.

(3) 편게임

편게임은 두 팀 이상의 집단을 나누어 하는 게임으로 개인적인 성취보다는 자신이 속한 팀의 목표 달성을 위해서 또래와 협력해야 하므로 필요한 지시와 규칙이 많다. 편게임에 참여하는 유아는 게임에 대한 이해와 규칙을 지킴으로써 자유로울 수 있다는 인식, 그리고 상호작용을 위한 사회적 기술을 습득한다. 편게임에는 경쟁이라는 요소가 원게임과 자유대형게임에 비해 강하기 때문에 교사는 평가에 대한 공정한 태도를 가져야 하며, 유아들이 성공과 실패를 수용하고 책임지는 태도와 협력을 통해 더 큰 즐거움을 나눌 수 있다는 경험을 할 수 있도록 해야 한다. 편게임에 익숙해지고, 게임에 집중할 수 있는 시간이 길어지면 릴레이 형식의 편게임을 진행할 수도 있다.

① 사전준비 하기

교사는 유아의 발달수준과 주제에 맞는 게임 활동을 구상한다. 게임 활동은 동적이고 활발하게 움직이는 활동이므로 활동 자료를 준비할 때 쉽게 파손되지 않게 만들어야 한다. 게임 도중에 자료가 쓰러지거나 파손되면 안전사고로 이어질 수 있으며 한참 게임 활동을 진행하고 있는 유아에게 좌절감을 줄 수 있기 때문이다. 활동을 시작하기 전 색 테이프로 출발선을 표시하고 반환점을 표시한다. 반환점 또한 견고하고 쓰러지지 않게 단단히 고정한다.

② 양 팀으로 나누고 팀 인원 수 확인하기

편게임을 하기 위해서는 여러 가지 방법으로 팀을 나누는데, 교사가 호명하여 차례대로 팀을 나누어 앉거나, 가위바위보, 유아들의 성별 등 다양한 방법으로 나눈다. 팀을 나눈 후에는 양 팀의 인원수가 동일한지에 대해 마주 보고 짝 맞춰 앉기, 함께 양 팀 선수 세어 보기 등의 방법으로 확인해 본다.

③ 팀 이름을 정하고 응원해 보기

팀 이름을 정할 때 교사가 게임과 관련된 팀명을 정할 수 있도록 유도하거나 제안하고 팀원들끼리 협의하여 정하도록 격려한다. 팀 이름이 정해지면 "○○팀 잘해라!", "○○팀 힘내라!", "○○팀 파이팅!" 등의 긍정적인 응원을 해 보고, 이러한 팀별 응원을 통해 유아들은 소속감과 공동체 의식을 느끼며 게임에 대한 참여 욕구를 가지게 된다.

④ 게임 방법을 알아보고 시범 보이기

교사가 알려 주는 일방적인 게임 방법보다 유아들에게 게임 자료를 탐색하게 한 후 의견을 수렴하여 게임 방법을 정하는 것이 좋다. 게임 방법이 정해지면 교사가 시범을 보이거나 시범을 희망하는 유아, 또는 교사가 다른 유아보다 명확한 시범을 할 수 있는 유아에게 시범을 보이도록 한다.

⑤ 규칙과 약속 협의하기

교사는 게임을 할 때 예측할 수 있는 위험한 행동에 대해 미리 생각한 후 유아들과 이야기를 나누고 "차례를 지키지 않았을 때, 순서를 지키지 않았을 때는 어떻게 하면 좋을까?" 등의 질문으로 유아들에게 게임을 할 때 지켜야 할 약속은 어떤 것들이 있을지 자유롭게 이야기하며 협의를 하도록 한다.

⑥ 게임 진행하기

게임 방법을 이해하는 데 어려움을 겪는 유아가 있으면 게임 방법을 다시 이야기해 주며 게임을 진행한다. 반환점을 돌아 먼저 들어와 승리한 유아는 점수표를 스스로 점수판에 붙이도록 하고 늦게 들어온 유아에게는 잊지 않고 격려를 해 준다. 이 방법은 승리한 유아는 큰 성취감을 느끼게 되지만 진 유아는 교사의 격려에도 불구하고 좌절감을 느낄 수 있다. 게임의 방법과 형식에 따라 개개인의 승부보다 릴레이 형식으로 팀 전체의 결과로 승패를 가릴 수 있도록 하는 방법도 좋다. 게임 진행 중 지나치게 적대감을 보이거나 흥분하는 등 협의한 규칙이 잘 지켜지지 않을 때는 교사가 다시 한번 상기시켜 주의를 환기시킨다. 반면에 게임 분위기가 침체되어 있을 때는 응원을 하도록 격려한다.

⑦ 결과 및 승부 확인하기

점수판의 붙어 있는 점수표를 함께 세어 보며 결과를 확인한다. 승부를 확인한 후 이긴 팀에게 칭찬 박수를 쳐 주고 진 팀에게도 격려의 박수를 쳐 준다. 승패에 대해 지나치게 우월감을 갖거나 좌절감을 갖지 않도록 유아들도 서로를 칭찬하고 배려할 수 있는 말들을 나누도록 한다.

⑧ 게임 회상 및 평가하기

게임을 평가할 때 승패에 대한 평가나 아쉬운 점에 대해 평가하면 자신의 실수나 잘못보다는 친구의 탓으로 돌리게 되는 경우가 생기기 때문에 함께해서 좋고 즐거웠던 점을 위주로 평가한다. 하지만 반성할 점이나 게임의 방법 중 고쳐야 할 부분에 대해서도 이야기 나누어, 재게임이나 다른 게임을 진행할 때 반영할 수 있도록 한다. 게임 활동에 대한 예시는 〈표 13-10〉, 〈표 13-11〉과 같다.

표 13-10. 게임 활동 예시 1

활동명	동산에 알록달록 꽃을 심어요.
활동 목표	1. 편게임을 통해 협동심을 기를 수 있다. 2. 또래와 함께 게임 규칙을 지키며 활동을 한다.
누리과정 관련 내용	• 신체운동 · 건강 〉 신체활동 즐기기 〉 실내 · 외 신체활동에 자발적으로 참여한다. • 사회관계 〉 더불어 생활하기 〉 약속과 규칙의 필요성을 알고 지킨다. • 자연탐구 〉 자연과 더불어살기 〉 주변의 동 · 식물에 관심을 가진다.
활동자료	동산, 꽃 벨크로 붙인 그림자료, 신호 악기, 색 테이프, 점수판, 약속판, 게임활동판
활동방법	1. 다양한 꽃 사진과 꽃을 심는 사진을 보며 경험에 대해 이야기 나눈다. - 이 꽃은 이름이 뭘까? - 꽃을 심는 것을 본 적이 있니? - 꽃을 심어 본 적 있니? - 언제 심어 보았니? - 어떤 꽃을 심어 보았니? - 꽃을 심을 때는 어떤 것들이 필요할까? 2. 게임자료를 탐색한다. - 여기 어떤 재료들이 있는지 볼까? - 이 게임 자료들로 어떤 게임을 할 수 있을까? - 또 다른 방법도 있을까? 3. 두 팀으로 나누고 팀별 인원수가 같은지 세어 본다. - 우리가 정한 방법으로 동산에 꽃을 심어 보는 게임을 해 볼까? - 먼저 팀을 나눠 보자. 선생님이 머리를 짚어 주는 친구는 이쪽으로 와서 앉아 보자. - 팀원들끼리 팀 이름을 정해 볼까? - 우리 팀의 응원을 만들어 볼까? 4. 게임 방법을 다시 확인하고 시범을 보인다. **〈게임 방법〉** 1) 각 팀에서 한 명씩 나와 꽃 그림을 가지고 출발선에 선다. 2) 출발신호가 울리면 동산 그림까지 뛰어가 동산에 꽃 그림을 붙인다. 3) 꽃 그림을 동산에 떨어지지 않게 바르게 붙인 후 제자리로 다시 돌아온다. 4) 규칙을 지켜 먼저 돌아온 유아의 팀에 점수를 준다. - 앞에 나와서 먼저 해 볼 친구 있니? - 또 다른 친구도 한 번 해 볼까?

	5. 게임 활동 시 지켜야 할 약속에 대해 이야기 나눈다. – 게임을 할 때 어떤 약속을 지켜야 할까? – 게임을 하는 친구와 앉아 있는 친구는 어떻게 해야 할까? 6. 꽃 심기 게임을 진행한다. 놀이를 한다. – 게임을 시작해 볼까? – 규칙을 지키면서 신나게 해 보자. 7. 점수판을 확인한다. – 어느 팀의 점수판에 점수표가 많은지 확인해 보자. 8. 게임을 회상하고 평가한다. – 오늘 한 게임에서 어떤 점이 가장 재미있었니? – 어렵거나 아쉬운 부분은 어떤 점이었니? – 다음엔 어려운 부분을 수정해서 해 보자.

표 13-11. **게임 활동 예시 2**

활동명	훌라후프 두 발 뛰기
활동 목표	1. 규칙을 이해하고 친구들과 함께 신체활동을 한다. 2. 팀을 응원하며 협동심을 기를 수 있다.
누리과정 관련 내용	• 신체운동 · 건강 〉 신체활동 즐기기 〉 기초적인 이동 운동, 제자리 운동, 도구를 이용한 운동을 한다. • 사회관계 〉 더불어 생활하기 〉 약속과 규칙의 필요성을 알고 지킨다.
활동자료	훌라후프, 색 테이프, 신호 악기, 점수판, 점수표, 약속판, 게임활동판
활동방법	1. 훌라후프와 게임 자료를 탐색하며 게임 방법을 정한다. – 이것의 이름은 무엇일까? – 훌라후프는 어떻게 사용하는 것일까? – 훌라후프로 어떤 게임을 할 수 있을까? – 훌라후프를 허리에 걸고 돌려 볼까? – 훌라후프를 세워서 통과해 볼까? – 바닥에 놓고 폴짝 뛰어 볼까? **〈게임방법〉** 1) 팀을 나누고 각 팀에서 한 명씩 나와 출발선에 선다. 2) 출발신호가 울리면 두 발로 훌라후프를 뛰어서 넘어간다.

3) 도착점에서 뒤로 돌아서 다시 훌라후프를 두 발로 뛰어 들어온다.
4) 규칙을 지키고 먼저 들어온 팀에 점수판에 점수표를 붙인다.
5) 점수판에 점수표를 많이 붙인 팀이 이긴다.

2. 팀을 나누어 각 팀의 인원수가 맞는지 확인한다.
   - 게임을 하려면 상대편과 친구 수가 어때야 할까?
   - 어떤 방법으로 친구의 수를 세어 볼까?
   - ○○팀에 한 명이 더 많은데 어떻게 하면 좋을까?
   - 또 다른 방법을 생각해 볼까?

3. 팀명을 정하고 각 팀끼리 응원을 한다.
   - 각 팀명을 정해 볼까요?
   - 팀끼리 응원을 만들어 볼까요?
   - 으쌰으쌰, ○○팀 나오세요!!(으쌰으쌰, ○○팀 나왔어요!!)

4. 게임 중 지켜야 할 약속에 대해 이야기 나눈다.
   - 우리가 게임을 할 때 지켜야 할 약속들은 어떤 것들이 있을까?
   - 약속을 잊지 않고 게임을 해 보도록 하자.

5. 게임방법을 다시 짚어 보고 시범을 보인다.
   - 선생님이 하는 것을 잘 보자.
   - 너희들 중에 나와서 한번 해 볼 친구 있니?

6. 게임을 시작한다.
   - 신나는 마음으로 게임을 시작해 볼까?
   - 규칙을 지키면서 하자.

7. 게임이 끝나면 함께 점수판을 확인한다.
   - 어느 팀의 점수표가 더 많니?
   - 어떤 방법으로 세어 볼까?

8. 활동에 대한 평가를 한다.
   - 오늘 게임 중에 가장 재미있었던 부분은 어떤 것이었니?
   - ○○팀, △△팀 모두 약속과 규칙을 잘 지켜서 칭찬한단다.
   - 다음에도 더 재미있는 게임을 해 보도록 하자.

4) 새 노래 부르기

노래 부르기는 유아를 위한 음악교육에서 가장 접근이 용이한 보편적인 형태이므로 특별한 기교나 훈련 없이 유아가 스스로 음악을 즐기며 마음속에 있는 깊은 감정을 표출해 낼 수 있는 방법 중의 하나이다(김애옥, 홍지명, 2014). 유아는 노래 부르기를 놀이로 즐기는 동시에 학습과 성취의 도구로 여기며, 이를 통해 자신과 다른 사람의 정서적 감정을 수용할 수 있는 자극의 일종으로 의사소통의 중요한 수단이 된다. 즐거운 마음으로 노래를 부르는 유아는 행복감을 느끼고, 친구와 함께 부르는 노래를 통해 타인과 협동하고 조화를 이루는 법을 경험하고 다양한 방법으로 노래를 부르면서 음악의 구성요소를 경험하게 된다. 또한 노래 부르기는 자신과 타인의 정서적 감정을 수용할 수 있는 자극의 일종이며, 의사소통에서도 중요한 수단이 되기도 하며(이옥주 외, 2017), 노래 부르기는 유아가 자신의 목소리로 음악에 대한 느낌과 이해를 표현할 수 있는 가장 쉽고 직접적인 방법으로 음악의 심미성을 경험하고 음악요소의 개념을 형성하고 더 나아가서는 음악을 통해 자신을 구현하는 기회를 제공하게 된다(이지연, 2013; 조성연 외, 2016).

유치원에서는 유아의 일상생활과 밀접한 생활주제를 중심으로 하루 일과를 운영하고 있으므로 음악활동 중 새 노래 부르기 활동을 계획할 때에는 유아의 생활이 담겨 있고 또 생활주제와 관계가 있는 내용으로 유아가 흥미를 느낄 수 있는 주제의 노래를 선정하는 것이 바람직하다. 새 노래 부르기의 활동순서를 기술하면 다음과 같다.

(1) 교사의 사전준비

교사는 노래를 선정할 때 생활주제와 관련하여 유아가 흥미 있어 하는 주제로 여러 가지 음악적 요소를 고려하여 선정한다. 또한 유아 스스로 충분히 즐길 만한 수준으로 고려하고 새 노래를 익힌 후 다양한 확장 활동으로 연계가 가능한 노래여야 한다. 노래를 선정하고 노랫말 자료를 준비한 후 음원이 있는 경우 자유놀이시간에 미리 노래를 틀어 주어 유아의 흥미를 유발시킨다.

(2) 도입 및 노래 소개하기

노래와 관련된 그림자료, 교구, 실물, 모형, 동화 등을 제시하며 유아의 경험에 대해 이야기 나눈다. 교사는 노래의 전체 가사를 이야기처럼 꾸며 들려주어 유아들로 하여금 노랫말의 맥락을 이해할 수 있도록 돕는다. 음원이나 교사의 목소리로 노래의 전 곡을 들려주며 소개하는데, 교사의 목소리로 전 곡을 불러 줄 때는 노랫말, 음정, 리듬, 박자에 유의한다.

(3) 노랫말 익히기

유아들에게 노랫말을 정확한 발음으로 전달하고 노랫말의 전체적인 맥락의 이해를 위해 노랫말을 동화처럼 꾸며서 들려주고 주요 단어, 의성어나 의태어, 효과음, 반복되는 노랫말은 퀴즈나 다양한 신체활동과 연관시켜 자연스럽게 익힐 수 있도록 돕는다.

(4) 한 가지 음으로 멜로디 익히기

'아, 에, 이, 오, 우' 등 한 가지 음으로 노래를 부르며 멜로디를 익힌다. 한 가지 음을 정할 때 유아들의 의견을 수렴하여 소리 내고 싶은 음을 정하여 불러 보면 멜로디를 익히는 데 도움이 되고 흥미를 유발할 수 있다. 소리 내기 어려운 음을 선택했을 경우 발음과 멜로디에 조금 더 집중하여 불러 볼 수 있도록 격려하고 발음이 어려워 노래를 끝까지 부르지 못할 경우 소리 내기 쉬운 음으로 유도하여 멜로디를 익히도록 한다.

(5) 노랫말을 넣어 부분적으로 부르기

노랫말 전체를 넣어서 부르기 전에, 쉽거나 반복적으로 나오는 노랫말은 유아들이 부르고 나머지는 교사가 불러도 좋다(곽현주, 2019). 유아들이 어려워하는 부분이 있으면 교사가 정확한 음정과 발음으로 다시 들려주고 이때 음의 높낮이를 표현하는 제스처나 박수치기, 무릎치기 등으로 표현해 준다. 여러 가지 조건으로 유아들을 나누어(예: 남아-여아, 모둠별, 횡열-종열 등) 부분적으로 불러 볼 수 있다.

(6) 다양한 방법으로 반복해서 부르기

노랫말 전체를 부를 때 교사는 유아들이 스스로 잘 불러 볼 수 있도록 중간중간 노랫말을 미리 알려 주거나 고개 끄덕임, 눈짓 표현, 눈 마주침 등의 긍정적인 반응을 보여 준다. 유아들이 즐겁게 노래를 반복하여 부를 수 있게 하려면 다양한 방법을 제시해야 하는데 율동만들기, 개사하기, 리듬악기 및 신체 악기 연주, 1~5명씩 부르기 등이 있다. 율동은 유아들이 표현하고 싶은 동작을 수용하되 너무 복잡하거나 어려운 동작은 오히려 노래를 부를 때 방해가 될 수 있으므로 교사가 유아의 표현을 노래 부르며 표현하기 쉬운 간단한 동작들로 다듬어 주는 것이 좋다.

(7) 평가하기

노래를 불러 본 느낌이 어땠는지, 어떤 부분이 재미있고 어려웠는지에 대해 평가한다. 이때 교사는 리듬, 멜로디에 관한 질문(어느 부분의 멜로디가 가장 인상 깊었니? 가장 빠르게 불렀던 부분은 어디였니? 등)을 통해 유아가 음악적 경험을 느낄 수 있도록 도와줄 수 있다. 이후 노래를 어떤 활동과 연계할지 생각해 본 후 마무리한다. 새 노래 활동에 대한 예시는 〈표 13-12〉, 〈표 13-13〉과 같다.

표 13-12. 새 노래 활동 예시 1

활동명	산에 나무가 없으면
활동 목표	1. 박자와 리듬감을 익혀 노래를 불러 본다. 2. 나무의 중요성에 대해 알아보고 나무를 지키기 위한 일을 할 수 있다.
누리과정 관련 내용	• 예술경험 〉 창의적으로 표현하기 〉 노래를 즐겨 부른다. • 자연탐구 〉 자연과 더불어 살기 〉 주변의 동 · 식물에 관심을 가진다.
활동자료	'산에 나무가 없으면' 악보와 동요, 가사판, 산과 나무 사진 자료
활동방법	1. 산과 나무 사진자료를 보며 이야기 나눈다. – 산에 나무가 없으면 어떤 일이 생기게 될까? – 나무는 우리에게 어떤 이로움을 줄까? – 나무가 없다면 어떨까? 2. 산에 나무가 없으면 노래를 들어 본다. – 우리가 이야기 나눈 산과 나무에 대한 노래가 있어. 들어 보자. – 노래를 듣고 나니 어떤 생각이 들었니? 3. 가사판을 보며 노랫말을 익혀 본다. – 산에 나무가 있으면 어떻게 되니? – 산에 나무가 없으면 어떤 일이 일어난다고 했니? **산에 나무가 없으면** 작사 이강덕 · 작곡 손정우 1. 산에 나무가 없으면 산에 나무가 없으면 2. 산에 나무가 있으면 산에 나무가 있으면 산에 나무가 없으면 그 산 무너지겠네 산에 나무가 있으면 그 산 튼튼하겠네 비 오고 바람 불면 홍수가(싸악) 비 오고 바람 불면 홍수가(싸악) 비 오고 바람 불면 홍수가(뚝) 비 오고 바람 불면 홍수가(뚝) 비 오고 바람 불면 홍수가(싸악) 그 산 무너지겠네 비 오고 바람 불면 홍수가(뚝) 그 산 튼튼하겠네 4. 반주에 맞춰 한 가지 음으로 불러 본다. – 한 가지 소리로만 불러 보자. – 어떤 소리로 불러 보고 싶니? 5. 노랫말을 넣어 천천히 익힌 후 빠르기 조절을 하여 불러 본다. – 노랫말을 천천히 불러 보자.

	– 이번에는 노래를 빠르게 불러 볼까? – 아주 천천히, 아주 빠르게를 번갈아 가면서 불러 보자. 6. 노래를 부른 후 평가한다. – 새 노래를 불러 보았는데 어떤 부분이 가장 재미있었니? – 노래 중에 가장 어려운 부분은 어디였니? – 우리가 나무를 보호하기 위해 할 수 있는 일은 무엇이 있을까? – 나무를 보호할 수 있는 일을 꼭 지키도록 하자. – 놀이시간에 오늘 배운 노래를 틀어 줄테니 놀이하며 들어 보자.

표 13-13. **새 노래 활동 예시 2**

활동명	손을 손을 씻어요
활동 목표	1. 손을 깨끗이 해야 하는 이유와 손 씻는 방법을 안다. 2. 노래를 즐겁게 부를 수 있다. 3. 친구들과 협의하여 가사를 바꾸어 부를 수 있다.
누리과정 관련 내용	• 신체운동 · 건강 〉 건강하게 생활하기 〉 질병을 예방하는 방법을 알고 실천한다. • 예술경험 〉 창의적으로 표현하기 〉 노래를 즐겨 부른다. • 사회관계 〉 더불어 생활하기 〉 서로 다른 감정, 생각, 행동을 존중한다.
활동자료	'손을 손을 씻어요' 악보와 동요(작사: 박정옥, 작곡: 정혜옥), 가사판
활동방법	1. 손을 씻어야 하는 이유에 대해 이야기 나눈다. – 너희는 언제 손을 씻니? – 손을 왜 씻어야 할까? – 손을 씻지 않으면 어떻게 될까? – 코로나-19로 인해 손을 자주 씻어야 한단다. 2. 가사판을 보며 노랫말을 알아본다. **손을 손을 씻어요** 박정옥 작사/ 정혜옥 작곡 손을 손을 씻어요 깨끗하게 씻어요 고사리같이 예쁜손 깨끗하게 씻어요 개구쟁이 미운손 울보떼보 미운손 맑은 물에 뽀득뽀득 우리 모두 씻어요 – 노랫말을 천천히 따라 읽어 보자.

	- 어떤 내용들이 있니? 3. 교사가 반주를 넣어 노래를 들려준다. 4. 한 가지 음으로 부르며 음을 익힌다. - 한 가지 소리로만 불러 보자. - 어떤 소리로 불러 볼까? 5. 여러 가지 방법으로 노래를 익힌다. - 악보를 나누어서 ○○모둠과 △△모둠이 번갈아 불러 보자. - 남자, 여자친구를 나누어서 불러 보자. - 친구들 앞에 나와서 불러 볼 사람 있니? - 율동을 만들어서 불러 보자. - 이 부분은 동작을 어떻게 만들면 좋을까? - 서로 다른 생각을 합쳐서 멋진 동작이 완성되었구나. - 가사를 바꾸어서 불러 보자. - 어떤 가사를 넣으면 좋을까? 6. 어려운 부분을 다시 불러 본다. - 노래를 부를 때 어려운 부분이 있니? - 그 부분을 다시 불러 보자. - 처음부터 끝까지 불러 보자. 7. 활동을 평가한다. - '손을 손을 씻어요'라는 노래를 불러 봤는데 어땠니? - 앞으로 손을 씻을 때 이 노래를 생각하면서 씻어 보자.

5) 요리

유아는 요리를 통해 다양한 요리방법, 계절별로 얻을 수 있는 신선한 식재료와 선택요령, 구매과정과 같은 경험 외에도 요리하기, 맛보기, 정리하기 등으로 유아의 오감을 향상시키고, 여러 영역과 관련하여 많은 것을 배울 수 있다. 이는 유아에게 요리활동이 일상적 생활의 맥락으로 단순히 음식을 만드는 과정에 그치는 것이 아니라 유아의 놀이인 동시에 학습이 될 수 있다(오영희, 2002).

(1) 교사의 사전준비

교사는 주제와 관련된 요리를 찾아 미리 직접 요리를 해 보면서 요리의 재료, 필요한 도구, 소요 시간, 유아의 참여 정도, 주의할 점에 대해 계획한다. 이후 계획을 되새기며 유아의 인원수에 맞게 재료와 도구를 준비한다. 요리의 순서도는 글을 모르는 유아가 보기에도 이해할 수 있는 그림이나 사진으로 구성하며 동영상이나 PPT자료를 만들어서 사용하는 것도 좋다. 식품 알레르기가 있는 유아를 파악하여 대체 재료를 사용할 수 있도록 한다.

(2) 요리재료와 요리도구를 탐색하기

요리재료는 오감을 이용하여 탐색해 보고, 요리활동에 쓰일 재료와 요리도구, 기계의 명칭과 사용법에 대해 알아본다.

(3) 탐색한 재료로 사전 경험을 이야기 나누기

교사는 "이 재료들로 어떤 요리를 할 수 있을까? 꼬치를 만들어 본 적 있니? 어떤 재료와 도구로 만들었니? 꼬치는 어떤 맛이었니?" 등의 질문을 통해 유아가 탐색한 재료에 대한 사전 경험을 표현할 수 있도록 돕는다.

(4) 순서도를 보며 요리방법 알아보기

요리의 순서도를 보며 요리방법에 대해 알아보고 순서도에 나와 있는 재료와 도구의 실물을 확인한다. 어려운 부분이 있거나 꼭 기억해야 할 부분이 있으면 유아에게 충분히 설명해 주고 요리순서를 회상하며 순서와 방법을 익힌다.

(5) 요리활동 중 지켜야 할 규칙 정하기

요리활동은 평소 잘 사용하지 않는 기계와 도구를 사용하고 요리활동 말미에는 맛보기 활동으로도 이어지기 때문에 위생과 안전에 대한 규칙을 정하는 것이 좋다. 위생 규칙에는 손을 깨끗이 씻기, 마스크 사용하기, 떨어진 재료를 다시 주어 사용하지 않기 등이 있고, 안전 규칙에는 뜨거운 재료나 날카로운 도구 조심하기, 불을 사용할 때 장난치지 않기 등이 있다. 개수가 한정적인 기계를 사용할 때는 친구를 배려하고 질서를 지켜 사용할 수 있도록 한다.

(6) 손 씻기 및 앞치마 착용하기

교사와 유아 모두 손을 깨끗이 씻고 앞치마를 착용한다. 유아는 주로 맨손으로 요리하지만, 요리 과정에서 손에 많이 묻는 재료가 포함되어 있어 다음 순서에 지장을 주게 된다면 일회용 비닐장갑을 사용하는 것이 좋다.

(7) 순서를 회상하며 요리하기

교사는 요리 순서를 상기시키며 요리하는 유아를 격려한다. 요리가 진행됨에 따라 변화되고 있는 재료들에 대해 질문하고 유아들로 하여금 탐색해 보도록 한다. 때때로 위생과 안전 규칙을 다시 한번 되짚어 주며 요리 활동을 진행해 나간다.

(8) 완성된 요리와 재료의 변화에 대해 이야기 나누기

요리하기 전 탐색했던 재료와 요리를 통해 변화된 재료를 비교해 본다. 교사는 "재료가 뜨거운 물 속에 들어갔더니 어떤 모양이 되었니? 크기는 어떻게 변했니? 냄새는 어떻니?" 등의 질문을 통해 유아의 과학적 호기심을 자극시킨다.

(9) 완성된 요리 먹기

요리활동 직후에 바로 먹거나 급·간식 시간을 활용해 먹는다. 가정 연계 활동인 경우 포장하여 귀가 후 가정에서 먹을 수 있도록 한다. 유아는 자신이 만든 완성된 요리를 먹으며 성취감을 느낄 수 있다.

(10) 자리 정리 및 평가하기

유아들이 사용한 재료와 도구를 스스로 정리할 수 있도록 격려한다. 만들어 본 요리의 재료 변화과정을 회상해 보고 요리의 맛은 어땠는지, 가장 재미있었던 것, 어려웠던 부분에 대해 평가한다. 요리 활동에 대한 예시는 〈표 13-14〉, 〈표 13-15〉와 같다.

표 13-14. 요리 활동 예시 1

활동명	다른 나라의 음식 카레
활동 목표	1. 다른 나라를 대표하는 음식에 대해 알 수 있다. 2. 재료의 물리적 화학적 반응을 예측할 수 있다. 3. 만든 요리를 맛있게 먹는다.
누리과정 관련 내용	• 사회관계 〉 사회에 관심 가지기 〉 다양한 문화에 관심을 가진다. • 자연탐구 〉 생활 속에서 탐구하기 〉 물체의 특성과 변화를 여러 가지 방법으로 탐색한다. • 신체운동·건강 〉 건강하게 생활하기 〉 몸에 좋은 음식에 관심을 가지고 바른태도로 즐겁게 먹는다.
활동자료	요리순서도, 행주, 앞치마, 머릿수건, 요리도구(접시, 유아용 칼, 큰 냄비, 가스레인지, 국자), 요리재료(카레가루, 감자, 양파, 당근, 쇠고기, 버섯, 물 등), 약속판, 비닐장갑, 다른 나라의 음식 사진자료
활동방법	1. 다른 나라의 음식 사진을 보며 먹어 본 경험에 대해 이야기 나눈다. – 이 사진 속의 음식들은 무엇일까? – 다른 나라의 음식을 먹어 본 적이 있니? – 언제 먹어 보았니? – 누구와 먹어 보았니? – 어떤 맛이었니?

2. 카레를 만드는 데 필요한 재료들에 대해 이야기 나눈다.
   - 이 가루를 본 적 있니?
   - 무슨 색이니? 만졌을 때 느낌은 어떠니?
   - 어떤 냄새가 나니? 어떤 맛이 나니?
   - 이것은 카레라는 향신료예요. 인도에서는 카레를 만드는 데 쓰이는데 카레가루에 여러 가지 채소들을 섞어서 만드는 음식이에요.

3. 요리순서도를 보며 카레 만드는 순서를 알아본다.
   - 카레 만드는 순서에 대해 살펴보자.

〈카레 만드는 순서〉
1) 카레가루를 물에 섞어 잘 풀어 둔다.
2) 카레에 넣을 여러 가지 채소들을 썰어서 볶는다.
3) 볶은 재료에 물을 부어 끓인다.
4) 채소가 익어갈 때 카레를 풀어 준 물을 넣는다.
5) 카레가 끓으면 채소가 익을 때까지 저어 주며 끓인다.
6) 밥 위에 얹어 맛있게 먹는다.

4. 활동을 시작하기 전 지켜야 할 약속들에 대해 이야기한다.
   - 요리를 할 때 우리가 지켜야할 약속은 어떤 것들이 있을까?
   - 채소를 썰 때 칼은 어떻게 사용해야 할까?
   - 채소를 볶을 때는 어떤 약속을 해야 할까?
   - 바닥에 떨어진 재료를 어떻게 해야 할까?

5. 카레 만들기 활동을 시작한다.
   - 요리순서와 약속들을 생각하면서 맛있게 만들어 보자.

6. 자리를 정리하고 활동을 평가한다.
   - 다른 나라의 음식으로 카레를 만들었는데 어떤 것이 가장 재미있었니?
   - 오늘 요리를 하면서 어떤 것들을 알게 되었니?
   - 우리가 만든 카레를 점심식사 시간에 함께 먹어 보자.

표 13-15. 요리 활동 예시 2

<table>
<tr><td>활동명</td><td>토스트 식빵 얼굴 샌드위치</td></tr>
<tr><td>활동 목표</td><td>1. 기계를 바르고 안전하게 사용할 수 있다.
2. 요리활동에 청결하게 참여한다.</td></tr>
<tr><td>누리과정 관련 내용</td><td>• 자연탐구 〉 생활 속에서 탐구하기 〉 도구와 기계에 대해 관심을 가진다.
• 자연탐구 〉 탐구과정 즐기기 〉 궁금한 것을 탐구하는 과정에 즐겁게 참여한다.
• 신체운동 · 건강 〉 건강하게 생활하기 〉 자신의 몸과 주변을 깨끗이 한다.</td></tr>
<tr><td>활동자료</td><td>요리 순서도 파워포인트, 요리재료(식빵, 딸기잼, 치즈, 햄, 오이, 방울토마토), 요리도구(접시, 숟가락, 토스트 기계, 모양 틀), 앞치마, 머릿수건, 일회용장갑, 약속판</td></tr>
<tr><td>활동방법</td><td>1. 토스트 기계를 보며 이야기 나눈다.
– 이것을 본 적 있니? 어떻게 사용하는 물건일까?
– 어떤 것을 만들 때 토스트 기계를 사용했니?
– 토스트 기계에 어떤 음식을 넣었니?

2. 토스트 기계에 식빵을 넣고 변화되는 것들을 관찰한다.
– 토스트 기계의 식빵을 넣고 온도를 올려 볼까?
– 식빵이 어떻게 되고 있니?
– 기계는 어떻게 변했니?

3. 요리 순서도를 보며 요리 방법에 대해 이야기 나눈다.
– 요리 순서에 대해 알아보자.

〈토스트 식빵 얼굴 샌드위치 순서〉
1) 토스트 기계에 식빵을 넣고 온도를 올린다.
2) 구운 식빵을 꺼내 잠시 식힌다.
3) 구운 식빵에 수저를 이용해 잼을 바른다.
3) 치즈와 오이, 토마토 등으로 얼굴을 꾸며 본다
4) 식빵을 반으로 접어 맛있게 먹는다.

4. 요리활동을 할 때 주의 사항에 대해 이야기한다.
– 토스트 기계를 사용할 때 어떤 점을 조심해야 할까?
– 잼을 바를 때는 어떻게 해야 할까?
– 식빵이 뜨거울 땐 어떻게 해야 할까?</td></tr>
</table>

5. 앞치마와 머릿수건을 한 후 손을 씻고 요리를 시작한다.
   - 요리를 하기 전에 손을 깨끗이 씻도록 하자.
   - 바닥에 떨어진 음식은 어떻게 해야 할까?

6. 완성된 잼 토스트를 먹어 보고 활동을 마무리한다.
   - 구운 식빵을 먹어 보니 어떤 맛이었니?
   - 잼을 발라서 먹어 보니 어떤 맛이었니?
   - 구운 식빵 위에 얼굴을 꾸몄을 때는 어땠니?
   - 요리를 하면서 어떤 점이 어려웠니?

6) 창의적 신체표현

창의적 신체표현 활동은 자신의 느낌이나 생각을 신체 움직임으로 자유롭게 창의적으로 표현하는 것으로, 유아는 신체를 마음대로 움직이고 조절하면서 자신에 대한 신뢰감과 자아존중감을 형성한다(이선경, 2011). 창의적 신체표현의 '내가 만약 ○○이라면' 또는 '○○처럼 되어 보는'과 같은 창의적인 가작 행동이 일어나는 움직임의 주제는 유아로 하여금 풍부한 상상력과 창의력을 발휘할 수 있는 매개체가 된다. 따라서 교사는 유아의 창의적인 표현을 이끌어 내기 위해서 자유롭고 허용적인 분위기를 만들어 주어야 한다. 또한 완벽히 완성을 해야 하거나, 틀리지 않게 연습을 해야 하는 일정한 형식을 갖추기보다 사물의 형태와 움직임을 탐색하여 어떻게 표현할 수 있을지 스스로 탐구해 볼 수 있도록 적절한 발문법으로 자극하여 자유로운 표현이 이루어질 수 있도록 격려한다.

교사는 수업을 계획할 때, 유아 개개인의 표현력을 관찰할 수 있도록 대집단보다는 소집단으로 구성하는 것이 좋으며 소집단이 번갈아 표현 활동을 할 때 유아는 동작과 움직임을 모방하거나 서로의 모델링이 되어 주기도 한다. 창의적 신체표현 활동의 일반적인 진행순서는 다음과 같다.

(1) 교사의 사전준비

유아들이 창의적으로 자유롭게 자신의 생각과 느낌을 표현할 수 있는 환경을 제공해야 하는데 서로 움직이면서 부딪히지 않도록 넓은 강당이나 유희실을 장소로 선택한다. 교실에서 신체표현을 할 때는 활동공간을 확보하기 위해 교구장과 책상을 벽 쪽으로 밀어 놓고 대집단보다는 소집단으로 나누어 번갈아 표현해 보는 것이 좋다.

(2) 주제와 연관된 도입하기

활동 주제와 연관된 교수자료를 이용해 유아들의 경험을 회상하고 간단한 동작들을 보여 주며 흥미와 호기심을 자극한다.

(3) 신체표현 대상물 탐색하기

표현할 대상물의 형태나 움직임, 특징에 대해 탐색한다. 교사는 유아가 동작을 떠올리도록 적절한 질문을 한다. 예를 들어, “벌의 생김새는 어떠니?”, “벌이 날아가는 모습을 본 적 있니?” 등의 질문이 도움이 될 수 있다. 실물을 준비하기 어려운 대상물이라면 시청각 자료로 준비하는 것도 좋다.

(4) 창의적인 표현 방법 탐구하기

동작을 선정할 때 창의적인 방법들을 탐구해 보고 유아가 제시하는 동작을 한 번씩 시연해 보고 선정한다. 교사는 유아가 표현하는 창의적인 동작에 대해 격려해 주고 작은 표현까지도 인정해 주어 유아들이 자유롭고 편안하게 표현할 수 있도록 돕고, 유아는 서로의 표현에 관심을 가지고 모방해 보고 그에 따라 창의적인 표현이 확장되도록 한다.

(5) 신체표현 시 지켜야 할 규칙 정하기

신체 표현의 시작을 알리는 신호와 끝을 알리는 신호 정하기, 주제와 상관없는 표현으로 친구를 밀치거나 방해하지 않기, 친구의 표현 방법을 존중하기, 위험한 표현하지 않기 등의 약속을 정해 본다.

(6) 주제에 따라 역할을 정하거나 두 집단으로 나누기

활동 장소가 넓고 단일의 주제로 표현할 수 있다면 역할이나 집단을 나눌 필요는 없다. 하지만 활동 장소가 좁거나 등장인물, 극적인 요소가 있는 신체 표현일 경우에는 두 집단으로 나누어 표현해 본다. 먼저 활동할 유아들은 그대로 앉아 있고, 두 번째로 활동할 유아들은 친구들의 표현을 감상하는 시간을 갖는다. 이때 감상하는 태도에 대해 간략하게 이야기 나누어 본다. 첫 번째 활동이 끝나면 두 집단을 바꾸어 활동한다.

(7) 신체표현 활동하기

교사는 유아가 활동에 지속적으로 참여하도록 관심을 기울이며 유아의 창의적인 표현에 긍정적인 격려를 하면서, 언어적으로만 제시하는 것이 아닌 신체 표현 활동에 함께 참여하고 유아와 같은 소품 등을 사용하며 활동을 진행할 수도 있다. 이러한 교사의 모델링을 통하여 유아 또한 자신이 가치 있는 활동에 참여하고 있다고 느끼며 더욱 적극적으로 신체표현 활동에 참여하게 된다. 또한 교사의 긍정적인 격려와 피드백은 유아로 하여금 만족감을 느끼고 '할 수 있다'라는 자기효능감을 갖게 되어 신체표현 활동을 창의적으로 확대해 나갈 수 있는 원동력이 된다.

(8) 신체표현을 회상하며 평가하기

활동을 끝내는 신호를 주어 동작을 멈추고 사용한 자료들을 정리한다. 자리에 앉아 활동을 평가하며 불편한 움직임은 수정하고 창의적인 표현을 따라 한 번 더 표현해 보거나 연계활동에 반영한다. 신체표현 활동을 마치면 잠시 앉아서 쉴 수 있는 휴식 시간을 갖거나 동시, 동화, 음악 감상 등의 정적인 활동으로 전이하는 것이 좋다. 창의적 신체표현에 대한 예시는 〈표 13-16〉, 〈표 13-17〉과 같다.

표 13-16. 창의적 신체표현 활동 예시 1

활동명	흰 눈이 되어 보아요
활동 목표	1. 눈이 내리는 모습을 관찰하고 신체로 표현할 수 있다. 2. 눈이 내리는 다양한 모습을 창의적으로 표현할 수 있다.
누리과정 관련 내용	• 신체운동 · 건강 〉 신체활동 즐기기 〉 실내 · 외 신체활동에 자발적으로 참여한다. • 자연탐구 〉 자연과 더불어 살기 〉 날씨와 계절의 변화를 생활과 관련짓는다.
활동자료	눈이 내리는 영상자료, 음악 CD, 흰색 스카프
활동방법	1. 눈 내리는 날의 모습에 대해 이야기 나눈다. – 눈 내리는 날을 본 적 있니? – 눈은 어떻게 내렸니? – (영상자료를 보며)우와, 여기 지금 눈이 내리고 있어. – 눈이 많이 내리면 어떻게 될까? – 눈이 내린 후에 시간이 지나면 어떻게 될까? 2. 여러 가지 눈이 내리는 모습을 신체로 어떻게 표현할지 이야기 나눈다. – 눈이 내리는 모습을 몸으로 표현한다면 어떻게 표현할 수 있을까? – '저요! 저 해 볼 수 있어요!' 하는 사람 있을까? – 친구들 앞에 나와서 표현해 볼까? – 또 다르게 표현해 볼 사람 있니?

	– 펑펑 내리는 눈은 어떻게 표현할까? – 흰색 스카프를 어떻게 이용할 수 있을까? – 쌓인 눈은 어떻게 표현할까? – 시간이 지나서 녹고 있는 눈은 어떻게 표현할까? – 차가운 바람이 쌩쌩 불어서 눈보라 치는 모습은 어떻게 표현할까? 3. 모둠을 나누어 신체표현을 한다. – 두 팀으로 나누어서 한 팀씩 표현해 볼까? – 어떻게 나누어 볼까? – 표현하는 팀은 어떤 약속을 해야 할까? – 앉아서 친구들이 표현하는 것을 볼 때는 어떻게 해야 할까? – 음악을 들으면서 몸으로 눈을 표현해 보자. – 이번에는 앉아 있던 팀과 바꾸어서 표현해 보자. 4. 활동을 마치고 평가한다. – 눈 내리는 모습을 표현해 보니 어땠니? – 가장 기억에 남는 동작은 무엇이었니?

표 13-17. 창의적 신체표현 활동 예시 2

활동명	과일 화채가 되어 보아요
활동 목표	1. 신체를 이용하여 음식의 모양과 형태를 표현할 수 있다. 2. 화채 만드는 과정을 창의적으로 표현할 수 있다.
누리과정 관련 내용	• 신체운동 · 건강 〉 신체활동 즐기기 〉 신체를 인식하고 움직인다. • 자연탐구 〉 탐구과정 즐기기 〉 궁금한 것을 탐구하는 과정에 즐겁게 참여한다.
활동자료	여름 과일로 만든 화채 사진자료, 여름 과일 머리띠
활동방법	1. 여름 과일의 종류에 대해 이야기 나눈다. – 여름에 먹을 수 있는 과일에는 어떤 것들이 있을까? – 너희들은 여름 과일 중에 어떤 과일을 가장 좋아하니? – 그 과일을 좋아하는 이유는 무엇이니? – 어떻게 먹는 과일이니? – 과일을 먹었을 때 어떤 맛이 나니? 2. 여름 과일로 만든 화채를 먹어 본 경험에 대해 이야기 나눈다. – 화채가 무엇일까?

- 화채는 어떻게 만드는 음식일까?
- 과일 화채를 먹어 본 적 있니?
- 언제 먹어 보았니?
- 어떤 과일들이 들어 있었니?
- 과일 화채는 어떤 맛이었니?

3. 과일 화채를 만드는 과정을 어떻게 신체로 표현할지 생각한다.
   - 여름 과일 모양을 몸으로 표현해 본다면 어떻게 할 수 있을까?
   - 과일이 잘라지기 전에는 어떤 모양이었지? 몸으로 표현해 볼까?
   - 과일을 자르면 어떤 모양이었지? 몸으로 표현해 볼까?
   - 과일이 그릇에 들어간다면? 그릇에 주스를 붓는다면? 몸으로 표현해 볼까?

4. 신체 표현 시 지켜야 할 약속들에 대해 이야기 나눈다.
   - 몸으로 과일 화채를 표현해 볼 때 우리가 지켜야 할 약속들은 어떤 것들이 있을까?
   - 약속을 기억하고 지키면서 표현해 보자.
   - 먼저 1, 2모둠은 동그랗게 손을 잡고 자른 과일을 담는 그릇이 되어 볼까?
   - 3, 4모둠은 과일 머리띠를 쓰고 과일이 되어 보자.

5. 교사의 언어표현에 따라 과일 화채를 만드는 과정을 몸으로 표현해 본다.
   - 자르기 전 과일이 있어.
   - 먹기 편한 크기로 과일을 자르고 있어.
   - 잘라진 과일들을 그릇에 담고 있어!
   - 주스를 부었더니 과일들이~~둥둥 떠올랐어!
   - 수저로 휘휘 저으니 과일이 춤을 추는 것 같아.

6. 역할을 바꾸어 활동한다.
   - 그릇 역할과 과일 역할을 바꿔서 표현해 볼까?
   - 역할을 바꾸어 활동할 때 어떤 것을 수정하면 좋을까?

7. 놀이를 회상하고 평가한다.
   - 잘라진 과일이 그릇에 담길 때 어떤 느낌이었니?
   - 주스를 부었을 때는 어땠니?
   - 어떤 표현을 할 때 가장 재미있었니?

참고 문헌

강선화(2001). 포트폴리오 평가를 통한 유아의 총체적 언어교육에 관한 연구. 경기대학교 교육대학원 석사학위논문.

건강인 영유아 건강검진(http://hi.nhis.or.kr/aa/ggpaa001/ggpaa004_m01.do).

고문숙(2010). **유아교과교육론**. 서울: 창지사.

고자영(2016). 협동적 신체활동이 유아의 사회성 발달에 미치는 영향. 군산대학교 대학원 석사학위논문.

고정곤, 류근우, 남궁선혜, 백영애, 송의열, 이길동, 이영희, 최철용(2016). **유아교과교육론**. 경기: 양성원.

곽옥희(2008). 영유아교사의 특성과 미술교수효능감이 미술교육인식에 미치는 영향. 강남대학교 교육대학원 석사학위논문.

교육과학기술부(2009). 유치원 지도서 I.

교육과학기술부, 보건복지부(2013). 3~5세 연령별 누리과정 지침서.

교육부(1998). 유치원교육과정.

교육부(2014). 2014 유치원 생활기록부 기재요령.

교육부(2019). 2019 개정 누리과정 교사를 위한 놀이지원 워크북.

교육부(2019). 2019 개정 누리과정 놀이실행자료.

교육부(2019). 2019 개정 누리과정 놀이이해자료.

교육부(2019). 2019 개정 누리과정.

교육부(2019). 2019 개정 누리과정 해설서.

교육부(2019). 인성교육을 위한 교육과정 실행자료②.

교육부, 보건복지부(2019). 2019 개정 누리과정 놀이실행자료.

교육부, 보건복지부(2019). 2019 개정 누리과정 해설서.

교육인적자원부(2005). 영유아를 위한 명화감상활동.

권미란(2005). 자기조절학습전략훈련이 메타인지 수준에 따라 학업성취에 미치는 영향. 부산교육대학교 교육대학원 석사학위논문.

권상구(1999). **유아미술교육**. 학문사.

권성민, 강명화, 공영미, 곽은복, 윤혜영, 최윤지(2019). **유아사회교육**. 경기: 양성원.

권옥순(2008). 포트폴리오 평가 활동이 유아의 기초학습능력 및 학습과 관련된 사회적 기술에 미치는 영향. 강릉대학교 교육대학원 석사학위논문.

권혜인(2019). 초등학교 고학년의 대인관계능력 향상을 위한 상담도구 활용 집단상담 프로그램 개발. 한국교원대학교 대학원 석사학위논문.

김경미, 김현주, 송연숙(2013). **개정증보 현장중심 유아과학교육**. 서울: 창지사.

김근영(2008). 직접교수 모형과 협동학습 모형에 따른 핸드볼 학습효과의 비교분석. 국민대학교 대학원 석사학위논문.

김기예, 박은주(2012). 탐구중심 과학교사교육이 예비유아교사의 과학적 태도 및 과학교수태도에 미치는 효과. **미래유아교육학회지, 19**(1), 487-508.

김남연, 이은형, 문가영, 신유정, 김명정(2020). **영유아미술교육**. 서울: 학지사.

김명, 김옥수, 조미숙, 홍양자(2008). **통합적 접근을 통한 건강과학의 이해**. 서울: 이화여자대학교 출판부.

김반재(2013). 아동용 수학능력 평가도구(TEMA)의 국내 표준화를 위한 연구. 경기대학교 대학원 박사학위논문.

김선진(2015). 유아의 창의 · 인성 함양을 위한 창의적 문제해결 프로그램 개발 및 효과. 성균관대학교 일반대학원 박사학위논문.

김소연(2020). 일상적인 이야기나누기를 통한 유아들의 상호 이해 경험 연구. 한국교원대학교 대학원 석사학위논문.

김연희(2021). 생태체험활동이 유아의 사회성에 미치는 영향. 광주교육대학교 교육대학원 석사학위논문.

김영옥(2000). 영유아의 협동작업을 위한 교수-학습 모형 연구: 대안적 학습형태의 설계. **한국영유아교육학회, 20**(2), 201-222.

김유진(2017). 자율적 협동학습(Co-op Co-op) 모형을 적용한 기악합주 지도 방안 연구. 이화여자대학교 교육대학원 석사학위논문.

김윤희(2002). 포트폴리오 구성 활동이 유아의 과학적 개념 및 탐구능력에 미치는 효과. 중앙대학교 대학원 석사학위논문.

김은란(1997). 초등미술교육에서 협동학습에 대한 연구. 전남대학교 교육대학원 석사학위논문.

김은심(2010). **출생부터 8세까지 유아를 위한 동작교육**. 경기: 정민사.

김은심, 서동미, 엄은나, 이경민, 강정원, 김정미(2018). **유아교사를 위한 교직실무**(2판). 서울: 학지사.

김은지(2019). 창의적 문제해결모형(CPS)을 활용한 주크박스 뮤지컬 교수 · 학습 방안 연구: 자유학년제를 중심으로. 전남대학교 교육대학원 석사학위논문.

김은해(2009). 모래놀이가 유아의 사회성에 미치는 영향. 숭실대학교 교육대학원 석사학위논문.

김이영, 김경림, 김경아, 남궁선혜, 박병기, 박상아, 원혜경, 윤미경(2020). **유아수학교육**. 경기: 양성원.

김인희(2007). 영유아미술교육에 대한 인식과 운영실태. 경희대학교 교육대학원 석사학위논문.

김재복(2001). **통합교육과정**. 서울: 교육과학사.

김정민(2021). **영유아교육기관운영관리**. 서울: 동문사.

김정원, 김유정(2020). **유아교과교육론**. 서울: 창지사.

김정희, 문혁준, 권희경, 김민희, 우수정, 조한숙(2018). **아동과학지도**. 서울: 창지사.

김지혜(2011). 유치원 과학영역의 활성화를 위한 협력적 실행 연구. 중앙대학교 대학원 박사학위논문.

김진희, 깅미영(2020). **놀이중심 교육과정을 실행하는 교시를 위한 유이교괴교육론**. 경기: 공동체.

김진희, 강미영(2020). **유아교과교육론**. 경기: 공동체.

김태경, 김재현, 김정주, 윤은정, 이은희, 이옥순(2020). **유아과학교육**. 경기: 양성원.

김현미, 김승희(2020). 음악 동화를 활용한 신체표현 활동이 유아의 창의적 신체표현력과 자아존중감에 미치는 영향. **한국유아교육연구, 22**(3), 290-314.

김현자, 서지영, 홍은주, 오지영, 조득현(2013). **활동중심 아동미술**. 서울: 창지사.

김현지, 오현주(1997). **유아를 위한 체육활동 이론과 실제**. 서울: 양서원.

김현희, 박상희(1999). **유아문학교육**. 서울: 학지사.

김희선(2005). 신체활동이 유아의 공간개념 형성에 미치는 영향. 중앙대학교 대학원 석사학위논문.

김희숙(2004). 영유아 미술작품 평가방법의 문제점과 개선방안 연구: 만 3세~6세 영유아의 관찰기록법을 중심으로. 경희대학교 교육대학원 석사학위논문.

나은숙, 윤희경, 안경숙, 오애순, 김승옥(2014). **영유아 교과교육론**. 경기: 공동체.

나은숙, 윤희경, 오완숙, 문복진, 안혜진(2018). **영유아교과교재 연구 및 지도법**. 경기: 양서원.

남궁선혜(2008). 유아의 '색' 관련 활동에 나타난 유치원 교사의 교수 내용 지식 특성에 관한 분석. 이화여자대학교 대학원 박사학위논문.

남기원(2001). 실험구성 활동이 유아의 과학과정기술에 미치는 효과. 중앙대학교 대학원 석사학위논문.

남기원, 김남연, 박선영, 고선아, 이은형(2019). **유아교과교육론**. 서울: 학지사.

류경화(1998). **유아음률활동**. 서울: 동문사.

류진희, 황환옥, 최명희(2015). **유아를 위한 체육활동**. 경기: 양서원.

마송희(2006). 문학을 활용한 음운인식프로그램 개발 연구. **육아지원연구, 1**(2), 91-110.

문현희(2017). 디자인을 통한 입체미술활동이 만 5세 영유아의 추론능력과 창의성에 미치는 영향. 부산대학교 교육대학원 석사학위논문.

박경자(2001). **유아행동관찰**. 서울: 학지사.

박명숙(2017). **영유아 음악교육**. 경기: 공동체.

박부숙(2004). 통합적 음악감상 프로그램이 유아의 정서발달에 미치는 영향. 동국대학교 대학원 석사학위논문.

박수옥(2003). 수업에 대한 반성적 사고가 유아특수교사의 발문과 피드백에 미치는 영향. 공주대학교 특수교육대학원 석사학위논문.

박승주(2013). 일반유아교육기관과 생태유아교육기관의 건강교육 운영실제에 관한 비교 연구. 부산대학교 교육대학원 석사학위논문.

박영무, 허영식, 유제순(2009). **교육과정 통합의 기초**. 경기: 교육과학사.

박은주(2011). 표상 및 토의 중심 유아과학교육 프로그램 개발 및 적용효과. 원광대학교 대학원 박사학위논문.

박은주(2015). 탐색, 표현, 감상의 통합적 미술교사교육이 예비영유아교사들의 미술교수효능감에 미치는 영향. **한국영유아교원교육학회**, 19(4), 29-48.

박은혜, 곽아정, 김난실, 김현주, 김희진, 유청옥, 이혜경(2018). **유치원 교사를 위한 교직실무**. 서울: 창지사.

박재원(2006). 물속에서의 무게와 압력 단원에서 초등교사의 교수내용지식 따른 수업 분석. 한국교원대학교 대학원 박사학위논문.

박지훈(2021). RPG 메이커를 활용한 게임기반 학습 프로그램 개발 및 적용. 전주교육대학교 교육대학원 석사학위논문.

박지희(2019). 실외 동작활동 연계 유아수학교육프로그램 구성 및 적용 효과. 중앙대학교 대학원 박사학위논문.

박진영(2013). 어머니의 과학교육에 대한 인식이 유아의 과학적 태도 및 탐구능력에 미치는 영향. 전남대학교 대학원 석사학위논문.

박찬옥, 곽현주, 이예숙, 한남주, 홍찬의(2019). **유치원의 교직실무**. 경기: 정민사.

박찬옥, 서동미, 곽현주(2020). **유아교과교육론**. 경기: 정민사.

박찬옥, 서동미, 곽현주, 박성희, 한남주, 홍찬의(2020). **유아교육과정**. 경기: 정민사.

박혜경, 방은정, 심은희, 원계선, 윤복희, 장영미, 조인경, 최일선(2014). **유아교과교육론**. 서울: 교육아카데미.

박화윤, 김영애, 마지순, 안라리, 이선원(2010). **유아를 위한 교과교육학**. 경기: 공동체.

변영계, 김광휘(1999). **협동학습의 이론과 실제**. 서울: 학지사.

보건복지부(2013). 어린이집 표준보육과정의 이해.

보건복지부(2013). 제3차 어린이집 표준보육과정에 기초한 연령별 보육프로그램의 활용.

보건복지부(2020). 제4차 어린이집 표준보육과정 해설서.

서동미(2007). 유치원 생활에서 발생하는 유아의 수학적 경험에 대한 교육적 의미. 중앙대학교 대학원 박사학위논문.

서동미, 엄은나, 이혜경, 박성희(2009). **유아교과교육론**. 경기: 공동체.

서예원(2006). 도심지역 초등교사의 과학교수에 있어서 교과교육적 지식의 특성: 교과지식, 교육학지식, 상황적 지식에 관한 탐구. **초등교육연구**, 19(2), 241-281.

서정숙(2000). 그림책의 교육적 활용 양상과 문제점. **어린이문학교육**, 1(1), 99-113.

서지원(2008). 유아과학교육에 대한 어린이집 시설장과 교사의 인식: 대전 지역을 중심으로. 배재대학교 대학원 석사학위논문.

서현아, 하선혜, 박소윤, 강현미, 한희정, 김신아(2017). **유아교과교육론**. 경기: 양서원.

송연숙(2004). 과학교수활동 포트폴리오 적용이 예비유아교사의 과학교수능력에 미치는 영향. 부산대학교 대학원 박사학위논문.

송주연(2004). 활동 중심 유아언어평가도구 개발을 위한 기초 연구: 말하기 · 듣기를 중심으로. 부산대학교 대학원 석사학위논문.

신은희(2009). 유아 언어발달 인적 지원 환경 평가 도구 개발. 숙명여자대학교 대학원 박사학위논문.

신화식, 김명희(2010). **유아교육기관 운영관리(2판)**. 경기: 양서원.

심성경, 이신경, 변길희, 김은정(2017). **유치원 교사를 위한 교과교육론**. 경기: 양서원.

안경숙(2003). 유아과학활동과 통합된 과학능력 평가도구의 개발: 과학적 태도, 탐구능력, 과학적 개념에 대한 평가. 덕성여자대학교 대학원 박사학위논문.

안경숙, 김소향(2009). 음악교육 내용영역에 따른 유아교사의 교수방법 실제에 대한 분석 연구. **음악교육연구, 36**, 29-54.

안경숙, 김소형, 박진성(2008). 창작이야기 노래를 활용한 유아주도적 음악극 활동이 유아의 음감 및 리듬감 발달에 미치는 효과. **음악교육연구, 34**, 59-85.

안미숙, 신원애(2016). **유아음악교육**. 서울: 창지사.

양수영(2014). 예비유아교사를 위한 뇌기반 과학교육 수업모형 개발 및 적용 효과. 중앙대학교 대학원 박사학위논문.

양옥승(2011). **영유아교육과정**. 서울: 학지사.

영유아 건강검진 문진표(54~60개월용).

영유아보육법(2020). 법률 제17785호 일부개정 2020. 12. 29.

예지민(2005). 협동 작업을 통한 표현과 감상의 통합 교육 지도 방안 연구. 경북대학교 교육대학원 석사학위논문.

우수경, 채미영, 최미화, 남옥자, 고정리, 유영의, 강민정, 이정미, 김호, 임진형(2012). **유아교과교육론**. 서울: 창지사.

유성이, 조경자(2015). **재료중심의 영유아 미술교육**. 서울: 동문사.

유은경(2006). 교사의 교과 내용 지식 구조화에 관한 수업 분석 연구. 이화여자대학교 대학원 박사학위논문.

유은영(2011). 멀티미디어를 활용한 유아건강교육 프로그램 개발 및 효과. 중앙대학교 교육대학원 박사학위논문.

육길나(2010). **동화구연을 활용한 아동 문학교육**. 충남: STN.

윤희경(2002). 유치원교원 자격연수 교육과정 모형 재발 연구. 덕성여자대학교 대학원 박사학위논문.

이경민(2003). 제7차 과학과 교육과정의 학년간(3~12학년) 연계성에 관한 고찰: 지구과학 분야를 중심으로. 고려대학교 대학원 석사학위논문.

이경우(2012). **총체적 언어: 문학적 접근을 중심으로**. 서울: 창지사.

이경화, 조순옥, 김정원, 심은희, 이연규, 이문정(2010). **영유아를 위한 언어교육**. 서울: 창지사.

이기숙(2008). **유아교육과정**. 경기: 교문사.

이기숙, 이연섭, 이영자(1986). 영유아교사 양성대학의 교육과정 모형에 대한 이론적 고찰. **영유아교육연구, 6**(1), 3-50.

이다정(2015). 우수 교사의 신체활동에서 나타난 교과교육학적 지식의 특성 탐구. 가천대학교 일반대학원 석사학위논문.

이미연(2019). 음악동화 감상을 통한 신체표현활동이 유아의 창의적 신체표현력, 음악적 성향 및 정서지능에 미치는 영향. 중앙대학교 대학원 석사학위논문.
이미자(2002). 컴퓨터를 활용한 영유아의 미술활동에 관한 사례연구. 한국교원대학교 교육대학원 석사학위논문.
이미정(1999). 사회극적놀이에서 나타나는 유아의 쓰기 기능 분석. 한국교원대학교 대학원 석사학위논문.
이미화(2014). **영아보육 질 제고를 위한 평가도구 개발 및 활용방안**. 서울: 육아정책연구소.
이민정(2012). 학령기 시지각 발달장애 아동에게 키넥트 기반 시스템을 이용한 가상현실 적용시 효과. 대구대학교 대학원 석사학위논문.
이상금, 장영희(2003). **유아문학론**. 서울: 교문사.
이선경(2011). 복합운동이 ADHD 환아의 체력, 신경전달물질, 뇌파 및 전두엽 실행기능에 미치는 효과. 숙명여자대학교 대학원 석사학위논문.
이소은, 권기남(2018). **아동미술**. 경기: 양서원.
이수경(2017). **아동미술교육**. 경기: 양서원.
이숙재, 이봉선, 김경란(2002). **영유아미술교육**. 서울: 창지사.
이순형, 이성옥, 민하영, 이영미, 한유진, 장영은, 최나야, 김지현, 김진경, 정형심(2009). **영·유아건강교육**. 서울: 학지사.
이신동, 이정규, 박춘성(2015). **최신영재교육학개론**. 서울: 학지사.
이신주, 모아라, 이소현, 이은정, 최윤지, 홍은숙(2019). **영유아 언어교육**. 경기: 양성원.
이영만(2003). **통합교육과정**. 서울: 학지사.
이영심(1997). **유아동작교육 프로그램**. 서울: 양서원.
이영애, 유준호(2018). **아동관찰 및 행동연구**. 서울: 한국방송통신대학교출판문화원.
이영자, 박미라, 정주원, 최경애, 오애순(2017). **영유아 프로그램 개발과 평가**. 서울: 양서원.
이원영, 임경애, 김정미, 강유진(2019). **자유표현과 심미감 중심의 영유아미술교육**. 서울: 학지사.
이정란(2005). 멀티미디어를 활용한 어린이 미술 감상 교육 자료연구. 한국멀티미디어학회 학술발표논문집, 1057-1059.
이정욱, 임수진(2016). **탐색·표현·감상의 통합적 영유아미술교육**. 경기: 정민사.
이정화, 이미성, 이수련(2012). 미술치료기법을 적용한 미술활동이 유아의 일상적 스트레스 및 사회적 유능성에 미치는 영향. **수산해양교육연구, 24**(6), 806-819.
이지현, 마송희, 김수영, 정정희(2009). **영유아를 위한 언어교육**. 경기: 공동체.
이차숙(2004). **유아언어교육의 이론과 실제**. 서울: 양서원.
이태영(2000). 유아를 위한 사회적 유능감 증진 프로그램의 구성 및 효과 검증. 서울여자대학교 기독교대학원 박사학위논문.
이현경(2000). 미술협동작업이 영유아의 역할수용능력에 미치는 영향. 전남대학교 대학원 석사학위논문.
이현민(2011). 문제기반학습(PBL)을 적용한 효과적인 음악과 교수-학습모형. 경희대학교 교육대학원 석사학위논문.

이희경(2013). 블랜디드 학습기반 융합인재교육(STEAM)을 적용한 수학 수업에서 고등학생들의 수학태도 및 상황적 지식에 대한 효과분석. 한국교원대학교 대학원 석사학위논문.

임주연(2013). 중학교 대자인 수업에서 CPS모형 적용이 창의적 표현력에 미치는 영향. Treffinger의 CPS 모형 6.1을 중심으로. 이화여자대학교 교육대학원 석사학위논문.

임채식, 이경희, 임은숙, 차선미(2017). **유아교과교육론**. 서울: 태영출판사.

전가영(2019). 포가티의 통합교육과정 모형을 적용한 중학교 음악 감상 수업지도안: 무소르그스키의 〈전람회의 그림〉을 중심으로. 국민대학교 교육대학원 석사학위논문.

전성연, 최병연, 이흔정, 고영남, 이영미(2007). **협동학습 모형 탐색**. 서울: 학지사.

전인옥, 이숙희(1997). **유아음악교육**. 서울: 방송통신대학교출판부.

정남미(2011). **유아언어교육**. 서울: 창지사.

정문성(2004). **협동학습의 이해와 실천**. 서울: 교육과학사.

정미라, 배소연, 이영미(2007). **영유아를 위한 건강 및 영양교육**. 경기: 양서원.

정미라, 배소연, 이영미(2008). **영유아를 위한 건강 및 영양교육**. 경기: 양서원.

정미라, 배소연, 이영미(2012). **영유아를 위한 건강 및 영양교육**. 경기: 양서원.

정미라, 이영미, 박수경, 이인용, 박희숙(2019). **영유아교사를 위한 교직실무**. 경기: 양서원.

정은주(2018). 밧줄을 이용한 숲 체험활동이 유아의 사회성 발달에 미치는 영향. 동국대학교 대학원 석사학위논문.

정정희, 백경미, 최효정, 정민영, 홍희주, 정효진(2016). **유아수학교육**. 경기: 양성원.

정정희, 백경미, 최효정, 정민영, 홍희주, 정효진(2018). **유아수학교육**. 경기: 양성원.

정현철(2004). 중학교 대화문의 발화속도에 따른 연음상의 발음변화. 한국교원대학교 교육대학원 석사학위논문.

조근영(2013). 초등 과학과 디지털 교과서 활용을 위한 창의적 문제해결 수업모형 개발 및 적용. 서울교육대학교 교육대학원 석사학위논문.

조순옥, 이경화, 배인자, 이정숙, 김정원, 민혜영(2016). **유아사회교육**. 서울: 창지사.

조형숙(2001). 탐구능력 향상을 위한 창의적 실험구성 프로그램 개발 및 평가연구. **유아교육연구, 21**(3), 27-54.

조형숙(2005). 수학으로 생각하고 이야기하기. 부산유치원연합회 2005년 유치원교원 직무연수 자료집.

주영희(2001). **유아언어 발달과 교육**. 서울: 동문사.

진명희(2015). **영유아 발달을 위한 놀이지도**. 경기: 공동체.

최윤희, 김이영, 박지원, 이명숙, 이인원, 최윤지(2019). **아동건강교육**. 경기: 수양재.

하새봄(2014). 유아건강교육에 대한 어린이집 교사의 개념도 분석. 충남대학교 교육대학원 석사학위논문.

하수연, 신현경, 이해정, 정재은, 김보경, 서영민(2015). **3~5세 연령별 누리과정에 의거한 유아사회교육**. 경기: 공동체.

한국 영유아 발달선별검사(54~59개월용).

한국보육진흥원(2020). 2021 어린이집 평가 매뉴얼.

한국유아교육학회(1996). 유아교육사전. 한국사전연구사.

한규령(2005). 유아의 또래관계증진을 위한 신체활동프로그램 개발과 효과검증. 서울여자대학교 대학원 박사학위논문.

한글학회(1992). **우리말 큰 사전**. 서울: 어문각.

한유미, 김혜선, 권희경, 양연숙(2010). **영유아 언어교육의 이해: 이론과 실제**. 서울: 학지사.

한인균(2008). 국어매체와 언어교육연구. 강원대학교 대학원 석사학위논문.

한지연(2009). 그림책 읽기 방식에 따른 영아의 반응에 관한 질적연구. 숭실대학교 교육대학원 석사학위논문.

허미애(2007). 유아교사의 이야기나누기에 대한 실천적 지식탐구. 중앙대학교 대학원 박사학위논문.

현정희(2014). 언어교육 프로그램이 유아의 언어능력에 미치는 효과에 관한 메타분석. 건국대학교 대학원 박사학위논문.

홍미영(2012). 창의적 문제해결을 위한 이러닝 지원시스템 설계원리 개발연구: CPS모형을 중심으로. 서울대학교 대학원 박사학위논문.

황순각(2003). **유아신체활동의 이론과 실제**. 서울: 양서원.

황의명, 조형숙 서동미(2012). **유아수학교육**. 경기: 정민사.

황해수(2011). 유아 수학능력 수행평가 체제 개발 및 적용. 신라대학교 대학원 박사학위논문.

황해익, 송연숙, 이경화, 최혜진, 정혜영, 손원경, 민순영, 남미경, 김남희, 손유진, 이혜은(2004). **유아용 검사편람 I**. 서울: 정민사.

황해익, 송연숙, 정혜영, 유수정(2013). **영유아행동관찰법**. 서울: 창지사.

황해익, 최혜진, 정혜영, 권유선(2014). **아동관찰 및 행동연구**. 경기: 공동체.

Allensworth, D. D. (1993). Expansion of comprehensive school health program: What works. Paper presented at the Institute of Medicine Workshop: Integrating Comprehensive School Health Programs in GradesK-12. Washington, DC.

Barrows, H. (1994). Practice-based learning: Problem-based learning applied to medical education. Southern Illinois University School of Medicine.

Barrows, H., & Myers, A. (1994). Problem based learning in secondary(1994). PBL in secondary schools, Problem Based Learning Institute, Lanphier High School, and Southern Illinois. University Medical School.

Chen, Y. Y. (2000). The self-perceptions of inservice and preservice kindergarten teacher in Kaohsiung and Pingtung regions concerning the usefulness of the music content of their teacher training programs. Unpublished doctoral dissertation, Pennsylvania State University.

Cohen, E. G. (1994). Restructuring the classroom: Conditions for productive small groups. *Review of Educational Research, 64*(1), 1-35.

Dewey, J. (1963). *Experience and education.* NY: Macmillan.

Drake, S. (1998). *Creating Integrated Curriculum: Proven Ways to Increase Student Learning*, Thousand Oaks CA: Corwin Press.

Drake, S. (2009). **교육과정 통합의 기초.** [Creating integrated curriculum] (박영무, 허영식, 유제순 역). 경기: 교육과학사(원저출판: 1998).

Forgaty, R. (1991). Ten ways to Integrate Curriculum. *VA: Educational Leadership. 49*(2), 61-65.

Fogarty, R. (1998). **교사를 위한 교육과정 통합방법.** [The Mindful School: How to Integrate the Curricula] (구자억, 구원회 역). 서울: 학지사(원저출판: 1991).

Gallagher, J. J., & Gallagher, S. A. (1994). *Teaching the gifted child.* Boston, MA: Allyn & Bacon.

Gembris, H. (2002). The deveiopment of musical abilities. In R. Colwell, & C. Richardson(Eds.), *The new handbook of research on music teaching and learning.* NY: Oxford University Press.

Gilbert, G. (1992). *Creative dance for all ages: A conceptual approach.* NY: National Dance Association.

Goodman, K. S. (1986). *What' whole in whole language?.* NH: Heinemann.

Goodman, Y. M. (1989). Roots ofthe whole-language movement. *The Elementary School Journal, 90*(2), 113-127.

Graham, G., otel-Hale, S., & Parker, M. (1993). *Children moving*(3rd ed.). USA: May-field publishing company.

Greata(2006). An Introduction to music in early childhood. *Young Children, 53*(6), 68-74.

Greenberg, M. (1979). *Your children need music.* Englewooded Cliffs, NJ: Prentice Hall.

Grossman, P. L. (1990). *The making of a teacher: teacher knowledge and teacher education.* New York: Teachers College Press.

Haines, B., & Gerber, L. (2000). *Leading young children to music.* Upper Saddle River, NJ: Prentice-Hall, Inc.

Hannon, P. (2001). *Reflecting on literacy in education*. London: Routledge Falmer.

Howes, C. & Oerick, M. (1986). Family and Child care influences on todler's compliance. *Child Development, 57*, 202-216.

Jacops, H. (1989). *Interdisciplinary Curriculum: Design and Implementation, Alexandria.* VA: Association for Supervision and Curriculum Development.

Johnson, D. W. & Johnson, R. T. (1994). *Learning together and alone: cooperative, competitive, and individualistic learning.* MA: Allyn and Bacon

Katz, L. G., & Chard, S. C. (2000). *Engaging Children' Minds: The Project Approach*(2nd). Stamford: Ablex Publishing Corporation.

Katz, L. G., & MaClellan, D. E. (1997). Fostering children' social competence: The teacher' role.

NAEYC Research into Practice Series.

Koch, J. (1999). *Science Stories: Teachers and Children as Science Learners.* Boston, New York: Houghton Muffin Company.

Mathur, S. R., & Rutherford, R. B. (1996). Is social skills training effective for students with emotional or behavioral disorders? *Research issues and needs. Behavioral Disorders, 22*(1), 21-28.

Mayesky, M. (1998). *Creative activities for young children*(6th). U.S.A: Delmar Publishers on International Thomson Publishing Company.

McAfee, O., & Leong, D. J. (2002). *Assesing and guiding young children's development and learning.* Boston, MA : Allyn & Bacon.

Metzler, M. (2007). **체육수업모형.** [Instructional. models for physical education (2nd.)](유정애, 이충원, 신기철, 김선희, 최희진, 김윤희, 김원정, 조남용, 김종환, 문도순 역). 서울: 대한미디어(원저 출판: 2005).

Radocy, R. E. & Boyle, J. D. (1997). *Psychological foundation of musical behavior.* Springfield, Ⅲ: Charles C. Thomas, Publisher.

Rosenshine, B. B. (1983). *Direct Instruction Encyclopedia of Education.* Oxford Pergamon Press.

Shulman, L. S. (1986). Those who understand: Knowledge growth in teaching, *Educational Researcher, 15*(2), 4-14.

Shulman, L. S. (1987). Knowledge and teaching: Foundation of the new reform. *Harvard Education Review, 57*(1), 1-22.

Speake, C. (1993). Create an opera with elemantary students. *Music Educators Journal, 79*, 22-26.

Stahl, S. A., & Murray, B. A. (1994). Defining phonological awareness and its relationship to early reading. *Journal of Educational Psychology, 86*(2), 221-234.

Treffinger, D. J., & Isaksen, S. G. (2005). Creative problem solving: the history, development, and implication for gifted education and talent development. *Gifted Child Quarterly, 49*(4), 342-353.

Treffinger, D. J., Isaksen, S. G., & Dorval, K. B. (2000). *Creative problem solving: an introduction*(3rd ed.). Waco. TX: Prufrock Press.

Vacca, J. A. L., Vacca, R. T., & Gove, M. K. (2000). *Reading and learning to read.* NY: Addison-Wesley.

Ward, B. (2015). Deconstructing technological literacy: opening a Window to problem solving. *Technology and engineering teacher, 74*(5), 18.

World Health Organization(WHO). (2003). *Ottawa Charter for Health Promotion.* Geneva, Switzerland: World Health Organization.

찾아보기

저자 소개

■ 권성민

영남대학교 대학원 교육학박사
현, 수성대학교 유아교육과 교수
〈저서〉 부모교육, 유치원 교사를 위한 교직실무, 유아사회교육 외 다수

■ 김민경

강릉원주대학교 대학원 문학박사
현. 강동대학교 유아교육과 교수
〈저서〉 유아교육과정, 유아교육에서의 스마트 기기 로봇활용과 과몰입 예방 외 다수

■ 김재명

아주대학교 교육대학원 교육학석사(유아교육 전공)
현, 학점은행제 운영교수
힐스조이어린이집 원장

■ 김정민

계명대학교 대학원 유아교육전공 박사
현, 대구과학대학교 유아교육과 조교수
〈저서〉 영유아교사를 위한 단계별 피아노 반주곡집 외 다수

■ 남궁선혜

이화여자대학교 대학원 문학박사
현, 대전보건대학교 유아교육과 교수
〈저서〉 유아창의성교육의실제, 유아교육과정, 보육교사인성론 외 다수

■ 류하나

성신여자대학교 대학원 박사 수료
현, 하나유아교육연구소 소장
〈저서〉 보육교사인성론 외 다수

■ 윤혜영

경기대학교 대학원 교육학박사
현, 이화유치원장, 신성대학교 겸임교수, 국제대학교 겸임교수
〈저서〉 예비 유아교사를 위한 교직실무, 유아사회교육, 부모교육 외 다수

■ 임미혜

서울여자대학교 대학원 문학박사
현, 호서대학교 유아교육과 교수
〈저서〉 유아교육과정, 아동건강교육, 부모교육 외 다수

유아교과교육론

1판 1쇄 인쇄 — 2021년 7월 12일
1판 1쇄 발행 — 2021년 7월 16일

저　　자 - 권성민 김민경 김재명 김정민 남궁선혜 류하나 윤혜영 임미혜
발 행 인 - 강철원
발 행 처 - 양성원
주　　소 - 경기도 파주시 검산로 173번길 29-20
전　　화 - 031-946-3861(代)
팩　　스 - 031-946-3864
이 메 일 - tnwpub@naver.com
홈페이지 - tnwpub.co.kr
출판등록 - 2015년 8월 31일 제 2015-000211 호

ISBN 979-11-6126-383-0

정가 20,000원